Andreas Hanl

Die Zeit nach dem traditionellen Geld

Zur Ökonomik kryptographiebasierter Transaktionssysteme

kassel
university
press

Die vorliegende Arbeit wurde vom Fachbereich Wirtschaftswissenschaften der Universität Kassel als Dissertation zur Erlangung des akademischen Grades eines Doktors der Wirtschafts- und Sozialwissenschaften (Dr. rer. pol.) angenommen.

Erster Gutachter: Prof. Dr. Jochen Michaelis, Universität Kassel
Zweiter Gutachter: Prof. Dr. Georg von Wangenheim, Universität Kassel

Tag der mündlichen Prüfung: 6. Juli 2022

https://orcid.org/0000-0003-3212-1256 (Andreas Hanl)

Bibliografische Information der Deutschen Nationalbibliothek
Die Deutsche Nationalbibliothek verzeichnet diese Publikation in der Deutschen Nationalbibliografie; detaillierte bibliografische Daten sind im Internet über http://dnb.dnb.de abrufbar.

Zugl.: Kassel, Univ., Diss. 2022
ISBN 978-3-7376-1060-5
DOI: https://doi.org/10.17170/kobra-202207146469

https://kup.uni-kassel.de | kup@uni-kassel.de

CPI Druckdienstleitungen GmbH, Ferdinand-Jühlke-Straße 7, 99095 Erfurt
Printed in Germany

Für meine Kinder

Inhaltsverzeichnis

Abbildungsverzeichnis

Tabellenverzeichnis

Vorwort

Die Arbeit an dieser Dissertation begann 2016 mit einer Interessenfrage: Warum nutzen einige, wenige Individuen ein privates Währungssubstitut und was unterscheidet eine Kryptowährungen von anderen Geldformen? Die Antworten auf diese und die daraus folgenden Fragen sind wenig trivial, haben sich aber als überaus spannend erwiesen. Ich bin alljenen dankbar, die das Entstehen dieser Dissertation unterstützt haben.

Mein großer Dank gilt meinem Betreuer und Erstgutachter, Prof. Dr. Jochen Michaelis. Ohne Deine unzähligen Kommentare, Anregungen, Ideen und Diskussionen wäre meine Arbeit nicht, was sie ist. Sie wäre ohne Deinen grenzenlosen Einsatz sicherlich nicht entstanden, und ohne Dein Vertrauen und Deine Nachsicht wäre ich vermutlich heute nicht dort, wo ich bin. Ich schaue gern auf meine Zeit an Deinem Lehrstuhl zurück. Die Zeit und die Arbeit haben mich geprägt, und ich habe von Dir sicherlich mehr gelernt, als in diesem Buch steht.

Mein Dank gilt auch meinem Zweitgutachter, Prof. Dr. Georg von Wangenheim für die Übernahme des Zweitgutachtens. Sie haben meine Arbeit von Beginn an unterstützt, und für Ihre Anregungen und Kommentare und unsere Diskussionen bin ich dankbar.

Mein Dank gilt zudem Prof. Dr. Dr. Walter Blocher. Ihr Enthusiasmus und Einsatz für die DLT-Forschungsgruppe war eine Inspiration für mich, und für aus unserer gemeinsamen Veröffentlichung nehme ich mehr als nur die fachlichen Debatten mit.

Apl. Prof. Dr. Rainer Voßkamp gilt mein Dank für sein Vertrauen, mich am Anfang meines Weges in sein Team aufzunehmen und mir Einblicke in das System Universität von einer anderen Seite aus zu ermöglichen.

Ich bin dankbar für die Zeit, die ich am Lehrstuhls für Geld, Kredit und Währung verbringen durfte. In dieser Zeit habe ich mit vielen tollen Kolleginnen und Kollegen gearbeitet. Mein Dank gilt Stefan Büchele, Max Fuchs, Alexander Günther, Jan Hattenbach, Simon Hildebrandt, Philipp Kirchner, Heike Krönung, Benjamin und Lisa-Marie Schwanebeck und Luzie Thiel. Ihr seid die tollsten Kollegen, die ich mir für meine Zeit in Kassel hätte wünschen können.

Mein Dank gilt zudem den Kolleg:innen aus dem Blockchain Center Kassel, Janina da Costa Cruz, Niclas Kannengießer, Florian Knauer und Aenne-Sophie Schröder, für unsere anregenden Gespräch und den immer konstruktiven Austausch.

Außerdem spreche ich der Universität Kassel für die Förderung der Arbeit im Rahmen des Promotionsstipendienprogramms meinen Dank aus.

Meiner Familie gilt ein besonderer Dank, ihr habt das Thema mitgetragen wie niemand sonst, habt mich unterstützt, mir Halt gegeben und den Rücken freigehalten. Ihr seid den — nicht immer einfachen Weg — mit mir gegangen und habt dafür Sorge getragen, dass ich heute da bin, wo ich bin. Meiner Frau gilt ein besonderer Dank: Für deine Rücksicht, Zuversicht und Liebe. Ohne Dich wäre dieses Projekt nicht zum Erfolg gekommen.

1 Problemstellung und Relevanz der Fragestellung

Währungen sind seit jeher Kulturgut und Repräsentant einer Gesellschaft. Sie sind nicht nur Transfermedium für wirtschaftliche Werte, vielmehr sind sie auch ein Spiegelbild gesellschaftlicher Traditionen. Währungen sind Brauchtum, und unterliegen wie alle gesellschaftlichen Zusammenhänge Veränderungen im Ablauf der Zeit. Der Übergang von einer Währungsform oder einem Zahlungsmittel zu einer anderen Art der Schuldbegleichung kann schleppend oder abrupt verlaufen. Letztgenanntes spiegelt sich in den diversen Währungsreformen, die sich aus einer ökonomischen Notwendigkeit, oder aber aus einem politischen Willen heraus ergeben. Sowohl ökonomische Sachzwänge als auch politische Ideologien führen zu einem gewollt induzierten Wechsel des Transaktionsmediums, Wahlfreiheit der Wirtschaftssubjekte gibt es diesbezüglich nur bedingt.

Anders als gesteuerte Umstellungen sind aber auch marktwirtschaftlich getriebene Konstellationen denkbar. Wenngleich Studien regelmäßig eine deutliche Konstanz des Zahlungsverhaltens finden, zeigt sich derzeit der Trend zu unbaren Zahlungsmittel (vgl. z.B. Bagnall et al. 2016). Der Trend zum „digitalen“ Bezahlen könnte indes jedoch einen deutlichen Sprung erfahren, weil Unternehmen derzeit verstärkt unbare Zahlungen erfordern[1].

Parallel zu den bestehenden Zahlungssystemen entwickeln sich fortlaufend neue Zahlungsverfahren. Bei der empirisch beobachtbaren Konstanz und den bestehenden Netzwerkeffekten, die zu einem Fortbestehen etablierter Verfahren führen, darf angenommen werden, dass sich Zahlungsverkehrsinnovationen nur schwer durchsetzen können, wenn nicht entweder die Nutzenvorteile gegenüber etablierten Verfahren deutlich überwiegen, oder aber Nutzer wegen resultierender externer Effekte zu einer Umstellung quasi genötigt werden. Abgeleitet werden kann daraus, dass eine Zahlungsinnovation erstens ein inhärent hohes Innovationspotential haben muss, und zweitens ein gewisses Durchsetzungspotential aufweisen sollte.

Seit 2009 treten vermehrt digitale Zahlungsmittel auf, die sich deutlich von den bisherigen Alternativen abheben. Diesen — gemeinhin als Kryptowährungen bezeichneten — Zahlungssystemen wird regelmäßig ein hohes Innovationspotential beigemessen, wenngleich ihre Durchsetzung bisher eher gering ist (Hanl und Michaelis 2017; Blocher et al. 2017b). Größtes Unterscheidungsmerkmal der Kryptowährungen dürfte ihre Unabhängigkeit von zentralen Instanzen, sogenannten „trusted third parties“, sein, wenn-

[1] Ohne Frage ist dies ein Effekt der Ausbreitung des Corona-Virus SARS-CoV-2. Die derzeitige verstärkte Nutzung von unbaren Technologien dürfte seitens der Anwender dazu führen, dass die künftige Neigung, eine unbare Technologie zu nutzen, steigen dürfte, weil bereits heute zusätzliche (positive) Nutzungserfahrungen gewonnen werden. Unterstellt man, dass sich die Konstanz der Zahlungsmethodiken gleichfalls hier fortsetzt, wird mit einem sprunghaften Anstieg unbarer Zahlungsverfahren zu rechnen sein.

gleich es die Sonderform der „Corporate Cryptocurrency“ gibt, die eben doch auf ein unternehmensgesteuertes Konzept zurückgreift. Jedenfalls bleibt festzuhalten, dass diese „Krypto-Transaktionssysteme“ sich dadurch von den bisherigen Zahlungsformen unterscheiden, als sie auf klassische Finanzintermediäre verzichten und sich dadurch auch den klassischen Einflussbereichen wirtschaftspolitischer Maßnahmen entziehen. Die starke Differenzierung der — aufgrund der digitalen Struktur schnell erzeug- und veränderbaren Währungsalternativen — ermöglicht die Kombination unterschiedlicher ökonomischer Eigenschaften. Unklar ist, wie sich dezentral desintermedierende Währungssysteme auf eine Volkswirtschaft auswirken, welche ökonomischen Zusammenhänge sich übertragen ließen und welche wirtschaftlichen Eigenheiten diesen Systeme innewohnen.

An dieser Stelle setzt die vorliegende Monographie an. Unter dem Leitthema „Die Zeit nach dem traditionellen Geld — Zur Ökonomik kryptographiebasierter Transaktionssystemen“ fragt sie als Dissertationsschrift, wie die Kryptowährungen entstehen, welchen ökonomischen Zwängen sie unterliegen und welche Auswirkungen sie auf die Außenwelt nehmen. Die Arbeit teilt sich thematisch dazu in drei große Themenblöcke auf. In einem ersten Schritt untersucht die Monographie die Blockchain-Technologie als Element einer Wirtschaftsordnung. Kapitel 2 grenzt dabei die Kryptowährungen definitorisch anhand ihrer frühen Entstehungsgeschichte ab und zeigt drei Pole der Kryptowährungen auf. Einerseits entsteht diese Form des Digitalgeldes als „Private Cryptocurrency“, der bekannteste Vertreter dürfte diesbezüglich Bitcoin sein. Aus diesem Ursprung entstanden dann zwei weitere Formen, die definitorisch von den „Private Cryptocurrencies“ abzugrenzen sind — als staatliche getragene Systeme entsteht das digitale Zentralbankgeld einerseits, den Gegenpol bilden die unternehmensgetragenen „Corporate Cryptocurrencies“ andererseits. Die drei Erscheinungsformen bilden jeweils Randextrema, es ließen sich — zumindest in der Theorie — auch Mischformen der drei Erscheinungsformen denken, die bspw. andere Grade an Dezentralität oder staatlicher Abhängigkeit aufweisen. In Kapitel 3 zeigt die vorliegende Arbeit die verschiedenen Design-Elemente auf, aus denen sich eine Kryptowährung erschaffen ließe. Die Kapitel 2 und 3 basieren dabei auf einer Vorarbeit, die als Hanl (2018) veröffentlicht wurde. Als Beispiel einer unternehmensgetragenen Kryptowährung stellt Kapitel 4 das von Facebook initiierte und maßgebliche vorangetriebene Libra-Projekt vor, das nunmehr als Diem-Projekt bekannt ist. Dabei untersucht dieser Abschnitt auch, welche ökonomischen Faktoren das Projekt dominieren und welche ökonomischen Konsequenzen aus der „Corporate Cryptocurrency“ zu erwarten sind. Das vierte Kapitel ist zur Veröffentlichung angenommen und erscheint voraussichtlich als Hanl (2022).

Im zweiten Abschnitt untersucht die Dissertation die Ökonomik der Blockchain-Technologie. In Kapitel 5 werden dazu die Grundzüge des Minings erarbeitet. Entscheidend ist dieser Mining-Prozess für die Fortschreibung der Zahlungshistorie, mithin sorgt dieser Prozess für die korrekte Abbildung der Transaktionen zwischen den Teilnehmern. Aufgrund der höheren Dezentralität der Kryptowährungen ist für dieser der Anreizmechanismus von höherer Bedeutung, da hinreichend viele Netzwerkteilnehmer zusammenfinden müssen, um die Sicherheit des Netzwerks zu gewährleisten. Dazu ist die Entlohnung der Miner von besonderer Bedeutung, da diese Einkommenskomponente den Fortbestand des Systems sichern kann. Als zweite Einkommenskomponente stellen sich die Transaktionsgebühren dar, deren Ökonomik in Kapitel 6 erläutert wird. Die Transaktionsgebühren selbst sind dabei nicht nur Einkommenskomponente der Miner, sondern auch Kostenkomponente der Zahlungspartner, die diese Kosten bei der Auswahl des Zahlungsinstruments berücksichtigen werden. Damit haben die Transaktionskosten direkt Einfluss auf die Durchsetzungsfähigkeit der Kryptowährungen. In der Öffentlichkeit wird häufig auf den Energieverbrauch der Kryptowährungen hingewiesen, Kapitel 7 gibt eine Einordnung über die in der Literatur zu findenden Evaluationsverfahren und Methodiken sowie deren Ergebnisse. In Kapitel 8 werden die vorhergehenden Kapitel zusammengeführt und die resultierenden Entwicklungsdilemmata aufgezeigt. Die verschiedenen Entwicklungsoptionen können dabei keinesfalls voneinander losgelöst betrachtet werden, viel eher ist eine Interaktionsbeziehungen zwischen den verschiedenen Ausgestaltungen zu unterstellen, bei der auch die ökonomischen Wechselwirkungen der einzelnen Ausgestaltungen berücksichtigt werden müssen.

Der dritte Abschnitt erarbeitet auf den in den ersten beiden Abschnitten erläuterten technologischen Grundlagen die ökonomischen Implikationen der unterschiedlichen Kryptowährungstypen. Kapitel 9, das in Zusammenarbeit mit Walter Blocher und Jochen Michaelis entstanden ist und als Blocher et al. (2017b) erschienen ist, greift dazu das Thema der Zahlungssysteme auf und zeigt, wie die Kryptowährungen in den Wettbewerb der Zahlungssysteme eingreifen. Festzuhalten ist dabei, dass die Durchsetzung der Kryptowährungen bisher nur in Nischen zu beobachten ist, die Distributed Ledger Technologie jedoch eine erhebliche Dynamik in den Markt für Zahlungsverkehrsmittel gebracht hat. Kapitel 10 fokussiert sich in der Analyse auf das Spezialfeld des digitalen Zentralbankgeldes. Das Kapitel ist kooperativ mit Jochen Michaelis entstanden und als Hanl und Michaelis (2019) veröffentlicht. Es erörtert, wie ein digitales Zentralbankgeld aufgebaut ist und auf welchen Wegen es in die Volkswirtschaft gelangen kann. Darauf aufbauend zeigt das Kapitel mögliche (makroökonomische) Wirkungen der Spezialform der Kryptowährungen auf. Die geldpolitischen Wirkungen der (privaten) Kryptowährungen werden in Kapitel 11 thematisiert, das wiederum in Zusammenarbeit mit Jochen Michaelis entstanden ist und als Hanl und Michaelis (2017) publiziert ist. Im Kern steht dabei die Frage, ob und inwiefern die Existenz privater Kryptowährungen für geldpolitische Entscheider zu Problemen führen kann. Es schließt mit der Feststellung, dass zumindest derzeit noch nicht von einer Bedrohungslage durch die Kryptowährungen auszugehen ist. Die Arbeit schließt in Kapitel 12 mit einem Ausblick auf die bisher noch wenig erforschten makroökonomischen Wirkungen einer signifikant präsenten Kryptowährungswelt. Das Kapitel gibt einen Überblick über die Simulationsstudie von Barrdear und Kumhof (2021), der derzeit wohl einflussreichsten DSGE-Studie zu den makroökonomischen Konsequenzen eines digitalen Zentralbankgeldes. Die Arbeit schließt mit einem knappen Ausblick in Kapitel 13.

Teil I

Die Blockchain-Technologie als revolutionäres Element einer Wirtschaftsordnung

2 Definition und Abgrenzung der Kryptowährungen[1]

2.1 Kryptowährungen im Spiegel der Geldentwicklung

Geld und Währungen sind Konzepte, die für jedes Wirtschaftssubjekt regelmäßig geläufig sind. Im allgemeinen Sprachgebrauch kommt es dabei häufig zu Vermischung der (ökonomischen) Bedeutung, weil das als Geld assoziierte Bargeld meist Geld und Währung ist. Wenig verwunderlich ist es daher, wenn Kryptowährungen direkt als „Geld“ oder „Kryptogeld“ oder gar als Währung wahrgenommen werden. Notwendig ist hier eine klare definitorische Abgrenzung, um die Kryptowährungen klassifizieren zu können. Das vorliegende Kapitel fokussiert sich auf Private Cryptocurrencies (private Kryptowährungen) wie Bitcoin und grenzt an den gegebenen Stellen davon Corporate Cryptocurrencies wie Diem sowie das digitale Zentralbankgeld ab. Wenngleich für alle drei genannten Subtypen teils der Terminus „Kryptowährung“ in der öffentlichen Debatte verwendet wird, ist eine präzise Unterscheidung, auch im Hinblick auf die ökonomische Wirkungsweise, unerlässlich. Im Folgenden wird der Begriff Kryptowährung ausschließlich synonym für die Private Cryptocurrencies gebraucht, da diese als erste Erscheinungsform der Kryptowährung hervorgetreten sind.

Die Frage, was Geld ist, wird seit langer Zeit in der ökonomischen Fachliteratur diskutiert. Wenngleich eine allgemeingültige Definition schwierig zu geben ist, herrscht weitestgehend Einigkeit über die Funktionen des Geldes (Camera 2017): Walker (1878) definiert Geld als „money is that money does“, mithin also jene Gegenstände, die Geldfunktionen übernehmen. Entscheidend in seiner Definition ist der Allgemeincharakter des Zahlungsmittels, die Definition stellt auf die finale Begleichung von Schulden und die Bezahlung von Gütern ab. Der von Walker (1878) damit verfolgte Ansatz fokussiert somit die Tauschmittelfunktion des Geldes. Diese Funktion nimmt auch Jevons (1896) an, fügt aber noch die Wertaufbewahrungsfunktion und die Rechenmittelfunktion hinzu. Mit den genannten drei Funktionen — Wertaufbewahrung, Recheneinheit und Tauschmittel — charakterisiert auch die gegenwärtige Fachliteratur die Geldfunktionen (Yermack 2015). Zum heutigen Verständnis gehört, dass Geld alljene Tauschgegenstände umfasst, die *allgemein* zur Begleichung von Schulden und als Zahlungsmittel im Tausch gegen Güter und Dienstleistungen eingesetzt werden können. Formal kann ein Tauschmedium nur dann als Geld zu bezeichnen sein, wenn es sich als Wertaufbewahrungsmittel eignet, denn nur dann wird es als geldhaftes Tauschmittel akzeptiert werden und als Basis des Vergleichs von Preisverhältnissen dienen können. Voraussetzung für die Qualifikation als Geld wird regelmäßig also ein gewisse Wertstabilität sein. Abweichend davon argu-

[1]Dieses Kapitel basiert auf einer Vorarbeit, die als Andreas Hanl (2018). *Some Insights into the Development of Cryptocurrencies.* MAGKS Discussion Paper No. 04-2018, erschienen ist.

mentiert Kocherlakota (1998), dass die Kerneigenschaft des Geldes in der Erzeugung eines gesamtgesellschaftlichen Informationsspeichers liegt, sodass der heutige Verkauf von Gütern und Dienstleistungen gegen Geld in Zukunft eine Transaktion auslöst, bei der Geld gegen Waren und Dienstleistungen getauscht werden. Dabei dokumentiert der Besitz des Geldes den Umstand, dass der Besitzer bereits eine Leistung erbracht hat (Verkauf), dafür bisher aber keine Gegenleistung erhalten hat (Kauf von Gütern). Kocherlakota (1998) zeigt, dass unter gewissen Voraussetzungen nicht notwendigerweise Geld diese Informationsspeicherung übernehmen muss, sondern auch ein allgemeines Register diese „Kontensalden“ abbilden könnte. Letztlich liegt dieser Argumentation jedoch ebenfalls ein Tauschmotiv zugrunde, denn Geld fungiert in diesem Sinne als Medium, um den eigentlich avisierten Waren-Waren-Tausch in zwei Teiltransaktionen zerlegen zu können, die zeitlich auseinanderfallen können. In diesem Sinne handelt es sich bei Geld gleichfalls um eine Transaktionstechnologie, der Übergang von einer Geldform zu einer anderen kann damit als technischer Fortschritt verstanden werden.

Abzugrenzen vom ökonomischen Begriff des Geldes ist der Begriff der Währung. Unter einer Währung wird gemeinhin ein gesetzlich definiertes Zahlungsmittel verstanden, für die Bundesrepublik Deutschland geschieht das bspw. über § 14 Abs. 1 S. 2 des Gesetzes über die Deutsche Bundesbank (BBankG). Währungen sind also aufgrund eines Gesetzes anerkanntes Zahlungsmedium. In der Regel darf davon ausgegangen werden, dass Währungen gleichfalls die Geldeigenschaft erfüllen, gerade weil die gesetzliche Definition als Zahlungsmittel die Akzeptanz als Tauschmittel fördert (Selgin 2003). Der Umkehrschluss gilt allerdings nicht, so sind auf Euro lautende Sichteinlagen zwar regelmäßig im Rahmen des unbaren Zahlungsverkehrs akzeptierte Zahlungsmittel und damit Geld, sie qualifizieren sich aber aufgrund des Tatbestandes in § 14 Abs. 1 S. 2 BBankG nicht als gesetzliches Zahlungsmittel, da ihnen die Banknoteneigenschaft fehlt. Die Währungseigenschaft ist also weder notwendige noch hinreichende Bedingung für die Erfüllung der Geldfunktionen.

Ökonomisch verbessert das Vorhandensein von Geld die Transaktionsmöglichkeiten, weil eine doppelte Koinzidenz von Tauschwünschen nicht mehr vorliegen muss, ein deutlicher Vorteil der Technologie „Geld“. Diese Verbesserung der Handelsbeziehungen — Waren gegen Geld und Geld gegen Waren — erspart den Individuen der Ökonomie die Suche nach einem geeigneten Transaktionspartner und somit Transaktionskosten. Letztlich führt diese Kostenersparnis zum Übergang von einer Tauschökonomie hin zu einer Geldwirtschaft. Der erste Übergang in der Geschichte des Geldes erfolgte von der Tauschökonomie hin zum Naturalgeld, später treten Münzen, dann Papiergeld hinzu, das heute an vielen Stellen quasi omnipräsente elektronische Buchgeld ist eine relativ junge Entwicklung (vgl. auch Hałaburda und Sarvary 2016). Auffällig ist, dass mit jeder Weiterentwicklung der Geldform der Abstraktionsgrad steigt, der intrinsische Wert des Geldes wird durch einen zunehmenden Forderungscharakter verdrängt. Damit bewegt sich die Ökonomie hin zu einer Wertrepräsentantenwirtschaft. Kryptowährungen wie Bitcoin als jüngste Erscheinungsform des Geldes können dabei als Extrembeispiel eines reinen Wertsymbols verstanden werden, weil sie sich weder auf eine zentrale Institution noch einen inhärenten Wert abseits des Vertrauens stützen.

Die verschiedenen Geldformen lassen sich nach ihrem Forderungscharakter in sogenanntes Außen- und Innengeld unterscheiden.[2] Als Außengeld ordnen sich die Geldformen ein, die für den Privatsektor eine Netto-Forderung sind, dem also gerade nicht eine entsprechende Verbindlichkeit eines privaten Akteurs gegenüber steht, als Beispiel sei das klassische, ungedeckte Fiatgeld genannt (Lagos 2010). In Abgrenzung dazu umfasst das Innengeld alle die Geldformen, die durch entsprechende Forderungen innerhalb der Ökonomie, in der sie umlaufen, gedeckt sind. Mithin ist also fraglich, woher das Geld entstammt respektive gegen wen sich die Forderung aus dem Halten des Geldes richtet, ob es also von einer Zentralbank durch ungesicherte Geldneuschöpfung in die Volkswirtschaft eingebracht wird, oder aber auf Basis von Forderungen und Verbindlichkeiten innerhalb der Ökonomie existiert. Außen- und Innengeld können in einer Volkswirtschaft koexistieren (Camera 2017): während Bargeld typischerweise ein Außengeld ist, mithin die Forderung sich also gegen die Zentralbank richten muss, wird es sich beim elektronischen Buchgeld auf den Konten der Privatbanken regelmäßig um Innengeld handeln, weil die Guthaben der Haushalte in diesem Fall Verbindlichkeiten der Geschäftsbanken sind.

Bisher sind verschiedene Formen des Geldes in Erscheinung getreten, so brachte die Tauschwirtschaft, in der Waren direkt gegen andere Waren getauscht wurden, zunächst Waren- und Naturalgeld hervor. Sukzessive wurde das Naturalgeld von Münzen abgelöst, die stärker ausgeprägte Homogenität sowie eine bessere Transferierbarkeit haben bei der Durchsetzung von Münzgeld ihren Beitrag geleistet. Heute wohl etabliertes Pendant zu den Münzen sind Banknoten, die als Form des Papiergeldes eine leicht transportable Weiterentwicklung des Münzgeldes sind. Mit dem Aufkommen der Informationstechnik entstanden sodann auch elektronische Abbilder der bekannten Geldformen, die Kryptowährungen sind die jüngsten Vertreter dieses Digitalgeldes.

Die Erscheinungsformen des Geldes lassen sich anhand verschiedener Dimensionen beschreiben, bspw. nutzen Bech und Garratt (2017) die Dimensionen „universeller Zugang“, „elektronisch“, „Emission durch Zentralbank“ und Peer-to-Peer[3]. Kavuri et al. (2019) nutzen die Dimensionen „Transaktionstechnologie“, „Wertbasis“ und „Emissionsbedingungen“. Entlang dieser Dimensionen lassen sich die Kryptowährungen wie folgt kategorisieren: Kryptowährungen sind Teil der Digitalwährungen, sie sind in der Regel für jedermann zugänglich, sofern es sich bei der zugrundeliegende Technologie bspw. um eine „Public Blockchain“ handelt.[4] Kryptowährungen wie Bitcoin zeichnen sich durch ihren privaten Emissionsmechanismus aus, d.h. die Erzeugung der neuen Transaktionstoken geschieht durch Umsetzung der im Protokoll festgelegten Regeln, es sind aber wenigstens zwei alternative Ausgestaltungsformen des Emissionsmechanismus der „Private Cryptocurrencies“ abzugrenzen: Im Rahmen von „Corporate Cryptocurrencies“ erfolgt die Emission der Token durch eine steuerungsfähige Instanz, die dem Privatsektor zuzurechnen ist. Bei dieser Form der Kryptowährung wird es sich also regelmäßig um Innengeld im Sinne von Gurley und Shaw (1960) handeln. Die Steuerungsinstanz kann gleichermaßen staatlich sein, es handelt sich dann um digitales Zentralbankgeld

[2]Der Kern dieser Debatte geht auf die Arbeit von Gurley und Shaw (1960) zurück.

[3]Die von Bech und Garratt (2017) genutzten Dimensionen lassen sich als größer gefasste Kategorien verstehen: Verfügbarkeit, Art, Emissionsmodus, Transaktionsmechanismus.

[4]Im Falle einer zugriffsbeschränkten Blockchain ist diese Bewertung selbstverständlich zu revidieren, da bei dieser Erscheinungsform der Zugriff auf die zugrundeliegende Technologie beschränkt ist und mithin vom Betreiber der Transaktionsplattform Teilnehmer ausgeschlossen werden.

(„Central Bank Digital Currency"), das wegen seiner technologischen Basis den Kryptowährungen baugleich sein kann, sich aber durch die zentralbankzentrierte Emission von den eigentlichen Kryptowährungen unterscheidet.[5] Der Transaktionsmodus richtet sich auch nach dem Typ der Kryptowährung, Private Cryptocurrencies nutzen Peer-to-Peer-Transaktionen, Corporate Cryptocurrencies und das digitale Zentralbankgeld können Peer-to-Peer-Transaktionen unterstützen, oder aber im Rahmen der Protokollausgestaltung auf eine Bestätigungsinstanz setzen, mithin also intermediärbasiert sein. Kryptowährungen gehören zu Klasse des Fiatgeldes, die Token besitzen folglich keinen inhärenten Wert. Dennoch kann der Wert der Transaktionstoken auf einer bestimmten Wertbasis, z.B. einer Auswahl bestimmter Wertpapiere basieren. Diese Wertbasis setzt allerdings einen Intermediär voraus, gegen den sich Ansprüche grundsätzlich richten ließen, mithin kann dieses Kriterium nur im Rahmen einer Corporate Cryptocurrency und des digitalen Zentralbankgeldes zum Tragen kommen. Anzumerken ist jedoch, dass nicht alle Digitalwährungen auch eine Rückkonvertierbarkeit der jeweiligen Währungstoken auch zulassen (für eine modelltheoretische Analyse vgl. Gans und Hałaburda 2015).

Der Übergang einer Geldform zu einer alternativen Form ist ein wettbewerblicher Prozess (Menger 1892). Der Wettbewerbsvorteil der neuen Form des Geldes liegt dabei regelmäßig in der besseren Fungibilität und Eintauschbarkeit, anfangs auch an einer besseren Homogenität der Erscheinungsform. Das „neue" Geld setzt sich dabei sukzessive am Markt durch, ohne dass es notwendigerweise eines planerischen Eingriffs bedarf. Notwendige Folge dieser Überlegung ist der Umstand, dass die Erscheinungsformen des Geldes zeitvariant und damit keineswegs stabil sind. Geld ist ein sozioökonomisches Konstrukt einer Gesellschaft, es lässt sich als soziale Übereinkunft zur Reduktion der Transaktionskosten verstehen. Damit wohnt jeder Währung ein Wettbewerbscharakter und ein Erwartungshandeln inne. Der Wandel des Geldes hin zu den Kryptowährungen ist geprägt von einer zunehmenden Fungibilität, Homogenität und verbesserter Fälschungssicherheit. Damit steigt insgesamt auch der Wirkungsradius des Geldes, regionale Grenzen fallen weniger ins Gewicht, was letztlich die Nutzung von Währungen außerhalb des eigenen Währungsraumes vereinfacht und damit Externalitäten auf andere Nationen impliziert.

Alternativen zu den bestehenden Geldformen sind nicht notwendigerweise stabil, sondern unterliegen den Einflüssen nationaler Regulierungshandlungen (Middlebrook und Hughes 2016). Solange der staatliche Souverän die Alternative zu seiner eigenen Währung toleriert, kann diese sich ungehindert ausbreiten. Regionalgeld ist das typische Beispiel für eine solche staatlich tolerierte Währungsalternative (für eine Übersicht vgl. Rösl 2005). Sie können regional eine ökonomische Bedeutung entfalten, sind jedoch typischerweise außerhalb eines — meist überschaubaren — Gebiets ökonomisch ohne Relevanz. Gewinnen die Alternativen an überregionaler Relevanz, werden sie entweder durch staatliche Regulation restringiert, oder verlieren ihren Alternativwährungscharakter, indem sie als Teil des staatlichen Instrumentariums anerkannt und damit vollständig der staatlichen Kontrolle unterstellt werden.[6] Beide Szenarien sind grundsätzlich bei

[5] Klarzustellen ist hier freilich, dass nicht jedes digitale Zentralbankgeld den Kryptowährungen zuzurechnen sein wird, sondern nur jene (staatlichen) Erscheinungsformen, die mit den Kryptowährungen ihre kryptographische Basis gemein haben.

[6] Dieses Aufnehmen einer Währungsalternative kann bspw. durch simples Kopieren des Konzepts geschehen, wobei der Kopie dann der Status eines gesetzlichen Zahlungsmittel zugewiesen wird, wodurch mit sofortiger Wirkung ein klarer Wettbewerbsvorteil zugunsten der staatlichen Imitation

den Kryptowährungen beobachtbar, die in den Anfangsstadien noch unreguliert waren, mit zunehmender Ausbreitung aber einerseits immer stärker in den Fokus staatlicher Regulierung rücken, andererseits als Konzepte verstärkt im Rahmen der Entwicklung des digitalen Zentralbankgeldes analysiert werden.

Die Kryptowährungen stehen in Konkurrenz zu den bisherigen, „traditionellen“ Zahlungssystemen. Sie konkurrieren einerseits mit den staatlichen Zahlungsmitteln, vornehmlich also dem Bargeld, und privaten Zahlungssystemen, vornehmlich also elektronischem Buchgeld und innovativen Übertragungsverfahren. Die quasi sofortige Zahlungsabwicklung, geringere Transaktionsgebühren und das Ausschalten von Drittinstanzen werden häufig als Vorteil der Kryptowährungen gesehen (Hanl und Michaelis 2017; Blocher et al. 2017b), die Adoption von Kryptowährungen in Unternehmen geschieht bisher jedoch nur auf einem niedrigen Niveau (Andraschko und Britzelmaier 2020). Der Status quo mit Blick auf Zahlungssysteme geht in der Regel kaum über einen Prototypscharakter hinaus (vgl. dazu auch Hanl 2022; Hanl und Michaelis 2019).

Bisherige Erscheinungsformen des Geldes stellten üblicherweise eine Forderung gegenüber einem anderen Akteur da. Zumindest für Private Cryptocurrencies gilt das nicht, ihnen fehlt der Forderungscharakter aufgrund der nicht vorhandenen vertrauenswürdigen Instanz, die als zentraler Intermediär als Forderungsgegner agieren könnte. Die Kryptowährung schafft damit — mehr als anderes Fiatgeld — einen Wert aus sich selbst heraus, und weil ihnen keine Forderung eines anderen Akteurs gegenübersteht, konstituieren sie regelmäßig ein Außengeld.[7] Das Grundkonzept der Kryptowährungen ist ihre Besonderheit: Gerade wegen ihrer Unabhängigkeit schaffen sie ein besonderes Vertrauen in ihre eigene Wertstabilität, dahingegen kann Vertrauen in ein (staatliches) Geld allenfalls relativ sein, denn es basiert auf einer änderbaren Rechtsordnung, die keineswegs stabil sein muss und die eben nicht von Teilgruppen der Nutzungsgemeinschaft in verschiedenen Versionen und Varianten nutzbar zu machen sind. An dieser Stelle wird noch einmal deutlich, dass „Corporate Cryptocurrencies“ von den Kryptowährungen definitorisch abzugrenzen sind, da sie maximal eine Zwischenstufe der Desintermediation darstellen können. Corporate Cryptocurrencies unterliegen — im Gegensatz zu den Private Cryptocurrencies — einer Kontrolle durch ein zentrales, wenngleich von staatlichen Institutionen unabhängiges, Steuerungsgremium. Bezogen auf die Stabilität des Regelsystems könnten sie potentiell dabei sogar schlechter abschneiden, weil sie keinerlei demokratischer Kontrollmechanismen, sondern allein den wirtschaftlichen Interessen der Emittenten, unterliegen.

Im Gegensatz zu anderen digitalen Geldformen sind die Kryptowährungen keine Abbildung einer physischen Wirklichkeit wie elektronisches Buchgeld. Die Kryptowährungen sind rein virtuelle Erscheinungsformen des Geldes, sie haben keine physischen Anknüpfungspunkte. Sie sind damit ein abzugrenzender Entwicklungsschritt der Geldentwicklung, da sie eben keine Weiterentwicklung eines bestehendes Systems sind. Dadurch wird deutlich, dass die Kryptowährungen ebenfalls vom digitalen Zentralbankgeld ab-

---

entsteht.

[7] In einigen Fällen können sich jedoch Ausnahmen ergeben, sodass es sich bei einer Kryptowährung doch um ein Innengeld handeln kann. Als Beispiel mag hier die Corporate Cryptocurrency Diem dienen, die Token nur gegen die entsprechende Besicherung mit Wertpapieren ausgibt. In diesem Fall ist die ausgegebene Menge an Tokens durch eine entsprechende Forderungen gegen das ausgebende Konsortium gedeckt, sodass es sich im Falle vom Diem semantisch um Innengeld handelt.

grenzt werden müssen, denn diese sind zum einen eine Fortsetzung des „traditionellen“ Geldinstrumentariums der Zentralbank, zum anderen verfolgt es in Abweichung zu den Kryptowährungen nicht das Ziel, ohne eine zentrale Steuerungsinstanz funktionsfähig zu sein.

Insgesamt lässt sich festhalten, dass Kryptowährungen im Vergleich zu den bisherigen Geld- und Währungsformen fundamental zu unterscheiden sind. Entsprechendes hält auch die Fachdebatte fest, da Kryptowährungen nur wenig mit den bisher existierenden Geldformen vergleichbar sind (Bech und Garratt 2017; Kavuri et al. 2019; Bjerg 2015). Auf einer technologischen Ebene benötigen sie für den Betrieb eines Digitalgeldes erstmals keine vertrauenswürdige Drittinstanz, sozioökonomisch sind sie getrieben vom Motiv einer dezentralen und von staatlichen Autoritäten unabhängigen Wirtschaft, im rechtlichen Sinne dürften sie sich nicht als Währung qualifizieren (Yermack 2015; Blocher et al. 2017b; Hanl und Michaelis 2017; Hanl 2018; Kubát 2015). Im Vergleich zu den bisherigen Geldformen (vgl. dazu auch Tabelle 2.1) zeigen die Kryptowährungen Ähnlichkeiten und Differenzen. Die Private Cryptocurrencies nutzen den Peer-to-Peer-Charakter physischer Geldformen und beziehen ihren Wert — ähnlich des Papiergeldes — aus ihrer Eigenschaft als Tausch- und Wertaufbewahrungsmittel. Kryptowährungen wie Bitcoin haben zudem einen inhärenten deflatorischen Charakter, weil sie die Neuemission von Geld durch die Zentralbank ablehnen. Damit sind die Kryptowährungen auch mit den bestehenden Regionalgeldern vergleichbar (vgl. Rösl 2005), mit denen sie auch die eingeschränkte Einsetzbarkeit als Tauschmittel teilen. Die (mögliche) Akzeptanz der Kryptowährungen dürfte sich insgesamt auch nach ihrem Typus richten: Während Private Cryptocurrencies aufgrund ihrer meist dezentralen Strukturen eher schwer gegen bestehende Transaktionsmechanismen ankommen dürften — bestehende Netzwerkeffekte werden hier erschwerend wirken (Blocher et al. 2017b) — dürfte es Corporate Cryptocurrencies und dem digitalen Zentralbankgeld deutlich leichter fallen, die kritische Masse zu erreichen und am Markt erfolgreich zu sein. Nicht zuletzt kann der Staat durch die Schaffung einer Annahmepflicht zumindest einen Teil des Netzwerkeffekts durch Erzeugung hinreichend vieler Annahmestellen reduzieren, selbiges dürfte für die Emission durch ein privates Konsortium an Unternehmen gelten.

2.2 Abgrenzung der Kryptowährungen als eigenständige Form der Zahlungstoken

Die bisherigen Ausführungen zeigen, dass die Kryptowährung sich von den bisherigen Zahlungstoken abgrenzen, sie bilden mithin eine Klasse für sich. Zunächst ist zu fragen, ob Kryptowährungen die Geldfunktionen erfüllen. Die Fachliteratur verneint das regelmäßig für den prominentesten Vertreter Bitcoin (Yermack 2015; Hanl und Michaelis 2017), zumeist mit Blick auf die teils erheblichen Wertschwankungen, denen Kryptowährungen unterliegen. Diese Wechselkursvolatilität lässt die Kryptowährungen zwar zu einem Anlageobjekt werden, verhindert aber gerade eine werterhaltende Übertragung von Einkommen und Vermögen in zukünftige Perioden und unterminiert damit die Wertaufbewahrungsfunktion. Mithin lässt sich also feststellen, dass Kryptowährungen regelmäßig kein Geld sind, zumindest solange sich ihr Wert nicht langfristig stabilisieren sollte. Dennoch können Kryptowährungen in bestimmten ökonomischen Nischen Geldfunktionen übernehmen, und damit für ausgewählte Nutzerkreise Geld sein (Ali et al. 2014). Dies dürfte insbesondere dort relevant sein, wo die vergleichsweise hohen Wertschwankungen durch andere Funktionen der Kryptowährungen, z.B. die Gewährung von Pseudonymität, kompensiert werden. So wird bspw. die Entstehung digitaler Schwarzmarktplattformen mit dem Aufkommen der Kryptowährungen in Verbindung gebracht (Janze 2017; Christin 2013). Anzunehmen ist, dass die Verschleierung einer vom Gesetz nicht gedeckten respektive erwünschten Transaktion insgesamt gewichtiger ist als der langfristige Erhalt eines monetären Werts. Zu vermuten wäre daher, dass die Transaktionsteilnehmer kurzfristig die elektronischen Token beschaffen und nach Abwicklung der Transaktion zeitnah wieder veräußern werden, um nicht mit der Transaktion in Verbindung gebracht werden zu können. Analog zu den existierenden Regionalgeldern können Kryptowährungen damit als lokal bzw. temporal begrenzte Zahlungsalternative verstanden werden, die in diesem Fall nicht geographisch, sondern eher personell abzugrenzen wäre.

Die Erfüllung der Geld- und Währungseigenschaft kann in einem Token zusammenfallen, das gemeinsame Auftreten ist jedoch keine Notwendigkeit. Fraglich bleibt damit, ob Kryptowährung ökonomisch eine Währung konstituieren. Kryptowährungen sind nach deutschem Recht keine Währung im Sinne des § 14 BBankG, ihnen fehlt die Anerkennung als uneingeschränktes Zahlungsmittel; ähnliche Beispiele für andere Länder ließen sich leicht finden (Kubát 2015; Sapovadia 2015). Häufig wird der Begriff „virtuelle Währung" synonym für Kryptowährungen verwendet. Nach Artikel 3 Nr. 18 der fünften EU-Geldwäsche-Richtlinie (EU 2015/849) handelt es bei virtuellen Währungen um

> „eine digitale Darstellung eines Werts, die von keiner Zentralbank oder öffentlichen Stelle emittiert wurde oder garantiert wird und nicht zwangsläufig an eine gesetzlich festgelegte Währung angebunden ist und die nicht den gesetzlichen Status einer Währung oder von Geld besitzt, aber von natürlichen oder juristischen Personen als Tauschmittel akzeptiert wird und die auf elektronischem Wege übertragen, gespeichert und gehandelt werden kann."

Gemäß dieser Definition ist also entscheidend, dass die Währungseinheiten abseits einer öffentlicher Steuerung entstehen und digitale Wertrepräsentationen darstellen. Bei genauerer Betrachtung fällt dabei ins Auge, dass der gezogene Definitionskreis das Feld der (privaten) Digitalwährungen beschreibt, das ohne Frage auch die Kryptowährungen als spezielle Teilgruppe umschließt, aber ihr spezifisches Charakteristikum, nämlich die Fundierung auf Basis der Kryptographie, nicht explizit erwähnt.[8] Abzugrenzen von den virtuellen Währungen ist der Rechtsbegriff des „e-Geldes", dessen Legaldefinition sich aus Artikel 1 Abs. 3 lit. b der EU-Richtlinie 2000/46 EG ergibt. Wesentliches Merkmal des e-Geldes ist der Forderungscharakter gegen die ausgebende Stelle, mithin also die Einstufung als Innengeld. Bei Kryptowährungen wie Bitcoin handelt es sich folglich nicht um e-Geld, weil sie eben keine Forderung gegen einen spezifischen Emittenten erzeugen. Die Bewertung für Corporate Cryptocurrencies wie Diem kann hingegen anders ausfallen,

[8]Das ist mit Blick auf die Verordnung, die einen wesentlich breiteren Kreis an „virtuellen" Währungsalternativen erfassen will, sinnvoll. Beachtenswert ist aber die Tatsache, dass selbst der Gesetzgeber die Begrifflichkeiten „virtuelle Währung" und „Kryptowert" synonym verwendet, wie die Drucksache 19/13827 des Deutschen Bundestages nahelegt.

denn hier steht ein rechtlich angreifbarer Intermediär im Zentrum der Emission, gegen den sich eine Forderung plausiblerweise richten ließe.

In der bisherigen Gesamtschau ergibt sich damit ein Bild, dass Kryptowährungen von den bisherigen Definitionen nur bedingt als eigene Klasse von Geldformen erfasst werden können. Im Folgenden sollen die Wesensmerkmale der Kryptowährungen erarbeitet und in einer Definition zusammengefasst werden. Die ökonomische Literatur hat sich bisher vielfältig daran versucht, eine präzise Definition der Kryptowährungen zu entwickeln, eine Übersicht geben Baur et al. (2015). Die bisherigen Definitionen fokussieren sich auf vier Wesensmerkmale der Kryptowährungen („Private Cryptocurrencies"):

- Abwesenheit (externer) regulatorischer Barrieren
- Ermöglichung von Peer-to-Peer-Funktionalitäten
- Nutzung öffentlicher Internet-Infrastrukturen
- Sicherung der Transaktionen durch Private-Public-Key-Kryptographie

Auf einer technischen Ebene sind Kryptowährungen Computerprogramme, die digitale Token erzeugen, welche wiederum verschiedene Zwecke erfüllen können. Diese unterschiedlichen Zwecke ergeben sich aus der Gründungsintention der jeweiligen Kryptowährung, beim Bitcoin ist dies die Schaffung eines elektronischen Zahlungssystems, folglich handelt es sich um einen „Currency Token". Denkbar sind weitere Anwendungsfälle, z.B. die Ausgabe von Tokens als Gegenleistung für eine Investition in ein Projekt oder Tokens, die Zugriff auf einen bestimmten (digitalen) Inhalt gewähren. Eine Übersicht über verschiedene Anwendungsszenarien findet sich beispielsweise bei Voshmgir (2019). Unabhängig von ihrem konkreten Anwendungsziel lassen sich die Token jedoch als Wertrepräsentanten verstehen, sie sind mithin digitale Werte. Mit dieser Eigenschaft qualifizieren sie grundsätzlich zum Geld, da sie sich damit auch als Tauschmittel eignen können. Im Gegensatz zu „traditionellem" Geld, im Speziellem zum Bargeld, haben Kryptowährungen allerdings keine physische Repräsentation (Kristoufek 2013), sie sind ihrer Gestalt nach ausschließlich im digitalen Raum existent. Sofern es physische Übertragungen gibt, handelt es sich hierbei um Verweise auf den digitalen Fund- bzw. Speicherort, keinesfalls aber um den Token an sich. Damit grenzen sich Kryptowährungen diesbezüglich von anderen Digitalisierungsformen des Geldes ab, weil die elektronische Repräsentation nicht Folge, sondern Ursprung ist.

Zentrale Eigenschaft der Kryptowährungen ist ihre inhärente Unabhängigkeit gegenüber einflussnehmenden Dritten. Dies schottet die Kryptowährungen einerseits gegen staatliches Handeln ab, das die Proponenten grundsätzlich als schadhaft begreifen, verhindert aber auch jeglichen Forderungscharakter einer Geldform. Ihr Wert entsteht somit durch die Interaktion einer Nutzungsgemeinschaft („community"). Analog dem typischen Fiatgeld sind Kryptowährungen damit intrinsisch wertfrei.

Kryptowährungen sind typischerweise unabhängig von staatlicher Aktivität und einer zentral agierenden Entscheidungsinstanz. Sie ordnen sich damit der Gruppe alternativer Währungen nach Hileman (2014) zu, weil die Emission allein durch das Protokoll, nicht aber durch staatliche Vorgaben zu determinieren ist. Zudem sind Kryptowährungen nicht notwendigerweise das gesetzliche oder wenigstens tatsächliche Zahlungsmittel.

Kryptowährungen existieren zwar nicht in einem rechtsfreien Raum, aber sie sind von den legislativen Kräften einer Ökonomie nur schwer zu fassen, allenfalls über die sie verwendenden Institutionen und Intermediäre, bspw. Kryptowährungshandelsplätze. Dies steht im klaren Gegensatz zu einer Währung, die tatsächlicher Gegenstand gesetzlicher Regulierung sein kann, weil staatlichen Instanzen das Ausgestaltungsrecht obliegt, und es steht auch im klaren Gegensatz zu den elektronischen Geldformen wie dem elektronischen Buchgeld, das ebenfalls direktes Angriffsziel staatlichen Handelns ist. Solange es regulierbare Steuerungsinstanzen gibt, können diese Ziel staatlicher Regulation werden und damit auch digitale Geldformen zumindest indirekt staatlich kontrollierbar machen. Bei den traditionellen Währungsformen hat der Staat also ein direktes Durchgriffsrecht, während bei Kryptowährungen das Eingriffsrecht allenfalls indirekt über die Intermediäre zu realisieren ist, bspw. durch Regulation von Handelsplätzen. Keineswegs Gegenstand einer staatlichen Angreifbarkeit ist dabei jedoch das Grundkonzept der Kryptowährungen, da dieses auch durch die Intermediäre nicht veränderbar ist. Wenngleich sie ähnliche Architekturen nutzen, sind wenigstens zwei Teilgruppen der virtuellen Währungen von den Kryptowährungen abzugrenzen. Zum Einen ist das staatliche getragene digitale Zentralbankgeld wie Schwedens e-Krona-Projekt (Sveriges Riksbank 2017), das definitorisch auch von den Zentralbanken und dem Internationalem Währungsfonds (IWF) nicht als Kryptowährung deklariert werden (vgl. z.B. Europäische Zentralbank 2012; He et al. 2016), zum anderen abzugrenzen sind unternehmensgetragene Kryptowährungen („Corporate Cryptocurrencies“), die im Gegensatz zu den klassischen Vertretern wie Bitcoin eben doch einer zentralen Steuerung unterliegen und durch diese gleichfalls regulierbar sein dürften.

Kryptowährungen zielen darauf ab, die ökonomische Interaktion zwischen mindestens zwei Individuen zu stärken, bspw. durch Wirksamwerden als Tauschmittel in Transaktionsbeziehungen. Deutlich wird hier die Abhängigkeit der Kryptowährung von ihrer Gemeinschaft. Diese Abhängigkeit ist in der Tat vielschichtig, sie erstreckt sich zum einen auf eine technische Ebene, also die Entwicklung und den Betrieb der Kryptowährung, zum anderen aber auch auf eine anwendungspraktische Ebene, da die Adoption einer Zahlungsform als Netzwerkgut verstanden werden kann (Blocher et al. 2017b).

Der Transfer von Währungseinheiten erfolgt bei Kryptowährungen durch Nutzung öffentlicher Internet-Infrastrukturen, ohne dabei jedoch auf eine vertrauenswürdige Instanz zurückgreifen zu müssen (Ametrano 2016). Die Kommunikation zwischen den teilnehmenden Instanzen erfolgt somit auf einer Peer-to-Peer-Basis, also direkt zwischen den beteiligten Akteuren, wodurch der Zugang zu dieser Technologie einem großen Personenkreis möglich wird. Einige sehen darin die Möglichkeit, den Zugang zu Finanztechnologien auch für jene Gruppen zu öffnen, die bisher von der Erbringung von Finanzdienstleistungen ausgeschlossen waren (Mas und Lee 2015), für die operative Umsetzung darf die von Facebook initiierte Corporate Cryptocurrency „Diem“ gelten (Hanl 2022).

Das Konzept der Kryptowährungen baut maßgebend auf der Kryptographie auf, sie ist integraler Bestandteil der Erzeugung und Fortschreibung der Konteninformationen, die sich aus dem „ledger“ ergeben (Ahamad et al. 2013; Gandal und Halaburda 2014). Im Gegensatz zu den traditionellen Bankdienstleistungen wie dem Online-Banking spielt Kryptographie bei den Kryptowährungen eine zentralere Rolle. Während bisherige Banksysteme Kryptographie zur Sicherung des Systems nach außen verwenden, vor allem also an den Eintritts- und Übergangspunkten verwenden, bauen Kryptowährungen direkt auf der Kryptographie auf, sie sichert das System hier also nach innen ab. Dabei müssen Kryptowährungen nicht zwangsläufig auf einer „Blockchain"-basierten Datenorganisationsstruktur beruhen, wie es bspw. das Bitcoin-Protokoll (Nakamoto 2008) vorschlägt, sondern können wie „iota" auch andere Datenstrukturen nutzen (Popov 2017).

Zusammenfassend lassen sich die genannten Faktoren in der nachfolgenden Definition festhalten:

Kryptowährung Eine Kryptowährung ist ein Computerprogramm, das strukturell auf einer oder mehreren kryptografischen Funktionen aufgebaut ist und elektronische Wertrepräsentanten (Token) in eigener Denomination nach vorgegebenen Protokollregeln emittiert. Die Token sind intrinsisch ohne Wert, können jedoch in einer abgrenzbaren Gemeinschaft von Nutzern Werte repräsentieren und Geldfunktionen annehmen. Sie ermöglichen ökonomische Interaktionen zwischen den Nutzern, ohne das es weiterer Instanzen abseits der Transaktionspartner bedarf. Das Protokoll einer Private Cryptocurrency unterliegt keiner zentralen Kontrolle oder Steuerung, sie können insbesondere von der Nutzergemeinschaft entwickelt und betrieben werden.

Die von Baur et al. (2015) genannten Kriterien werden von der obigen Definition erfasst, deren Fokus stark auf einer technische Ebene liegt. Abseits der technischen Eigenschaft — die Schaffung eines Computerprogramms zur Tokenemission auf Basis kryptographischer Prinzipien — werden Kryptowährungen von einer sozialen Gemeinschaft getragen, sie spiegeln ökonomische Interaktionen und soziale Prozesse dieser Gemeinschaft. Durch eine heterogene Ausgestaltung verschiedener Kryptowährungskonzepte grenzen die Systeme verschiedene Zielgruppen ab. Innerhalb dieser Gruppen können Kryptowährungen spezifische Funktionen übernehmen, eine Analyse der Kryptowährungen setzt im Speziellen auch eine Analyse der Nutzerstrukturen voraus.

Die Heterogenität der Kryptowährungen impliziert die Möglichkeit weiterer Unterscheidungskriterien. Hileman (2014) unterscheidet „offene" von „geschlossenen" Systemen. Bitcoin, ein Beispiel für ein offenes System, ist außerhalb der „virtuellen" Welt nutzbar, währenddessen geschlossene Systeme nur innerhalb der digitalen Welt umsetzbar sind. Wenngleich das Online-Spielgeld „Linden Dollar" nicht als Kryptowährung zu klassifizieren ist, ist es dennoch ein Beispiel für eine geschlossene virtuelle Währung. Der Übergang zwischen einem offenen und einem geschlossenen System ist grundsätzlich fließend, da das Unterscheidungskriterium von der Akzeptanz der Gemeinschaft determiniert wird.

Digitale Währungen können zentral oder dezentral gesteuert sein (Hileman 2014). Bitcoin, der erste Kryptowährungsprototyp, ist als dezentrales Transaktionssystem ausgelegt (Nakamoto 2008). Aus der Unabhängigkeit zentraler Steuerungsinstanzen ließe sich auf ein grundsätzliches dezentrales Konzept schließen, wie es bei der überwiegenden Zahl der Kryptowährungen der Fall ist (Ametrano 2016; Ahamad et al. 2013). Versteht man die „Unabhängigkeit von zentralen Steuerungsinstanzen" allerdings als Unabhängigkeit von staatlichen Institutionen, ließen sich Kryptowährungen auch mit zentraler Instanz denken, ein Beispiel könnten „Corporate Cryptocurrencies" wie Facebooks Diem-Projekt sein. Solche Projekte, die auf Basis einer geschlossenen Blockchain von einem geschlossenen

Kreis an Akteuren entwickelt und betrieben werden, sind aber im Vergleich zur Intention ursprünglicher Kryptowährungen wie Bitcoin eben nicht von einer „trusted third party" unabhängig und deswegen zumindest sprachlich abzugrenzen. Dennoch können zentrale Akteure den Kryptowährungen Vorteile bieten. Zum einen, weil die Steuerungsinstanz die Durchsetzung einer Kryptowährung bspw. als Zahlungsmittel forcieren kann, zum anderen, weil eine zentrale Instanz den Innovationsprozess stärker fokussieren kann, weil Veränderungen keine langwierigen Abstimmungsprozesse durchlaufen, sondern direkt umgesetzt werden können. Abzugrenzen von den Kryptowährungen ist neben den „Corporate Cryptocurrencies" ebenfalls das digitale Zentralbankgeld, das aufgrund seiner Verbindung zur Zentralbank eine Sonderrolle einnimmt: Es ist naturgemäß nicht unabhängig von einer zentralen Instanz, sondern steht in direkter Abhängigkeit zur Zentralbank. Was die Proponenten der Kryptowährungen als Nachteil ansehen, kann sich dabei durchaus als Vorteil herausstellen: die Möglichkeit diskretionärer Geldpolitik. Während bspw. beim Bitcoin die geldpolitischen Entscheidungen bereits zur Entstehung für alle Ewigkeit im Protokoll festgelegt sind, nutzen nationale Steuerungsinstanzen ihren geldpolitischen Spielraum, um bspw. gesamtwirtschaftliche Stimuli zu senden und damit das makroökonomische Gleichgewicht zu beeinflussen.

Antonopoulos (2014) unterscheidet in seiner Taxonomie zwischen „altcoins" und „altchains". Altcoins nutzen die Konzepte des Bitcoin-Protokolls, um eine Währung zu etablieren, während Altchains Anwendungsfälle abseits von Währungen umsetzen, bspw. setzt Ethereum den Anwendungsfall eines „smart contracts" um. Die Implementation einer Kryptowährung setzt nicht notwendigerweise die Erzeugung einer eigenen Blockchain bzw. Speicherstruktur voraus, vielmehr lassen sich Kryptowährungen auch als „Meta-Coins" auf bereits bestehenden (Blockchain)-Lösungen etablieren (Antonopoulos 2014). Dies verdeutlicht, dass die Schaffung einer Kryptowährung nicht unbedingt mit der Schaffung einer eigenen Infrastruktur verbunden sein muss. Die Nutzung bestehender Infrastrukturen kann potentiell die Kompatibilität mit anderen Systemen erhöhen, mithin als die Durchsetzung der Systeme beschleunigen. Da Meta-Coins bisher nicht implementierte Funktionen zu einem bestehenden System hinzufügen können, dürfen sie als Innovation einer bestehenden Kryptowährung ohne „hard fork" verstanden werden.

2.3 Entstehungsgeschichte der Kryptowährungen und technologische Vorläufer

Die Durchführung von Zahlungen erfordert ein hohes Maß an Vertrauen darein, dass der Tauschpartner keine Betrugsversuche unternimmt, bspw. durch Nutzung gefälschter — und damit letztlich wertloser — Geldeinheiten. Die Geschichte des Geldes zeigt vielfältige Versuche, Fälschungssicherheit auf einer technischen Ebene sicherzustellen, und auch heute werden (staatliche) Zahlungsmittel regelmäßig überarbeitet, um Fälschungen zu erschweren. Das sogenannte „double-spending" — also die doppelte Verausgabung desselben digitalen Tokens — kann als digitales Äquivalent des Fälschens angesehen werden, dass es dem Angreifer die Möglichkeit gibt, einen monetären Wert mehrfach einzusetzen. Die Verhinderung eines solchen „double spendings" erforderte bis zur Entwicklung der Kryptowährungen entweder das Vertrauen in den Transaktionspartner, ehrlich zu sein, oder aber einen (vertrauenswürdigen) Intermediär, der eine doppelte Verausgabung verhindern, sanktionieren oder wenigstens rückgängig machen könnte. Das Vorliegen von Vertrauen in den Transaktionspartner dürfte nur für kleine Tauschgemeinschaften, in denen die Transaktionspartner häufig miteinander interagieren, angenommen werden. Die Wiederholung der Zahlungsvorgänge ermöglicht es den Akteuren hierbei, Fehlverhalten zu sanktionieren und verhindert damit potentiell das Entstehen einer Fälschung. Gegeben die immer weiter fortschreitende Globalisierung und den Umstand, dass eine Vielzahl wirtschaftlicher Interaktionen einmaliger Natur sind, kann die Bekanntheit der Transaktionspartner untereinander nicht mehr zwingend vorausgesetzt werden. Spätestens mit dem Aufkommen des Internets ist die Feststellung der realen Identität schwierig, die anfänglich ungesicherten Kommunikationsverbindungen dürften als zusätzliche Hürde für die Übertragung von vertraulichen Bankinformationen an potentiell unbekannte Transaktionspartner gelten (Narayanan et al. 2016). Zur Überwindung dieser Hürden des frühen Internets hat der Markt Intermediäre wie PayPal hervorgebracht, die als vertrauenswürdige Drittinstanz die Abwicklung von Zahlungen zwischen zwei Tauschpartner vorgenommen haben, und in diesem Feld teils bis heute eine relevante Funktion einnehmen. Durch Einsatz einer solchen Vertrauensinstanz müssen Käufer keine vertraulichen Informationen, wie z.B. Kreditkartendaten, an den Verkäufer übermitteln, und die Verkäufer können darauf vertrauen, dass die vertrauenswürdige Instanz ein etwaiges double spending verhindern wird. Bis zum Aufkommen der Kryptowährungen war das Vorhandensein einer vertrauenswürdigen Instanz zentraler Punkt digitaler Zahlungssysteme, erst Nakamoto (2008) konnte mit dem Bitcoin-Protokoll das double spending-Problem ohne den Einsatz eines vertrauenswürdigen Dritten lösen.

Das Bitcoin-Konzept selbst geht auf eine Reihe verschiedener Ansätze zurück, deren Entwicklung bis in die 1980er-Jahre zurückreicht. Nakamoto (2008) nutzt Bausteine verschiedener Vorläufer der Kryptowährungen, und setzt diese derart zusammen, dass sich das double spending Problem ohne den Einsatz eines vertrauenswürdigen Dritten lösen lässt. Einer dieser Vorläufer war das 1989 gegründete DigiCash (Narayanan et al. 2016), das auf die Idee von Chaum (1992) zurückgeht. Das Ziel von DigiCash ist Vertraulichkeit: Aus dem Zusammenfügen von Informationen (z.B. Zahlungsdaten) lassen für jeden, der Zugriff auf die Daten hat, zahlreiche Einblicke über die einzelne Person zu. Eine Analyse aller verfügbarer Daten kann zwar bspw. mit Blick auf die Bestimmung individueller Kreditausfallrisiken erstrebenswert sein, wird jedoch spätestens problematisch, wenn die Informationen zweckentfremdet ausgewertet werden oder aber den Kreis der intendierten Berechtigten verlassen (Chaum 1992). DigiCash löst dieses Problem, indem es elektronische Token erzeugt, die nicht miteinander in Verbindung gebracht werden können. Zur Verhinderung eines double spending erfordern solche Token eine zentrale Instanz, die DigiCash zur Verfügung stellt. Obwohl seit der Entstehung von DigiCash nunmehr über drei Jahrzehnte vergangen sind, ist das von DigiCash fokussierte Problem, namentlich das Zusammenfügen von Daten, bspw. im Rahmen von Big-Data-Analysen, auch heute noch relevant, was die Nutzung von Services wie PayPal bei Online-Käufen belegt.

Das von Back (1997) vorgeschlagene Hashcash will primär kein Zahlungsproblem lösen, sondern den unerwünschten Versand von Werbenachrichten minimieren. Die Idee ist vergleichsweise simpel: Zur Ausführung einer bestimmten Aufgabe, z.B. dem Versand einer E-Mail, muss Berechnungsaufwand investiert werden. Im Konzept von Back (1997) muss der Anwender ein berechnungsschweres Problem lösen, wodurch effektiv Kosten für die eigentliche Tätigkeit entstehen. Bitcoin nutzt diesen Zusammenhang für sein „proof-of-work"-Konzept.

Das von Wei Dai (1998) erdachte „b-money" und das von Nick Szabo (2005) vorgeschlagene „Bit Gold"[9] sind zwei monetäre Vorgänger der Kryptowährungen. Von b-money übernimmt Bitcoin das Konzept der verteilten Zahlungsjournals (dem sogenannten „distributed ledger"), Dai (1998) argumentiert jedoch mit Blick auf praktische Umsetzbarkeit, dass nur einige Teilnehmer des Netzwerkes die komplette Zahlungshistorie vorhalten werden[10]. Der Kerngedanke von Bit Gold ist dem von Bitcoin sehr ähnlich: Beide Konzepte argumentieren, dass traditionelles Geld massiv von einem vertrauenswürdigen Dritten abhängig ist, der den Wert des Geldes durch seine Handlungen zerstören könnte. Szabo (2005) schlägt deshalb ein Konzept der Dezentralisierung vor, um das Ausmaß des notwendigen Vertrauens der Mitglieder untereinander zu reduzieren.

Der kurze historische Abriss verrät, dass Bitcoin als erste Kryptowährung aus einer Vielzahl verschiedener Ursprünge schöpft und einige Konzepte technologisch erweitert. Bitcoin verbindet den distributed ledger aus b-money mit dem proof-of-work-Konzept aus Hashcash und den elektronisch erzeugten Token aus DigiCash. Aus dieser Kombination schafft Bitcoin ein elektronisches Zahlungssystem, dass allein auf einer peer-to-peer-Basis, also im direkten Austausch zwischen den Handelspartnern, agiert.

Die Grundstruktur einer blockchain-basierten Kryptowährung lässt sich schematisch wie folgt beschreiben (Nakamoto 2008): Die Netzwerkteilnehmer speichern eine Version des in Blöcken organisierten distributed ledgers, kurzum also der vollständigen Zahlungshistorie aller jemals erzeugten Token. Jeder Block fasst verschiedene Transaktionen zusammen, die wiederum auf vorhergegangene Transaktionen verweisen. Die Blöcke sind zudem untereinander durch Hash-Signaturen auf einer kryptographischen Ebene miteinander verbunden, wodurch sich eine zeitliche Reihenfolge zwischen den Blöcken und damit eine zeitliche Ordnung der Transaktionen ergibt. Zur Erweiterung der dadurch entstehenden Blockchain ist die Schaffung eines Konsens notwendig, der im Fall des Bitcoin durch einen proof-of-work-Algorithmus erzeugt wird. Kernpunkt des Konsensalgorithmus ist die Erzeugung von Kosten für die Erweiterung der Zahlungshistorie. Damit eine Transaktion als valide gilt, ist eine Aufnahme in den Blockchain erforderlich.

Durch die Nutzung einer kryptographischen Basis können Käufer und Verkäufer Zahlung in Umgebungen mit niedrigem gegenseitigen Vertrauen ausführen. Dies bedeutet jedoch nicht, dass innerhalb der Kryptowährungen kein Vertrauen mehr erforderlich ist. Vielmehr verschiebt sich das Vertrauen von einer institutionellen Ebene auf die Ebene des Zahlungsprotokolls. Damit verlagert sich das Vertrauen hin zum Vertrauen in die kryptographischen Eigenschaften der Kryptowährungen (Blocher et al. 2017b). Weil das Vertrauen bei den Kryptowährungen nicht mehr personell oder institutionell, sondern rein technisch determiniert ist, eignen sich die Kryptowährungen z.B. für die Durchführung auf Online-Schwarzmärkten, wie z.B. Silk Road (Christin 2013).

[9]Es gibt Hinweise darauf, dass Nick Szabo das Bit Gold-Konzept bereits 1998 entwickelt hat, und damit ungefähr zehn Jahre vor der Entstehung der Kryptowährungen (Narayanan et al. 2016).

[10]Dieser Umstand lässt sich auch bei den Kryptowährungen beobachten: Auch wenn Nakamoto (2008) das Vorhalten der kompletten Zahlungshistorie angedacht hatte, existieren heute Wallets, die nicht mehr die komplette Daten vorhalten, sondern diesbezüglich auf andere Datenspeicher und Verifikationsquellen zurückgreifen, um die Nutzung der Speicherinfrastruktur beim Nutzer zu minimieren.

Tabelle 2.1: Klassifikation der Erscheinungsformen des Geldes

Erscheinungsform	Verfügbarkeit	Art	Emission	Transaktion	Wertbasis
Naturalgeld	begrenzt verfügbar, abhängig von der Materialart, im Wesentlichen für alle Transaktionsteilnehmer zugänglich	analog	Emission durch natürliche Verfügbarkeit begrenzt	Peer-to-Peer	Innerer Wert bestimmt sich nach natürlicher Verwendung des Materials
Münzgeld	begrenzt verfügbar, abhängig von der Materialart, im Wesentlichen für alle Transaktionsteilnehmer zugänglich	analog	Emission durch (regulierte) Münzprägestätten	Peer-to-Peer	Materialwert, bei neuerem Münzgeld: Anspruch gegenüber der Zentralbank
Papiergeld	*de facto* unbegrenzt verfügbar, im Wesentlichen für alle Transaktionsteilnehmer zugänglich	analog	Emission durch (regulierte) Notendruckerei	Peer-to-Peer	intrinsisch wertfrei, Wert basiert allein auf Eigenschaft als Tauschmedium, teils Deckung des Papiergeldes durch Emittenten
Digitales Buchgeld	unbegrenzt verfügbar, Zugang jedoch nur für autorisierte Teilnehmer	digital	regulierte Emission durch Geschäftsbanken und Notenbank	intermediär-basiert	intrinsisch wertfreier Token, dessen Wert sich allein aus der Forderung gegenüber dem Emittenten ergibt
Regionalgeld	begrenzte Verfügbarkeit, nur in bestimmter Region und dort bei ausgewählten Partnern nutzbar	analog	Emission meist durch Eintausch gegen staatlich emittiertes Fiatgeld, teils eingeschränkte Rückkonvertierbarkeit, meist als Schwundgeld konzipiert	Peer-to-Peer	regelmäßig durch staatlich emittiertes Fiatgeld gedeckt
			Kryptowährungen		
Private Cryptocurrencies	bei öffentlicher Struktur zugänglich für alle Transaktionsteilnehmer mit Zugriff auf die Technologie	digital	Erzeugung neuer Tokens folgt dem Kryptowährungsprotokoll	Peer-To-Peer	intrinsischer wertfreier Token ohne jeglichen Forderungscharakter
Corporate Cryptocurrencies	Zugang nur für autorisierte Teilnehmer	digital	Emission durch private Institution, nicht notwendigerweise staatlich reguliert	Peer-To-Peer / intermediär-basiert	intrinsisch wertfreier Token, bei Rückkonvertierbarkeit: Forderungscharakter gegenüber der ausgegebenden Institution
Central Bank Digital Currencies	Zugang nur für autorisierte Teilnehmer	digital	Emission durch staatliche Zentralbank	Peer-to-Peer / intermediär-basiert	intrinsisch wertfreier Token, Forderungscharakter gegenüber der Zentralbank

Literatur

Ahamad, ShaikShakell, Madhusoodhnan Nair und Biju Varghese (2013). „A Survey on Crypto Currencies“. In: Proceedings of the International on Advances in Computer Science, S. 42–48.

Ali, Robleh, John Barrdear, Roger Clews und James Southgate (2014). The Economics of Digital Cryptocurrencies. Bank of England Quarterly Bulletin Q3: 276–286.

Ametrano, Ferdinando M. (2016). *Hayek Money: The Cryptocurrency Price Stability Solution.* `https://papers.ssrn.com/sol3/papers.cfm?abstract_id=2425270`.

Andraschko, Lars und Bernd Britzelmaier (2020). Adaptation of cryptocurrencies in listed companies: empirical findings of a CFO survey in the German capital market. International Journal of Big Data Management, 1 (1): 26.

Antonopoulos, Andreas M. (3. Dez. 2014). Mastering Bitcoin. O'Reilly Media.

Back, Adam (1997). *[ANNOUNCE] hash cash postage implementation.* URL: `http://www.hashcash.org/papers/announce.txt`.

Baur, Aaron W., Julian Bühler, Markus Bick und Charlotte S. Bonorden (2015). „Cryptocurrencies as a Disruption? Empirical Findings on User Adoption and Future Potential of Bitcoin and Co“. In: *Open and Big Data Management and Innovation.* Springer International Publishing, S. 63–80.

Bech, Morten und Rodney Garratt (2017). Central bank cryptocurrencies. BIS Quarterly Review: 55–70.

Bjerg, Ole (2015). How is Bitcoin Money? Theory, Culture & Society, 33 (1): 53–72.

Blocher, Walter, Andreas Hanl und Jochen Michaelis (2017b). Revolutionieren Kryptowährungen die Zahlungssysteme? Wirtschaftspolitische Blätter, 64 (4): 543–552.

Camera, Gabriele (2017). A perspective on electronic alternatives to traditional currencies. Sveriges Riksbank Economic Review, 2017 (1): 126–148.

Chaum, David (1992). Achieving Electronic Privacy. Scientific American, 267 (2): 96–101.

Christin, Nicolas (2013). „Traveling the Silk Road: A Measurement Analysis of a Large Anonymous Online Marketplace“. In: *Proceedings of the 22Nd International Conference on World Wide Web.* WWW '13. Rio de Janeiro, Brazil: ACM, S. 213–224.

Dai, Wei (1998). *B-Money.* http://www.weidai.com/bmoney.txt.

Europäische Zentralbank (2012). *Virtual Currency Schemes.* URL: `https://www.ecb.europa.eu/pub/pdf/other/virtualcurrencyschemes201210en.pdf`.

Gandal, Neil und Hanna Halaburda (2014). Can We Predict the Winner in a Market with Network Effects? Competition in Cryptocurrency Market. Games, 7 (3): 16.

Gans, Joshua S. und Hanna Hałaburda (2015). „Some Economics of Private Digital Currency“. In: *Economic Analysis of the Digital Economy.* Hrsg. von Avi Goldfarb, Shane M. Greenstein und Catherine E. Tucker. University of Chicago Press, S. 257–276.

Gurley, John G. und Edward S. Shaw (1960). Money in a theory of finance. Washington: Brookings Institution.

Hałaburda, Hanna und Miklos Sarvary (2016). Beyond Bitcoin: The Economics of Digital Currencies. Palgrave Macmillan.

Hanl, Andreas (2018). *Some Insights into the Development of Cryptocurrencies.* MAGKS Discussion Paper No. 04-2018.

Hanl, Andreas (2022). „Währungswettbewerber Facebook: Ökonomische Implikationen der Corporate Cryptocurrency Libra/Diem". In: *Made in California. Zur politischen Ideologie des Silicon Valley.* Hrsg. von Udo Di Fabio, Julian Dörr und Olaf Kowalski. Beiträge zu normativen Grundlagen der Gesellschaft. Tübingen: Mohr Siebeck, S. 157–187.

Hanl, Andreas und Jochen Michaelis (2017). Kryptowährungen — ein Problem für die Geldpolitik? Wirtschaftsdienst, 97 (5): 363–370.

Hanl, Andreas und Jochen Michaelis (2019). Digitales Zentralbankgeld als neues Instrument der Geldpolitik. Wirtschaftsdienst, 99 (5): 340–347.

He, Dong, Karl Habermeier, Ross Leckow, Vikram Haksar, Yasmin Almeida, Mikari Kashima, Nadim Kyriakos-Saad, Hiroko Oura, Tahsin Saadi Sedik, Natalia Stetsenko und Concepcion Verdugo-Yepes (2016). *Virtual Currencies and Beyond: Initial Considerations.* URL: `http://www.imf.org/external/pubs/ft/sdn/2016/sdn1603.pdf`.

Hileman, Garrick (2014). *A History of Alternative Currencies.* URL: `https://www.hillsdale.edu/wp-content/uploads/2016/02/FMF-2014-A-History-of-Alternative-Currencies.pdf`.

Janze, Christian (2017). Are Cryptocurrencies Criminals Best Friends? Examining the Co-Evolution of Bitcoin and Darknet Markets. Twenty-third Americas Conference on Information Systems, Boston, 2017.

Jevons, William Stanley (1896). Money and the Mechanisms of Exchange. D. Appleton and Company, New York.

Kavuri, Anil Savio, Alistair Milne und Justine Wood (Okt. 2019). *What is new about cryptocurrencies? A visual analysis.* CAMA Working Papers 2019-79. Centre for Applied Macroeconomic Analysis, Crawford School of Public Policy, The Australian National University.

Kocherlakota, Narayana R. (1998). Money Is Memory. Journal of Economic Theory, 81 (2): 232–251.

Kristoufek, Ladislav (2013). BitCoin meets Google Trends and Wikipedia: Quantifiying the relationship between pehnomena of the Internet era. Scientific Reports, 3,3415.

Kubát, Max (2015). Virtual Currency Bitcoin in the Scope of Money Definition and Store of Value. Procedia Economics and Finance, 30: 409–416.

Lagos, Ricardo (2010). „Inside and Outside Money". In: *Monetary Economics.* Palgrave Macmillan UK, S. 132–136.

Mas, Ignacio und David Kuo Chuen Lee (2015). „Bitcoin-Like Protocols and Innovations". In: *Handbook of Digital Currency.* Hrsg. von David Lee Kuo Chuen. Elsevier, S. 417–451.

Menger, Karl (1892). On the Origin of Money. Economic Journal, 2 (6): 239.

Middlebrook, Stephen T. und Sarah Jane Hughes (2016). „Substitutes for legal tender: Lessons from history for the regulation of virtual currencies". In: *Research Handbook on Electronic Commerce Law.* Hrsg. von John A. Rothchild. Resarch Handbooks in Information Law. Edward Elgar Publishing. Kap. 2, S. 37–61.

Nakamoto, Satoshi (2008). *Bitcoin: A Peer-to-Peer Electronic Cash System.* URL: `https://bitcoin.org/bitcoin.pdf`.

Narayanan, Arvind, Joseph Bonneau, Edward Felten, Andrew Miller und Steven Goldfeder (2016). Bitcoin and Cryptocurrency Technologies. Princeton Univers. Press.

Popov, Serguei (2017). *The Tangle.* URL: `https://iota.org/IOTA_Whitepaper.pdf`.

Rösl, Gerhard (2005). Regionalwährungen in Deutschland. Wirtschaftsdienst, 85 (3): 182–190.

Sapovadia, Vrajlal (2015). „Legal Issues in Cryptocurrency“. In: *Handbook of Digital Currency.* Hrsg. von David Lee Kuo Chuen. Elsevier, S. 253–266.

Selgin, George (2003). Adaptive Learning and the Transition to Fiat Money. The Economic Journal, 113 (484): 147–165.

Sveriges Riksbank (2017). *The Riksbank's e-krona project. Report 1.* URL: `http://www.riksbank.se/Documents/Rapporter/E-krona/2017/rapport_ekrona_170920_eng.pdf`.

Szabo, Nick (2005). *Bit Gold.* URL: `http://nakamotoinstitute.org/bit-gold/`.

Voshmgir, Shermin (2019). Token Economy: How Blockchains and Smart Contracts Revolutionize the Economy. Berlin: BlockchainHub Berlin.

Walker, Francis Amasa (1878). Money. Henry Holt und Company, New York.

Yermack, David (2015). „Is Bitcoin a Real Currency? An Economic Appraisal“. In: *Handbook of Digital Currency.* Hrsg. von David Lee Kuo Chuen. Elsevier, S. 31 –43.

3 Design der Kryptowährungen

Das von Nakamoto (2008) geschaffene Bitcoin-Konzept kann als erster Prototyp einer Kryptowährung verstanden werden, keineswegs sind die Entscheidungen zum Aufbau der Kryptowährung final und für alle anderen Altcoins bindend. Vielmehr lassen sich Kryptowährungen an verschiedene Anwendungsgebiete und Nutzergruppen anpassen. Dass dies durchaus der Fall ist, legt die Anzahl der entstandenen Kryptowährungen nahe. Eine präzise Abschätzung der Größe und der Anzahl entstandener Konzepte ist aufgrund der Dezentralität schwierig, allenfalls lassen sich Approximationen bilden. Die Daten in Tabelle 3.1 legen eine ungefähre Größenordnung nahe, sodass von der Existenz mehrerer Tausend Kryptowährungen ausgegangen werden muss. Zur Durchsetzung werden indes nur wenige Kryptowährungen gelangen, ein Großteil wird keine dauerhafte marktrelevante Stellung erreichen. Wie für Netzwerkgüter üblich, lässt sich auch bei den Kryptowährungen ein Vorteil für die ersten Kryptowährungen beobachten: Die Dominanz des Bitcoin — gemessen am Marktwert der erzeugten Kryptotokens — erzielt trotz steigender Anzahl an Mitbewerbern seit seiner Entstehung eine signifikante Marktdominanz.

Im Folgenden wird der schematische Grundaufbau einer Kryptowährung erläutert und die verschiedenen Ausgestaltungsoptionen aufgezeigt. Das Kapitel nutzt dabei zur Veranschaulichung Daten aus der DOACC-Datensammlung, einer öffentlich verfügbaren Sammlung von (Meta)-Daten über die Genese von Kryptowährungen. Die Datensammlung geht zurück auf Graham Higgins, der den Datensatz in der Zeit zwischen März 2014 und September 2016 händisch aus den Ankündigungen in den bitcointalk-Foren zusammengetragen hat. Die von Higgins gesammelten Daten sind vor allem deshalb wertvoll, weil sie die ersten Jahre der Entstehung von Kryptowährungen aufgreifen. Da die Entwicklung in dieser Zeit auf verifizierbaren Online-Repositorien beruhte, erlaubt die Sammlung detaillierte Einblicke in die Funktionsweise der jeweiligen Kryptowährungen. Der Entstehungsprozess wandelte sich im Laufe der Zeit hin zu „Initial Coin Offerings“, die teils weniger verifizierbare Informationen zur technologischen Ausgestaltung aufweisen. Informationen zu neu aufgekommenen Kryptowährungen vor März 2014 wurden von Higgins durch systematische Suche im Internet ergänzt. Der DOACC-Datensatz ist öffentlich auf GitHub zugänglich[1] und bietet Informationen zu 19 Ausgestaltungsdimensionen:

- Name*
- Börsenkurzzeichen*
- Netzwerk Protokoll*
- Konsensus Mechanismus*
- Jahr und Monate der Ankündigung*
- Datum der Ankündigung
- Blockzeit in Sekunden
- Hash Algorithmus

[1] Der Datensatz ist basierend auf der Open Database License unter `https://github.com/DOACC/individuals` verfügbar.

Tabelle 3.1: Schätzungen über die Größe des Markets für Kryptowährungen (Stand: 09. Januar 2022)

Quelle	Geschätzte Größe
Coinmarketcap.com	16.534
Tarasiewicz und Newman (2015) (Bitcointalk, 8/2014)	>1.500
DOACC	2,896
Tarasiewicz und Newman (2015) (GitHub, 8/2014)	4.096
coin.market (27. Mai 2020)	6.880
GitHub Forks des Bitcoin-Clients	≈ 31.100

- Block Belohnung
- Belohnungsanpassung
- Umfang des Preminings
- Gesamtzahl der Kryptotoken
- Anpassung des kryptografischen Ziels
- Website
- Fundort des Quellcodes
- Typ des Proof-of-Stake Schemas
- Empfohlene Zahl der Bestätigungen
- Konfirmationszeit neuer Blöcke
- Schema der Tokenverteilung

Der Vergleich des DOACC-Datensatzes mit den Arbeiten von Farell (2015) und Tarasiewicz und Newman (2015) in Tabelle 3.4 zeigt, dass der überwiegende Teil der Daten des DOACC-Datensatzes mit anderen Quellen verifizierbar ist. Dennoch sind im Vergleich mit anderen Arbeiten Abweichungen festzuhalten. Zum Teil betrifft dies kleinere Differenzen zum Zeitpunkt der Ankündigung, aber auch größere Unterschiede im Bereich der Konsensalgorithmen oder des kryptographischen Hashalgorithmus. Allerdings betreffen diese Diskrepanzen nicht die DOACC-Datensammlung allein, vielmehr sind auch im Direktvergleich zwischen den Arbeiten von Tarasiewicz und Newman (2015) und Farell (2015) Unterschiede feststellbar. Die Gründe für die Abweichungen sind dabei vielfältig, so nutzt Farell (2015) die (gegenüber einer Ursprungsversion möglicherweise aktualisierte) Webseite der entsprechenden Kryptowährung, falls das Whitepaper als technische Anfangsdokumentation nicht verfügbar war. Zum Teil lassen sich die Differenzen auch mit Namensdoppelungen erklären, ein Problem, das aus der Dezentralisierung der Kryptowährungen resultiert, da es — in Ermangelung einer zentralen Autorität — keine Verhinderung von Duplikaten geben kann. Wenngleich die DOACC-Datensammlung keine perfekte Abbildung einer dynamischen Realität bieten kann, bietet sie dennoch wichtige Einblicke in die Entstehungsgeschichte der Kryptowährungen, insbesondere für den Zeitraum, in dem Neuankündigungen üblicherweise in Online-Foren stattgefunden haben (Tarasiewicz und Newman 2015).

Als weiterer Nachteil des DOACC-Datensatzes kann die Zeitspanne der erfassten Neuankündigungen angesehen werden, da diese nur einen Teil der Entstehungsgeschichte abdeckt. Dabei muss jedoch bedacht werden, dass sich die Bedingungen, unter denen Kryptowährungen entstehen, in den letzten Jahren deutlich verändert haben, was sich bspw. in einer Verschiebung von nachvollziehbaren GitHub Repositorien hin zu abstrakter definierten Initial Coin Offerings als Entstehungsort niederschlägt. Somit müssen die ursprünglichen Verbreitungswege der Kryptowährungen separat betrachten werden, um ein Verständnis für die Genese der Kryptowährungen gewinnen zu können. Die vom Datensatz abgedeckten Kryptowährungen decken sich zudem mit einem Großteil der an Börsen gehandelten und somit relevanten Kryptowährungen.

Dennoch müssen einige Besonderheiten der Analyse hervorgehoben werden. Insgesamt deckt der Datensatz 19 Ausgestaltungsdimensionen der Kryptowährungen ab, erfasst jedoch für alle abgedeckten Kryptowährungen nur fünf Dimensionen.[2] Dies kann insgesamt zu einer Verzerrung der Analyse führen. Zudem sind die erfassten Daten nur ein Abbild des Entstehungszeitpunktes, Änderungen hinsichtlich der aktuellen Ausgestaltung sind aus dem DOACC-Datensatz allein nicht erkennbar. Damit können die Daten nur als erste Näherung für eine Beschreibung einer einzelnen Kryptowährung angesehen werden. Die ökonomische Relevanz einer Kryptowährung lässt sich verlässlich nur für ihre spezielle Zielgruppe bestimmen, die nachfolgende Analyse assoziiert zu jeder Kryptowährung das gleiche Einflussgewicht.

3.1 Grundsätzlicher Aufbau

Das von Nakamoto (2008) beschriebene Bitcoin-Protokoll kann als Prototyp einer Kryptowährung gelten. Die Funktionsweise lässt sich wie folgt vereinfacht skizzieren: Die Teilnehmer des (dezentralen) Netzwerks wählen basierend auf einem *Konsensalgorithmus* den nachfolgenden Block einer Blockchain aus. Die Kryptowährung basiert dabei auf einem (oder mehreren) *kryptografischen Algorithmus*. Als Zusammenspiel aus dem zeitlich angestrebten Abstand zwischen zwei Blöcken und der Zahl der empfohlenen Bestätigungen eines Blocks ergibt sich die angestrebte *Bestätigungszeit* einer individuellen Transaktion, nach der die Transaktion mit einer hohen Wahrscheinlichkeit nicht mehr angreifbar ist. Bei der Einführung einer Kryptowährung kann sich der Ersteller dazu entschließen, einen gewissen Teil an Kryptotokens vorab, also nicht durch Belohnung für das Anfügen eines neuen Blocks, zu erzeugen (sog. *Premining*) und nach eigenen Regeln zu verteilen.

Die Festlegung auf die Bitcoin-Spezifika ist aber keineswegs bindend, vielmehr bietet sich ein breites Spektrum an Möglichkeiten, eine Kryptowährung zu gestalten. Im nachfolgenden soll, unter Bezugnahme auf den DOACC-Datensatz, aufgezeigt werden, welche Wahlmöglichkeiten bestehen.

3.1.1 Konsensalgorithmen

Zentrales Element der Kryptowährungen ist ihre Unabhängigkeit von steuerungsfähigen Instanzen: statt auf einen vertrauenswürdigen Intermediär zu setzen, setzen Kryptowährungen spezielle Methoden ein, um innerhalb eines Netzwerkes eine bestimmte Transaktionshistorie gemeinsam festzuschreiben. Dabei muss protokollseitig sichergestellt

[2] Die für alle Kryptowährungen verfügbaren Informationen sind in der oben gezeigten Übersicht mit einem * versehen.

sein, dass jeder Teilnehmer des Netzwerkes bei Befolgen der im Protokoll vorgestellten Vorgehensweise die gleiche Historie für richtig erachtet, sodass dadurch Konsens über die Transaktionsdaten entsteht und letztlich eine gemeinsame Transaktionshistorie existiert. Notwendig ist die gemeinsame Historie, um ein „double spending“ zu verhindern. Der Konsensalgorithmus schützt die relevante Blockchain nach außen, indem er das Hinzufügen von Transaktionsdaten zur Blockchain mit ökonomisch relevanten Kosten belegt.

Bei der Erzeugung einer Kryptowährung bieten sich verschiedene Konsensalgorithmen neben dem vom Bitcoin genutzten „Proof-of-Work“ an. Im Nachfolgenden werden die verschiedenen Konsensalgorithmen kurz umrissen.

Proof-of-Work (PoW) ist das von Nakamoto (2008) für die Bitcoin-Konzeption gewählte Schema. Die Funktionsweise ist simpel: Zum Hinzufügen eines Blocks von Transaktionen ist vom Teilnehmer eine bestimmte Arbeitsleistung, im Fall der Kryptowährung üblicherweise in Form kryptographisch rechenintensiver Aufgaben, zu erbringen. Die Lösung der Aufgabe muss schwierig zu erzeugen, aber leicht zu verifizieren sein (Bhaskar und Lee 2015). Beim Bitcoin geschieht dies bspw. dadurch, dass durch eine Anpassung eines Feldes im Block dessen SHA-2-256-Hashwert ein vordefiniertes Ziel unterschreiten muss (Nakamoto 2008). Da die kryptographischen Funktionen in der Regel de facto nicht umkehrbar sind, kann die Lösung nicht durch simple Berechnungen bestimmt werden, sondern muss aufwendig durch Ausprobieren gesucht werden. Andererseits ist die Lösung bei bekannten Parametern vergleichsweise leicht zu verifizieren. Ideengeschichtlich gehen die Proof-of-Work-Schemata auf Adam Backs Hashcash zurück (Narayanan et al. 2016). Die Wahrscheinlichkeit, innerhalb eines Proof-of-Work-Schemas eine Lösung zu finden, hängt im Wesentlichen von der Fähigkeit einer Teilnehmers ab, die vorgegebene Aufgabe zu lösen, mithin also Hashwerte bestimmen zu können. Die Kosten werden bei dieser Variante eines Konsensmechanismus durch den Betrieb und die Verfügbarkeit der entsprechenden Hardware erzeugt.

Proof-of-Stake (PoS) Im Gegensatz zum PoW beruht die Wahrscheinlichkeit beim PoS nicht auf der Rechenleistung, sondern auf dem Anteil des Nutzers, den er am System trägt, bspw. an seinem Anteil der gesamten emittierten Token. Peercoin implementiert einen PoS-Konsensusalgorithmus auf Basis des „coinage“, das als Produkt aus der Menge gehaltener Token mit der Haltedauer definiert ist (King und Nadal 2012). Der Anteil eines Nutzers steigt dabei mit der Zahl gehaltener Tokens und auch mit der Haltedauer. Letzteres wird plausibel, wenn man sich die hohen Wertschwankungen der Kryptowährungen vor Augen führt, sodass längere Haltedauern tendenziell mit einem höheren Risiko verbunden sind. Da die Nutzer mit höheren Anteilen höhere Risiken eingehen, haben sie einen geringen Anreiz, Entscheidungen zu treffen, die dem System schaden. Durch diese Kosten schafft diese Form der Konsensfindung einen Anreiz zum regelkonformen Verhalten. Da beim PoS die Wahrscheinlichkeit, den nächsten Block erzeugen zu dürfen, nicht von der Rechenleistung der einzelnen Teilnehmer abhängt, sind PoS-basierte Kryptowährungssysteme weniger energieintensiv (King und Nadal 2012). Im Gegensatz zum PoW sind PoS-Systeme damit weniger abhängig von spezieller Hardware.

Proof-of-Burn (PoB) setzt darauf, dass Token der Kryptowährung an Adressen gesendet werden, die sich nicht einem spezifischen private key zuordnen lassen, z.B. weil diese Adressen aus private keys generiert wurden, die nicht im zulässigen Raum für private keys liegen (Bhaskar und Lee 2015). Da sich diese Tokens damit nicht wieder verwenden lassen, entstehen durch das Senden von Tokens an diese Adresse direkt Kosten.

Proof-of-Resource (PoR) setzt den Beweis voraus, dass der Netzwerkteilnehmer über eine bestimmte Ressource verfügen kann, bspw. Rechenleistung, Netzwerkbandbreite, Netzwerkverfügbarkeit oder Speicherplatz. Da die Ressourcen knappe Güter sind, ist das Verfügbarhalten kostenintensiv.

Proof-of-Capacity (PoC) ist auch unter der Bezeichnung Proof-of-Space bekannt. Dieses Schema lässt sich als Spezialfall des Proof-of-Resource verstehen, bei dem Nutzer das Vorhandensein eines bestimmten Speicherplatzvolumens nachweisen müssen. Für jede zu erstellende Adresse muss dabei eine gewisse Datenmenge gespeichert werden, sodass der Betrieb einer Wallet mit steigender Zahl der verwalteten Adressen kostenintensiver wird. Diese inhärenten Kosten der Adressenerzeugung sollen dazu beitragen, dass Nutzer keine größeren Menge an Adressen, z.B. zu Täuschungszwecken, erzeugen (Dziembowski et al. 2015). Die Nutzer beweisen das Halten der Daten, indem die Verifikationsinstanz spezifische Bits aus der Datenmenge abfragt. Die PoC-Systeme können als Subgruppe der PoR-Systeme verstanden werden.

Delegated-Proof-of-Stake (DPoS) ist ein Konsenssystem, bei dem die Nutzer mit ihren Transaktionen für Blöcke abstimmen, die von den „witnesses“ (in früheren Systemen auch als „delegates“ bezeichnet) signiert wurden (Schuh und Larimer 2017). Diese „witnesses“ werden aus dem Kreis der Nutzer der Kryptowährungen gewählt und sind definitionsgemäß mit dem gleichen Stimmgewicht ausgestattet. Durch das Wahlverfahren können die Nutzer dabei entscheiden, wem sie Vertrauen schenken wollen.

Proof-of-Research adressiert ein zentrales Problem der PoW-Systeme, denn die unter diesen Systemen erzeugten Lösung sind ausschließlich für das verwendete kryptographische „Rätsel“ nutzbar, haben jedoch außerhalb dieser Verwendung keinen inhaltlichen Mehrwert. Kryptowährungen, die auf einem Proof-of-Research beruhen, nutzen als Arbeitsnachweis das Lösen wissenschaftlich relevanter Probleme. Beispielsweise nutzt GridCoin das BOINC-Netzwerk, das als verteiltes Computernetzwerk die Rechenleistung verschiedener Einzelcomputer zusammenführt, um rechenintensive Probleme lösen zu können, während Primecoin die Suche nach Primzahlen voranzutreiben versucht (King 2017). Als Ausgleich für die unterschiedliche Anfangsausstattung der Nutzer lässt sich ein Teil des PoS-Konzepts implementieren, z.B. analog des von GridCoin verwendeten Konzepts des „research age“.

Gemein ist allen Konsensusformen, dass der fortschreibende Nutzer einen bestimmten Beweis erbringen muss, dessen Erzeugung mit Kosten verbunden ist. Dieser Beweis kann

Tabelle 3.2: Consensus Schemes

DPoS	2	PoC	1	PoS	1185	PoW-PoS	44
PoB	3	PoR	4	PoW	1652	unbekannt	5

intrinsisch wertfrei sein, oder aber reellen Nutzen generieren. Im letzteren Fall könnte man dies in Analogie zur Deckung traditioneller Währung durch Devisen oder Goldreserven verstehen, wenngleich die Quantifizierung des monetären Werts eines wissenschaftliches Beweises oder Problemlösung ungleich schwerer fallen dürfte, vor allem dann, wenn die erzeugte Lösung selbst nicht marktfähig ist. Analog zur Deckung einer traditionellen Währung gilt aber auch hier, dass ein Tausch eines Tokens gegen die zugrundeliegende Sicherheit nur ein hypothetisches Szenario ist.

Die Konsensusformen haben unterschiedliche Eigendynamiken, so bevorzugt ein PoW-System Nutzer mit Zugriff auf leistungsstarke Berechnungsinfrastrukturen, während ein PoS-System kapitalintensive Nutzer im Vorteil lässt.

Gegeben die unterschiedlichen ökonomischen Auswirkungen der verschiedenen Konsensalgorithmen, kann es für den Erschaffer sinnvoll sein, über den Lebenszyklus der Kryptowährung verschiedene Schemata einzusetzen, weil diese den Bedingungen der jeweiligen Phase unterschiedlich Rechnung tragen können, bspw. als Abgrenzung einer Initialphase von einer Phase der etablierten Nutzung (Hałaburda und Sarvary 2016). In der Initialphase wird dabei der „stake“ der einzelnen Teilnehmer klein sein, sodass hier bereits kleine Veränderungen im gehaltenen Vermögen zu deutlichen Auswirkungen in den Kräfteverhältnissen führen, weshalb ein Proof-of-Work-System eher angezeigt sein kann, da die Verteilung der Rechenleistung stabiler sein könnte. Zudem bietet ein PoW-System in den Anfangsstadien den Anreiz, mehr Rechenleistung zu installieren, was sich letztlich in einer höheren Sicherheit in Form erschwerter Angreifbarkeit der Blockchain der Kryptowährung niederschlägt. In späteren Phasen kann durch den Wechsel von PoW zu PoS der Ressourcenverbrauch der Kryptowährung reduziert werden. Diese Mehrstufigkeit von Konsensalgorithmen kann als Weiterentwicklung der ersten Kryptowährungen verstanden werden, weil es ein bessere Anpassung der Kryptowährung an ihr sozioökonomisches Umfeld erlaubt. Ein Beispiel für eine Kryptowährung, die einen Wechsel des Konsensalgorithmus anstrebt, ist Ethereum, das mit dem Casper-Update in einem mehrstufigen Prozess von einem PoW- auf ein PoS-System umstellen will.

Der DOACC-Datensatz hält zur Einordnung der Relevanz der einzelnen Konsensalgorithmen Informationen vor, die in Tabelle 3.2 zusammengefasst sind. Primär im Einsatz als Konsensalgorithmen sind PoW (ca. 58%) und PoS (ca. 41 %), die zusammen das vom DOACC-erfasste Umfeld damit nahezu vollständig erfassen. In der Anfangsphase der Kryptowährungen ist also festzuhalten, dass Kryptowährungen fast ausschließlich auf diese Systeme gesetzt haben. Kryptowährungen, die nicht auf PoW oder PoS setzten, haben im überwiegenden Teil auf eine Kombination der beiden Algorithmen gesetzt. Diese Ergebnisse bestätigt auch Farell (2015), der in seiner Analyse der 21 ökonomisch relevantesten Kryptowährungen eine Mehrzahl an Kryptowährungen identifiziert, die auf PoW oder PoS setzen. Dennoch sind die Anteile, die sich aus der Analyse des DOACC-Datensatzes ergeben, größer als die Werte von Farell (2015), sodass zumindest eine Abweichung zwischen der durchschnittlich angekündigten Kryptowährung des An-

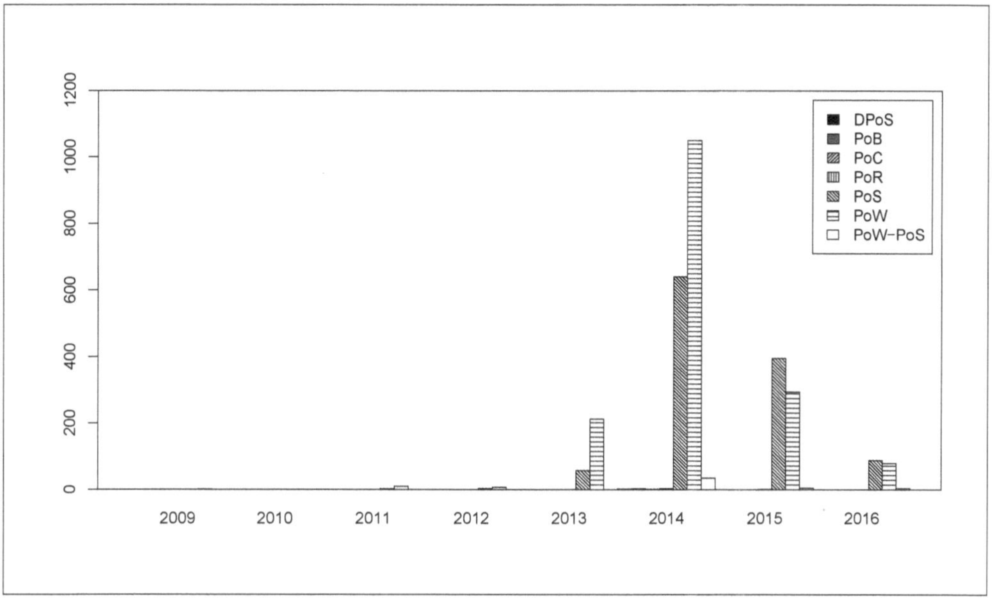

Abbildung 3.1: Absolute Anzahl der Konsensalgorithmen

fangsstadiums und den ökonomisch relevanten Kryptowährungen festzuhalten bleibt. Die Studie von Farell (2015) zeigt außerdem, dass PoW das relevante Konsenssystem ist, bezogen auf die Marktkapitalisierung der Kryptowährungen.

Eine zeitliche Analyse zeigt (vgl. Abbildung 3.1), dass bis 2014 PoW der vorherrschende Mechanismus war, ab dem Jahr 2015 aber die Mehrzahl der neu angekündigten Kryptowährungen PoS-basiert waren. Dies lässt darauf schließen, dass es in dieser Zeit einen Übergang von arbeits- zu „stake"-basierten Systemen gegeben hat, der sich möglicherweise durch den offensichtlicher werdenden Ressourcenverbrauch gewachsener Kryptowährungen wie Bitcoin erläutern ließe.

Abseits des Konsensalgorithmus können Beweisbarkeiten in Bezug auf Kryptowährungen noch an anderen Stellen eine Rolle spielen. So argumentieren Bhaskar und Lee (2015), dass ein Kryptowährungshandelsplatz seine Solvenz oder aber das Vorhandensein von Reserven beweisen wolle, um mehr Nutzer zu attrahieren.

3.1.2 Kryptographische Algorithmen

Namensgebend für die Kryptowährungen ist ihre technologische Basis, die kryptographischen Algorithmen. Die Kryptographie selbst hat verschiedene Algorithmen hervorgebracht mit dem Ziel, Informationen vor dem Zugriff Dritter zu schützen, oder aber ihre Herkunft zweifelsfrei belegen zu können. Grundsätzlich stehen für die Konstruktion einer Kryptowährung somit diverse kryptographische Algorithmen zur Verfügung, die dabei auch unterschiedlich miteinander kombiniert werden können. Tabelle 3.3 gibt einen groben Überblick über die Vielfältigkeit der verwendeten Algorithmen. Bei der Betrachtung der Tabelle muss jedoch beachtet werden, dass einige Algorithmen durch die Kombination anderer Algorithmen entstehen. Im Nachfolgenden soll eine Auswahl

Tabelle 3.3: Überblick über die von den Kryptowährungen verwendeten kryptographischen Algorithmen

Algorithmus	#	Algorithmus	#	Algorithmus	#	Algorithmus	#
3s	3	intercoin	1	primegap	1	shanghai	1
bcrypt	1	jackpot	1	quark	62	Skein	5
BLAKE	14	JH	1	qubit	17	stackhash	1
BLAKE2b	2	Luffa	1	radix	1	t-inside	1
BMW	1	lyra2re	6	realpay	1	thiamine	1
boinc	1	m7	2	ripple	4	trisha	4
c11	2	MD5	1	roulette	1	twe	1
c29	1	mhash	1	salsarg	4	Twister	1
captcha	1	momentum	5	scrypt	1207	unknown	16
cryptonight	32	momsha	1	scrypt-j	40	velvet	1
Dagger	6	myriad	25	scrypt-j-n	2	Whirlpool	3
dcrypt	2	NeoScrypt	1	scrypt-n	47	x11	481
droplp	1	nist5	22	scrypt-n-f	1	x11gost	1
ellipticcurve	3	nist6	2	scrypt-n-m	1	x12	1
folding	1	novel	8	scrypt-n-r	3	x13	203
fresh	9	Obelisk	1	SHA-1-256	2	x14	9
friction	1	ocean	1	SHA-2-256	431	x15	71
Fugue	2	pluck-128	3	SHA-2-512	1	x17	2
Grøstl	4	prime6	1	SHA-3-256	25	xg	1
hefty1	7	primechain	5	SHA-3-512	1	yescrypt	1
hive	1	primeconstellation	1	Shabal	1	zr5	1

wichtiger Algorithmen vorgestellt werden.

Secure Hashing Algorithm (SHA) ist eine Gruppe von kryptografischen Algorithmen, die sich in die drei Hauptgruppen SHA-1, SHA-2 und SHA-3 einteilen lassen und in chronologischer Reihenfolge entstanden sind, zuletzt wurde der Keccak-Algorithmus als Algorithmus für SHA-3 gewählt. Jede SHA-Subgruppe ist in der Lage, unterschiedliche Längen als Ausgabe zu generieren, so erzeugt bspw. SHA-2-256 eine Ausgabe mit einer Länge von 256 Bit, während SHA-2-512 eine Ausgabe von 512 Bit Länge. Gemäß dem DOACC-Datensatz umfasst die SHA-Gruppe ca. 460 verschiedene Kryptowährungen, mit Bitcoin als prominentestes Beispiel.

Scrypt wurde zuerst von Percival (2009) beschrieben. In Abgrenzung zur SHA-Gruppe ist der Scrypt-Algorithmus speicherintensiver, was seine Resistenz gegenüber spezieller Mining-Hardware wie bspw. ASICs erhöht und damit als Innovation gegenüber den SHA-basierten PoW-Systemen verstanden werden kann. Neben dem originalen Scrypt-Algorithmus existieren auch hier verschiedene Subgruppen, so fügt Scrypt-N einen Faktor hinzu, um den Speicherbedarf adjustierbar zu gestalten, währenddessen ist Scrypt-Jane eine Scrypt-Implementation mit Anpassungen in der algorithmischen Struktur (Tarasiewicz und Newman 2015). Im DOACC-Datensatz wird Scrypt von etwa 1,300 Kryptowährungen verwendet.

Cryptonight ist wie Scrypt eine speicherintensive kryptographische Hashfunktion, die zuerst von Seigen et al. (2013) beschrieben wurde mit dem Ziel, eine Hashfunktion zu erzeugen, die mit Hardware abseits von CPUs nicht effizient berechenbar sein soll. Dadurch sollen Hardwaresysteme wie Grafikprozessoren (GPUs),

Field Programmable Gate Arrays (FGPAs) und Application Specific Integrated Circuits (ASICs) ausgeschlossen werden. Diese Technologien haben sich bspw. beim SHA-basierten Bitcoin durchsetzen können, weil sie Hashwerte mit größerer Effizienz bestimmen können, und damit auch zu einem deutlichen Anstieg der Bitcoin Netzwerkhashrate geführt haben. Cryptonight kann damit als Reaktion von Kryptowährungsentwicklern auf entstandene Probleme angesehen werden. Cryptonight greift in seiner Struktur auf den Keccak-Algorithmus zurück, der SHA-3 zugrundeliegt, was die Verflechtung der verschiedenen Algorithmen untereinander verdeutlicht. Basierend auf den DOACC-Daten lassen sich 32 Kryptowährungen identifizieren, die auf Cryptonight zurückgreifen.

X-... ist eine Gruppe von Algorithmen, die zwischen 11 und 17 verschiedene Hashfunktionen miteinander verknüpft, wobei die einzelnen Subgruppen deswegen als X-11 bis X-17 bezeichnet werden. Die Gruppe dieser Algorithmen sperrt dadurch die Entwicklung spezifischer Hardware aus, da sie nicht mehr durch einen einzelnen Algorithmus beschrieben werden kann. Zudem bringt sie eine zusätzliche Sicherheit in die Kryptowährung ein, da die Ergebnisse der Hashfunktion nicht vorhersehbar sind, selbst wenn zu einem einzelnen kryptographischen Algorithmus eine Umkehrfunktion beschrieben werden sollte. Auch die X-Algorithmen greifen auf Keccak zurück, womit auch hier die Überlagerung der einzelnen Systeme erneut deutlich werden. Als Gruppe von Algorithmen umfasst dieser Typus von kryptographischen Funktionen etwa 770 Kryptowährungen.

Scrypt, X-... und SHA decken zusammen etwa 90 Prozent der vom DOACC-Datensatz erfassten Kryptowährungen ab. Da Bitcoin die einzige Kryptowährung des Jahres 2009 ist, nimmt SHA einen Anteil von 100 Prozent ein, SHA-2-256 bleibt aber auch in den Folgejahren der hauptsächlich genutzt Algorithmus. Der Anteil der Kryptowährungen, die Scrypt-basiert arbeiten, steigt, sodass ab 2013 Scrypt als führender Algorithmus angesehen werden kann. Deutlich wird bei einer jährlichen Betrachtung, dass es eine Art Pfadabhängigkeit zu geben scheint, ein bereits etablierter Algorithmus also auch in Folgejahren einen Bonus bei der Akzeptanz erfährt. Begründet sein könnte dies durch den Faktor, dass bereits existierende Kryptowährung als Vorlage für neue Kryptowährungen dienen, dabei jedoch nur bestimmte Faktoren ersetzt werden.

Der Übergang von SHA-basierten zu Scrypt-basierten Kryptowährungen kann auch als Reflex der Kryptowährungsökosphäre auf die Entwicklung spezialisierter Mining-Hardware verstanden werden, im Speziellen also die Entwicklung von ASICs zum Mining von Bitcoin. Diese Spezialhardware hat einen Vorteil in der Erzeugung des kryptographischen Beweises, sodass im Gegensatz zum CPU- oder GPU-basierten Mining effizienter gearbeitet wird (Narayanan et al. 2016). Speicherintensive Algorithmen wie Scrypt bieten zumindest zum Teil Schutz vor der dem Einsatz von ASICs.

3.1.3 Transaktionsbestätigung

Kryptowährungen erzielen die Dezentralisierung regelmäßig durch den Einsatz der Distributed Ledger Technology, typischerweise in Form einer Blockchain. Sie schaffen damit eine geordnete Reihenfolge von Transaktionen, wodurch sie die zeitliche Reihenfolge des Tokenbesitzes nachvollziehen lässt. Ein Großteil der vom DOACC-Datensatz erfassten Kryptowährungen strebt dabei eine spezifische Zeit zwischen den Blöcken an, bspw. um die Verbreitung der Informationen im Netzwerk zu ermöglichen und ein Auseinanderdriften der einzelnen Netzwerkknoten einzuschränken. Erfasst werden vom DOACC-Datensatz 2.112 Kryptowährungen, bei denen Informationen zur Blockzeit vorliegen. Auffällig ist dabei, dass bei 2.020 Kryptowährungen die Blockzeit bei weniger als zehn Minuten liegt, die vom Bitcoin als Ziel genutzt werden. Die durchschnittliche Zeit zwischen zwei Blöcken innerhalb des DOACC-Datensatz liegt bei 139,2 Sekunden, wobei jedoch eine erhebliche Variabilität zu konstatieren ist. So liegt beim InsanityCoin die Blockzeit bei zwölf Stunden, wobei Kryptowährungen mit Blockzeiten größer als der von Bitcoin-gesetzten Marke von zehn Minuten eher untypisch sind.

Neben der Blockzeit spielt die Anzahl der empfohlenen Blöcke eine entscheidende Rolle in der Determination der Frage, ab wann eine Transaktion als bestätigt angesehen werden kann. Aus verschiedenen Gründen scheint es sinnvoll, eine Transaktion im dezentralen Netzwerk zunächst als „ausstehend (pending)“ anzusehen. Zunächst ist es möglich, dass im Rahmen des Mining zwei Miner einen Block schaffen, der aus einem unterschiedlichen Satz mit noch nicht durchgeführten Transaktionen stammt. Mithin könnte also die Transaktion zwar in einer (beobachteten) Blockchain aufgenommen sein, diese könnte jedoch künftig ungültig werden, weil eine nicht beobachtete Parallelblockchain Gültigkeit erlangt (Nakamoto 2008). Solche Forks entstehen regelmäßig, sind aber im Zeitablauf nicht stabil und werden vom entsprechenden Kryptowährungsprotokoll eliminiert. Dies würde jedoch nur für das Abwarten weniger Blöcke sprechen. Ein zweiter, gewichtigerer Grund für eine Wartezeit ist die Möglichkeit eines Angriffs auf die Blockchain, mithin also der Versuch, nachträglich eine längere Blockchain durch Aufwenden enormer Rechenleistung zu etablieren. Dabei nimmt die zu leistende Arbeit (in einem PoW-System) mit der Zahl der Blöcke zu, die der Angreifer aufholen muss, folglich sinkt die Erfolgswahrscheinlichkeit mit jedem weiteren, der Blockchain hinzugefügtem Block. Es folgt, dass eine Transaktion mit größerer Wahrscheinlichkeit unverändert bleiben wird, je länger die folgende Blockchain ist. Nakamoto (2008) zeigt, dass die Wahrscheinlichkeit, erfolgreich einen Block einer bestehenden Blockchain zu ändern, von der Wahrscheinlichkeit abhängt, einen neuen Block zu erzeugen, im Falle eines PoW-Schemas als von der zur Verfügung stehenden Rechenleistung. Damit kann die empfohlene Zahl an Blöcken als Wartezeit nur eine kurzfristige Prognose sein, die regelmäßig an die aktuellen Gegebenheiten der spezifischen Kryptowährung, insbesondere dabei an die Konzentration der Blockerzeugung, angepasst werden muss.

Wie in Abbildung 3.2a zu erkennen, hat die Zahl der empfohlenen Bestätigungen zugenommen, sowohl bei Betrachtung des Medians als auch des Durchschnitts. Diese könnte als Reflexion des Systems der Kryptowährungen verstanden werden, bspw. als verstärkte Konzentration von Rechenleistung in Form von Mining Pools. Zumindest im Fall des Bitcoin-Systems nehmen diese große Teile der Gesamtrechenleistung ein und haben damit ein erhöhtes Schadenspotenzial.

Die Betrachtung der Bestätigungszahl allein gibt allerdings keine Anhaltspunkte über die ökonomisch relevantere Bestätigungszeit, die in Abbildung 3.2b ausgewiesen ist. Kryptowährungen, die bei gleicher Zahl an benötigten Blöcken kürzere Blockzeiten haben, führen zu einer schnelleren Bestätigung von Transaktionen und damit zu geringeren

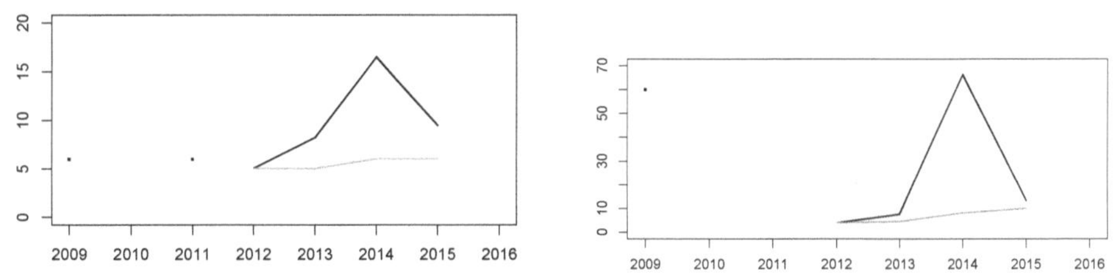

(a) Median (grau) und Durchschnitt empfohlener Bestätigungsblöcke ((schwarz).

(b) Median (grau) und Durchschnitt (schwarz) der Bestätigungszeit einer Transaktion.

Abbildung 3.2: Transaktionsbestätigung: Anzahl empfohlener Blöcke zur Bestätigung einer Transaktion sowie Verifikationszeit.

Zeitkosten. Beispielsweise hat Litecoin einen dem Bitcoin ähnlichen Aufbau. Unterstellt man die sechs Transaktionen, die von Bitcoin empfohlen wurden, auch bei Litecoin, der eine Blockzeit von 2,5 Minuten hat, gelten Transaktionen im Litecoin-Netzwerk bereits nach 15 statt nach 60 Minuten als bestätigt. Abbildung 3.2b zeigt, dass die durchschnittliche Bestätigungszeit im Zeitverlauf gestiegen ist, ausgenommen sind die Jahre 2012 und 2013, in denen nur wenige Beobachtungen vorhanden sind. Der Anstieg der erwarteten Bestätigungszeit speist sich dabei maßgeblich aus der zunehmenden Zahl der empfohlenen Transaktionen, die sich als Reaktion auf die steigende Rechenleistung der prominenten Kryptowährungen ergibt.

Insgesamt bleibt festzuhalten, dass die Bestätigungszeiten geringer ausfallen, als dies für vergleichbare Banküberweisungen der Fall ist. Proponenten der Kryptowährungen sehen das als klaren Vorteil der Kryptowährungen, die traditionellen Zahlungssysteme arbeiten jedoch fortwährend an der Einführung und Weiterentwicklung von Echtzeitzahlungssystemen (Blocher et al. 2017b). Obwohl die Bestätigungszeiten im Falle der Kryptowährungen kürzer sind als die typische Ausführung einer Banküberweisung, sind die Wartezeiten für bestimmte Transaktionstypen zu hoch, bspw. bei elektronischen Zahlungen am Point of Sale. Das Zeitbudget von Käufer und Verkäufer ist in diesem Fall zumeist streng limitiert, die typische Kartenzahlung ist entweder nicht anonym, oder aber wird von einem Zahlungsdienstleister bestätigt. Händler könnten aufgrund der fehlenden Bestätigung davon absehen, Kryptowährungen zu akzeptieren, und Nutzer könnten aufgrund der zu erwartenden Zeitkosten auf den Einsatz eines anderweitigen Zahlungsmittels setzen. Mithin sind kurzfristige Zahlungen mit einer Kryptowährung mit einem Risiko verbunden, dass einige Händler durch den Einsatz spezialisierter Intermediäre gegen die Zahlung eines entsprechenden Entgelts auszuschalten versuchen.

3.1.4 Premining

Mit der Erzeugung einer neuen Kryptowährung verfolgt der Gründer mitunter eigene ökonomische Motive, bspw. die Reduktion von Kosten durch Unabhängigkeit von ei-

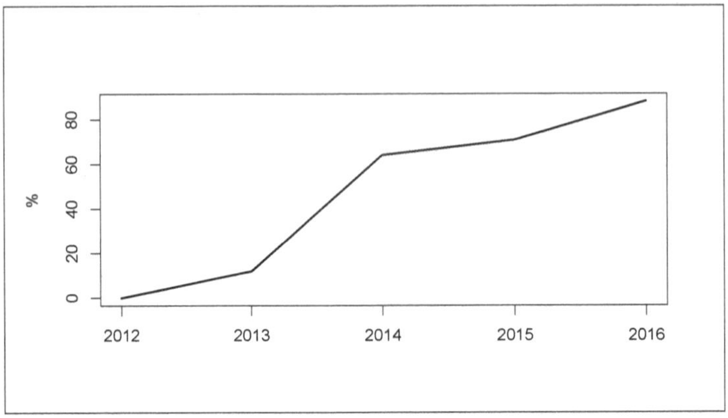

Abbildung 3.3: Anteil der Kryptowährungen mit Premining.

nem Zahlungsdienstleister, oder aber direkter durch den Verkauf von vorab erzeugten Tokens. Diese Token, die nicht als Gegenleistung für den Betrieb des Distributed Ledgers im Rahmen des Mining ausgezahlt werden, sondern schon vorab erzeugt wurden, werden von den Erzeugern an eine bestimmte Zielgruppe verteilt, zum Teil im Austausch gegen ein monetäres Äquivalent. Die Zielgruppe können bspw. die Einwohner einer bestimmten Region sein (im Fall von AuroraCoin z.B. Island). Die Erlöse der Tokenveräußerung können die Erzeuger zur Kompensation ihres Aufwands der Erstellung der Kryptowährung nutzen. Dieser Aufwand ist dann besonders hoch, wenn die neu geschaffene Kryptowährung mehr als eine bloße Kopie eines bestehenden Systems ist. Die Erlöse aus der Veräußerung von vorab erzeugten Tokens lässt sich ebenfalls zur Schaffung von Infrastruktur nutzen, z.B. zur Akzeptanz der Kryptowährungen am Point-of-Sale, um die Hürden durch Netzwerkeffekte zu reduzieren. Die Einzahlungen der erwerbenden Nutzer können somit auch als Investition in die Kryptowährung verstanden werden. Wie Blocher et al. (2017b) argumentieren, ist es unwahrscheinlich, dass eine solche Zahlung für die Infrastruktur von einem einzelnen Akteur geleistet werden wird. Dennoch wird es — solange ein zentraler Anteilseigner existiert — im Eigeninteresse des Erzeugers sein, Investitionen in Verbreitung der Kryptowährung vorzunehmen, weil dadurch der Marktwert der gehaltenen Token steigt.[3]

AuroraCoin ist ein Beispiel einer Kryptowährung mit vorab erzeugten Kryptotokens: die Hälfte der vorgesehenen Höchstmenge sollte dabei an die isländische Bevölkerung verteilt werden (AuroraCoin 2014). Durch dieses Premining soll eine kritische Masse erzeugt werden, sodass sich die Kryptowährung am Markt gegen entstehende Netzwerkeffekte durchsetzen kann (vgl. dazu auch Teo 2015).

Abbildung 3.3 zeigt den Anteil der Kryptowährungen des jeweiligen Entstehungsjahres, die Premining einsetzen. Auffällig ist dabei, dass der Anteil der Kryptowährungen mit vorab erzeugten Tokens sukzessive steigt, die ökonomische Komponente bei der Erzeugung von Kryptowährungen über die Zeit hinweg also wichtiger geworden ist.

[3] Anzumerken ist dabei jedoch, dass es durchaus zu Fehlanreizen kommen kann, weil es für den Erzeuger kurzfristig attraktiver sein könnte, die Verkaufserlöse nicht für eine langfristige und möglicherweise risikobehaftete Investition zu verwenden, sondern aus dem System zu extrahieren und für eine eigennützige Verwendung zu nutzen.

Zudem verdeutlicht die Grafik den Übergang der Kryptowährungen hin zu einer Initial Coin Offering (ICO) basierten Emissionsform.

Allein die Betrachtung, ob eine Kryptowährung Premining einsetzt, hat nur einen beschränkten Aussagegehalt. Ökonomisch relevanter ist die Frage, welchen Anteil der maximal verfügbaren Menge die Kryptowährung einbehält. Der DOACC-Datensatz kann auch in diesem Fall Unterstützung liefern. In 68 Fällen setzten Kryptowährung Premining ein, definieren aber kein oberes Limit der Tokenerzeugung. Bei insgesamt 1.461 Kryptowährungen ist sowohl die Obergrenze als auch der Umfang des Preminings bekannt.[4] Abbildung 3.4 zeigt das Ergebnis der Kalkulation des Premininganteils. Dabei fällt auf, dass der Anteil der vorab erzeugten Token durchaus moderat ausfällt. Im Wesentlichen ergibt sich ein dreigeteiltes Muster: Ein Großteil der Kryptowährungen nutzt Premining nur in geringem Umfang, die zweite markante Gruppe schöpft ungefähr die Hälfte der erzeugbaren Kryptotokens vorab, und eine dritte, im Vergleich zur zweiten etwas größere Gruppe generiert (nahezu) alle Kryptotokens im Vorfeld. Der Median des Anteils der Kryptowährungen, die Premining nutzen, ist im Zeitverlauf gestiegen, was wiederum als Indiz für zunehmende Relevanz der ICOs angesehen werden kann. Dabei müssen nicht notwendigerweise alle vorab erzeugten Token auch verteilt werden, ein Teil kann bei den Erzeugern verbleiben, wodurch sich bei Erfolg der Kryptowährung ein weiterer Gewinn erzielen ließe. Conley (2017) zeigt, dass das Zurückhalten von etwa 20% der vorab erzeugten Token üblich ist.

3.2 Ökonomik der Kryptowährungen

Kryptowährungen haben nicht nur aufgrund ihrer mehr oder minder stark ausgeprägten Geldfunktionen ökonomische Eigenschaften, vielmehr hat jede Ausgestaltungsoption der Kryptowährung auch eine ökonomische Dimension. Zum Beispiel hat die Wahl des Konsensusalgorithmus Einfluss auf den Energieverbrauch, die Vorgaben zum Mining können poolfreundlich oder poolfeindlich sein, mithin also Dezentralisierung aktiv begünstigen oder aber zu Zentralisierung führen. Damit kann sich eine Kryptowährung grundsätzlich an die Erfordernisse einer spezifischen Zielgruppe durch Zusammenfügen verschiedener technologischer Einzelelemente anpassen, z.B. durch eine besondere Anonymität, geringere Transaktionsgebühren, kürzere Verifikationszeiten, einen besseren Schutz gegen Identitätsdiebstahl oder aber eine höhere Innovationsfähigkeit (Hałaburda und Sarvary 2016; Tarasiewicz und Newman 2015; Mas und Lee 2015). Mitunter spielt dabei die geographische Ausrichtung der Kryptowährung eine Rolle, da einige Länder ein höheres Potential haben, neue Technologien einzusetzen (Hileman 2015).

Bei der Durchsetzung einer Kryptowährung ist zudem die Beachtung von Netzwerkeffekten notwendig. Entscheidend ist das Erreichen einer kritischen Masse, da bei geringer Zahl von Nutzern ein Zustand droht, in dem die individuelle Weiternutzung der Kryptowährung nicht mehr sinnvoll ist, mithin also die Teilnehmerzahl sinkt (Teo 2015). Mit Verlassen der Kryptowährung entsteht eine Externalität auf die anderen Nutzern, die

[4] Aufgrund der Beschaffenheit des DOACC-Datensatzes sind für die Berechnung des Premininganteils manuelle Korrekturen des Datensatzes nötig, da die Daten des Datensatz zunächst in ein standardisiertes Format überführt werden müssen.

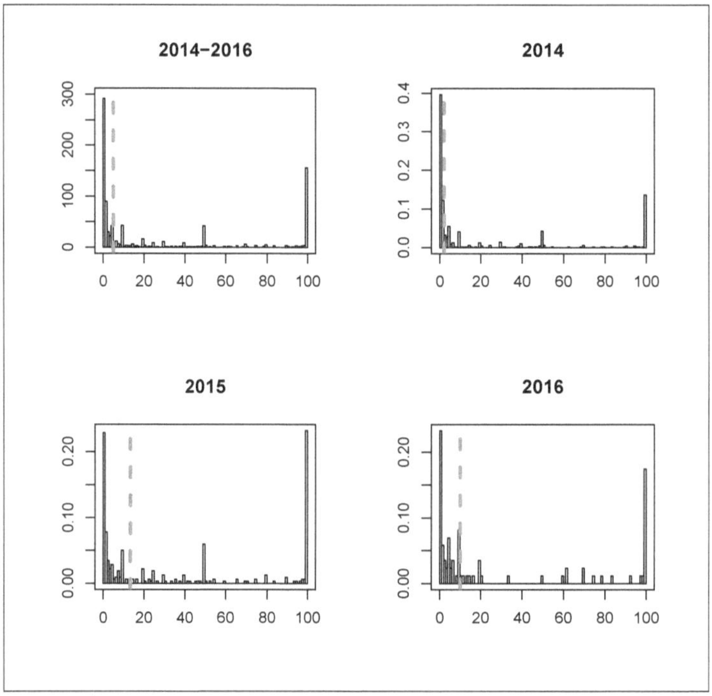

Abbildung 3.4: Anteil des Premining-Umfangs unter den Kryptowährungen, die Premining einsetzen. Gestrichelte Linie zeigt den Median.

aufgrund des Nutzenverlustes ebenfalls wahrscheinlicher austreten werden. Bei der Durchsetzung einer Kryptowährung wird dabei zudem eine Rolle spielen, wie groß der mögliche Nutzenzugewinn gegenüber den bestehenden Systemen ausfallen wird. Hałaburda und Sarvary (2016) weisen darauf hin, dass die bestehenden Zahlungssysteme durchaus für die Durchführung des Zahlungsverkehrs effizient sind, folglich der Nutzengewinn für das Anwendungsszenario „Zahlungsabwicklung“ vergleichsweise groß ausfallen muss.[5]

Ökonomisch entscheidend für die Aufrechterhaltung des Betriebs einer Kryptowährung sind dabei verschiedene Faktoren, die im weiteren noch expliziter betrachten werden sollen. Zunächst ist zu hinterfragen, welcher Ökonomik die Erzeugung neuer Tokens folgt, wie also das Mining organisiert ist. Die Erzeugung neuer Token ist wesentliches Einkommen der Miner, die das Netzwerk durch das Fortschreiben der Transaktionshistorie aufrechterhalten. Einkommen erzielen die Miner zudem durch die Transaktionsgebühren. Dabei können Zahlungsinitiatoren bspw. eine Gebühr für die Durchführung einer Transaktion aufopfern, um der Transaktion eine höhere Priorität seitens der Miner beimessen zu lassen. Dabei müssen die Zahlungsinitiatoren die Zeitkosten der Durchführung der Transaktion gegen die Höhe der Transaktionsgebühr abwägen. Aus gesamtwirtschaftlicher Perspektive ist zudem der Energieverbrauch des Kryptowährungssystems kritisch zu diskutieren. In der Diskussion stehen dabei häufig PoW-Schemata, da diesen ein vergleichsweise hoher Energieverbrauch attestiert wird (O'Dwyer und Malone 2014; de Vries 2018). Letztlich ist dies aber eine Abwägung zwischen den Kosten des Energieverbrauchs gegenüber dem Nutzen, der aus der resultierenden Sicherheit des Systems entsteht.

3.3 Bitcoin als Beispiel einer Kryptowährung

Bitcoin ist die erste, öffentliche bekannte Kryptowährung, und liefert mit der Beschreibung der ersten Blockchain eine Lösung für das double-spending Problem, ohne einen vertrauenswürdigen Intermediär zu benötigen. Der beachtliche Durchbruch, den Nakamoto (2008) geleistet hat, sehen einige als nächsten technologischen Meilenstein an (Blocher 2016). Bitcoin versteht sich als elektronisches, Peer-to-Peer-Zahlungssystem, das ohne Intermediär auskommt. Die Veröffentlichung zur Hochzeit der Finanzkrise 2007ff. und die Eintragung eines zentralbankkritischen *Times*-Zitat im Genesis Block verdeutlicht die Abwehrhaltung, die die erste Kryptowährung gegenüber dem klassischen Finanzsystem einnimmt. Die Befürworter und Unterstützer sehen im Bitcoin ein Instrument, von den — in ihren Augen schadhaften — Zentralbanken wegzukommen und ein unabhängiges Finanzsystem zu etablieren. Zu dieser Unabhängigkeit von beeinflussenden Dritten passt auch, dass die Identität des Erzeugers — trotz verschiedener Versuche der Aufklärung — bis heute ungeklärt ist.

Die Kryptowährung Bitcoin nutzt einen PoW als Konsensusalgorithmus. Dabei muss der Miner durch die Wahl einer „Nonce“ den Hashwert des Blocks so bestimmen, dass

[5]Dabei bezieht sich die Effizienz der Zahlungssysteme hier insbesondere auf „typische“ Zahlungen, also bspw. die Begleichung einer Verbindlichkeit am Point-of-Sale. Spezielle Anwendungsfelder, wie grenzüberschreitende Zahlungen oder die Abwicklung von Zahlungen, die eine besondere Anonymität erfordern — genannt seien bspw. Zahlungen auf Online-Schwarzmärkten — können dabei zu einer abweichenden Bewertung führen und hier einen spezifischen Nutzerkreis für die Kryptowährung eröffnen.

er kleiner ist als ein vorgegebenes Ziel. Dieses Ziel ist im Zeitverlauf variabel, um einen Blockabstand von etwa 10 Minuten zu gewährleisten. Der Hashwert basiert dabei auf einer SHA-2-256-Funktion, sodass die Berechnung nicht umkehrbar ist, sondern durch Probieren gefunden werden muss. Mithin ist also die Verrichtung einer rechenintensiven Arbeit vonnöten, um einen neuen Block zu schaffen. Der Miner, der als erster die Lösung erzeugen konnte, wird dafür mit einer über den Zeitverlauf abnehmenden Zahl an neu geschaffenen Bitcoins entlohnt. Da sich die Belohnung alle 210.000 Blöcke halbiert, nähert sich das Bitcoin-Protokoll langfristig einer maximalen Bitcoin-Emission von 21 Millionen Token an. Dadurch ergibt sich langfristig, dass das Bitcoin-Protokoll als deflationäres System ausgelegt ist. Neben den neu geschaffenen Token erhalten die Miner in Bitcoin bemessene Transaktionsgebühren, die die Zahlungsinitiatoren mehr oder minder freiwillig an eine Transaktion anfügen können, um eine schnellere Verifikation erreichen zu können. Die Höhe der Transaktionsgebühr bemisst sich dabei an der Speichergröße der Transaktion, was nicht notwendigerweise mit dem Transaktionsvolumen korrelieren muss.

Tabelle 3.4: Vergleich und Plausibilitätsprüfung des DOACC-Datensatzes

Name	Symbol	Entstehung	Blockzeit (s)	Max. Token-emission	Algorithmus	Konsensus	Quelle
Bitcoin	BTC	1.2009	600	21m	SHA-256d	PoW	(1)
		1.2009		21m	SHA-256	PoW	(2)
	BTC	1.2009	600	21m	SHA-2-256	PoW	(3)
Namecoin	NMC	4.2011	600	21m	SHA-256d	PoW	(1)
		4.2011		21m	SHA-256	PoW	(2)
	NMC	4.2011	600	21m	SHA-2-256	PoW	(3)
SolidCoin	SC	8.2011	180	18.9m	SHA-256d	PoW	(1)
	SC	8.2011			SHA-2-256	PoW	(3)
GeistGeld	GG	9.2011	15	Kein Limit	SHA-256d	PoW	(1)
	GG	9.2011			SHA-2-256	PoW	(3)
Tenebrix	TBX	9.2011	300	Kein Limit	Scrypt	PoW	(1)
	TBX	9.2011			Scrypt	PoW	(3)
Fairbrix	FBX	10.2011	300	Kein Limit	Scrypt	PoW	(1)
	FBX	10.2011			Scrypt	PoW	(3)
Litecoin	LTC	10.2011	150	**84m**	Scrypt	PoW	(1)
		10.2011		**84m**	Scrypt	PoW	(2)
	LTC	10.2011	150	**82m**	Scrypt	PoW	(3)
BlackCoin	BC	**2.2014**	60	Kein Limit	**Scrypt**	PoS	(1)
		2.2014		Kein Limit	**SHA-256**	PoS	(2)
	BC	**3.2014**			**Scrypt**	PoS	(3)
Darkcoin	DRK	1.2014	150	**≈22m**	X11	**PoW/PoS**	(1)
	DRK	1.2014		**84m**	X11	**PoW**	(3)
Peercoin	PPC	8.2012	600	**Kein Limit**	**Scrypt**	**PoW/PoS**	(1)
		8.2012		**Kein Limit**	**SHA-256**	**PoW/PoS**	(2)
	PPC	8.2012	600	**20.5m**	**SHA-2-256**	**PoS**	(3)
Dogecoin	DOGE	12.2013	60	**100bn**	Scrypt	PoW	(1)
		12.2013		**Kein Limit**	Scrypt	PoW	(2)
	DOGE	12.2013	60	**100bn**	Scrypt	PoW	(3)
CloakCoin	CLOAK	**6.2014**	60	**4.5m**	X13	**PoW/PoSA**	(1)
		5.2014	60	**7m**	X13	**PoS**	(3)
Monero	XMR	**4.2014**	60	≈18.4m	Cryptonight	*Egalitarian PoW*	(1)
		5.2014		18.4m	Cryptonight	*PoW*	(2)

Name	Symbol	Entstehung	Blockzeit (s)	Max. Token-emission	Algorithmus	Konsensus	Quelle
	XMR	**4.2014**	60	18.4m	Cryptonight	*PoW*	(3)
Primecoin	XPM	7.2013	60	**2bn**	Primechain	*rPoW*	(1)
	XPM	7.2013	60	**≈3.3m**	Primechain	*PoW*	(3)
Zetacoin	ZET	**8.2014**	30	160m	SHA-256d	PoW	(1)
	ZET	**8.2013**	30	160m	SHA-256d	PoW	(3)
Vertcoin	VTC	**1.2014**	150	84m	Scrypt-N	PoW	(1)
	VTC	**1.2013**	150	84m	Scrypt-N	PoW	(3)
Coiledcoin	CLC	**10.2011**	120	Kein Limit	SHA-256d	PoW	(1)
	CLC	**1.2012**			SHA-2-256	PoW	(3)
Liquidcoin	LQC	**1.2012**	300	Kein Limit	Scrypt	PoW	(1)
	LQC	**6.2013**			Scrypt	PoW	(3)
Freicoin	FRC	**6.2012**	600	100m	SHA-256d	**PoW**	(1)
	FRC	**2.2011**	600	100m	SHA-2-256	**PoS**	(3)
Talkcoin	TAC	5.2014	20	Kein Limit	NIST5	PoW	(1)
Anoncoin	ANC	**10.2013**	180	4.2m	Scrypt	PoW	(1)
	ANC	**6.2013**		4.2m	Scrypt	PoW	(3)
Reddcoin	RDD	*1.2014*	60	109,000m	Scrypt	PoW/PoSV	(1)
	RDD	*2.2014*	60	109,000m	Scrypt	PoS	(3)
Quarkcoin	QRK	7.2013	30	247m	Quark	PoW	(1)
	QRK	7.2013	30	247m	Quark	PoW	(3)
FlorinCoin	FLO	6.2013	40	16m	Scrypt	PoW	(1)
	FLO	6.2013	40	16m	Scrypt	PoW	(3)
CryptoNotecoin	n/a	7.2014	-	-	Cryptonight	Egalitarian PoW	(1)
	CNN	7.2014	90	**1.8446bn**	Cryptonight	PoW	(3)
	CNC	7.2014	30	**18.4m**	Cryptonight	PoW	(3)
duckNote	XDN	*6.2014*	240	≈ 8590m	Cryptonight	Egalitarian PoW	(1)
	XDN	*5.2014*	240	≈ 8.59bn	Cryptonight	PoW	(3)
Boolberry	BBR	4.2014	120	≈18.45m	Wild Keccak	Wild Keccak PoW	(1)
	BBR	4.2014	120	18.4m	SHA-3-256	PoW	(3)
Bytecoin	BCN	3.2014	120	*184.46bn*	Cryptonight	PoW	(1)
		7.2012		*184.47bn*	Cryptonight	PoW	(2)
	BCN	7.2012	120	*184.5bn*	Cryptonight	PoW	(3)

Name	Symbol	Entstehung	Blockzeit (s)	Max. Tokenemission	Algorithmus	Konsensus	Quelle
Feathercoin	FTC	4.2013	150	336m	Scrypt	PoW	(1)
	FTC	4.2013	150	336m	Scrypt	PoW	(3)
iXcoin	IXC	**8.2011**	600	21m	SHA-256d	PoW	(1)
	IXC	**5.2011**	600	21m	SHA-2-256	PoW	(3)
iocoin	IOC	8.2011	600	21m	SHA-256d	PoW	(1)
Novacoin	NVC	2.2013	600	**Kein Limit**	Scrypt	**PoW/PoS**	(1)
	NVC	2.2013		**2bn**	Scrypt	**PoS**	(3)
Mastercoin	MST	6.2013	35	**≈18.2m**	Scrypt	**PoS**	(1)
	MST	6.2013		**619,478.50**	Scrypt	**PoW**	(3)
	MSC	7.2013	35	**180.2m**	SHA-2-256	**PoW**	(3)
Ripple		**9.2013**		100bn	**ECDSA**	*Byzantine Consensus*	(2)
	XRP	**5.2013**		100bn	**ripple**	*ripple*	(3)
Dashcoin		1.2014		**22m**	**X11**	**PoW/PoS**	(2)
	DSH	7.2014	120	**184.5bn**	**Cryptonight**	**PoW**	(3)
Stellar		8.2014		**Kein Limit**		**Byzantine Consensus**	(2)
	STR	8.2014	5	**100bn**	**SHA-2-256**	**PoS**	(3)
Bitshares							(2)
NXT		11.2013		**1bn**	Curve25519, SHA-256	**PoS**	(2)
	NXT	11.2013		**Kein Limit**		**PoW**	(3)
Ybcoin		6.2013		**3m**	Scrypt	**PoW/PoS**	(2)
	YBC	6.2013		**200m**	Scrypt-J	**PoS**	(3)
Counterparty		*1.2014*		2.65m	SHA-256	**PoB**	(2)
	XCP	*2.2014*			SHA-2-256	**PoW**	(3)
NuShares/NuBits		**8.2014**		1bn		PoS	(2)
Nushares	NUSH	**6.2014**		1bn	**SHA-2-256**	PoS	(3)
NuBits	NBT	**9.2014**			**SHA-256**	PoS	(3)
Paycoin		**12.2014**		**12.5m**	SHA-256	PoW/PoS	(2)
	PYC	**8.2013**	60	**30m**	**Scrypt**	**PoW**	(3)
	XPY	12.2014	60	12.5m	SHA-2-256	Pow/PoS	(3)
ARCHcoin		*9.2014*		*16.2m*	Scrypt	PoS	(2)
	ARCH	*8.2014*	60	*≈16.2m*	Scrypt	*PoS*	(3)
Monacoin		3.2014		**105.12m**	Scrypt	PoW	(2)

Name	Symbol	Entstehung	Blockzeit (s)	Max. Token-emission	Algorithmus	Konsensus	Quelle
	MONA	1.2014	90	**168m**	Scrypt	PoW	(3)
Faircoin		**11.2014**		**Kein Limit**		PoS	(2)
	FAIR	**3.2014**		**50m**	**Scrypt**	PoS	(3)
BitcoinDark		7.2014		22m	SHA-256	**PoW/PoS**	(2)
	BTCD	7.2014	60	22m	SHA-2-256	**PoS**	(3)

Quellen: (1) Tarasiewicz und Newman (2015), (2) Farell (2015), (3) DOACC.
Kleinere Abweichungen sind durch *Kursivdruck*, größere Abweichungen durch **Fettdruck** hervorgehoben.

Literatur

AuroraCoin (2014). *AuroraCoin AUR.* URL: `https://github.com/baldurodinsson/auroracoin-project/`.

Bhaskar, Nirupama Devi und David Kuo Chuen Lee (2015). „Bitcoin Mining Technology“. In: *Handbook of Digital Currency.* Hrsg. von David Lee Kuo Chuen. Elsevier, S. 45–65.

Blocher, Walter (2016). The next big thing: Blockchain — Bitcoin — Smart Contracts. Anwaltsblatt, (8+9): 612–618.

Blocher, Walter, Andreas Hanl und Jochen Michaelis (2017b). Revolutionieren Kryptowährungen die Zahlungssysteme? Wirtschaftspolitische Blätter, 64 (4): 543–552.

Conley, John P. (2017). *Blockchain and the Economics of Crypto-tokens and Initial Coin Offerings.* Vanderbit University Department of Economics Working Paper No. 17-00008.

de Vries, Alex (2018). Bitcoins Growing Energy Problem. Joule, 2 (5): 801–805.

Dziembowski, Stefan, Sebastian Faust, Vladimir Kolmogorov und Krzysztof Pietrzak (2015). „Proofs of Space“. In: *Advances in Cryptology - CRYPTO 2015: 35th Annual Cryptology Conference, Santa Barbara, CA, USA, August 16-20, 2015, Proceedings, Part II.* Hrsg. von Rosario Gennaro und Matthew Robshaw. Berlin, Heidelberg: Springer Berlin Heidelberg, S. 585–605.

Farell, Ryan (2015). *An Analysis of the Cryptocurrency Industry.* Wharton Research Scholars, 130. University of Pennsylvania.

Hałaburda, Hanna und Miklos Sarvary (2016). Beyond Bitcoin: The Economics of Digital Currencies. Palgrave Macmillan.

Hileman, Garrick (2015). „The Bitcoin Market Potential Index“. In: *Financial Cryptography and Data Security.* Springer Berlin Heidelberg, S. 92–93.

King, Sunny (2017). *Primecoin: Cryptocurrency with Prime Number Proof-of-Work.* URL: `http://primecoin.io/bin/primecoin-paper.pdf`.

King, Sunny und Scott Nadal (2012). *PPCoin: Peer-to-Peer Crypto-Currency with Proof-of-Stake.* https://peercoin.net/assets/paper/peercoin-paper.pdf.

Mas, Ignacio und David Kuo Chuen Lee (2015). „Bitcoin-Like Protocols and Innovations“. In: *Handbook of Digital Currency.* Hrsg. von David Lee Kuo Chuen. Elsevier, S. 417–451.

Nakamoto, Satoshi (2008). *Bitcoin: A Peer-to-Peer Electronic Cash System.* URL: `https://bitcoin.org/bitcoin.pdf`.

Narayanan, Arvind, Joseph Bonneau, Edward Felten, Andrew Miller und Steven Goldfeder (2016). Bitcoin and Cryptocurrency Technologies. Princeton Univers. Press.

O'Dwyer, K.J. und D. Malone (2014). „Bitcoin Mining and its Energy Footprint“. In: *25th IET Irish Signals & Systems Conference 2014 and 2014 China-Ireland International Conference on Information and Communities Technologies (ISSC 2014/CIICT 2014).* Institution of Engineering und Technology.

Percival, Colin (2009). *Stronger Key Derivation via Sequential Memory-Hard Functions.* `https://www.tarsnap.com/scrypt/scrypt.pdf`.

Schuh, Fabian und Daniel Larimer (2017). *BitShares 2.0: General Overview.* `https://cryptorating.eu/whitepapers/BitShares/bitshares-general.pdf`.

Seigen, Max Jameson, Tuomo Nieminen, Neocortex, Antonio M. Juarez und CryptoNote (2013). *CryptoNight Hash Function.*

Tarasiewicz, Matthias und Andrew Newman (2015). „Cryptocurrencies as Distributed Community Experiments“. In: *Handbook of Digital Currency.* Hrsg. von David Lee Kuo Chuen. Elsevier, S. 201–222.

Teo, Ernie G.S. (2015). „Emergence, Growth, and Sustainability of Bitcoin“. In: *Handbook of Digital Currency.* Elsevier, S. 191–200.

4 Libra/Diem als Beispiel einer Corporate Cryptocurrency[1]

Der Zusammenbruch der Investmentbank Lehman Brothers hat die Finanzwelt erschüttert, denn neben der nun realen Gefahr von Bankzusammenbrüchen schaffte die folgende Finanzkrise Raum für das Entstehen von Kryptowährungen. Ihr erster und zugleich prominentester Vertreter ist Bitcoin, der mittlerweile über den fachkundigen Kreis hinaus bekannt ist. Entwickelt unter dem Pseudonym Satoshi Nakamoto bildet das Bitcoin-Protokoll (Nakamoto 2008) das erste digitale und dezentrale Transaktionssystem, das ohne einen vertrauenswürdigen Dritten auskommt. Einige sehen diesen Umstand als „the next big thing" (Blocher 2016), und in der Tat sind in den zehn Jahren nach der Veröffentlichung des ersten Prototypen einer Kryptowährung unzählige weitere entstanden. Gemein ist dieser Gruppe der digitalen Währungen bisher ihre Unabhängigkeit von staatlichen Institutionen und privatwirtschaftlichen Unternehmen. Doch gerade diese haben in den letzten Jahren verstärkt Interesse an der „Distributed Ledger Technology" gezeigt. Auf staatlicher Seite untersuchen Notenbanken die Einführung eines digitalen Zentralbankgeldes (Hanl und Michaelis 2019), und gleichfalls haben Internet-Unternehmen wie Facebook das Potential erkannt, ihren Plattformen eine eigene Währung zu geben.

Facebook, welches bereits in der Vergangenheit mit Digitalwährungen experimentiert hat, überlegt seit 2019 die Einführung einer eigenen Kryptographie-basierten Digitalwährung namens „Libra", das seit Dezember 2020 unter dem Projektnamen „Diem" firmiert. Wortgetreu bekennt sich die Ankündigung[2] zu dem Ziel, die finanzielle Infrastruktur für alle Menschen zur Verfügung zu stellen. Hiermit adressiert Libra direkt die Gruppe der „unbanked" und „underbanked people", nach aktuellen Schätzungen ungefähr zwei Milliarden Menschen weltweit (Bhyer und Lee 2019).

Mit „Libra" gibt Facebook seinem sozialen Netzwerk ein zusätzliches Instrument, Nutzer werden mit der Einführung der digitalen Währung ihre Verbindungen untereinander ausbauen können. Verkauft wird dem Nutzer dies als Steigerung des Nutzens der Plattform, Ökonomen sprechen darüber gern als positive Externalität. Facebook profitiert vom Nutzen seiner Nutzer, denn die gesteigerte Anziehungskraft des sozialen Netzwerks lässt die Nutzer mehr Zeit dort verbringen, was sich im Jahresabschluss als gesteigerte Werbeeinnahmen wiederfinden lässt. Andererseits stärkt Facebook mit der Einführung einer Währung seine eigene Position, es wird zunehmend unabhängiger von Dienstleistern und staatlichen Institutionen. Die Einführung einer eigenen Währung ermöglicht

[1]Dieses Kapitel ist erschienen als Andreas Hanl (2022). „Währungswettbewerber Facebook: Ökonomische Implikationen der Corporate Cryptocurrency Libra/Diem". In: *Made in California. Zur politischen Ideologie des Silicon Valley.* Hrsg. von Udo Di Fabio et al. Beiträge zu normativen Grundlagen der Gesellschaft. Tübingen: Mohr Siebeck, S. 157–187.

[2]Informationen zu Libra sind auf der Webseite `https://libra.org` oder im Libra Whitepaper (Libra Association 2019) zu finden.

Facebook zudem die Schaffung eines eigenständigen Wirtschaftsraumes, der letztlich ausschließlich der Kontrolle des Unternehmens, nicht aber demokratisch legitimierter Institutionen unterliegt.

Aus ökonomischer Sicht bestehen zunächst wenig Bedenken, wenn sich in einem marktwirtschaftlichen Prozess ein anderes Transaktionssystem durchsetzt (vgl. Hanl und Michaelis 2019). Gleichzeitig bedeutet das Erstarken privater Währungsalternativen wie Kryptowährungen aber eine Einschränkung des währungspolitischen Handlungsspielraums. Die staatliche Institution „Zentralbank“ wird mit Verdrängung bedroht. Dies ist nicht unproblematisch, weil die privat organisierten Transaktionssysteme andere Ziele verfolgen dürften als es eine Zentralbank tut. Während für die Währungshüter oft die Stabilität des Preisniveaus, stabiles Wirtschaftswachstum und die Funktionsfähigkeit der Zahlungssysteme als gesetzlicher Auftrag vorgesehen sind, haben private Systeme das Potential, nur die eigene Profitmaximierung zu verfolgen, wenngleich sie auch andere, ehrwürdige Ziele ankündigen mögen.

Dieses Kapitel untersucht die währungspolitischen Implikationen und Konsequenzen des Libra-Diem-Projektes. Dieses Kapitel greift dabei zunächst die ursprüngliche Konzeption des Libra-Projektes auf und ergänzt an den relevanten Stellen die ökonomischen Abweichungen, die sich aus dem Übergang zu Diem ergeben. Dazu stellt es zunächst die Hintergründe und beteiligten Akteure vor, bevor das technische Konzept diskutiert wird. Darauf aufbauend zeigt die ökonomische Analyse wahrscheinliche Nutzungsländer auf und ergründet die Verbindungen zwischen Libra und dem etablierten Finanzmarkt. Dabei wird deutlich, dass Libra aufgrund der Netzwerkgröße zügig zu einer marktbeherrschenden Stellung aufsteigen könnte, und damit für das Finanzsystem teils erhebliche Risiken verursachen kann. Das Kapitel schließt mit einer Betrachtung der Entwicklungsmöglichkeiten und einem kurzen Fazit.

4.1 Hintergrund

4.1.1 Facebooks Erfahrungen mit Digitalwährungen

Der Versuch, eine digitale Währung zu schaffen, ist so alt wie das Internet selbst, die Fachliteratur zur Entstehung des Bitcoins zeigt die Anknüpfungspunkte an bestehende Technologien hinreichend auf (Narayanan et al. 2016; Hanl 2018). Ebenfalls hat Facebook bereits in der Vergangenheit mit der Emission einer Digitalwährung experimentiert. Hierbei handelte es sich um die sogenannten „Facebook Credits“, mit deren Entwicklung das Unternehmen 2009 begann, den Betrieb aber 2013 wieder einstellte (Hałaburda und Sarvary 2016). Motiviert wurde die Einführung der Facebook Credits durch den Gedanken, die Nutzer stärker an die eigene Plattform zu binden. Insbesondere ließen sich die Tokens innerhalb von Apps und Spielen verwenden, und die seit 2011 obligatorische Akzeptanz sollte den Wechsel von einer App zu einer anderen einfacher gestalten. Die Nutzer sollten so dazu animiert werden, mehr Zeit auf der Plattform zu verbringen und folglich für die anderen Nutzer eine positive Externalität schaffen. Facebook ließ einen Austausch zwischen Nutzern sowie die Rückumwandlung in ein staatliches Fiatgeld nicht zu, sodass es sich bei den Facebook Credits regelmäßig nicht um eine Währung gehandelt hat. Die Facebook Credits konnten entweder durch Kauf oder aber als Belohnung für die

Teilnahme an Umfragen oder Spieletests erworben werden.

Mit Libra unternimmt Facebook nun den zweiten Versuch, eine eigene Währung zu etablieren. Im Gegensatz zum Credits-Projekt begeht Facebook diesen Versuch allerdings mit verschiedenen Konsortialpartnern (vgl. Tabelle 4.1), die sich zur Libra Association zusammengeschlossen haben, um als gemeinsame Organisation auftreten zu können. Die Organisation verfolgt nach eigenen Angaben das Ziel, den Zugang zu finanziellen Dienstleistungen zu verbessern und finanzielle Infrastruktur als öffentliches Gut zur Verfügung zu stellen. Damit will die auf Facebooks Initiative hin gegründete Vereinigung die Freiheit der Bevölkerungsschichten erhöhen, die bisher keinen geregelten Zugang zum Finanzsystem haben. Letztlich spiegelt sich das in der Namensgebung der Kryptowährung „Libra", das im lateinischen *libra* für Waage oder Gleichgewicht steht. In gleicher Weise ist das Umdenken zum lateinischen „liber", gleichbedeutend mit „kostenlos" oder „frei", möglich und verdeutlicht die Grundintention, die das Netzwerk verfolgt. Libra soll somit 1,7 Milliarden Menschen, die heute keinen oder nur einen eingeschränkten Zugang zum Bankensystem haben, eine einfache Möglichkeit geben, dieses Ungleichgewicht zu verlassen (Libra Association 2019). In den eigenen Worten der Libra Association heißt es:

„Die Mission von Libra ist es, eine einfache, globale Währung und eine finanzielle Infrastruktur für Milliarden von Menschen bereitzustellen, die ihnen das Leben [erleichtert] [...]."

4.1.2 Zielstellung und Motivation des Projekts

Libra stellt sich damit gegen die Hürden, die bisher Teile der Weltbevölkerung von einer Teilnahme am Finanzsystem abhalten, insbesondere die Höhe der Transaktionsgebühren, der Zugang zu Finanzdienstleistern sowie die Stabilität der verwendeten Systeme. Das Ziel, welches die Libra Association anstrebt, fällt damit in die Strategie der „Ziele für nachhaltige Entwicklung" (engl. *Sustainable Development Goals* (SDGs)) der Vereinten Nationen, von denen sich insbesondere zwei Kategorien mit Libra assoziieren lassen. Direkt verbunden ist Libra mit dem Ziel der Ungleichheitsreduktion der SDGs. Insbesondere kann die Sichtweise der Libra Association, die Transaktionsgebühren zu reduzieren, als Erfüllung des Ziels 10.c verstanden werden, welches eine Reduktion der Gebühren für Rücküberweisungen (engl. *remittances*) auf unter 3% fordert (UN Generalversammlung 2015). Dieses Ziel ist insbesondere für Bevölkerungsgruppen von Bedeutung, die lediglich über ein niedriges Einkommen verfügen. Damit ist dieses Ziel ebenso verbunden mit dem Ziel der Verhinderung von Armut[3].

In den Hintergrund der Zielformulierung rücken im Rahmen des Libra Whitepapers (Libra Association 2019) allerdings die ökonomischen Motive der beteiligten Konsortialpartner. Wenngleich sich die Projektpartner in einer besonderen Form gesellschaftlichen Zielen verschreiben, darf das Gewinnstreben der Konsortialpartner nicht außer Acht gelassen werden, weil es die zukünftigen Entwicklungen und Bestrebungen des Projektes determinieren wird. Gans und Hałaburda (2015) untersuchen anhand eines Modells, wie sich die Einführung einer plattformbasierten Digitalwährung auswirkt. Dabei zeigt die

[3]Dabei gilt die Armutsdefinition der Vereinten Nationen. Gemäß dieser sind Personen als arm anzuerkennen, die von weniger als 1,90 US-$ pro Tag leben.

Modellanalyse, dass sich die Aktivität der Nutzer durch Einführung eines gemeinsamen Reward-Mechanismus auf der Plattform steigern lässt. Die gesteigerte Aktivität wiederum generiert eine positive Externalität, die insgesamt den Wert der Plattform steigert.

Im Grundsatz sind diese Überlegungen auf das Libra-Diem-Projekt übertragbar. Durch die Schaffung eines gemeinsamen Zahlungsmechanismus steigern die Konsortialpartner den Nutzen ihres eigenen Netzwerkes, weil für den Verbraucher mehr Interaktionsmöglichkeiten entstehen. Dies gilt insbesondere, da sich verschiedene Partner mit ihren unterschiedlichen Netzwerken zusammenschließen und damit die Reichweite des eigenen Netzwerkes erheblich steigern können. Wenngleich Gans und Hałaburda (2015) zeigen, dass Transaktionen zwischen den Nutzern die Aktivität auf der Plattform reduzieren können, ist diese Überlegung nicht auf ein Zahlungssystem übertragbar, da in diesem Fall die Transaktionen zwischen den Nutzern explizit gewünscht und nutzensteigernd sind. Interindividuelle Zahlungen sind Teil der Plattform und für diese insgesamt nützlich. Freilich ist anzumerken, dass die gemeinsame Kryptowährung den Wechsel zwischen beteiligten Konsortialpartnern vereinfacht und damit individuell zu Verschiebungen im Aktivitätenmuster führen kann.

4.1.3 Konsortialpartner

Für die Umsetzung des Libra-Projektes konnte Facebook verschiedene Partner gewinnen. Bei Bekanntgabe des Projektes haben sich 28 Projektpartner zur Mitwirkung bereit erklärt, angestrebt war zum Projektstart in der ersten Jahreshälfte 2020 das Erreichen von ungefähr 100 Konsortialpartner (Libra Association 2019). Die Projektpartner, die sich anfangs zur Kooperation bereit erklärt hatten, sind in Tabelle 4.1 gruppiert. Allerdings haben zum Jahresende 2019 bereits die ersten Konsortialpartner, darunter Mastercard, Visa und eBay, bekanntgegeben, nicht mehr an Libra mitzuwirken. Die Unternehmen reagieren damit auf den Druck von US-Politikern, die ihnen bei weiterer Mitwirkung das Verstärken regulatorischer Auflagen angedroht haben[4]. Auffällig ist das breite Spektrum an Branchen, welches bisher in der Libra Association vertreten ist. Über die konkreten Motive der einzelnen Projektpartner lässt sich nur spekulieren. Für die Gruppe der Zahlungsdienstleister stellen Kryptowährungen grundsätzlich ein Konkurrenzprodukt dar. Derzeit ist zwar nicht mit einer Verdrängung der traditionellen Zahlungsmethodiken durch Kryptowährungen zu rechnen (Blocher et al. 2017b), eine Mitwirkung bei der Entstehung einer massentauglichen Kryptowährung könnte den Anbietern traditioneller Zahlungen jedoch einen Wettbewerbsvorteil verschaffen. Zudem erschließen sich die Betreiber traditioneller Systeme, gegen die sich Libra im Grundsatz richtet, quasi nebenbei neue Zielgruppen. Zum einen gewinnen sie Kunden durch Hereinnahme der „unbanked" und „underbanked people", zum anderen können sie die Intensität ihrer bestehenden Kundenbeziehungen ausbauen. Dieser Effekt verläuft in zwei Richtungen. Beispielsweise ist es für die Zahlungsdienstleister möglich, zusätzlich Zahlungen mit Libra-Tokens zu akzeptieren und zu verarbeiten, wodurch seitens der Zahlungsempfänger ein größeres

[4]Ein entsprechendes Schreiben der US-Senatoren Brian Schatz und Sherrod Brown findet sich auf dem Internetauftritt des US-Senats `https://www.schatz.senate.gov/imo/media/doc/Signed%20Letters%20re%20Libra%20to%20Patrick%20Collison,%20Ajaypal%20Banga,%20and%20Alfred%20Kelly.pdf`

Tabelle 4.1: Bekannte Konsortialpartner der Libra Association.

Bereich	Unternehmen
Blockchain	Anchorage, *Bison Trails*, Coinbase, Inc., Xapo Holdings Limited
Gemeinnützige und multilaterale Organisationen sowie akademische Institute	Creative Destruction Lab, Kiva, Mercy Corps, Women's World Banking
Risikokapital	Andreessen Horowitz, Breakthrough Initiatives, Ribbit Capital, Thrive Capital, Union Square Ventures
Technologie und Märkte	*Booking Holdings*, *eBay*, Facebook/Calibra, Farfetch, Lyft, Spotify AB, Uber Technologies, Inc.
Telekommunikation	Iliad, *Vodafone Group*
Zahlungsdienstleistungen	*Mastercard*, *Mercado Pago*, *PayPal*, PayU, *Stripe*, *Visa*

Quelle: Libra Association (2019). *Hervorgehoben* sind die Partner, die bis im Januar 2022 nicht mehr auf der Diem-Projektseite als Partner gelistet sind.

Spektrum an Zahlungsmitteln akzeptiert werden kann. Aus Sicht der Zahlungssender ist es denkbar, dass diese Dienstleister eine direkte Umwandlung eines traditionellen Zahlungsmediums (z.B. einer Debit- oder Kreditkarte) in Libra-Tokens vornehmen, wodurch eine breitere Akzeptanz traditioneller Zahlungsmittel erreicht wird. Letzteres gilt dann insbesondere für Zahlungen zwischen Privatpersonen, die bisher auf Bartransfers oder Überweisungen vertrauen müssen. Zukünftig ließen sich damit aber auch Zahlungen per Kreditkarte zwischen Privathaushalten vornehmen, ohne dass dafür entsprechende Zahlungsterminals vorhanden sein müssen.

Bei den Risikokapitalgebern dürfte davon auszugehen sein, dass diese ihren geförderten Projekten einen Zugang zu einem breiten Zahlungsnetzwerk ermöglichen wollen, um insbesondere die Kosten für die Abwicklung von Zahlungen in den ersten Jahren eines Unternehmens gering zu halten. Ebenso werden Unternehmen wie Spotify oder Uber durch eine Reduktion der Transaktionsgebühr zur Mitwirkung motiviert sein. Für Facebook bedeutet die Teilnahme, dass es sein soziales Netzwerk um eine Vielzahl an Dienstleistungen erweitern kann, so z.B. um das Musikstreaming (Spotify) oder die Buchung von Taxen (Uber, Lyft).

Die Teilnahme eines Konsortialpartners kann gegenüber seinen Wettbewerbern einen gewissen Wettbewerbsvorteil darstellen. Dies begründet das Interesse, dass konkurrierende Unternehmen gemeinsam an der Entstehung von Libra mitwirken, da keiner einen Wettbewerbsnachteil erleiden möchte.

Facebook selbst wird bis zum Projektstart eine Führungsrolle innerhalb der Libra Association übernehmen, diese aber mit Start des Projektes nach dem Wortlaut der Ankündigung von Libra zugunsten einer gleichberechtigten Gemeinschaft aufgeben (Libra Association 2019). Facebook hat zur Trennung der Daten seiner sozialen Netzwerke von den finanziellen Daten seiner Aktivitäten Calibra gegründet, die als reguliertes Tochterunternehmen im Namen von Facebook innerhalb des Libra-Netzwerkes Dienstleistungen anbieten wird. Inwiefern Facebook diese Unabhängigkeit von Calibra in Zukunft aufrechterhalten will oder ob es die Daten des Tochterunternehmens analog WhatsApp langfristig doch für sich nutzbar machen wird, bleibt abzuwarten.

4.2 Technologische Umsetzung

4.2.1 Grundlegendes

Libra basiert, wie viele andere Kryptowährungen, auf der Blockchain-Technologie, die ursprünglich für Bitcoin entwickelt wurde (Nakamoto 2008). Bei der Blockchain handelt es sich grundsätzlich um eine Technologie, die Daten dezentral speichert und abgleicht. Dabei werden Transaktionsdaten sequentiell als Blöcke erfasst, was wiederum eine Reihenfolge der Transaktionen generiert. Die Technologie verhindert damit ein sogenanntes „double spending", also die mehrfache Verausgabung einer Token-Einheit. Damit auf den dezentralen Entitäten derselbe Informationsstand vorliegt, implementieren die Kryptowährungen verschiedene Konsensmechanismen, bspw. „Proof-of-Work" bei Bitcoin oder „Proof-of-Stake" bei Peercoin (vgl. dazu auch Hanl 2018). Regelmäßig handelt es sich bei den von den Kryptowährungen verwendeten Blockchains um „permissionless public ledgers", also um öffentlich zugängliche Systeme. Abzugrenzen davon sind die „permissioned ledgers", bei denen der Zugriff und die Schreibrechte beschränkt sind. Diese Form der Ausgestaltung wählen insbesondere Konsortien, die gemeinsam eine Blockchain betreiben, ihre Daten dabei aber nicht öffentlich zur Verfügung stellen wollen oder aus regulatorischen Gründen nicht veröffentlichen können. Dabei unterliegt diese Form der Distributed Ledger Technology allein der Kontrolle der beteiligten Konsortialpartner, eine Verlagerung der Entscheidungshoheit über Ausgestaltungsoptionen ist in dieser Form ausgeschlossen.

Libra nutzt als technologisches Backend eine geschlossene Konsortialblockchain, die von den Mitgliedern der Libra Association betrieben wird. Die Ankündigung von Libra nennt nur wenige technische Details, supplementiert werden diese Informationen durch ein detailliertes Technikpapier (Amsden et al. 2019). Libra entwickelt eine eigene Blockchain mit einer eigenen Programmiersprache namens „Move", die die Libra Association in Form von quelloffener Software der Öffentlichkeit zur Verfügung stellen will. Im Gegensatz zu den „klassischen" Kryptowährungen wie Bitcoin oder Ethereum existiert im Libra-Protokoll kein Blockkonzept. Statt von einer Blockchain ist daher tatsächlich eher von einer verteilten Datenbank zu sprechen. Die Daten werden kontenbasiert gespeichert, wobei die Accounts des Libra-Protokolls nicht an realweltliche Identitäten gekoppelt sein sollen. Den Konten ist der Besitz von „Ressourcen" zugeordnet, die im einfachsten Fall Libra-Tokens darstellen. Über das Ressourcenkonzept lassen sich jedoch auch komplexere Zusammenhänge abbilden, sodass sich das Libra-Netzwerk zumindest technologisch nicht auf einen einzelnen Token festzulegen scheint. Allerdings wird die Programmierbarkeit eigener Tokens anfangs für die Nutzer eingeschränkt sein, um anfängliche Probleme beheben zu können. Libra ähnelt damit teilweise dem Konzept von „Ethereum"[5], mit dem

[5]Ethereum, das auf Vitalik Buterin zurückgeht, ist eine blockchainbasierte Plattform, die die Ausführung vordefinierter Aktionsfolgen ermöglicht. Durch die Turing-vollständige Programmiersprache entsteht damit die Möglichkeit, sogenannte „Smart Contracts" zu erstellen, die automatisiert bei Vorliegen eines bestimmten Ereignisses eine Abfolge von Aktionen ausführen, bspw. bei Eingang einer Zahlung

es die Etablierung von Smart Contracts gemeinsam hat (für eine rechtswissenschaftliche Einführung vgl. Blocher 2016). Da die Ausführung der Smart Contracts Ressourcen verbraucht, wird Libra analog zu Ethereum das Hinzufügen finanzieller Mittel (sog. „gas“) fordern, um eine übermäßige Nutzung der Rechenkapazität zu verhindern. Anfangs wird die Libra Association einige vorgefertigte Smart Contracts anbieten, aber die Open-Source-Kultur um die eigens entwickelte Programmiersprache „Move“ wird die Schaffung weiterer Vertragskonstrukte ermöglichen[6].

Zum Erreichen eines Konsens über den Zustand der Libra-Datenbank nutzt Libra eine Variante des HotStuff Consensus Algorithmus. Transaktionen werden von den Clienten eingesammelt und in einem gemeinsamen memory pool den Validierern zur Verfügung gestellt. Von diesen übernimmt einer die Rolle des „leaders“, der, analog eines Blocks auf der Bitcoin Blockchain, den Validierungsinstanzen eine Reihe von Transaktionen zur Bestätigung vorschlägt. Nimmt ein Validierer den Block an, führt er die darin enthaltenen Transaktionen aus und sendet dem Leader eine signierte Entscheidung zurück. Sofern die Mehrheit der Validierer dem Block zustimmt, erhält dieser vom Leader ein „Quorum Certificate“ (QC), das eine Bestätigung des Blocks darstellt. Ein Block gilt als endgültig bestätigt, wenn mindestens zwei folgende Blöcke über ein QC verfügen. Bei einer Kapazität von 1.000 Zahlungstransaktionen pro Sekunde soll die Finalität nach zehn Sekunden hergestellt sein[7].

4.2.2 Ist Libra eine Kryptowährung?

Libra versteht sich selbst als Kryptowährung. Die Parallelen, insbesondere zum Ethereum-Konzept, sind unverkennbar vorhanden. Dennoch unterscheidet sich Libra in wesentlichen Punkten von den „traditionellen“ Kryptowährungen wie Bitcoin. Eine definitorische Abgrenzung der Kryptowährungen ist schwierig, eine Übersicht verschiedener Ansätze findet sich bei Baur et al. (2015). Im Wesentlichen reduzieren sich die Definitionen auf vier Gemeinsamkeiten:

1. Keine externe Regulation
2. Peer-to-Peer-Funktionalität
3. Nutzung öffentlicher Infrastrukturen
4. Implementierung von Private-Public-Key-Kryptographie

Die Punkte 2 - 4 sind bei Libra zweifelsohne erfüllt. Fraglich ist, inwiefern Libra ohne externe Regulation auskommen wird. Es ist anzunehmen, dass die Libra Association

den Zugang für einen digitalen Content freischalten.

[6]Durch die individuelle Anpassbarkeit gewinnt das Libra-Konzept an Flexibilität, und kann damit die Nutzerpräferenzen besser erfüllen. Dies stärkt die Verbindungen zwischen den Nutzern des Netzwerks und damit ihren Nutzen. Sobald eine Vielzahl verschiedener automatisierter Verträge verfügbar ist, steigt zudem die Anziehungskraft des Netzwerks, da sich Transaktionen zwischen zwei Akteuren leicht initiieren lassen.

[7]Zum Vergleich: Als Faustregel gilt eine Bitcoin-Transaktion als bestätigt, wenn dem aufnehmenden Block sechs Blöcke konsekutiv folgen. Bei einem Abstand von zehn Minuten entspricht dies einer Zeitspanne von ungefähr 60 Minuten, vorausgesetzt, die Transaktion wird instantan in die Blockchain aufgenommen.

mittelfristig von den Finanzmarktregulierungsbehörden in den Fokus genommen werden wird, die Unterwerfung unter die bestehenden Regularien des geregelten Finanzmarktes ist wahrscheinlich. Die Anpassungen, die das Libra-Projekt beim Übergang zu Diem erhalten hat, deuten darauf hin, dass Facebook das Projekt den regulatorischen Vorgaben unterwerfen will, mutmaßlich nicht zuletzt deswegen, weil sich daraus Marktzugänge und damit Wettbewerbsvorteile ergeben.

Unstrittig ist bei Libra die Verbindung zu den Unternehmenspartnern, was als besondere Form der externen Regulation des Netzwerks angesehen werden könnte. Diese werden als Validierungsinstanz auf der Blockchain agieren, entsprechend üben sie die Kontrolle über das Libra-Protokoll aus. Im Gegensatz zur Gruppe der Kryptowährungen, die sich regelmäßig durch eine Unabhängigkeit von steuernden Institutionen auszeichnen (Hanl 2018), ist diese Unabhängigkeit bei Libra nicht gegeben. Damit steht Libra diametral den etablierten Kryptowährungen gegenüber. Vergleichbar ist die Diskussion, inwiefern staatlich-emittierte Währungen als Kryptowährungen bezeichnet werden können. Wenngleich solche Konstrukte dieselbe technologische Ausgestaltung wählen, sind sie von ihrer Grundintuition anders konzipiert. Aus diesem Grund erkennen traditionelle Währungsinstitutionen wie Zentralbanken oder der Internationale Währungsfonds (IWF) ein staatliches emittiertes Kryptogeld regelmäßig nicht als Kryptowährung an (Europäische Zentralbank 2012; He et al. 2016; Sveriges Riksbank 2017). Mit einer ähnlichen Begründung ließe sich Libra die Zugehörigkeit zur Gruppe der Kryptowährungen absprechen, treffender wäre sicherlich die Bezeichnung als „Corporate Cryptocurrency". Damit gehört Libra zur Gruppe der digitalen Alternativwährungen (Hileman 2014). Innerhalb der Gruppe der Digitalwährungen lassen sich zwei Unterscheidungsdimensionen klassifizieren:

- Offenheitsgrad
- Zentralisierung

Das Libra-Konzept lässt sich am ehesten in die Gruppe der offenen Digitalwährungen einordnen, weil sich die Token außerhalb der virtuellen Sphäre nutzen lassen. Fraglich ist, ob Libra als dezentrales System einzustufen ist. Einerseits speichert Libra die Daten über eine verteilte Infrastruktur, andererseits obliegt die Kontrolle des Systems der Libra Association, mithin also einer zentralen Instanz. Zudem ist der Betrieb nur mithilfe der Validierer[8] der Libra Association gewährleistet. Eine vollkommene Unabhängigkeit wie bei den „klassischen" Kryptowährungen existiert für Libra folglich nicht. Libra verfolgt aber das Ziel, den Zugang zur Validierung offen zu legen und damit jedem Nutzer die Möglichkeit zu geben, an der Verifizierung von Transaktionen mitzuwirken (Libra Association 2019). Die Umstellung von einer „permissioned" auf eine „permissionless" Distributed Ledger Technology sollte fünf Jahre nach der Indienststellung von Libra erfolgen. Mit der Umwandlung zu Diem ist diese Umstellung obsolet (vgl. Libra Association 2020), das von Facebook getragene Projekt unterwirft sich damit den Anforderungen nationaler Regulierungsbehörden. Das Verhalten unterstreicht die Skepsis, dass zukünftig der Mission der Demokratisierung nicht doch ökonomische Eigeninteressen der Projektpartner entgegenstehen werden.

[8] Korrekterweise müsste man von „Validating Nodes" sprechen.

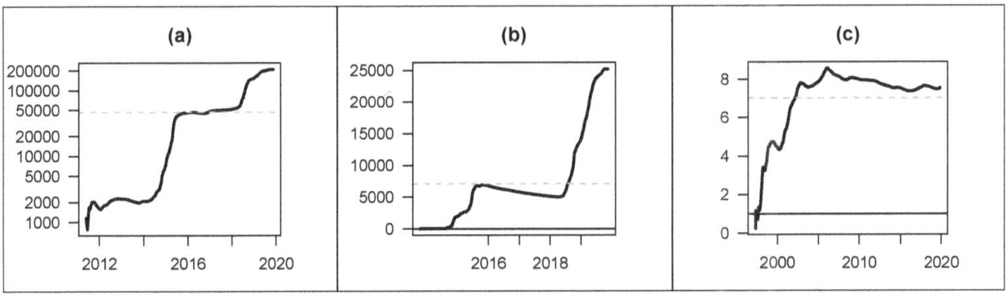

Abbildung 4.1: Relative Wechselkursvolatilitäten im Vergleich: (a) Bitcoin/US-Dollar, (b) Ethereum/US-Dollar und (c) Schwedische Krone/US-Dollar. Angaben als Vielfaches der Standardabweichung des Euro-US-Dollar-Wechselkurses, Mittelwert (blau), eigene Darstellung basierend auf eigenen Berechnungen.

4.3 Ökonomie von Libra

4.3.1 Volatilität als Problem

Kryptowährungen haben Bekanntheit vor allem über ihre hohe Wechselkursvolatilität erlangt, die insbesondere dazu führt, dass sie die Geldeigenschaften regelmäßig nicht erfüllen (Hanl und Michaelis 2017). Libra versteht sich selbst als „Stable Coin“, der eben dieses Problem nicht haben soll. Die hohe Volatilität schafft einen Anreiz, die Kryptowährung langfristig zu halten und eben nicht als Tauschmittel zu nutzen (Hanl und Michaelis 2017). Abbildung 4.1 zeigt beispielhaft die relative Wechselkursvolatilität von Bitcoin, Ethereum und der schwedischen Krone jeweils gegenüber dem US-Dollar als Vielfaches der Standardabweichung des Euro-US-Dollar-Wechselkurses über den abgetragenen Zeitraum. Deutlich zu erkennen ist, dass sowohl Bitcoin als auch Ethereum die Volatilität des Euro-US-Dollar-Wechselkurses deutlich übersteigen. Der schwedischen Krone wird eine höhere Volatilität gegenüber dem US-Dollar nachgesagt, aber selbst hier liegen die Kryptowährungen noch deutlich darüber.

Libra bzw. Diem wird, um erfolgreich sein zu können, die hohe Wechselkursvolatilität umgehen müssen, da ihr ansonsten das Potential zur Marktdurchsetzung versagt bleiben dürfte (vgl. Blocher et al. 2017b). Libra wollte dies durch die Etablierung einer Währungsreserve ermöglichen, indem für jeden ausgegebenen Libra-Token Wertpapiere mit niedriger Volatilität und geringem Ausfallrisiko erworben werden. Durch diesen Währungskorb erhalten Libra-Token, im Gegensatz zu den Kryptowährungen, einen fundamentalen Wert, der sich eben nicht mehr nur aus dem Vertrauen in die Funktionsfähigkeit des Systems speist. Mit dem Übergang zu Diem ist die Emission eines weltweit gemeinsamen Tokens überholt, stattdessen wird es national unterscheidbare Tokens geben (bspw. Libra Euro oder Libra USD), aus deren digitaler Zusammenführung sich dann die Libra Tokens analog der Bestimmung der Sonderziehungsrechte des IWF ergeben (vgl. Libra Association 2020). Diese nationalen „stable coins“ sind über eine entsprechende Reserve aus nationalen Fiatwährungseinheiten in gleichem Umfang besichert, sodass innerhalb des nationalen Währungsraums das Wechselkursrisiko entfällt. Bei länderübergreifenden Zahlungsströmen greift dann die Logik der ursprünglichen Libra Reserve.

4.3.2 Libra Reserve

Die Libra Reserve versteht sich also als wertgebendes Fundament der Libra-Token. Im Wesentlichen tragen die Projektpartner sowie die Nutzer zum Aufbau der Reserve bei.[9]. Die Projektpartner erhalten ihre Vergütungen in Libra-Tokens (Catalini et al. 2019), sodass diese zum einen den Anreiz haben, den Ausbau des Libra-Netzwerkes zu propagieren, zum anderen findet durch den Einbehalt der monetären Vergütung ein Aufbau von Reserven statt. Nutzer von Libra tragen zum Aufbau der Reserve bei, indem sie Einheiten eines Fiatgeldes gegen Libra-Tokens eintauschen. Nach eigenen Angaben wird Libra dabei von verschiedenen Währungen gedeckt werden (Marcus 2019), wenngleich bisher nur wenig über die konkrete Aufteilung bekannt ist. Bertrand Perez, Managing Director und Chief Operating Officer der Libra Association, hat in einer Anhörung des Bundestagsausschusses Digitale Agenda erklärt, der Währungskorb werde zur Hälfte aus US-Dollar-Wertpapieren, und zu einem Fünftel aus auf Euro lautenden Wertpapieren bestehen (Deutscher Bundestag 2019b). Damit hätte die ursprüngliche Libra Reserve einen starken Fokus auf westliche Volkswirtschaften, insbesondere wäre der Einfluss der USA und Europas besonders deutlich[10]. Da sich Libra somit einen Währungskorb erschafft, ist die Parallele zu einem „Currency Board“, wie es bspw. in Argentinien existierte, unverkennbar. Diese Form der Institutionalisierung eines Fixwechselkurssystem soll Währungsschwankungen minimieren und Vertrauen aufbauen sowie erhalten. Den Stabilisierungseffekt will Libra für sich nutzbar machen.

Libra setzt sich dabei selbst das Ziel, nur in Wertpapiere zu investieren, die auf Märkten mit hoher Liquidität gehandelt und selbst nur ein geringes Ausfallrisiko innehaben. Die Libra Reserve stellt damit einen Währungskorb dar. Durch die Vielzahl an einbezogenen Währungen reduziert das Libra-Konzept das Risiko von Wechselkursschwankungen gegenüber einzelnen Währungen. Vergleichbar ist der Währungskorb von Libra ungefähr mit den Sonderziehungsrechten (SDR — *Special Drawing Rights*) des IWF, in dessen Währungskorb die wichtigsten Währungen der Welt gewichtet eingehen. Durch das Zusammenfügen von Währungen lassen sich Schwankungen einzelner Wechselkurse gegenüber dem Währungskorb reduzieren, was in Abbildung 4.2 sichtbar wird. Zu sehen sind die relativen Wechselkursvolatilitäten der SDRs gemessen als Standardabweichung gegenüber dem Schweizer Franken, dem Euro und dem US-Dollar, jeweils gegenüber der Standardabweichung des Euro-US-Dollar-Wechselkurses. Es fällt sofort auf, dass die Schwankung der einzelnen Währungen gegenüber den Sonderziehungsrechten regelmäßig kleiner ausfällt als die Wechselkursschwankung des Euro-US-Dollar-Wechselkurses.

Libra will diesen Umstand für sich nutzbar machen. Sofern es der Libra Associa-

[9] In Abgrenzung zur ursprünglichen Ausgestaltung setzt das Diem Projekt auf separate Einzelreserven, die sich für jeden nationalen Libra-Token ergeben und dann zusammengeführt die Libra Reserve bilden(vgl. Libra Association 2020) Weil die Reserve jeweils nur aus nationalen Fiatwährungseinheiten besteht, ergibt sich daraus eine direkte Anbindung an nationale Währung, was letztlich das Wechselkursrisiko innerhalb des nationalen Währungsraums eliminiert.

[10] Die Analyse von Groß et al. (2019) tendiert in eine ähnliche Richtung. Sie legt nahe, dass die Libra Reserve den Wechselkurs gegenüber dem Euro, dem US-Dollar und dem Yen stabilisieren wird. David Marcus, Vorsitzender der Facebook-Tochter Calibra, machte in seiner Anhörung vor dem US-Senat klar, dass diese Währungen *auch* Bestandteil des Libra Währungskorbes sein werden. Freilich ist eine generelle Beschränkung auf nur diese Währungen nicht zu erwarten, vielmehr wird sich die Libra Association im Zeitverlauf an sich ändernde Gegebenheiten anpassen müssen.

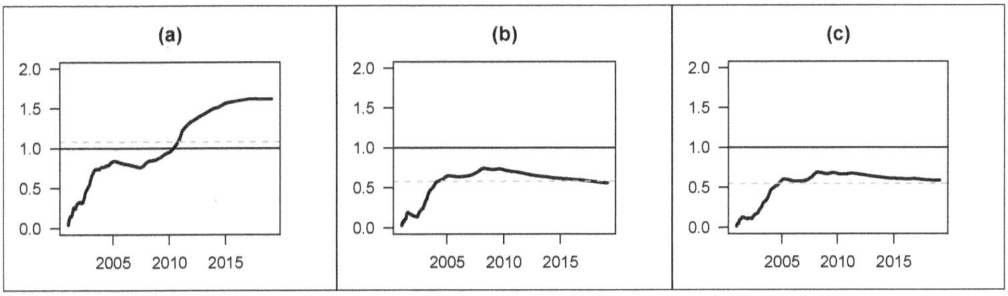

Abbildung 4.2: Vergleich der Wechselkursvolatilitäten gegenüber den Sonderziehungsrechtes des IWF, (a) Schweizer Franken, (b) Euro und (c) US-Dollar als Vielfaches der Standardabweichung des Euro-US-Dollar-Wechselkurses

tion gelingt, den Nutzern die Werthaltigkeit der Tokens glaubhaft zu machen, kann sich Libra durch eine geringere Volatilität einen Wettbewerbsvorteil gegenüber den Kryptowährungen verschaffen.

Die Größe der Reserve hängt ausschließlich von der Zahl der emittierten Libra-Tokens ab. Die Tokens werden nur ausgegeben, wenn eine entsprechende Reserve angelegt wurde. Bei Libra handelt es sich folglich um ein vollständig gedecktes Währungssystem. Die Höhe der Reserve hängt damit davon ab, wie viele Tokens emittiert werden. Hierzu gibt es verschiedene Schätzungsgrundlagen. Beispielsweise ließe sich argumentieren, dass ein Teil der Facebook-Nutzer zu Libra-Nutzern würde. Unterstellt man, dass die ungefähr 1,7 Milliarden Facebook-Nutzer durchschnittlich 500 Dollar in Libra-Tokens halten, ergibt sich ein Anlagevolumen von ungefähr 850 Milliarden US-Dollar. Zum Vergleich: Einer der größten Vermögensverwalter der Welt, BlackRock Capital Inc., verwaltet nach eigenen Angaben derzeit rund 6 Billionen US-Dollar an Wertpapieren. Facebook würde damit sofort in die Gruppe der großen Vermögensverwalter aufsteigen, sein Kapitalstock wäre ungefähr viermal so groß wie die von der Münchener Rück verwalteten Assets. Diese Zahlen dürften noch als konservative Schätzung angesehen werden. Sollte sich Libra weltweit durchsetzen, wird die Libra-Reserve auf ein Vielfaches der Größe anschwellen[11]. Groß et al. (2019) schätzen, dass derzeit Wertpapiere im Umfang von rund 8,5 Billionen US-Dollar die Auswahlkriterien der Libra Association erfüllen. Sollte die Libra Reserve also mittelfristig wachsen, wird Libra notwendigerweise eine marktbeeinflussende Stellung erreichen. Plausibel ist eine Reservegröße im dreistelligen Milliardenbereich: Andere Schätzungen gehen von einer Größenordnung der Reserve zwischen 250 Milliarden (Groß et al. 2019) und 700 Milliarden Dollar aus (Blummer 2019). Schätzungen der Weltbank (Ratha et al. 2018) beziffern den Betrag an Rücküberweisungen auf etwa 528 Milliarden US-Dollar pro Jahr.

Neben der Stabilisierung des Wechselkurses bildet die Libra Reserve zudem eine Absicherung gegenüber *Bank runs*. Geschäftsbanken sind üblicherweise von einem Bank-run-Risiko betroffen, weil die Verbindlichkeiten der Bank (bspw. Sichtguthaben der Kunden) typischerweise kurzfristig kündbar sind, die Forderungen (bspw. vergebene

[11] Unterstellt man beispielsweise, dass — analog zur Bargeldhaltung im Euro-Raum — jeder Facebook-Nutzer umgerechnet durchschnittlich 2600 US-Dollar in Libra hält, ergibt sich bereits ein Anlagevolumen von rund 4 Billionen US-Dollar.

Kredite) aber langfristige Laufzeiten aufweisen. Glauben die Kunden, dass die Bank insolvent werden könnte, werden sie sofort den Anreiz haben, ihre eigenen Einlagen bei der Bank abzuziehen, um sie so vor dem Totalverlust zu retten. Da dieser Mechanismus für alle Kunden gleich ist, haben alle Kunden den Anreiz, als erste ihre Einlagen zurückzuerhalten. Die Bank muss dann ihre Aktiva auflösen, z.B. durch den Verkauf von Wertpapieren. Da die Aktivseite der Geschäftsbank in der Regel längere Laufzeiten aufweist, wird sie entweder ihre Aktiva nicht kurzfristig auflösen können, oder im Rahmen von Notverkäufen („fire sales") geringere Rückkaufwerte erzielen. Schlimmstenfalls wird die Bank nicht alle Kundeneinlagen kurzfristig auszahlen können, sie wird mit dem allgemeinen Beginn des bank runs in die Insolvenz fallen.[12] Das Risiko eines Bank runs ist umso größer, je schneller die Kunden ihre Einlagen abziehen können.[13] Libra umgeht dieses Risiko, indem es seine Token vollständig besichert. Dadurch kann die Libra Association prinzipiell jeden Token wieder zurücknehmen und gegen Fiatgeld eintauschen. Grundlegend ist dafür, dass die Libra Reserve nur aus hoch-liquiden Assets besteht, sodass diese im Bedarfsfall zügig veräußert werden können, um so die Ausbreitung eines Strohfeuers zu verhindern. Da die Libra Association zudem verschiedenartige Wertpapiere zu erwerben gedenkt, streut sie zudem das Risiko eines Ausfalls ihres Portfolios, und weil sie die Reserve selbst auf ausfallsichere Wertpapiere beschränkt, ist das Risiko einen Totalausfalls der Reserve gering.

Damit sich die Wechselkursvolatilität wirklich verringert und das Risiko eines Bank runs minimiert wird, muss die Libra Association glaubhaft belegen können, tatsächlich im Besitz der entsprechenden Reserven zu sein. Dazu will sich die Libra Association z.B. verschiedener Finanzdienstleister bedienen, die die Reservewertpapiere verwahren sollen. Hierbei setzt die Libra Association bewusst auf verschiedene Dienstleister, um das Risiko eines Ausfalls zu minimieren. Dennoch werden sich die Nutzer auf die Ankündigungen der Libra Association verlassen müssen, eine direkte Überprüfbarkeit der Reserve, z.B. durch eine blockchainbasierte Abwicklung der Käufe und Verkäufe von Wertpapieren, ist nicht vorgesehen.

4.3.3 Libras Geschäftskonzept

Die Konsortialpartner der Libra Association profitieren über verschiedene Kanäle von Libra. Zunächst profitieren die Akteure vom Zusammenschluss der Libra-Partner zu einem großen Netzwerk. Hier üben die Partner auf sich gegenseitig eine Externalität aus. Die Einführung einer gemeinsamen, übertragbaren Währung macht es für die Nutzer einfacher, *benefits* eines Partners zu einem anderen zu übertragen. Dies steigert den Nutzen, den die Teilnehmer aus der Plattform ziehen, und damit ihre aktive Zeit auf eben dieser (Gans und Hałaburda 2015). Vorstellbar ist zum Beispiel, dass ein Nutzer auf Facebook an einer Umfrage teilnimmt und dafür mit Libra-Tokens belohnt wird. Diese könnte er wiederum nutzen, um eine Mobilitätsdienstleistung von Uber in Anspruch zu nehmen. Aus Sicht von Facebook entsteht in diesem Fall der Vorteil für den Nutzer,

[12] Für eine Analyse der Bank runs vgl. Diamond und Dybvig (1983).

[13] Dies ist bspw. einer der Gründe, der gegen die Einführung eines digitalen Zentralbankgeldes spricht, da dieses bei unbeschränkter Konvertierbarkeit ein eben solches Bank run Szenario gerade noch befeuern könnt (vgl. Hanl und Michaelis 2019).

dass er seine Prämie flexibel einsetzen kann. Weil der Nutzer mit dem sozialen Netzwerk interagiert, schafft er auf dieser Plattform eine positive Externalität für andere Nutzer, weil diese von der Größe des Netzwerks profitieren. Der positive Nutzen des einzelnen Nutzers sowie die positive Externalität, die er auf die anderen Nutzer ausübt, sorgt dafür, dass die Zeit, die er auf der Plattform verbringt, steigt. Dies ist wiederum nützlich für Facebook, weil es sich positiv auf die Erträge aus dem Verkauf von Werbeanzeigen auswirkt. Der Vorteil für Uber ist offensichtlich, denn das Unternehmen profitiert in dem Beispiel von der Aktion des Kunden auf einer anderen Plattform. Denkbar ist allerdings auch, dass über das Libra-System eine Plattform entsteht, die den Nutzern Dienstleistungen verschiedener Art an einem (virtuellen) Ort anbietet.

Eine zweite Einnahmequelle erschließt die Libra Association aufgrund von Zinserträgen der Libra Reserve. Im Austausch für die Schaffung neuer Libra-Tokens erwirbt die Libra Association zinstragende Wertpapiere. Unterstellt man einen Reserve-Kapitalstock von rund 500 Milliarden US-Dollar, bedeutet jede Zinserhöhung um einen Prozentpunkt eine Erhöhung der Zinserträge um 5 Milliarden US-Dollar. Diese Zinserträge gibt die Libra Association an die Konsortialpartner weiter, sodass für diese neben der positiven Externalität ebenso ein monetärer Anreiz zur Mitwirkung entsteht. Demgegenüber stehen die Kosten für den Betrieb des Systems. Bisher gibt es von offizieller Seite keine Angaben zu den Betriebskosten, schätzungsweise dürften sie allerdings weit unter den Erträgen liegen. Wenngleich die risikoarmen Wertpapiere nur geringe Zinsen erbringen — bspw. schätzen Holste und Mayer (2019) den Zinssatz auf rund 0,75 Prozent — , dürften die Nettogewinne aus der Libra Reserve beachtlich sein.

Eine dritte Einnahmequelle liegt in der Erhebung von Transaktionsgebühren. Libra hat das ambitionierte Ziel, den Zugang zu finanziellen Ressourcen zu verbessern. Konzentriert man sich auf die Rücküberweisungen als integralen Part dessen, steht Libra potentiell ein Transaktionsvolumen von 530 Milliarden US-Dollar gegenüber, die im globalen Durchschnitt derzeit mit einer Transaktionsgebühr von rund 7 Prozent weitergeleitet werden (Ratha et al. 2019). Die Gebührenhöhe ist Reflex eines oligopolistischen Marktes, der teils von Intransparenz geprägt ist (Weltbank 2018), nicht zuletzt dürften die bisher durchaus signifikanten Transaktionsgebühren auch Kompensation für den Aufbau und Betrieb eines weltweiten Netzwerkes sein. Für Libra bedeutet dies ein beachtliches Potential. Unterstellt man eine Transaktionsgebühr von 1 Prozent und eine vollständige Abdeckung der Rücküberweisungen durch Libra, ergibt sich ein Ertrag von 5,3 Milliarden US-Dollar.

Während der erste Effekt der Einkommenserzielung schwer zu beziffern sein dürfte, sind die Erträge durch Zinsen und Transaktionsgebühren klar definiert. Bei vergleichsweise überschaubaren Kosten eröffnet sich den Projektpartnern durch Libra die Möglichkeit, gemeinsam Erträge in Milliardenhöhe zu erzeugen.

4.3.4 Geldangebot und Geldnachfrage

Das Geldangebot ist durch die Libra Reserve determiniert. Die Libra Association betont, selbst keine eigenständige, aktive Währungspolitik betreiben zu wollen (Catalini et al. 2019). Libra wird damit die Währungspolitik der Notenbanken spiegeln, in deren Währungen die Assets der Libra Reserve denominiert sind. Zur Zusammensetzung der

Reserve macht die Libra Association allerdings keine Angaben. Es ist daher nicht sicher davon auszugehen, dass es sich bei der Reserve um eine fixe Zusammensetzung von Wertpapieren einer bestimmten Landeswährung handelt, sondern dass diese Zusammensetzung viel eher als flexible Zuordnung anzuerkennen ist. Bei der Zusammensetzung der Reserve hat die Libra Association einen Handlungsspielraum, vorausgesetzt, sie schreibt nicht doch eine verbindliche Zusammensetzung vor.

Stärkeren Schwankungen wird die Nachfrage nach Libra unterworfen sein. Dabei ist zunächst fraglich, wer die Hauptnutzer von Libra sein werden. Ausgangspunkt kann z.B. das Motiv sein, die Gebühren für grenzüberschreitende Zahlungen zu minimieren. Die Kosten für den Erhalt und für das Senden einer Rücküberweisung sind in Abbildung 4.3 und Abbildung 4.4 dargestellt. Zunächst fällt auf, dass die Kosten für den Erhalt einer Zahlung insbesondere in Entwicklungs- und Schwellenländer oberhalb des 3-Prozent-Ziels der Vereinten Nationen liegen.[14]

Für die Rückrichtung gilt das Gegenteil, hier fallen insbesondere die Industrienationen auf. Da die Daten der Weltbank nicht für alle Länder Kosten für das Senden oder Empfangen enthalten, sind definitive Antworten auf der Datenbasis nur schwer zu geben. Die Abbildungen 4.3 und 4.4 legen jedoch das Bild nahe, dass die Zahlungen von Industrienationen zu Entwicklungs- und Schwellenländern verlaufen, was intuitiv sofort schlüssig ist. Da die Kosten bei einer wie in den Beobachtungen angesetzten 200 Dollar Zahlung im Durchschnitt ungefähr 7 Prozent betragen, ergeben sich weltweit Kosten von rund 37 Milliarden US-Dollar durch Rücküberweisungen. Für diese Länder besteht ein enormes Potential, auf ein anderweitiges Zahlungssystem umzusteigen. Die Libra Association schätzt, dass ungefähr 1,7 Milliarden Menschen von einem mangelhaften Bankzugang betroffen sind, von denen aber ungefähr zwei Drittel Zugang zu einem Mobiltelefon haben.

Es ist davon auszugehen, dass insbesondere die Länder, die heute hohe Transaktionsgebühren aufweisen, gleichzeitig aber nur eine wenig ausgeprägte finanzielle Infrastruktur besitzen, ein besonderes Potential zur Nutzung von Libra haben werden. Diese Volkswirtschaften sind heute von Dienstleistern wie WesternUnion, MoneyGraham oder ähnlichem abhängig, die entsprechende Gebühren für ihre Dienstleistungen verlangen. Mit diesen Dienstleistern tritt Libra in Konkurrenz, Voraussetzung ist lediglich ein Zugang zum Internet, was mittlerweile mittels eines Mobiltelefons zu bewerkstelligen ist. Kritisch muss allerdings angemerkt werden, dass die Einführung von Libra zumindest in Teilen eine finanzielle Infrastruktur voraussetzt, weil ohne diese die Nutzung von Libra eingeschränkt sein wird. Dies gilt solange, bis Libra sich als allgemeines Tauschmittel etablieren kann, mithin also weitestgehend die Geldfunktionen erfüllt. Solange dies nicht der Fall ist, werden die Nutzer für alltägliche Transaktionen weiterhin auf ein allgemein akzeptiertes, staatliches Fiatgeld angewiesen sein, sodass sie hier eine entsprechende Möglichkeit des Umtauschs benötigen. Sofern dieser elektronisch abgewickelt werden soll, ist zumindest

[14] Allerdings möchte man dabei beachten, dass die Daten der Weltbank nicht für alle Nationen die Kosten für Rücküberweisungen ausweisen. Mutmaßlich ist dies darauf zurückzuführen, dass sich die Bewegungsrichtung der Rücküberweisungen eher von den Industrienationen hin zu den Schwellenländern vollzieht. Aus diesem Grund ergeben sich für die Kosten des Sendens einer Transaktion entsprechende Bildmuster. Zudem sei darauf hingewiesen, dass die Abbildungen jeweils Durchschnittswerte verzeichnen. Rücküberweisungen betreffen jeweils ein Länderpaar, wobei sich für jede Länderpaarung unterschiedliche Kostenhöhen ergeben.

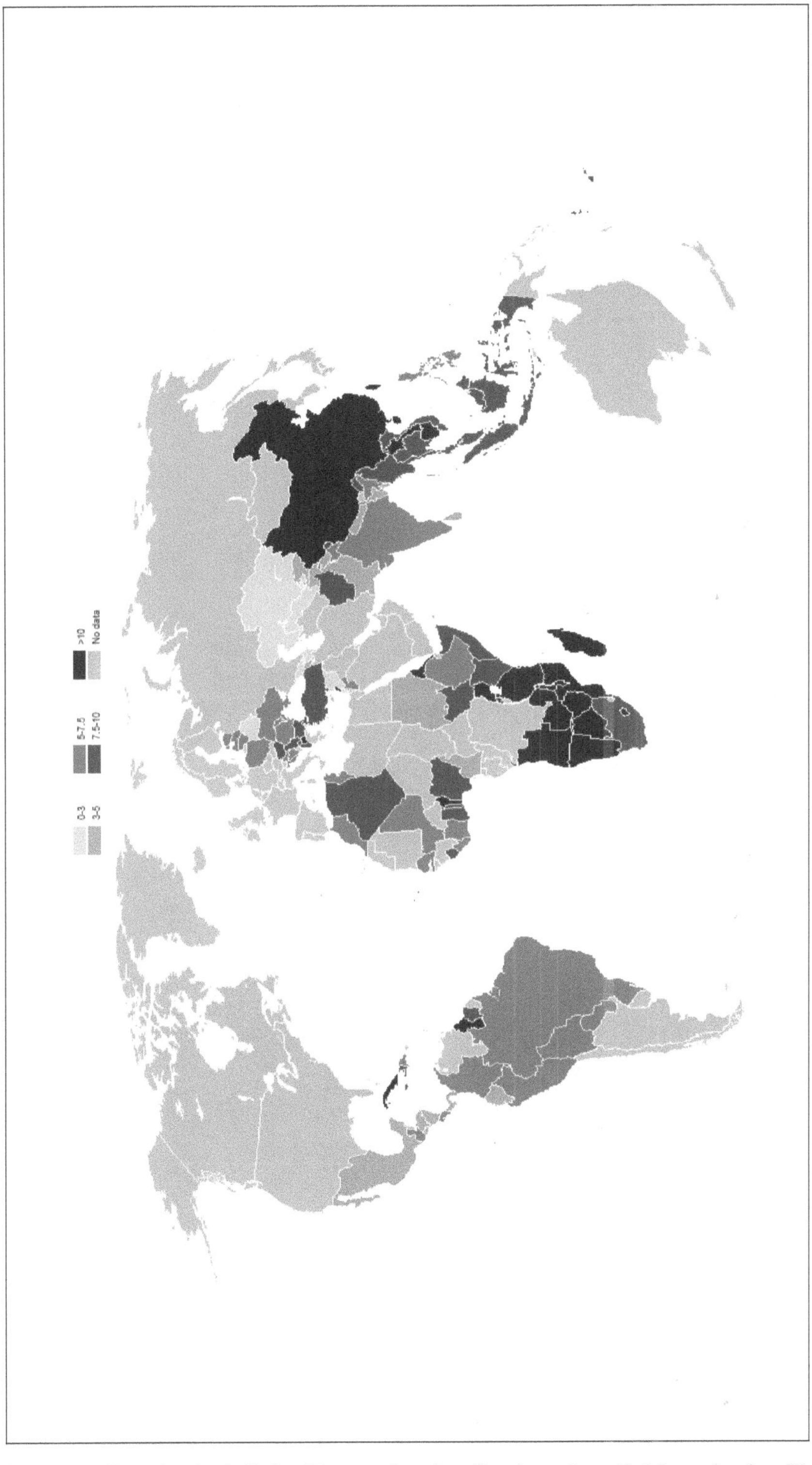

Abbildung 4.3: Durchschnittliche Kosten für das Senden einer Zahlung in das Zielland, Angaben in Prozent, Darstellung basierend auf Weltbank (2018).

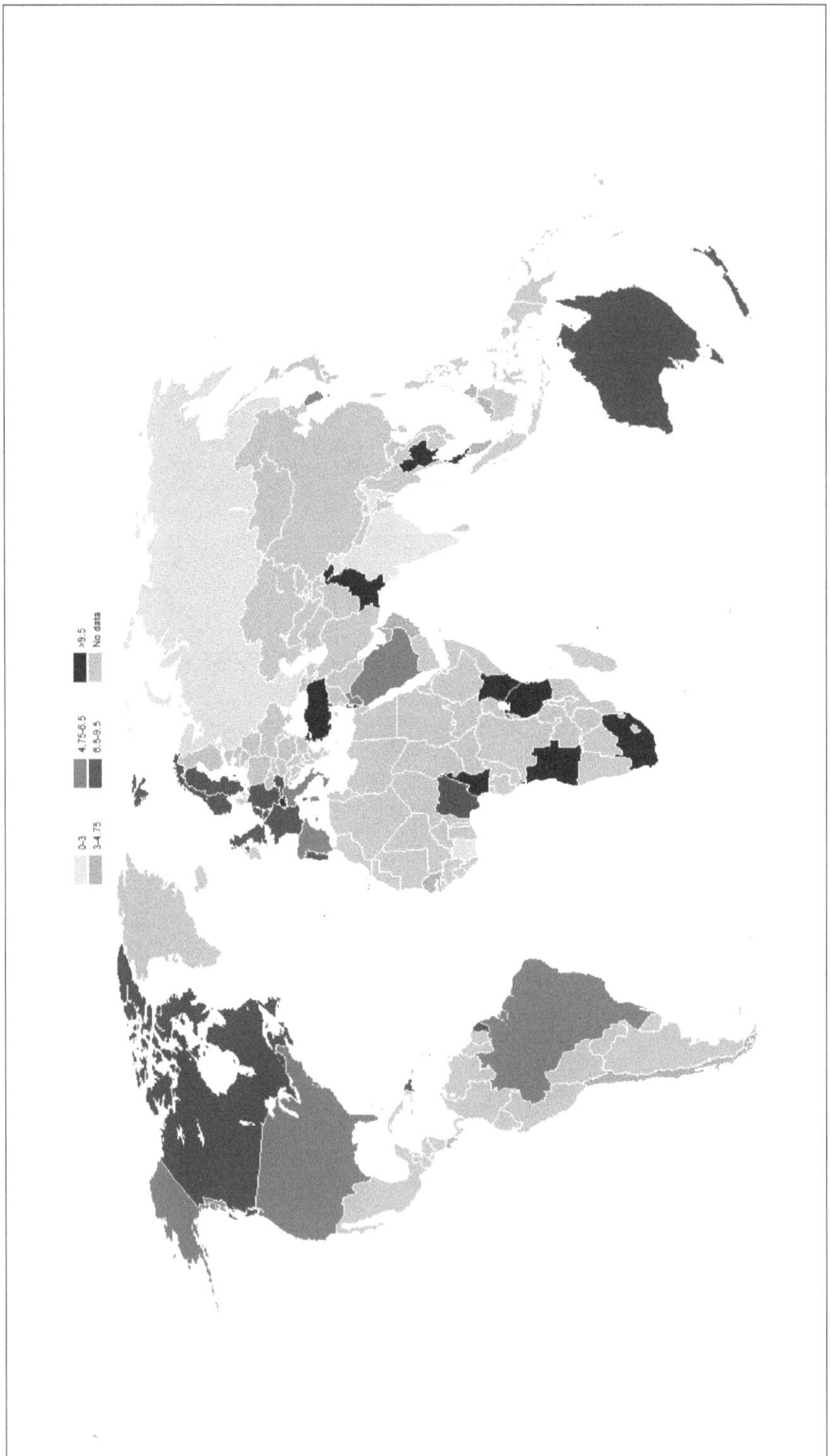

Abbildung 4.4: Durchschnittliche Kosten für das Senden einer Rücküberweisung aus dem Ursprungsland, Angaben in Prozent, Darstellung basierend auf Weltbank (2018).

ein Bankkonto für Ein- und Auszahlungen von Libra Voraussetzung.

Eine weitere Nachfragequelle werden Länder mit hohen Inflationsraten sein. Hier setzt die Bevölkerung regelmäßig auf ausländische Währungen, um dem Wertverlust zu begegnen, z.B. durch Nutzung des wertstabileren US-Dollars. Sollte Libra eine ähnliche Wertstabilität aufweisen, könnte es noch vor dem US-Dollar als präferiertes Zahlungsmedium eingesetzt werden, da die Token durch die elektronische Verfügbarkeit schneller verfügbar sind als physisches Fiatgeld. Zudem könnte die dezentrale Struktur von Libra dazu beitragen, Kapitalverkehrskontrollen zu umgehen. Diese werden üblicherweise dafür eingesetzt, einen unkontrollierten Abfluss von Geldern in das Ausland zu verhindern. Dazu kontrolliert bspw. die Zentralbank die Ausgabe von Bargeld oder aber Kapitalverkehr in das Ausland. Möglich wird dies durch die Struktur des Zahlungssystems, die auf regulierbare Intermediäre setzt. Innerhalb einer dezentralen Architektur treten regulierbare Intermediäre vor allem an den Ein- und Austrittspunkten des Netzwerks auf. Nicht notwendigerweise sind die einzelnen Akteure in einem dezentralen Netzwerk identifizierbar, das Paradebeispiel für Pseudonymität sind die Kryptowährungen. Damit wird das Währungssytem unabhängig von staatlichen Institutionen. Sofern sich dann eine Möglichkeit bietet, Kapital abseits regulierbarer Institutionen in das dezentrale System einzuschleusen, sind Kapitalverkehrskontrollen faktisch nur noch schwer durchzusetzen.

Klar ist aber, dass die Wechselkurse zwischen Libra und den Fiatwährungen schwanken werden. In „normalen" Zeiten ist dies unproblematisch, weil es nicht zu größeren Verwerfungen führen wird. Problematischer sind plötzlich einsetzende, sich stark verändernde Kapitalströme zwischen verschiedenen Fiatwährungen, weil diese nicht in den aktuellen Wechselkurs eingepreist sind. Wenn Libra sich als Fluchtwährung eignet, werden sich die entsprechenden Wechselkurse zwischen Libra und den Fiatwährungen anpassen müssen, eine Fixierung wird — zumindest bei systemrelevanten Volumina — nicht haltbar sein. Gegebenenfalls lässt sich jedoch ein Teil des Impulses über die Libra Reserve auffangen, wenn die Libra Association als eine Art Ersatz der Notenbank auftritt und entsprechend Assets kauft oder verkauft, um den Wechselkurs zu stabilisieren und der geänderten Angebots- und Nachfragesituation entgegenzutreten. In diesem Fall würde sich die Libra Association jedoch direkt in das Terrain der Notenbanken begeben und müsste eine eigene geldpolitische Position definieren, was klar im Gegensatz zur kommunizierten Intention der Libra Association steht und damit als unwahrscheinlich eingeschätzt werden muss.

4.3.5 Interaktion mit der „klassischen" Geldpolitik und dem Finanzmarkt

Selbst wenn Libra nicht das Ziel verfolgt, traditionelle Fiatwährungen zu verdrängen oder zu ersetzen, wird das System mit der klassischen Geldpolitik interagieren. Sollte sich Libra als Parallelwährung durchsetzen können, wird der Einflussbereich der Notenbank erodieren, ähnlich wie es bei den Kryptowährungen der Fall sein könnte (Hanl und Michaelis 2017). Der Wirkungsmechanismus ist einfach erklärt: Weil die Geldpolitik über das „klassische" Fiatgeld wirkt, folgt aus einer Verschiebung in ein privates Instrument, dass sich der Wirkungsradius der Geldpolitik verringert und damit geldpolitische Maßnahmen an Schlagkraft verlieren. Dies dürfte mit einer der Gründe sein, warum einige Libra auch als Herausforderung für Europa sehen (vgl. Holste und Mayer 2019).

In der Folge bedeutet dies, dass der geldpolitische Stimulus stärker ausfallen muss, gegebenenfalls sind zusätzliche und auch unkonventionelle geldpolitische Instrumente heranzuziehen, um Ziele wie Preisniveaustabilität oder stabiles Wirtschaftswachstum zu erreichen. Mit den stärkeren geldpolitischen Interventionen werden aber zeitgleich unweigerlich die Nebenwirkungen geldpolitischer Maßnahmen zunehmen. Die Bedrohungslage für die Notenbanken ist also durchaus nachvollziehbar. Andererseits hängt das Ausmaß stark davon ab, wie stark die Verdrängung durch Libra wirklich ausfällt und inwiefern regulierbare Institutionen entstehen, die auf das Libra-Protokoll einwirken können. Der mögliche Umschwung zu einem privaten Alternativzahlungssystem setzt die Notenbanken aber gleichfalls abseits geldpolitischer Ziele wie Preisniveaustabilität unter Druck. So überwacht bspw. die Deutsche Bundesbank gem. § 3 des Gesetzes über die Deutsche Bundesbank die „*bankmäßige Abwicklung des Zahlungsverkehrs im Inland [...] und trägt zur Stabilität der Zahlungs- und Verrechnungssysteme bei*". Diese Regelung verpflichtet die Bundesbank zur Sicherstellung eines funktionsfähigen Zahlungssystems. In Wahrnehmung ihrer Aufgaben muss die Bundesbank notwendigerweise mit Zahlungsdienstleistern interagieren und diese im Bedarfsfall regulieren. Die Verschiebung hin zu einem privaten System, das abseits der Einflusssphäre der Notenbanken operiert, untergräbt zweifelsohne die Erfüllung des gesetzlichen Auftrags, weil bei einem international operierenden Akteur eben nicht mehr sicherzustellen ist, dass dieser im (nationalen) Interesse handeln wird. Eben dieses Ausweichen auf private Dienstleister führt letztlich zu einem Anreiz für die Zentralbank, ein eigenes elektronisches Transaktionsmedium zu entwickeln[15].

Libra wird zudem Einfluss auf die effektive Nullzinsuntergrenze nehmen. Sofern die nationale Zentralbank den Zins unter Null senkt, haben die privaten Akteure einen Anreiz, entsprechend auszuweichen und sich Anlagen mit einer höheren, wenigstens aber einer Nullverzinsung zu suchen. Dieser Effekt ist bei der Einführung negativer Zinsen gewünscht, weil er den Impuls der Geldpolitik auf weitere Wertpapiere überträgt. Allerdings wird Libra hier zu einer Reduktion der Wirkung führen, da die Haushalte nunmehr das staatliche Fiatgeld auf elektronischem Wege in ein zinsfreies Instrument überführen können. Volkswirtschaftlich dürfte das die Einführung negativer Zinsen zumindest erschweren, die effektive Zinsuntergrenze dürfte steigen.

Da die Libra Reserve aus zinstragenden Wertpapieren in einer signifikanten Größenordnung besteht, ist davon auszugehen, dass der Kauf und Verkauf von Wertpapieren durch die Libra Association Auswirkungen auf die Verzinsung von Wertpapieren haben wird (Groß et al. 2019): Durch die gesteigerte Nachfrage nach niedrig-volatilen Wertpapieren steigt deren Preis, folglich fällt der Zins. Andererseits stellt das Vorhandensein von Libra für den Haushalt eine zusätzliche Option dar, er wird einen Teil seiner Einlagen statt in Wertpapiere in Libra investieren. Dies wiederum wird Externalitäten auf andere Wertpapiere generieren, sodass — zumindest solange die Libra Association Wertpapiere in signifikantem Umfang erwirbt — das Vorhandensein des Libra-Systems zu einer Veränderung des Zinsniveaus führen wird. Wie die Änderungen konkret ausfallen, hängt unter anderem davon ab, inwiefern sich die von den Haushalten gehaltenen Wertpapiere von denen der Libra Association unterscheiden, zum anderen aber auch, wie der Kauf der Wertpapiere refinanziert wird.

[15] Für eine einführende Darstellung in die Thematik des digitalen Zentralbankgeldes vgl. Hanl und Michaelis (2019).

4.3.6 Libras inhärente Währungspolitik

Libra selbst gibt an, keine eigenen, währungspolitischen Ziele verfolgen zu wollen, sondern die geldpolitischen Entscheidungen der Notenbanken zu übernehmen, in deren Währungen die Wertpapiere der Libra Reserve gezeichnet sind. Dennoch sind die Entscheidungen, die inhärent im Libra-Protokoll getroffen sind, nicht frei von einem währungspolitischen Charakter, die zumindest passiv Wirkung im Libra-Ökosystem entfalten werden.

Libra strebt an, weltweit als Zahlungsmittel eingesetzt zu werden. Wird das System bspw. für die bereits angesprochenen Rücküberweisungen genutzt, ergibt sich sofort eine Finanzbeziehung zwischen wirtschaftlich starken Industrienationen und wirtschaftlich schwächeren Entwicklungs- und Schwellenländern. Wenn sich in diesen Ländern Libra als Zahlungsmittel durchsetzen sollte, werden die Nationen einen gemeinsamen Libra-Währungsraum bilden. Analog zur Debatte um die Kryptowährungen (vgl. Hanl und Michaelis 2017) kann dieser Währungsraum im Sinne der optimalen Währungsraumtheorie nach Mundell (1961) aber niemals optimal sein, vielmehr wird es in diesem Währungsraum immer ein Ungleichgewicht geben, da die Heterogenität der Volkswirtschaften zu groß sein wird.

Selbst wenn die Libra Association sich für die Durchführung aktiver Geldpolitik entscheiden sollte, wird sie immer vor dem Problem der Heterogenität der beteiligten Volkswirtschaften stehen. Etwaige Anpassungen am „Geldangebot" oder der Zusammensetzung der Libra Reserve müssen nicht notwendigerweise für alle Beteiligten die passgenaue Lösung bilden. Die von Libra dann zu implementierende Geldpolitik kann damit nicht optimal sein. Dies hat, neben der Heterogenität, verschiedene Ursachen.

Die makroökonomischen Daten einer Volkswirtschaft sind, zumindest in den amtlichen Statistiken, wohl eher nicht in Libra zu denominieren. Die von Libra erfassten Transaktionsdaten dürften insgesamt einen besseren Einblick in das Verhalten der Haushalte ermöglichen, vor allem dann, wenn sie mittels Algorithmen mit weiteren Daten der Konsortialpartner verbunden werden, die Aggregation gesamtwirtschaftlicher Preisindizes könnte durch solche „Big Data" Analysen umsetzbar sein. Allerdings werden diese Preisindizes sich von denen in der amtlichen Statistik erfassten Zusammenhängen unterscheiden, weil sich schon allein die geographische Ausbreitung von Libra und den Fiatwährungen unterscheiden, zudem könnte die inhaltliche Ausrichtung der Libra-Transaktionen von den in traditionellem Fiatgeld abgewickelten Transaktionen differieren.

Im Gegensatz zum Fiatgeld stellt das Libra-System zudem keine Kreditwirtschaft dar, da neue Libra-Token nur gegen die Hinterlegung von entsprechenden Sicherheiten geschaffen werden dürfen[16]. Das klassische Instrumentarium, über die Beeinflussung des Zinssatzes die Vergabe von Krediten zu steuern, entfällt damit sofort. Die Libra Association könnte dann das Angebot an Tokens z.B. durch eine Abwertung des Libra-Fiatwährung-Wechselkurses manipulieren, solange diese Anpassung von den Nutzern nicht vorher antizipiert werden konnte.

Gesetzliche Zahlungsmittel haben in der volkswirtschaftlichen Durchsetzung einen erheblichen Vorteil: Da sie als gesetzliches Zahlungsmittel fungieren, gibt es — zumindest

[16] Aufgrund der Möglichkeit, die entsprechenden Sicherheiten außerhalb des Libra-Systems zu beschaffen, entsteht zumindest in Teilen die Möglichkeit, mithilfe eines Kredits neue Währungstoken zu erzeugen.

innerhalb gewisser Grenzen — einen Annahmezwang[17]. Dieser Zwang, das gesetzliche Zahlungsmittel für bestimmte Zahlungen an den Staat nutzen zu müssen, kann einem Fiatgeld als klassisches Beispiel eines Netzwerkgutes zum Aufbau eines entsprechenden Netzwerkes und damit zur Durchsetzung verhelfen[18]. Einen Annahmezwang gibt es für Libra grundsätzlich nicht. Klar ist, dass Libra — wenn überhaupt — nur über seine Eigenschaft als Netzwerkgut an Durchsetzungskraft gewinnen kann, eine gesetzliche Verpflichtung zur Annahme wird es nicht geben. Da die Libra Association zumindest über das Potential verfügt, selbstständig ein hinreichend großes Netzwerk aufzubauen, ist dies in Bezug auf eine mögliche Marktakzeptanz erst einmal nicht weiter problematisch. Für die Nutzer bietet die rein freiwillige Nutzung aber zu jedem Zeitpunkt die Möglichkeit, das Netzwerk zu verlassen und (auf eine dann ggf. geschaffene) Konkurrenz zu wechseln. Für Libra bedeutet dies das Risiko, dass die Nutzer das System als Reaktion auf eine geldpolitische Entscheidung verlassen und zu den bisherigen Systemen zurückkehren. Libra räumt den Nutzern damit inhärent eine Art „Ausweichmechanismus" ein.

Innerhalb des geldpolitischen Trilemmas zwischen Autonomer Geldpolitik, Fixen Wechselkursen und Freiem Kapitalverkehr befindet sich Libra analog zur klassischen Geldpolitik. Ausgehend von diesen drei Zielkomponenten ist nur die Erfüllung von zwei Teilkomponenten möglich, sodass wenigstens ein geldpolitisches Ziel aufgegeben werden muss. Geht man davon aus, dass die Libra Association aufgrund ihrer Gesamtzielvorstellung einen freien Kapitalverkehr und (nahezu) fixe Wechselkurse halten will, wird Libra keine autonome Geldpolitik betreiben können, sondern die geldpolitische Entscheidungen außenstehender Zentralbanken imitieren müssen. Sollte die Libra Association sich zukünftig für eine eigenständige Geldpolitik entscheiden wollen, wird sie entweder das Ziel des freien Kapitalverkehrs oder aber wahrscheinlicher das Ziel fixer Wechselkurse aufgeben müssen.

4.3.7 Vergabe von Mikrokrediten

Libra verfolgt selbst ein entwicklungspolitisches Ziel. Insbesondere wird sich die Datenbasis von Libra für die Vergabe von Mikrokrediten eignen. Da diese Kleinstkredite insbesondere in wirtschaftlich schwachen Regionen von außen eingebracht werden müssen, sind diese in besonderem Maße von den teils hohen Transaktionsgebühren betroffen, die für Kredite aufgrund des Monitorings noch höher ausfallen dürften. Hier könnte Libra eine ernstzunehmende Alternative sein, denn in der Zusammenwirkung mit dem sozialen Netzwerk Facebook entsteht eine variabel nutzbare Kommunikations- und Investitionsplattform. Sofern die persönlichen Daten der Kreditnehmer ausgewertet werden dürfen, steht für die Kreditgeber eine Vielzahl an Informationen für die Einschätzung des Kreditrisikos sowie für das Monitoring zur Verfügung. Zudem können auf diesem Wege

[17] Freilich können sich im Rahmen der Vertragsfreiheit die Kontraktparteien auf ein Zahlungsmittel einigen, das nicht den Status eines gesetzlichen Zahlungsmittels innehat. Regelmäßig ist dies bei Kartenzahlungen der Fall. Es dürfte aber davon auszugehen sein, dass dies nur möglich ist, weil seitens der Finanzdienstleister ein entsprechendes Konvertierungsversprechen existiert. Letztlich ist es dieses Versprechen, verbunden mit dem Zwang, Abgaben an staatliche Institutionen in Einheiten des gesetzlichen Zahlungsmittels zu leisten, das die Wahl eines anderweitigen Zahlungsmittels ermöglicht.

[18] Allerdings zeigt Hahn (1989), dass das Entstehen eines Gleichgewichtes mit intrinsisch wertfreiem Fiatgeld nicht notwendigerweise gesichert sein muss.

Zahlungen geleistet werden, was — sofern Libra seine eigenen Versprechungen einhalten kann — zu geringeren Kosten als bei Nutzung der bisherigen Systeme erfolgt.

4.4 Notwendigkeit von regulatorischen Eingriffen

Libra wird zweifelsohne Einfluss auf die Volkswirtschaften nehmen, weil es notwendigerweise mit der klassischen Geldpolitik interferieren wird. Je größer die Verdrängungseffekte zum Nachteil der nationalen Fiatwährungen ausfallen werden, desto eher werden nationale Regulierungsbehörden intervenieren wollen. Ausgangspunkt wird die Idee sein, bestehende Instrumente gleichsam auf neue Akteure des Finanzmarktes zu übertragen, um weiterhin ein kontrollierbares Finanzumfeld zu erhalten. Der bisherige Skepsis der Nutzer bezüglich der Wahrung der Privatsphäre durch Facebook legt die These nahe, dass ebenso die Privathaushalte den Regulierer um Finanzaufsicht ersuchen werden.

Die Libra Association selbst strebt eine Zusammenarbeit mit den Regulierern an, geht mithin also selbst davon aus, reguliert werden zu müssen. Klar ist, dass Regulation für das regulierte Unternehmen mit einer Einschränkung der Handlungsmöglichkeiten einhergehen kann, kurzum also als Kostenkomponente angesehen werden muss. Andererseits ist der Status eines regulierten Finanzunternehmens für die Libra Association erstrebenswert, da sie darüber die staatlich legitimierte Befugnis erhält, ihr Geschäftskonzept umzusetzen, was seitens der Privathaushalte sicherlich positiv wahrgenommen wird. Darüber hinaus erhält die Libra Association durch die Unterwerfung unter bestehende Regulierungsvorgaben den Marktzutritt für regulierte Märkte, wodurch sich zwar Kosten-, gleichzeitig aber Ertragskomponenten ergeben.

Regulierungsbehörden verfolgen das Libra-Projekt aufmerksam und diskutieren bereits, inwiefern Konstrukte wie Libra zu regulieren wären[19]. Dabei geht es nicht nur um grundlegende Fragen zur Funktionsweise von Digitalwährungen, sondern auch um rechtsspezifische Konstellationen, insbesondere welche Regulierungsinstrumente sich auf Libra übertragen ließen und inwiefern das Libra-Konzept gegen das Verbot der Herausgabe von Geldzeichen verstößt. Andererseits versuchen die Regulierer gleichzeitig, das Potential von Libra auszuloten und zu eruieren, inwiefern sich ein privates Zahlungssystem mit eigenem Zahlungstoken flächendeckend durchsetzen könnte.

Im Wesentlichen lassen sich drei Felder identifizieren, in denen Regulierer aktiv werden: Verbraucherschutz, Finanzmarkstabilität und -funktion, sowie Martkintegrität (Zetzsche et al. 2021). Die Libra Association wird sich verschiedener bestehender Regularien unterwerfen müssen, dazu gehören bspw. die Geldwäschegesetzgebung, Kundenidentifikationsanforderungen und Einschränkungen zur Verhinderung der Terrorismusfinanzierung. Dabei wird der Grundsatz gelten *„same business, same risk, same rules“*. Die Aufsichtsbehörden werden Libra-Tokens also anhand ihrer Eigenschaften in das bestehende Regelkorsett eingruppieren müssen und Grundsatzanforderungen definieren. Klar ist auch, dass Libra eine aufsichtsrechtliche Genehmigung für die Durchführung des Geschäftsbetriebs

[19] So befasste sich bspw. der Bundestagsausschuss „Digitale Agenda“ mit Libra, und hat dazu in seiner 38. Sitzung öffentlich verschiedene Sachverständige befragt (vgl. dazu auch Deutscher Bundestag 2019a).

benötigen wird, schon allein deshalb, weil die Libra Reserve letztlich Kundeneinlagen verwaltet.

Libra generiert ein Risiko für das Finanzsystem (Zetzsche et al. 2021), wenn es sich als globales Zahlungssystem durchsetzt. Zum einen, weil die Libra Reserve das Potential entwickeln könnte, aus globaler Perspektive systemrelevant zu werden, mithin Libra also *„too big to fail“* würde, zum anderen, weil die Verbindungen zwischen den Volkswirtschaften enger werden. Dies könnte insbesondere gefährlich werden, weil Libra wirtschaftlich stark heterogene Länder vernetzen will. Durch die bessere Vernetzung laufen die Volkswirtschaften Gefahr, dass sich Schocks schneller ausbreiten, aber auch, dass ein Ausfall des Systems marktweit zu Verwerfungen führen könnte. Insbesondere im letzten Fall würde Libra den Status *„too connected to fail“* erreichen.

Die Libra Association will den Libra-Token über die Jahre hinweg weiterentwickeln. Dies wirft sofort die Frage auf, inwiefern Änderungen am Protokoll von den Aufsichtsbehörden abzunehmen sind. Durch die Änderung der inhärenten „Spielregeln“ kann sich die Funktionsweise, insbesondere aber das Risiko, das von Libra ausgeht, verändern und damit Anpassungen des aufsichtsrechtlichen Rahmens nötig machen.

Libra will und wird als globales Phänomen auftreten. Damit wird es potentiell verschiedenen, nicht immer deckungsgleichen gesetzlichen Vorgaben entgegenstehen. Insbesondere dort, wo sich die Rechtslagen diametral gegenüberstehen, entsteht die Möglichkeit, dass die von Libra offerierten Dienstleistungen nicht mehr weltweit, sondern nur in ausgewählten Regionen angeboten werden. Dies schränkt zweifelsohne die Handlungsfähigkeit von Libra ein, und die Libra Association wird, mit ihren Mitgliedern als politische Lobby, agieren, um sich, gegeben der avisierten Strategie, weiterentwickeln zu können. Das Vorhandensein verschiedener Gesetzeslagen kann überdies aber zu einer Art regulatorischer Arbitrage führen, da eine vielfältige, nationale Regulierungspolitik zu Spielräumen führen kann, die ein privatwirtschaftlich organisiertes System zu einem Vorteil ausnutzen wird.

Die Änderungen, die Facebook beim Übergang zu Diem implementiert hat, zeigen eine Anpassung an nationale Regulierungserfordernisse. Insbesondere die Etablierung nationaler Libra Tokens spielt hierbei eine besondere Rolle, weil es dem Diem-Projekt eine granulare Anpassung an unterschiedliche Regulierungen bietet.

4.5 Entwicklungspotentiale und Fazit

Das Einsetzen von Libra als Zahlungsmitteltoken wird nur der Anfang sein. Libra behauptet von sich, sich weiterentwickeln zu wollen (Libra Association 2019). Eine besonders hervorhebenswertes Charakteristikum wird die Entwicklung hin zu einer „e-identity“ sein, also einer digital verifizierbaren Identität. Das hinter Libra stehende Facebook könnte dazu seine bestehende Nutzerdatenbank ausbauen und — soweit regulatorisch zulässig — mit den Identitätsdaten verknüpfen, die bei der Einrichtung von Libra-Konten bekannt werden. Analog dem Login mit den Benutzerdaten von Facebook ließe sich dann eine wirkliche Identifikation realisieren, die sicherstellt, dass es sich dabei tatsächlich um die Person handelt, deren Identität das Individuum im nicht-persönlichen Onlineverkehr vorgibt. Einige sehen das als größeres Novum als Einführung eines Zahlungstokens (Zetzsche et al. 2021). In der Tat knüpft dieser Gedankengang an verschiedene Pilotprojekte an, z.B. das estnische e-identity-Projekt, das den Bürgern im digitalen Raum die Möglichkeit zur Interaktion wie in der realen Sphäre gibt. Dabei hat die estnische Zentralbank sogar die Einführung eines digitalen Euro-Pendants überlegt, was jedoch seitens der Europäischen Zentralbank kritisch gesehen wurde.[20]

In Analogie zum estnischen Projekt schafft sich Facebook damit neben einem Zahlungssystem die Möglichkeit, identifizierbare und verifizierte Nutzerprofile zu erstellen, und damit die Möglichkeit für die Nutzer, innerhalb der Gemeinschaft rechtswirksame Willenserklärungen abzugeben. Facebook könnte dann aber gleichfalls nach außen als verifizierender Intermediär auftreten, wodurch sich neue Geschäfts-, aber auch Problemfelder ergeben.

Vereinfacht ausgedrückt würde es Facebook durch die Weiterentwicklung zu einer elektronischen Identität gelingen, eine Art Online-Staat zu generieren, der zwar nur im virtuellen Raum existiert, sehr wohl aber als eigens abgrenzbares Wirtschaftsgebilde wahrgenommen werden kann.

Mit der Ankündigung, ein eigenständiges Zahlungssystem zu entwickeln, hat Facebook nicht nur den Nerv der Zeit getroffen, sondern in der Finanzbranche gleichzeitig mächtig Staub aufgewirbelt. Wenngleich sich Libra bisher nicht als politisches Instrument versteht, ist das Projekt nicht frei von währungspolitischen Implikationen. Vielmehr bleibt festzuhalten, dass das privatwirtschaftlich emittierte Digitalgeld sehr wohl mit dem traditionellen Finanzsystem interagiert und zumindest inhärent ein Störungsrisiko birgt. Abseits von der Verdrängung traditioneller Intermediäre, die für sich genommen sogar effizienzsteigernd sein könnte, unterminiert Libra die Wirksamkeit staatlicher Währungspolitik. Zumindest in Teilen entzieht sich Libra damit eines staatlichen Einflusses. Die Regulierer werden diesem Umstand zeitnah mit geeigneten Maßnahmen begegnen.

Fraglich bleibt, ob die Einführung von Libra ein Erfolg sein wird. Die Konsortialpartner stellen ein großes Netzwerk, das Erreichen einer kritischen Masse dürfte also sichergestellt sein. Bereits absehbar ist, dass globale Regulierungsanstrengungen die Einführung von Libra zumindest stören können, das Abspringen der ersten Konsortialpartner ist ein klares Indiz dafür. Offen bleibt, ob der Libra Association die Kompensation des Verlustes und damit das Aufrechterhalten des Netzwerknutzens gelingt. Zudem wird nur die Zukunft zeigen, ob sich Libra entlang der heute kommunizierten Strategie entwickeln wird oder ob ökonomische Motive zukünftig eine dominierende Rolle spielen werden. Wenngleich sich die Libra Association heute ein Regelkorsett auferlegt, ist sie zukünftig in der Lage, diese Regelungen zu verändern und die eigene Zielstellung neu zu definieren. Mit den Diem-Überarbeitungen, insbesondere durch die 1:1-Deckung mit nationalen Währungseinheiten, rückt das Projekt näher an die Etablierung eines e-Geldes. Facebook tritt damit in den Wettbewerb zu den klassischen e-Geld-Betreibern und Zahlungsdiensteanbietern wie PayPal. Gelingt es Facebook, seine Nutzerbasis zur Nutzung des eigenen Zahlungsdienstes zu bewegen, dürfte es damit ernst zu nehmende Konkurrenz zu den etablierten Dienstleistern schaffen.

Ökonomisch werden sich — zumindest in der Anfangsphase, in der Libra nicht system-

[20] So äußert sich Mario Draghi, zu dieser Zeit Präsident der Europäischen Zentralbank, in einer Pressekonferenz auf das estnische Projekt angesprochen dahingehend, dass kein Euro-Mitgliedsstaat eine eigene Währung emittieren könne (vgl. dazu auch Europäische Zentralbank 2017).

relevant ist — die Auswirkungen des neuen Zahlungssystems auf die Volkswirtschaft in Grenzen halten. Sobald jedoch die Verdrängung traditioneller Systeme beginnt, werden die Konsequenzen der Libra-Emission spür- und messbar werden. Für die Volkswirtschaft kann dies einen Effizienz- und damit einen Wohlfahrtsgewinn bedeuten, wenngleich der Wettbewerb zwischen den Währungen mit Reibungsverlusten, bspw. durch eine verminderte Effektivität der nationalen Geldpolitik, einhergehen wird.

Literatur

Amsden, Zachary et al. (2019). *The Libra Blockchain.* URL: https://developers.libra.org/docs/assets/papers/the-libra-blockchain.pdf.

Baur, Aaron W., Julian Bühler, Markus Bick und Charlotte S. Bonorden (2015). „Cryptocurrencies as a Disruption? Empirical Findings on User Adoption and Future Potential of Bitcoin and Co". In: *Open and Big Data Management and Innovation.* Springer International Publishing, S. 63–80.

Bhyer, Soumaya und Seyoung Lee (2019). „Banking the Unbanked and Underbanked: RegTech as an Enabler for Financial Inclusion". In: *The RegTech Book.* John Wiley Sons, Ltd. eprint: https://onlinelibrary.wiley.com/doi/pdf/10.1002/9781119362197.ch61.

Blocher, Walter (2016). The next big thing: Blockchain — Bitcoin — Smart Contracts. Anwaltsblatt, (8+9): 612–618.

Blocher, Walter, Andreas Hanl und Jochen Michaelis (2017b). Revolutionieren Kryptowährungen die Zahlungssysteme? Wirtschaftspolitische Blätter, 64 (4): 543–552.

Blummer, Tamas (2019). *What if Libra is a success?* URL: https://medium.com/@tamas.blummer/what-if-libra-is-a-success-661ca2f9c934.

Catalini, Christian, Oliver Gratry, J. Mark Houy, Sunita Parasuraman und Nils Wernerfelt (2019). *The Libra Reserve.* URL: https://libra.org/en-US/wp-content/uploads/sites/23/2019/06/TheLibraReserve_en_US.pdf.

Deutscher Bundestag (2019a). *Digitalwährung Libra stößt bei Experten auf Skepsis.* URL: https://dbtg.tv/cvid/7392524.

Deutscher Bundestag (2019b). *Experten: Libra soll nicht in die Souveränität von Staaten eingreifen.* URL: https://www.bundestag.de/dokumente/textarchiv/2019/kw43-pa-digitale-agenda-libra-660412.

Diamond, Douglas W. und Philip H. Dybvig (1983). Bank Runs, Deposit Insurance, and Liquidity. Journal of Political Economy, 91 (3): 401 –419.

Europäische Zentralbank (2012). *Virtual Currency Schemes.* URL: https://www.ecb.europa.eu/pub/pdf/other/virtualcurrencyschemes201210en.pdf.

Europäische Zentralbank (2017). *Press Conference, 07 September 2017.* https://www.ecb.europa.eu/press/pressconf/2017/html/ecb.is170907.en.html.

Gans, Joshua S. und Hanna Hałaburda (2015). „Some Economics of Private Digital Currency". In: *Economic Analysis of the Digital Economy.* Hrsg. von Avi Goldfarb, Shane M. Greenstein und Catherine E. Tucker. University of Chicago Press, S. 257–276.

Groß, Jonas, Bernhard Herz und Jonathan Schiller (2019). Libra — Konzept und wirtschaftspolitische Implikationen. Wirtschaftsdienst, 99 (9): 625–631.

Hałaburda, Hanna und Miklos Sarvary (2016). Beyond Bitcoin: The Economics of Digital Currencies. Palgrave Macmillan.

Hahn, Frank Horace (1989). „On Some Problems of Proving the Existince of an Equilibrium in a Monetary Economy". In: *General Equilibrium Models of Monetary Economies.* Elsevier, S. 297–306.

Hanl, Andreas (2018). *Some Insights into the Development of Cryptocurrencies.* MAGKS Discussion Paper No. 04-2018.

Hanl, Andreas und Jochen Michaelis (2017). Kryptowährungen — ein Problem für die Geldpolitik? Wirtschaftsdienst, 97 (5): 363–370.

Hanl, Andreas und Jochen Michaelis (2019). Digitales Zentralbankgeld als neues Instrument der Geldpolitik. Wirtschaftsdienst, 99 (5): 340–347.

He, Dong, Karl Habermeier, Ross Leckow, Vikram Haksar, Yasmin Almeida, Mikari Kashima, Nadim Kyriakos-Saad, Hiroko Oura, Tahsin Saadi Sedik, Natalia Stetsenko und Concepcion Verdugo-Yepes (2016). *Virtual Currencies and Beyond: Initial Considerations.* URL: http://www.imf.org/external/pubs/ft/sdn/2016/sdn1603.pdf.

Hileman, Garrick (2014). *A History of Alternative Currencies.* URL: https://www.hillsdale.edu/wp-content/uploads/2016/02/FMF-2014-A-History-of-Alternative-Currencies.pdf.

Holste, Björn und Thomas Mayer (2019). Libra ist eine Herausforderung für Europa. Wirtschaftsdienst, 99 (8): 567–569.

Libra Association (2019). *Einführung in Libra.* URL: https://libra.org/de-DE/wp-content/uploads/sites/14/2019/06/LibraWhitePaper_de_DE-2.pdf.

Libra Association (Apr. 2020). *Cover Letter. White Paper v. 2.0.* URL: https://wp.diem.com/en-US/wp-content/uploads/sites/23/2020/04/Libra_WhitePaperV2_April2020.pdf.

Marcus, David (2019). *Hearing Before the United States Senate Committee on Banking, Housing, and Urban Affairs.* URL: https://www.banking.senate.gov/imo/media/doc/Marcus%20Testimony%207-16-19.pdf.

Mundell, Robert A (1961). A theory of optimum currency areas. American Economic Review, 51 (4): 657–665.

Nakamoto, Satoshi (2008). *Bitcoin: A Peer-to-Peer Electronic Cash System.* URL: https://bitcoin.org/bitcoin.pdf.

Narayanan, Arvind, Joseph Bonneau, Edward Felten, Andrew Miller und Steven Goldfeder (2016). Bitcoin and Cryptocurrency Technologies. Princeton Univers. Press.

Ratha, Dilip, Supriyo De, Ganesh Seshan, Nadege Desiree Yameogo, Sonia Plaza und Eung Ju Kim (2018). Migration and Development Brief 30: Migration and Remittances. Recent Development and Outlook.

Ratha, Dilip, Supriyo De, Eung Ju Kim, Ganesh Seshan, Nadege Desiree Yameogo und Sonia Plaza (2019). *Migration and Remittances. Recent Development and Outlook.* Migration and Development Brief 31.

Sveriges Riksbank (2017). *The Riksbank's e-krona project. Report 1.* URL: http://www.riksbank.se/Documents/Rapporter/E-krona/2017/rapport_ekrona_170920_eng.pdf.

UN Generalversammlung (2015). *Resolution der Generalversammlung, verabschiedet am 25. September 2015: Transformation unserer Welt: die Agenda 2030 für nachhaltige Entwicklung.* A/70/L.1.

Weltbank (2018). *Atlas of Sustainable Development Goals 2018: From World Development Indicators.* URL: http://datatopics.worldbank.org/sdgatlas/.

Zetzsche, Dirk A., Ross P. Buckley und Douglas W. Arner (2021). Regulating Libra. Oxford Journal of Legal Studies, 41 (1): 80–113.

Teil II

Ökonomik der Blockchain-Technologie

5 Mining

5.1 Vorüberlegungen

Das Mining gehört zu den grundlegenden Operationsarbeiten einer funktionsfähigen Kryptowährung, denn es umfasst letztlich auch die Schaffung neuer Tokens. Begrifflich entstammt das Mining dem englischen „mine", das ein bergbauliches Abbauen beschreibt. Allerdings entstehen bei den Kryptowährungen keine neuen Erze, sondern viel mehr neue Tokens, im weitesten Sinne also Wertrepräsentanten. Das Mining lässt sich damit auch als eine Fortschreibung der Entstehung von Münzgeld verstehen, die auf der Verfügbarkeit entsprechender Metallvorkommen basiert. Die Analogie innerhalb der Kryptowährung zu den bisherigen Geldformen lässt sich auch am sprachlich-nahen Begriff des „mints" erkennen, der eine Münzprägeanstalt beschreibt, letztlich also den (physischen) Ursprungspunkt neuer Geldeinheiten. Das Mining ist also Äquivalent eines physischen Schaffensprozess neuer Währungseinheiten zu verstehen.

Die Neuemission von Kryptotokens ist jedoch nur eine von mindestens zwei Funktionen, die das Mining erfüllt, denn das Mining selbst trägt zum Erhalt der Kryptowährung bei, indem es die Zahlungshistorie fortlaufend aktualisiert. Neben den Transaktionsgebühren[1] sind dabei die neu emittierten Tokens die Kompensation für das Aufrechterhalten des Miningprozesses. Analog zum physischen Bargeld wird der Erzeuger neuer Tokens - im historisch-physischen Äquivalent des Bargeldes bspw. also die Münzprägeanstalt - durch neu geschaffene Währungseinheiten entlohnt. Die Neuemission von Währungseinheiten wird — analog zur Quantitätstheorie Irving Fishers (vgl. bspw. Fisher 1911) — dabei allgemeinsprachlich teils als Inflation bezeichnet. Die von Fisher genutzte Quantitätsgleichung $MV = PY$ beschreibt, dass die umlaufende Geldmenge M multipliziert mit der Umlaufgeschwindigkeit V dem Wert der Güterproduktion entsprechen muss (mit P als Preisniveau und Y als reale Güterproduktion). Unterstellt man, dass die Umlaufgeschwindigkeit V und die reale Güterproduktion Y konstant sind, führen Veränderungen der Geldmenge langfristig zu Veränderungen im Preisniveau. Akzeptiert man den von Fisher postulierten Zusammenhang, dass aus einer Geldmengenveränderung eine Veränderung des Preisniveaus folgt, ließe sich die Neuemission von Kryptotokens als Inflation verstehen.[2] Dieser Zusammenhang dürfte für die Befürworter der Kryptowährungen der Ursprung aller Kritik an den Zentralbanken sein, da die Neuschöpfung von Währungseinheiten die Inflation verursacht. Proponenten der Kryptowährungen sehen in der Fixierung

[1] Ein detaillierte Analyse der Transaktionsgebühren findet sich in Kapitel 6.

[2] Diese Interpretation ist jedoch nur dann zulässig, wenn die emittierten Token zu Veränderungen im Preisniveau führen. Für wenig verbreitete Kryptowährungen wird das nicht der Fall sein, da hier die Bestimmung des Preises eher in einer klassischen Fiatwährung zu suchen ist und sich der in Einheiten der Kryptowährung bemessene Preis lediglich aus der Umrechnung mit dem gültigen Wechselkurs ergibt (Ali et al. 2014). Zudem ist zu beachten, dass es bisher keine Preisindizes gibt, die auf Kryptowährungen basieren, was nicht zuletzt auf die bisher geringe realwirtschaftliche Verbreitung der Kryptowährungen zurückzuführen sein dürfte.

der erzeugbaren Tokens daher den Vorteil, dass eine Inflation verhindert werden kann. Dieses Argument gilt jedoch nur dann, wenn zusätzlich zur fixierten Geldmenge auch die Umlaufgeschwindigkeit und die reale Nachfrage konstant sind. Dass diese Bedingungen erfüllt sind, ist jedoch fraglich. Due steigenden Kurse legen nahe, dass die Nachfrage nach Kryptowährungen stärker steigt als das Angebot. Damit sinkt die Umlaufgeschwindigkeit V, das Produkt MV dürfte sinken. Bei gegebenem Y sinkt dann P.

Konzeptionell stellen sich die Private Cryptocurrencies allerdings gegen die dauerhafte Ausweitung neuer Transaktionstoken. Den resultierenden Zielkonflikt — Neuemission von Tokens zur Kompensation der Miner bei gleichzeitiger Ablehnung einer dauerhaften anwachsenden Gesamtemissionsmenge — lösen die Kryptowährungen durch eine zeitliche Differenzierung der Neuemission von Tokens: Zu Beginn implementiert das System eine positive Wachstumsrate der umlaufenden Tokenmenge, wobei die Anzahl neu geschaffener Tokens dann über die Lebensdauer der Kryptowährung in ihrer Höhe abnimmt. Langfristig wird die Anreizwirkung auf die Miner dann von den Transaktionsgebühren, deren ökonomische Entstehungslogik in Kapitel 6 thematisiert wird, übernommen. Diese Vorgehensweise, wie sie bspw. beim Bitcoin zu finden ist, ist für die Erzeuger einer Kryptowährung aus verschiedenen Gründen attraktiv: Die Verteilung der neu zu generierenden Tokens über einen bestimmten Zeitraum hinweg verhindert zunächst die Agglomeration der initial, bspw. im Rahmen eines Premining-Schemas, erzeugten Tokens und fördert damit potentiell die Gleichheit zwischen den Teilnehmern des Netzwerkes. Dadurch entsteht für den einzelnen Akteur ein stärkerer Anreiz zur Mitwirkung, auch, weil die Kompensation über die Neuemission vergleichsweise hoch ist. Die verstärkte Mitwirkung führt letztlich zu einer stärkeren Partizipation und damit — zumindest hypothetisch — zu einer erleichterten Überwindung des Netzwerkeffekts. Allerdings legt die Analyse von Carlsten et al. (2016) eine Instabilität nahe, wenn das Kryptowährungssystem ausschließlich auf Transaktionsgebühren beruht, was letztlich für die dauerhafte Präsenz einer im Mining erzielbaren und von den Transaktionen unabhängigen Belohnung spricht.

Das Mining selbst ist also integraler Bestandteil der Funktionsfähigkeit einer Private Cryptocurrency, denn nicht zuletzt sichert die Neuemission von Tokens und das Fortschreiben der Zahlungsdaten den Fortbestand der Kryptowährung. Wie schon in Kapitel 2 müssen hier wieder das digitale Zentralbankgeld sowie die Corporate Cryptocurrencies abgegrenzt werden, denn anders als die Private Cryptocurrencies sind diese weniger abhängig von der Neuemission von Tokens, vielmehr steht hier der Betrieb eines funktionsfähigen Algorithmus zum Erhalt einer aktuellen Zahlungshistorie im Vordergrund. Sowohl Central Bank Digital Currencies als auch Corporate Cryptocurrencies können zwar eine dezentrale Struktur haben, verfügen aber inhärent über (mindestens) eine steuerungsfähige Instanz, die gleichfalls über die Erweiterung oder Einschränkung der umlaufenden Menge an Tokens entscheiden könnte. Gleichfalls ist zum Weiterbetrieb der Kryptowährung in diesen Fällen auch das Erheben von Transaktionsgebühren nicht unbedingt notwendig. Zentralbanken als Betreiber von Central Bank Digital Currencies verfolgen keine klassische Gewinnmaximierung wie private Akteure, für den bzw. die Betreiber einer Corporate Cryptocurrency kann der Zugewinn durchaus außerhalb des Kryptowährungssystems liegen, bspw. in der Ausweitung der Geschäftsfelder oder aber in einer Reduktion der Kosten für die Anbindung an klassische Finanzintermediäre.

5.2 Technologieeinsatz im Spiegel der historischen Entwicklung der Kryptowährungen

Kryptowährungen mit einem PoW-basierten Konsensusalgorithmus erfordern den Einsatz einer berechnungsschweren Aufgabe, um den erfolgreichen Miner zu determinieren. Die Lösung dieses kryptographischen Problems erfolgt dabei unter Nutzung spezifischer Hardware, im universellsten Fall einfacher „Central Processing Units (CPUs)“, im speziellsten Fall unter Nutzung von Spezialhardware wie „Application Specific Integrated Circuits (ASICs)“. Die Nutzung der verschiedenen Hardwaremöglichkeiten lässt sich am Beispiel des Bitcoins nachvollziehen. Gestartet als universelles Zahlungsmittel, wurde zur Erzeugung neuer Bitcoin-Tokens zunächst Universalhardware eingesetzt. Mit Blick auf die Entstehung der Kryptowährung ist dies insbesondere deswegen hilfreich, da für den Einstieg keine Anschaffung spezieller Hardware notwendig wird. Dies senkt die Eintrittshürden und fördert damit das Erreichen einer ausreichend hohen Hashrate des Netzwerks. Mit steigender Rechenkapazität aller beteiligten Miner sinkt die Angreifbarkeit der Kryptowährung (Nakamoto 2008), sodass letztlich die Sicherheit steigt und die Kryptowährung damit attraktiver für potentielle Nutzer wird. Der Einsatz von Spezialhardware führt letztlich zu einer Abschottung der Kryptowährung, weil die Miner über eine bestimmte Ausstattung verfügen müssen. Dies schränkt den Kreis potentieller Miner und damit auch die potentiell verfügbare Rechenkapazität ein, was sich letztlich zu Lasten der Sicherheit auswirken kann.

Die Entwicklungsschritte des Hardwareeinsatzes am Beispiel Bitcoin lassen sich grob in vier große Epochen einteilen: (a) den Einsatz von Computerprozessoren von der Initiation bis zur Jahreshälfte 2010, (b) Grafikprozessor (GPU)-basiertes Mining von 2010 bis ca. Mitte 2011, (c) Field Programmable Gate Arrays (FPGAs) bis Jahresbeginn 2013 und bis dato (d) den Einsatz von Application Specific Integrated Circuits (Taylor 2013; Tschorsch und Scheuermann 2016; Franco 2015). Die heute zum Einsatz kommenden, effizienten Hardwarekomponenten sind der Gruppe der ASICs zuzuordnen. Dies kann jedoch keinesfalls als technologischer Stillstand erachtet werden, da es innerhalb der Gruppe der ASIC-Miner, analog zu den anderen Technologiearten, zu einem technologischen Fortschritt kommt, ohne dass sich dadurch die Zuordnung der Technologie zu einer bestimmten Gattung ändern würde (vgl. dazu auch Magaki et al. 2016)

In der ersten Phase der Bitcoin-Entwicklung kamen die universell verfügbaren Computerprozessoren (CPUs) zum Einsatz. Diese Technologie eignet sich für universelle Berechnungsoperationen, sie ist also wenig spezifisch. Gerade die geringe Spezifizität ermöglicht den Minern, die Hardware für eine Vielzahl verschiedener Algorithmen einsetzen zu können, und die allgemeine Verfügbarkeit hilft, eine möglichst weitläufige technologische Basis schaffen zu können. Die Universalität hinsichtlich der möglichen Berechnungsoperationen geht jedoch zulasten der Effizienz: spezifischere Hardware erreicht bei gleichem Energieeinsatz eine höhere Anzahl an Berechnungen pro Sekunde, sie ist mithin kosteneffizienter. Beispielsweise lassen sich die für das Bitcoin-Mining notwendigen Operationen im Vergleich zum CPU-basierten Mining schneller mit Grafikprozessoren durchführen, gleiches gilt für den Übergang zu den FPGAs und ASIC-Architekturen. Im Vergleich zu CPUs sind ASICs spezifischer, sie sind keine Universalhardware, die jegliche Berechnung durchführen kann, vielmehr handelt es sich um Systeme, die eine bestimmte Operationsart mit vergleichsweise hoher Effizienz ausführen kann. Solche Hardware, insbesondere aber Algorithmen, die solche Hardware begünstigen, schränken die Miner in ihrer Entscheidungsfreiheit ein, an welcher Kryptowährung sie partizipieren wollen. Aus Sicht der Kryptowährung bindet dies die Miner, ein Ausweichen auf andere, möglicherweise kurzfristig attraktivere Kryptowährungen, ist damit weniger wahrscheinlich. Die höhere Effizienz der jeweils neueren Hardwareform sorgt dafür, dass ihr jeweiliger Vorgänger einen technologischen Nachteil erfährt, und deswegen langfristig von der effizienteren Hardware verdrängt werden muss. In der Konsequenz führt dies dazu, dass bspw. das Bitcoin-Mining heute nicht mehr erfolgversprechend auf einer CPU-Basis zu betreiben ist. Das Beispiel Bitcoin zeigt eine fortschreitende Spezialisierung über den Zeitverlauf, die mit einem ökonomisch wünschenswerten Effizienzgewinn einhergeht, potentiell jedoch den Wettbewerb zwischen Kryptowährungen einschränken kann, weil sie das Wechseln zwischen den Kryptowährungen erschwert. Damit die Ressource „Rechenkapazität" ungehindert von einer Kryptowährung zu einer anderen übergehen kann, muss die Ausführung des Konsensalgorithmus mit der gleichen Technologie erreichbar sein. Einige Kryptowährungen versuchen, einen ASIC-resistenten Konsensusalgorithmus zu etablieren, sodass zumindest teilweise davon ausgegangen werden muss, dass ein vollständiger Wettbewerb zwischen den Kryptowährungen nicht möglich ist. Die Entwicklung ASIC-resistenter Algorithmen greift das Problem der Agglomeration von Rechenleistung auf, die bei nicht-ASIC-resistenten Algorithmen entstehen kann. Im Vergleich zum CPU-basierten Mining ist das ASIC-basierte Mining effizienter, da die Baugruppen bei ASIC-Miner kleiner sind und weniger Energie verbrauchen (Ren und Devadas 2017). Der Einsatz von ASIC-Minern ist aus ökonomischen Erwägungsgründen daher dem CPU-basierten Mining vorzuziehen, weil sie gleiche Erträge mit geringeren Ressourceneinsätzen erzeugen kann.

Die Reaktion der Kryptowährungen — Entwicklung von ASIC-resistenten Algorithmen — ist Konsequenz der aus dem ASIC-basierten Mining folgenden Agglomeration von Rechenleistung. Gerade die hohe Effizienz und die geringe Universalität schaffen eine Hürde, neu in den Markt für die Erzeugung von Kryptowährungstoken einzusteigen. Erfolgreiche Miner können ihre Gewinne reinvestieren, und dadurch ihren Mining-Vorteil ausbauen, was letztlich zu einem höheren Gewinn und damit wiederum zu einem höheren Anteil an der Rechenleistung führt, die sich selbst in einer höheren Wahrscheinlichkeit niederschlägt, den nächsten Block erfolgreich zu erzeugen. Das Mining, wie es bspw. beim Bitcoin stattfindet, beschreibt also einen sich selbst verstärkenden Prozess, der am Ende von einigen, wenigen Akteuren ausgeführt wird, wenngleich die Konzentration der Rechenleistung gegen das erklärte Ziel der Kryptowährung, nämlich einer fokussierten Demokratisierung der sozialen Intermediationsprozesse, verstößt. Diese Konzentration kann aus verteilungspolitischen Gesichtspunkten unerwünscht sein, die Entstehung von ASIC-resisten Algorithmen ist dann Abbild einer sozioökonomischen Wirklichkeit, die ein für die Kryptowährung relevantes Problem aufgreift und zu lösen versucht. Die Entwicklung solcher Algorithmen setzt regelmäßig an den Schwachstellen der ASICs an, bspw. durch Einsatz speicherintensiver Algorithmen, die bei Skalierung der Rechenleistung mehr Speicherplatz, z.B. in Form eines prozessornahen Zwischenspeichers, benötigen.[3] Abzu-

[3]Als Beispiel für einen solchen Algorithmus ist der von Monero eingesetzte CryptoNote-Algorithmus,

grenzen von der Diskussion, ob die Hardware zu ressourcenpolitisch wünschenswerten Verteilungsergebnissen beiträgt, ist die Frage, wie das Netzwerk selbst mit der Erhöhung der Rechenleistung umgeht. Das Bitcoin-Protokoll bspw. reagiert auf Anpassungen der Rechenleistung des Netzwerks mit Anpassungen der „difficulty", also der Schwierigkeit des kryptographischen Problems. So führen Erhöhungen der Rechenleistung zu einer Erhöhung der Schwierigkeit, sodass sich der Kreis der möglichen Lösungen einschränkt, was letztlich dazu führt, dass für jede Lösung mehr Versuche unternommen werden müssen. Im Umkehrschluss bedeutet dies nichts anderes als eine Erhöhung der Zeitdauer, bis eine Lösung gefunden werden kann. Das Bitcoin-Protokoll stabilisiert damit die Zeitdauer zwischen den Blöcken und damit letztlich den Emissionspfad neuer Kryptotokens, sodass hier von einem selbststabilisierenden Algorithmus gesprochen werden könnte.[4] Prat und Walter (2021) zeigen in ihrem Modell, dass eben diese Anpassung der Berechnungsschwierigkeit eine Barriere generiert, die eine unendliche Ausweitung der Hardware verhindert.

Ein weiterer, die Konzentration von Rechenleistung begünstigender Faktor sind Skalenerträge des Minings. Arnosti und Weinberg (2018) zeigen in ihrem Modell die theoretische Fundierung von Kostenasymmetrien und Skalenerträgen auf. Während Unterschiede in den (bspw. länderspezifischen) Energiekosten Kostenasymmetrien schnell plausibilisieren und einige Länder als wichtige Mining-Lokalitäten hervorheben[5], bedürfen die Skalenerträge eher Erläuterung. Die Skalenerträge des Minings sind Folge einer Nichtlinearität der Kosten, sodass eine Verdoppelung der Rechenleistung nicht notwendigerweise mit einer Verdoppelung der relevanten (Betriebs-)Kosten einhergeht. Diese Nicht-Linearität resultiert bspw. aus technischen Begebenheiten, weil sich bspw. Komponenten zur Kühlung für verschiedene Bauteile nutzen lassen, ohne dass dafür Mehrkosten anfallen würden. Weiterhin gilt dies auch für den räumlichen Bedarf und damit assoziierten Kosten, weil sich bisher ungenutzter Raum vergleichsweise problemlos mit weiteren Miningkomponenten ausfüllen lässt, ohne dass dafür bspw. die Mietkosten steigen. Denkbar sind weiterhin Größenvorteile bei der Versorgung mit Energie, da größere Abnehmer elektrischer Energie mitunter in Preisverhandlungen mit den Energieversorgern treten können. Über dies hinaus ließe sich die Liste der Beispiele in den Bereichen Wartung, Installation und Beschaffung von Komponenten fortsetzen. Arnosti und Weinberg (2018) zeigen, dass solche Skalenerträge zu einer Konzentration von Rechenleistung führen können. Damit laufen Skalenerträge dem Konzept der Dezentralisierung zuwider, wobei anzumerken ist, dass Konzentrationen von Rechenleistung nicht notwendigerweise auch auf Eigentums-

---

der einen „egalitären Proof-of-Work" implementiert (Saberhagen 2013). Der Autor argumentiert, dass einige Miner gegenüber anderen bevorteilt sein können, dies aber nur im Gegenzug für Investitionen in die Kryptowährung angemessen sein kann. Er lehnt daher den Einsatz von Spezialhardware ab, da diese zu einer Ungleichverteilung der Kräfteverhältnisse unter den Miner führen. Im Fokus steht bei dieser Form also klar eine angestrebte Gleichheit der Miner. Der von Saberhagen (2013) konzipierte Algorithmus ist aufgrund seines Speicherplatzbedarf nur ungünstig auf ASICs zu etablieren, allerdings aufgrund der abweichenden Konstruktion gut auf CPUs implementierbar.

[4] Die Anpassung der „difficulty" geschieht dabei aber nicht instantan, sondern immer nur in vorgegebenen Intervallen, sodass bei stetiger Erhöhung der Rechenleistung tendenziell ein vorzeitige Erreichung des Emissionsmaximums zu beobachten sein wird.

[5] Standortvorteile ergeben sich bspw. für Länder mit niedrigen Energiekosten (z.B. China) oder mit geringen Kühlungskosten (bspw. Island), aber Lokalitäten mit geringer Distanz zu Herstellern von Mining Hardware (Günther und Dutschmann 2017).

verhältnisse schließen lassen. So ist es im Rahmen von Mining-Pools oder Mining-Farmen denkbar, dass eine Gemeinschaft von Akteuren die Skalenerträge nutzt, ohne dass die Kontrolle direkt in einer Person vereinigt wäre (vgl. Arnosti und Weinberg 2018). Kritisch bleibt dabei dennoch der Zusammenschluss, da die Miner als Einheit agieren und daher die Annahme nahe liegt, dass sie ähnliche Ziele für die Weiterentwicklung der Kryptowährung verfolgen. Zudem muss ein besonderes Augenmerk auf die koordinierende Stelle der Rechenleistung gelegt werden, da diese aufgrund ihrer Funktion eine besondere Machtposition inne hat.

Wenngleich die Universalität der Hardware im Zeitverlauf abnimmt und eine Spezialisierung der Miner zu beobachten ist, sowohl auf einer technologischen Ebene, als auch einer wettbewerblichen Ebene dergestalt, dass ein Austausch der erzeugbaren Kryptowährung möglich wäre, bedeutet nicht, dass die Universalität der Kryptowährung in sich abnehmen muss. Zu unterscheiden ist hierbei die Einsetzbarkeit bzw. Universalität der Tokens von dem Aufrechterhalten der gemeinsamen Transaktionshistorie. Denkbar ist, dass eine Kryptowährung mit stark spezialisiertem Mining — in der Konsequenz also mit einer hohen Anbindung der Miner an die Kryptowährung — als besonders sicher erachtet wird. Diese besondere Eigenschaft der Sicherheit wird letztlich der Akzeptanz zuträglich sein. Der Zuwachs an Akzeptanz selbst ist ein Gut, das Netzwerkeffekten unterliegt. Ein Mehr an Akzeptanz führt dazu, dass für bisher außenstehende Akteure ein Anreiz entsteht, die Kryptowährung selbst einzusetzen, was wieder als positives Feedback die Akzeptanz fördert[6]. Dabei können auch neue Einsatzformen des Tokens entstehen, z.B. in Form von Altcoins, die auf der entsprechenden Kryptowährung aufbauen. Die Spezialisierung des Mining muss also nicht notwendigerweise zu einer Spezialisierung der Kryptowährung führen.

5.3 Ökonomik des Minings

Anfangs war das Mining insbesondere eine technische Herausforderung für ambitionierte Proponenten der Kryptowährung, vor allem bei vergleichsweise überschaubaren Umrechnungskursen dürfte die Ertragskomponente des Minings nicht die tragende gewesen Komponente sein. Mit der Entwicklung der Kryptowährungen hat sich allerdings eine Industrie gebildet, die das Mining aus ökonomischem Antrieb heraus betrieben hat. Die Entscheidung des Miners stellt ein sequentielles Spiel dar, das sich in mindestens drei Stufen unterteilen lässt:

1. Eingrenzung der Technologie und der damit verbundenen möglichen Konsensus-Schemata
2. Auswahl der für den laufenden Mining-Zyklus relevanten Kryptowährung
3. Determination der eingesetzten Rechenleistung

[6]Eine theoretische Fundierung dieses Arguments findet sich bei Arthur (1989), der unter der Annahme einer positiven Externalität, die bei der Adoption einer Technologie entsteht, das Entstehen von kritischen Massen zeigt, die zu einer „lock-in" genannten Situation führen. Im Falle des lock-ins reduziert sich die Marktauswahl auf eine dominierende Technologie, die — wie die Literatur zu den Netzwerkeffekten nahelegt (vgl. bspw. Liebowitz und Margolis 1995; David 1985) — nicht notwendigerweise technische Superiorität aufweisen muss.

Die ersten beiden Stufen sind dabei zumindest teilweise austauschbar, sodass auch denkbar ist, dass die Miner zunächst die relevante Kryptowährung bestimmen und im Anschluss dann die dafür optimale Technologie auswählen. An die Entscheidung der ersten Stufe ist der Miner dabei längerfristig gebunden als an die Entscheidungen der zweiten und dritten Stufe, die vergleichsweise kurzfristig revidierbar sind. Dabei hängt die Wahl der Technologie eng mit den dann in der Stufe 2 wählbaren Kryptowährungen zusammen, da die Konsensus-Schemata auf bestimmten und vorab definierten kryptographischen Funktionen beruhen, nicht aber jede Hardwarekomponente in der Lage ist, universell jede Berechnung durchzuführen. Sobald der Miner also Effizienzgewinne durch Spezialhardware (z.B. ASICs) realisieren will, wird er auf die Flexibilität der Universalhardware (bspw. CPUs) verzichten müssen. Die Abwägung selbst ist hier eine ökonomische Entscheidung, in die nicht zuletzt auch die Erwartung eingehen kann, welche Algorithmen künftig besonders lukrativ sein könnten. Im Gegensatz zu den Entscheidungen der Stufe 2 und 3 ist die Entscheidung der ersten Stufe dabei maximal flexibel, weil sie dem Miner den größten Entscheidungsspielraum eröffnet. Mit der Festlegung des bzw. der relevanten Mining-Schemas geht in der Regel auch eine Festlegung oder ein Ausschluss bestimmter Technologien einher, bspw. durch die Wahl ASIC-resistenter Algorithmen in bestimmten Kryptowährungen. Mit der Wahl der Technologie schränkt sich — mehr oder minder stark — das Feld der verfügbaren Kryptowährungen ein. Aus diesem mit der Technologie erzeugbaren Set wählt der Miner dann diejenige Kryptowährung aus, für die er im nächsten Zyklus die gewinnmaximale Ausbringung erwartet. Diese Entscheidung ist eher kurzfristig, weil hier keine Umrüstkosten in Form von Investitionen in neue Hardware entstehen, sondern lediglich softwarebasiert umgestellt werden kann. Nach der Festlegung der Kryptowährung determiniert der Miner sodann, welche Rechenleistung er für die Kryptowährung einbringen will. Letzteres Szenario umfasst auch den Fall, dass der Miner über verschiedene Technologien zur Erzeugung neuer Krypto-Tokens verfügt, die er im Rahmen eines balancierten Portfolios einbringen kann. Zwischen den Stufen bleibt zweifelsohne eine gewisse Interdependenz erhalten. Keineswegs muss dabei eine Situation resultieren, in der der Miner nur eine Kryptowährung zu erzeugen versucht, durchaus denkbar ist, dass Miner aufgrund ihrer Risikopräferenzen verschiedene Kryptowährungen bearbeiten, um das Risiko auftretender Schocks (bspw. durch den Einbruch des Wechselkurses infolge regulatorischer Eingriffe) zu minimieren. Die Verminderung des Risikos geht jedoch zugleich mit einer Reduktion der einsetzbaren Rechenleistung für jede einzelne Kryptowährung einher, weil sich die dem Miner zugehörigen Ressourcen nun aufteilen müssen. Ökonomisch erkauft der Miner durch die Aufgabe von erwarteten Erträgen eine gewisse Risikoreduzierung. Die Popularität und die signifikante Präsenz von Mining Pools (vgl. bspw. Gervais et al. 2016) spricht für die risiko-averse Einstellung der Miner. Die folgende Analyse soll insbesondere die Determination der eingesetzten Rechenleistung erarbeiten, sie verzichtet daher auf eine detaillierte Betrachtung der ersten und zweiten Stufe. Angenommen sei im Folgenden, dass der Miner bereits über die Technologie und die relevante Kryptowährung entschieden hat. Vereinfacht lässt der erwartete Gewinn des nächsten Blocks für den Miner i dann wie folgt darstellen:

$$\pi_{i,t}^{B} = p_{i,t} \cdot E(e_{t,t+\tau}) \left(m_t + E(b) \cdot \overline{f}\right) - c_{i,t} \cdot h_{i,t} \tag{5.1}$$

Im Folgenden wird $\Phi = E(e_{t,t+\tau})\left(m_t + E(b)\cdot\overline{f}\right)$ für eine erleichterte Darstellung verwendet. $p_{i,t}$ beschreibt die Wahrscheinlichkeit des Miners i, zum Zeitpunkt t, erfolgreich den nächsten Block zu erzeugen. Die Wahrscheinlichkeit ist eine Funktion der eigenen Rechenleistung im Verhältnis zur Gesamtrechenleistung des Netzwerks, formal lässt sich $p_{i,t}$ beschreiben als

$$p_{i,t} = \frac{h_{i,t}}{h_{i,t} + H_j} \tag{5.2}$$

wobei $H_j = \sum\limits_{j \neq i} h_{j,t}$ die Rechenleistung der übrigen Miner umfasst.

Die erwarteten Erträge $p_{i,t} \cdot \Phi$ des Miners i setzen sich aus dem zum Auszahlungszeitpunkt[7] erwarteten Wechselkurs der Kryptowährung $E(e_{t,t+\tau})$, sowie der in Kryptotokens bemessenen Entlohnung $m_t + E(b)\overline{f}$, die sich wiederum in die beiden Komponenten Miningreward m_t und Transaktionsgebühren aufteilt, zusammen. Die gesamten Transaktionsgebühren berechnen sich aus der erwarteten Zahl der Transaktionen $E(b)$ und der durchschnittlichen Transaktionsgebühr $\overline{f}$. Kryptowährungen wie Bitcoin richten sich mit ihrer Grundkonzeption gegen bestehende Finanzinstitutionen. Konsequenterweise nimmt der Miningreward m_t im Zeitverlauf sprunghaft ab, im Falle des Bitcoins durch Halbierung alle 210.000 Blöcke, bis der Reward auf die kleinste Untereinheit eines Bitcointokens zerfällt, anschließend wird kein Miningreward mehr gezahlt ($m_t = 0$). Das Mining führt mithin zu einer Ausweitung der umlaufenden Tokenmenge, wobei die Zunahme gegen Null konvergiert.

Die Transaktionsgebühren, die in der Regel freiwillig von den Zahlungsinitiatoren einer Transaktion hinzugefügt werden, sind weiterer wesentlicher Bestandteil der erwarteten Erträge der Miner. Ziel der Transaktionserzeuger ist es dabei, die Aufnahme der Transaktion in den nächsten Block für den Miner möglichst attraktiv zu gestalten, sodass eine schnellere Bestätigung der Transaktion resultiert. Die Gesamthöhe der Transaktionsgebühren ist seitens der Miner nur bedingt beeinflussbar, weswegen sie in Gleichung 5.1 durch die erwartete Transaktionszahl $E(b)$ und die durchschnittliche Transaktionsgebühr pro Transaktion in Einheiten der Kryptowährungen $\overline{f}$ approximiert wird.[8] Die beiden Ertragskomponenten Miningreward m_t und Transaktionsgebühr f sind nicht notwendigerweise unabhängig. So ist es bspw. beim Bitcoin angedacht, den Miningreward langfristig auf Null zu reduzieren und den Anreizmechanismus durch Transaktionsgebühren zu ersetzen. Denkbar ist, dass die Zahlungsinitiatoren diesen Umstand berücksichtigen und die Höhe ihrer Transaktionsgebühr auch von der Höhe des Miningrewards abhängig machen werden.

[7]Der Auszahlungszeitpunkt der neu erzeugten Kryptotokens und der Zeitpunkt der Erzeugung des Blocks werden typischerweise auseinander fallen, da die Kryptowährung die Bildung eines „forks" berücksichtigen muss. Sollten zwei Miner erfolgreich sein, wird sich im Zeitverlauf eine Transaktionshistorie zufällig durchsetzen, weil bei dieser schneller ein anschließender Block gefunden werden wird. Würde das Protokoll der Kryptowährung die Tokens initial bei Erzeugung des Blocks ausbezahlen, bliebe das Risiko, dass vom Protokoll als richtig erkannte Tokens später ungültig würden. Die Kryptowährungen kompensieren diesen Umstand damit, dass die neu erzeugten Tokens erst nach einer bestimmten Anzahl an folgenden Blöcken verfügbar sind, was in Gleichung 5.1 durch den zusätzlichen Zeitparameter τ eingefangen wird.

[8]Eine detaillierte Analyse der Transaktionsgebühren folgt in Kapitel 6.

Die Optimierung von Gleichung 5.1 durch die Wahl von $h_{i,t}$ liefert

$$\frac{\partial p_{i,t}}{\partial h_{i,t}} \cdot \Phi = c_{i,t} \tag{5.3}$$

Gleichung 5.3 steht als generelle Optimalitätsbedingung: Auf der rechten Seite der Gleichung stehen die Grenzkosten des Minings $c_{i,t}$, linksseitig findet sich der Grenzertrag, der sich aus der marginalen Veränderung der Wahrscheinlichkeit des Miners i bei Ausweitung seiner Rechenleistung $h_{i,t}$ und dem erwarteten Ertrag Φ zusammensetzt. Ökonomisch bildet Gleichung 5.3 damit den Zusammenhang ab, dass der Grenzertrag den Grenzkosten entsprechen muss. Ausgehend von der Bedingung erster Ordnung in Gleichung 5.3 lässt sich zeigen, dass die „optimale" Rechenleistung erreicht wird, wenn Grenzertrag und Grenzkosten des Minings einander entsprechen, was sich unter Beachtung von Gleichung 5.2 formal abbilden lässt als

$$h_{i,t} = \sqrt{\frac{H_j}{c_{i,t}}\Phi} - H_j \tag{5.4}$$

Sofort erkennbar ist, dass $h_{i,t} \in \mathbb{R}$, mithin eine positive Rechenleistung nicht notwendigerweise resultiert, sondern nur, wenn

$$\frac{1}{H_j}\Phi \geq c_{i,t} \tag{5.5}$$

erfüllt ist. Dabei kann Gleichung 5.5 als notwendige Bedingung für ein positives $h_{i,t}$ betrachtet werden.

Eine Analyse von Gleichung 5.4 zeigt die Faktoren, welche die Höhe der Rechenleistung beeinflussen:

$$\begin{aligned}
\tfrac{\partial h_{i,t}}{\partial H_j} &= \frac{1}{2}(H_j)^{-\frac{1}{2}}\left(\frac{1}{c}\Phi\right)^{\frac{1}{2}} - 1 && (5.6)\\
\tfrac{\partial h_{i,t}}{\partial c_{i,t}} &= -\frac{1}{2}c^{\frac{1}{2}}\left(\sum_{j\neq i} h_j(\Phi)\right)^{\frac{1}{2}} && (5.7)\\
\tfrac{\partial h_{i,t}}{\partial \Phi} &= \frac{1}{2}[\Phi]^{-\frac{1}{2}}\left[\frac{H_j}{c}\right]^{\frac{1}{2}} && (5.8)\\
\text{mit } \Phi &= E(e_{t+\tau})\left(m_t + E(b)\overline{f}\right)
\end{aligned}$$

Im Regelfall ist das Vorzeichen von Gleichung 5.6 negativ: Durch die Steigerung der Rechenleistung der anderen Miner sinkt für den Miner i die Wahrscheinlichkeit, erfolgreich einen Block zu generieren. Mit der sinkenden Wahrscheinlichkeit des eigenen Erfolgs sinkt gleichzeitig der erwartete Ertrag, was letztlich eine Reduktion der eigenen Rechenleistung $h_{i,t}$ zur Folge hat.

Die Vorzeichen von Gleichung 5.7 und Gleichung 5.8 sind eindeutig negativ bzw. positiv. Erhöhte Grenzkosten bei der Mininghardware führen dazu, dass der optimale Einsatz der Technologie $h_{i,t}$ zurückgeht. In gleicher Weise wirken sich Veränderungen der

Ertragsseite Φ positiv auf den Hardware der einzelnen Miner aus (vgl. Gleichung 5.8). Die Steigerung des Grenzertrags lässt den Betrieb von zusätzlichen Einheiten attraktiver werden. Solange die Grenzerträge die Grenzkosten übersteigen, erhält der Miner durch die Erhöhung von $h_{i,t}$ einen zusätzlichen Gewinn. Erst wenn der Grenzertrag wieder den Grenzkosten entspricht, lassen sich durch die Ausweitung von $h_{i,t}$ keine weiteren Gewinne erzielen.

Die Ergebnisse der Analyse von Thum (2018) deuten in eine ähnliche Richtung, die von ihm propagierte Lösung des analog zu Gleichung 5.1 konstruierten Gewinnoptimierungskalküls ähnelt Gleichung 5.4, wenngleich Thum eine Symmetrie unter den Miner annimmt und damit letztlich auf die gleichgewichtige Zahl der Miner im Markt schließt.[9] Allerdings ist der hier verwendete Miner-Begriff anders als bei Thum (2018) zu verstehen, sodass eine Symmetrie unter den Minern nicht angenommen wird. Analog zur Argumentation von Thum (2018) zeigt die Analyse des Gewinnoptimierungskalküls, dass Markteintritte erfolgen, solange die Gewinnanreize ausreichend hoch sind. Dass die Analyse von Thum (2018) unter der Annahme erfolgt, dass die Erträge den Kosten in vollem Umfang entsprechen, zu einem ähnlichen Ergebnis gelangt, zeigt eine gewisse Robustheit der Resultate. Die angenommene Symmetrie im Modell von Thum ist Konsequenz eines vollständigen Wettbewerbsmarktes, der sich in der Realität nur eingeschränkt wiederfinden wird, bspw. weil Miner nicht in unbegrenzten Umfang auf (neue) Hardware zurückgreifen können werden. Ausgehend davon ist aber wenigstens ein weiterer Fall denkbar: die Wahl der Miner über die Entscheidung der Technologie, weil die Miner über verschiedene Technologien verfügen. Anzunehmen ist hierbei zunächst, dass die Miner bereits entschieden haben, zu welcher Kryptowährung sie einen Beitrag leisten wollen. Ferner sei angenommen, dass den Miner zu Erreichen des kryptographischen Ziels (bspw. der Lösung einer speziellen Berechnungsaufgabe) verschiedene Technologien zur Verfügung stehen, bspw. ASICs, FGPAs, GPUs oder CPUs. Diese Technologien unterscheiden sich insbesondere in den Kosten $c^j_{i,t}$, die pro berechnetem Hashwert anfallen. Die Miner wählen sodann den optimalen Hardwareeinsatz einer oder mehrerer Technologien. Zur Vereinfachung sei nachfolgend angenommen, dass die Miner zwischen zwei Technologien (1 und 2) wählen können. Das ökonomische Entscheidungsproblem des Miners i für einen einzelnen Block Gleichung 5.1 lässt sich dann formulieren als:

$$\pi^B_t = \left(\frac{h^1_{i,t} + h^2_{i,t}}{h^1_{i,t} + h^2_{i,t} + H'_j} \right) \Phi - c^1_{i,t} h^1_{i,t} - c^2_{i,t} h^2_{i,t} \tag{5.9}$$

Dabei stellt H'_j weiterhin die Rechenleistung der übrigen Miner dar, wobei selbstverständlich auch für die von i verschiedenen Miner gilt, dass diese verschiedene Technologien einsetzen könnten. Da für den Miner i jedoch nur der Anteil der eigenen Rechenleistung an der Arbeitsleistung des Netzwerks entscheidend ist, wird in der

[9]Präziser wäre es, die Miner nicht als Personifizierung der Akteure zu verstehen, die über den Einsatz von Hardware im Mining-Prozess entscheiden, sondern den Begriff des Miners auf einer technischen Ebene zu definieren, sodass der Miner in diesem Fall eine Hardwarekomponente abbildet. Die von Thum (2018) unterstellte Symmetrie gestaltet sich dann dergestalt, dass auf dem Markt nur eine Form von Mining-Hardware zu finden sein wird (was sich in Thums Annahme, dass jeder Miner über $m = m_i = m_j$ Rechenoperationen pro Sekunde ausführen kann, niederschlägt). Diese Annahme ist plausibel in einer Welt des vollständigen Wettbewerbsmarktes, und es dürfte fraglich sein, ob Kryptowährungen die durchaus restriktiven Annahmen derzeit oder in Zukunft überhaupt erfüllen.

folgenden formalen Analyse vereinfachend nur H'_j verwendet.

Die dabei in die Technologie 1 (2) eingesetzte Rechenleistung wird in Gleichung 5.9 durch $h^1_{i,t}$ ($h^2_{i,t}$) dargestellt. Unterstellt sei im Folgenden, dass die Entscheidung der Konkurrenten auf dem Markt nicht weiter nach den unterschiedlichen Technologien aufgeteilt werden, da für den Miner i nur die Gesamtrechenleistung entscheidend ist, nicht aber die damit verbundene Kostenkomponente des jeweiligen Marktkonkurrenten. Die Optimierung von Gleichung 5.9 über die Wahl von $h^1_{i,t}$ und $h^2_{i,t}$ zeigt, dass beide Technologien nur dann gewinnoptimal eingesetzt werden, wenn ihre Grenzkosten $c^1_{i,t} = c^2_{i,t}$ gleich sind. Die Grenzerträge des Minings sind unabhängig von der Wahl der Technologie, sodass das Mining nur mit der Technologie mit den geringsten Grenzkosten effizient sein kann. Sofern $c^1_{i,t} = c^2_{i,t}$, sind die Technologien perfekte Substitute, sodass sich das Entscheidungsproblem des Miners auf das in Gleichung 5.1 skizzierte Problem reduziert. Die Parallelnutzung verschiedener Technologien sollte damit — zumindest in der Theorie — nicht existieren. Empirisch beobachtbar ist jedoch der Einsatz verschiedener Technologielösungen. Ein Grund für die Existenz zweier Technologien kann die begrenzte Verfügbarkeit der relativ effizienteren Technologie sein. Ausgehend von der Annahme, der Miner könne nur über $h^1_{i,t} \leq \overline{h^1_{i,t}}$ verfügen, ist zu erörtern, welches Ausmaß der weniger effizienten Technologie $h^2_{i,t}$ der Miner einsetzen wird. Die obere Beschränkung wird nur wirksam sein, wenn sie unterhalb der Gleichung 5.9 bestimmbaren optimalen Rechenleistung liegen wird, sie den Miner also folglich restringiert. Die Entscheidung des Miners i folgt dann einer stufenweisen Optimierung, sodass zunächst zu klären ist, ob die Technologie 1 bis zur Kapazitätsgrenze ($\overline{h^1_{i,t}}$) eingesetzt werden kann. Sofern darüber hinaus die erwarteten Grenzerträge die Grenzkosten der Technologie 2 übersteigen, ist der Einsatz der Technologie 2 zu determinieren. Das Problem des Miners i lässt sich dann darstellen als

$$\pi^B_t = \left(\frac{\overline{h^1_{i,t}} + h^2_{i,t}}{\overline{h^1_{i,t}} + h^2_{i,t} + H'_j}\right)\Phi - c^1_{i,t}\overline{h^1_{i,t}} - c^2_{i,t}h^2_{i,t} \tag{5.10}$$

Die Entscheidungsvariable für die Optimierung von Gleichung 5.10 ist dann nur noch in $h^2_{i,t}$ gegeben. Es lässt sich dann zeigen, dass $h^2_{i,t}$ determiniert ist durch

$$h^2_{i,t} = \sqrt{\frac{H'_j}{c^2_{i,t}}\Phi} - \overline{h^1_{i,t}} - H'_j \tag{5.11}$$

Das Vorzeichen von Gleichung 5.11 ist nicht zweifelsfrei bestimmbar, im Vergleich zur Analyse des Ein-Technologie-Falls lässt sich aber feststellen, dass die Eintrittsbeschränkung restriktiver ist. Formal lässt sich zeigen, dass die Analyse des Vorzeichens für Gleichung 5.11 in Gleichung 5.13 resultiert, während die Analyse von Gleichung 5.4 zu Gleichung 5.12 führt. Ein Vergleich von Gleichung 5.12 und Gleichung 5.13 zeigt, dass der Mehr-Technologie-Fall in der Anwendung der zweiten Technologie restriktiver agiert, da die Einstiegshürde höher ist, solange $c_{i,t} = c^2_{i,t}$. In der ökonomischen Interpretation lässt sich damit schlussfolgern, dass im Zwei-Technologie-Fall der Einsatz der zweitbesten Technologie nur zu rechtfertigen sein wird, wenn durch den Einsatz der effizienten Technologie bis zur Kapazitätsgrenze der erwartete Grenzertrag größer als die Grenzkosten der zweiten Technologie ist. Der Einsatz der zweit-besten Technologie sieht sich dabei dem Nachteil gegenübergestellt, dass die Erzeugung von Lösungen des kryptographischen Rätsels nur mit höheren Kosten gegenüber der effizienten Technologie zu erreichen ist.

$$\frac{1}{H'_j}\Phi \geq c_{i,t} \tag{5.12}$$

$$\left(\frac{1}{H'_j + \frac{\overline{h^1_{i,t}}^2}{H'_j} + 2\overline{h^1_{i,t}}}\right)\Phi \geq c^2_{i,t} \tag{5.13}$$

Der Zwei-Technologie-Fall ist eine Vereinfachung der Realität, in der noch deutlich mehr unterschiedliche Hardwarekomponenten existieren. Das oben skizzierte Problem Gleichung 5.1 ließe sich damit auch für den n-Technologien-Fall analysieren. Es ist davon auszugehen, dass sich die Ergebnisse des Zwei-Technologien-Falls auch für $n > 2$ in ähnlicher Weise wiederfinden lassen. Notwendig ist dafür, dass die Miner über die einzelnen Technologien hinreichend informiert sind und diese ihrer Effizienz nach anordnen können. Anschließend sind die Technologien stufenweise zu bewerten und ihr Einsatz anhand der gezeigten Lösungsmechanik zu evaluieren. Der Einsatz weiterer Technologiestufen scheidet aus, sobald für eine Stufe eine Lösung $h^n_{i,t} < 0$ festgestellt wird.

5.4 Abweichungen vom Modell

Das im vorgehenden Abschnitt skizzierte Modell unterstellt vollständige Konkurrenz, im Gleichgewicht werden die Agenten daher Nullgewinne realisieren. Mit der Annahme vollständiger Konkurrenz können die einzelnen Miner i keine marktbeherrschende Stellung haben, sodass legitimerweise strategische Überlegungen nicht zum Tragen kommen. Gerade in der Realität ist dies aber nicht wirklich anzunehmen, denn schon allein ein Blick auf die älteste und damit wohl bekannteste Kryptowährung Bitcoin zeigt, dass spieltheoretische Überlegungen hier durchaus eine Rolle spielen, da ein signifikanter Anteil an neu geschaffenen Blöcken von Mining Pools generiert wird, die – die größten Mining Pools zusammengenommen — eine marktbeherrschende Stellung haben. Weiterhin war für die oben gezeigte Analyse angenommen, dass die Informationen für die Miner voll umfänglich verfügbar und bewertbar sind. Diese Annahme muss gleichfalls im Licht der empirischen Realität hinterfragt werden, denn die eingesetzte Rechenleistung ist allenfalls als Resultat der Berechnungsgeschwindigkeit des Netzwerkes abschätzbar, direkt beobachtbar wird sie für die Miner in einem kompetitiven Wettbewerbsumfeld nicht sein, weil die Entscheidungen der Konkurrenten, welche Technologie zu welchem Anteil für welche Kryptowährung eingesetzt wird, nicht öffentlich beobachtbar ist.[10] Die bisherigen Ausführungen stellen zudem auf den einzelnen Miner, nicht aber auf den Markt als Ganzes ab. Insbesondere dürfte die Heterogenität in der Ansicht der in τ Perioden

[10]Insbesondere ist für den einzelnen Miner nicht zu beobachten, in welchem Umfang die Konkurrenz über nicht aktive Rechenleistung — d.h. Rechenleistung, die derzeit nicht am Mining-Prozess beteiligt ist, aber kurzfristig aktivierbar wäre — verfügt. In diesem Fall ist also davon auszugehen, dass hier asymmetrische Informationen vorliegen müssen, weil jeder Miner zu anderen Informationen über H_j gelangen wird.

erzielbaren Erlöse unter den Miner zu ganz unterschiedlichen Ergebnissen in der Praxis führen[11].

Das Modell von Thum (2018) unterstellt neben der Symmetrie der Miner einen freien Marktzutritt, sodass im Gleichgewicht Monopolgewinne langfristig nicht stabil sein können. Aufgrund der Symmetrieannahme kann Thum (2018) daher die optimale Zahl der Miner[12] folgern, die positiv von den erwarteten Erträgen und negativ von den Grenzkosten abhängt. Der Zusammenhang ist dabei nicht linear, sodass Veränderungen in den Grenzerträgen und Grenzkosten nicht in gleichem Umfang die Zahl der Miner beeinflusst. Aufgrund fehlender Monopolgewinne muss im Modell von Thum (2018) damit der Zusammenhang, dass die Grenzkosten den Grenzerträgen entsprechen, immer gelten. Daraus lässt sich folgern, dass der Wert der neu geschaffenen Tokens den dafür aufgewendeten Kosten entsprechen muss. Daraus ließe sich theoretisch ein fundamentaler Wert eines Kryptotokens rechtfertigen. Aus der Absenz der Monopolgewinne folgert Thum (2018), dass Verlagerungen des Token-Minings zwar zu individuellen Kostenreduktionen führen können, in der Gesamtbetrachtung jedoch durch neu eintretende Miner und die Erhöhung von Rechenaktivitäten kompensiert werden.

In der bisherigen Analyse sind zudem Markteintritte nicht explizit berücksichtigt. Die Zahl der Miner ist damit im Gleichgewicht unbestimmt, die Formulierung einer Markteintrittsbedingung würde eine Änderung der Kosten- respektive Technologiefunktion erfordern. Eine solche Änderung wird sich auf die oben skizzierten Gleichgewichtsbedingungen auswirken. Außerdem nicht berücksichtigt sind Größeneffekte innerhalb der Miner-Gemeinschaft. Sofern $h_{i,t}$ relativ zu H_j niedrig ist, wirken sich Änderungen in $h_{i,t}$ proportional in $p_{i,t}$ aus. Mit jeder zusätzlichen Einheit an Rechenleistung sichert dem Miner i approximativ den zusätzlichen Anteil $\frac{1}{H_j}$ des erwarteten Ertrags Φ. Sofern sichergestellt ist, dass dieser Grenzertrag die Grenzkosten $c_{i,t}$ übersteigt, wird der Miner i seine Rechenleistung ausbauen. Diese Proportionalität verschwindet, wenn der Anteil des Miners i an der Gesamtrechenleistung H_j zunimmt, mithin nimmt der Zuwachs der Wahrscheinlichkeit ab. Dies impliziert eine gewisse Asymmetrie zwischen relativ großen Minern, deren Anteil $\frac{h_{i,t}}{H_j}$ groß ist, gegenüber kleinen Minern, deren Wahrscheinlichkeitzuwachs proportional zum Aufbau an Rechenleistung verläuft. Mithin haben große Miner einen relativ kleineren Anreiz, weiter in Hardware zu investieren. Allerdings zeigen Arnosti und Weinberg (2018), dass bei Vorliegen von Größenvorteilen ineffiziente Miner neue Marktzutritte zurückdrängen können. Beides schließt sich nicht gegenseitig aus, vielmehr unterstreicht das Argument von Arnosti und Weinberg (2018), dass Skalenerträge vergleichsweise rechenstarke Miner zu geringeren Investitionen in das System motivieren.

Mithin bleibt festzuhalten, dass das oben skizzierte Modell eine ökonomische Idealwelt beschreibt, die von vollständiger Konkurrenz geprägt ist. Realistischer ist jedoch, dass aufgrund des Vorliegens von Fixkosten und Größenvorteilen von einem unvollständigen Wettbewerb auszugehen ist. Zu untersuchen sind daher in weiteren Schritten strategische

[11] Die Analyse der Daten des Surveys von Lui Smyth (2013) zeigt, wie überaus heterogen die Ansichten über die Wertentwicklung des Bitcoins sind. Wenngleich die Befragungsdaten bereits veraltet sein dürften, ist anzunehmen, dass sich der festgestellte Effekt der Heterogenität auch in neueren Befragungen fortschreiben dürfte.

[12] Präziser wäre, von der Personifizierung des Minerbegriffs abzusehen, und die optimale Zahl der Miner als optimale Zahl der (äquivalenten) Miningkomponenten zu verstehen.

Verhaltensmuster der Miner. Es ist durchaus plausibel, dass wesentliche Effekte des oben skizzierten Modells erhalten bleiben, bspw. dass Miner eine Bewertung anhand der vorliegenden Grenzkosten und Grenzerträge vornehmen werden oder dass Steigerungen in den variablen Kosten zu einem Rückgang der eingesetzten Rechenleistung führen werden.

5.5 Mining Pools und weitere Überlegungen

Aus den bisherigen Überlegungen ausgeklammert war ein strategisches Verhalten im Sinne einer kooperativen Spieltheorie. In den bisherigen Beschreibungen entscheiden die Miner autonom über ihre eigene Rechenleistung $h_{i,t}$, Entscheidungen der übrigen finden allenfalls über H_j (bzw. H'_j) Eingang in das Verhalten des Miners i. Damit vernachlässigt das bisher skizzierte und stark vereinfachte Modell Kooperationen zwischen den Minern. Unbeachtet blieb damit bisher der Fall, dass die Miner sich gewinnoptimierend zu einem Mining Pool zusammenschließen. Solche Mining Pools können als Kartelle verstanden werden, sie verschieben eine zumindest theoretisch atomistische Marktstruktur hin zu einem oligopolistisch und im äußersten Fall monopolistisch geprägten Markt. Diese Verschiebung der Marktmacht kann problematisch sein: Das Ziel von Private Cryptocurrencies wie Bitcoin ist die Desintermediation und weitreichende Demokratisierung der Zahlungsausführung. Damit von einer wirklichen Desintermediation gesprochen werden kann, braucht es eine gewisse Anzahl an Minern, damit das System nicht als (quasi-)-zentralisiert gelten kann. Eine Reduktion der Zahl der aktiven Miner führt zu einer Monopolisierung der Marktstruktur, und wird damit den Zahlungsprozess auf weniger Akteure fokussieren. Entsprechend kommt es zu einer Zentralisierung eines dezentral konzipierten Systems. Diese Zentralisierung kann zu einer Erosion des Vertrauens in das Kryptowährungssystems führen, weil die geringere Zahl der Miner das Potential erhöht, dass einzelne Miner Handlungen propagieren, die nur ihrem eigenen Interesse dienen. Dies ließe sich als Manipulation bezeichnen, die von den Befürwortern der Kryptowährung zumeist mit zentralen Institutionen assoziiert wird. Diese zum Teil als nicht legitim angesehenen Handlungen erhöhen die Skepsis gegenüber den entsprechenden Protokollen, die wiederum in den Anfangsphasen das Erreichen einer kritischen Masse erschwert. Fällt die Desintermediation als zentrales Inhaltselement der Kryptowährungen weg, fehlt ihnen auch ein herausragendes Vergleichsmerkmal gegenüber den klassischen Zahlungsmechanismen, das als komparativer Vorteil wahrgenommen werden könnte.

Der Zusammenschluss der Miner zu einem Mining Pool ließe sich als Kartellbildung verstehen, der Mining Pool selbst verhält sich dann nicht mehr wie ein kleiner Einzelminer, sondern wie ein Monopolist. Der Mining Pool kann, muss aber nicht notwendigerweise selbst über die Hardware an einem gemeinsamen geographischen Ort verfügen. Vielmehr kann der Mining Pool auch nur virtuell existieren und die Rechenleistung der einzelnen Mining Pool Teilnehmer softwaregestützt zusammenführen. In jedem Fall erlangt der Mining Pool zumindest zum Teil die Kontrolle über die Hardwarekomponenten und kann daher einen Teil der am Markt wirksamen Rechenleistung kontrollieren. Die Teilnehmer des Mining Pools erhalten für ihre Teilnahme am Mining Pool eine Kompensation in Form einer Beteiligung an den vom Mining Pool gewonnenen Token. Dabei müssen nicht nur die Tokens, die in der aktuellen Mining-Periode erzeugt wurden, verteilt werden, sondern es kann auch ein Ausgleich über verschiedene Perioden hinweg erfolgen. Die Kompensationsalgorithmen unterscheiden sich in ihrer ökonomischen Wirkung, eine Übersicht findet sich bspw. bei Bhaskar und Lee (2015) oder Rosenfeld (2011). Da sich an einem Mining Pool verschiedene Miner beteiligen, erhält kein Miner mehr die volle Vergütung.[13] Dieser Verlust wird durch eine Verstetigung des Einkommens kompensiert, was zumindest für risikoaverse Teilnehmer der entscheidende Anreiz für die Partizipation an einem Mining Pool sein wird.

Einem Miner stehen verschiedene Mining Pools zur Auswahl. Diese unterscheiden sich nicht nur hinsichtlich der Schemata, nach denen die Vergütung ausgezahlt wird, sondern auch nach ihrem geographischen Standort und ihrer Entwicklungsperspektive für die Kryptowährung. Die Auswahl des präferierten Mining Pools kann dabei vielfältigen Entscheidungsprämissen folgen. Für rationale Miner dürfte zu unterstellen sein, dass sich diese an der Profitabilität der Teilnahme am Mining Pool orientieren werden. Bei dieser Entscheidungsprämisse kann ein Phänomen auftreten, das als „pool hopping" bekannt ist: Weil bei einer proportionalen Verteilung der Miningerträge die Teilnahme zu früheren Zeitpunkten bei der Lösung eines kryptographischen Rätsels attraktiver ist als zu späteren Zeitpunkten, entsteht für die Miner der Anreiz, sich nach einer gewissen Zeitspanne nicht mehr am Mining in der entsprechenden Runde zu beteiligen (Rosenfeld 2011). Dieses Verhalten schadet dabei nicht nur dem Mining Pool selbst, weil Rechenleistung abfließt, sondern auch den Minern, die kontinuierlich am Mining teilnehmen. Die Miner können dann einem Mining Pool beitreten, der ihnen in diesem Augenblick eine höhere Attraktivität verspricht. Dieses Springen zwischen den Mining Pools lässt sich im Rahmen eines Algorithmus automatisieren (vgl. Chavez und Silva Rodrigues 2016). In der Gestaltung der Vergütungsstruktur lassen sich Gegenmaßnahmen gegen die asymmetrische Verteilung der Attraktivität der Beteiligung etablieren, bspw. dadurch, dass bei der Ausschüttung der Vergütung nur die letzten n Beteiligungen berücksichtigt und vergütet werden (Shi et al. 2021).[14]

Neben dem Mining Pool Hopping existieren weitere Strategien, wie Miner ihren Gewinn erhöhen können. Dazu gehören bspw. das Selfish Mining, das zuerst von Eyal und Sirer (2014) beschrieben wurde. Unter dieser Strategie versteht man das Verhalten der Mining Pools, neu erzeugte Blöcke im Netzwerk nicht sofort, sondern erst mit zeitlicher Verzögerung bekannt zu machen. Diese Strategie führt zu einer bewussten Aufspaltung („fork") der Blockchain mit dem Ziel, weitere Blöcke vor den konkurrierenden Minern zu erzeugen. Gelingt diese Strategie, hält der Miner auch weitere entstehende Blöcke zurück, solange er gegenüber der allgemein bekannten Blockchain einen Vorsprung hat. Die Veröffentlichung erfolgt dann, sobald es den konkurrierenden Minern gelingt, den Vorsprung abzubauen. Die „Selfish Mining"-Strategie nutzt dabei das Verhalten der Miner aus, die sich gemäß den aufgestellten Regeln des Protokolls konform verhalten und deswegen bei einer Aufteilung der Blockchain der Verzweigung folgen, die den

[13]Denkbar sind dabei auch Ausgestaltungen, in denen die verschiedenen Komponenten der Vergütung, d.h. neu geschaffene Kryptotokens und Transaktionsgebühren, unterschiedlich behandelt werden.

[14]Bei der Gegensteuerung gegen das Mining Pool Hopping durch die Auswahl der Vergütungsarchitektur sind freilich die Rückwirkungen eben dieser Wahl und die daraus folgenden ökonomischen Anreizstruktur zu berücksichtigen.

größten Einsatz von Rechenleistung aufweist. Auf der Seite der Protokoll-treuen Miner erzeugt diese Strategie eine Fehlallokation von Ressourcen, weil die Rechenleistung nicht für die rechenleistungsintensivste Verzweigung der Blockchain genutzt wird. Eyal und Sirer (2014) zeigen anhand ihres Modells, dass sich der Gewinn durch den Einsatz dieser Strategie erhöhen lässt, wenn der Anteil der Rechenleistung des Miners i am Gesamtnetzwerk in einer bestimmten Bandbreite liegt.[15] Dieses Ergebnis ist insbesondere mit Blick auf die Mining Pools problematisch, da für die Miner der Anreiz entsteht, einem Mining Pool beizutreten, der eine „Selfish Mining“ Strategie verfolgt, und für den Mining Pool selbst ebenfalls der Anreiz besteht, neue Mitglieder aufzunehmen. Dies senkt den Grad der Dezentralisierung, bis die Mehrheit der Rechenleistung von einem einzelnen Miner oder einem Mining Pool kontrolliert wird. Eyal und Sirer (2014) schließen daraus, dass Kryptowährungsprotokolle wie Bitcoin nicht notwendigerweise anreizkompatibel sind.

Das oben skizzierte Modell vernachlässigt strategisches Verhalten der Miner, bspw. den Zusammenschluss zu Mining Pools oder den Einsatz von Strategien, die der eigenen Profitmaximierung dienen, aber den Grundideen des Kryptowährungsprotokolls zuwider laufen. Angenommen war bisher, dass sich die Miner regelkonform verhalten, die Miner wurden zwar als Gewinnoptimierer betrachtet, das Mining stand im Fokus der Analyse. Denkbar ist aber auch, dass das Mining für bestimmte Gruppen von Miner als Nebengeschäft zu betrachten ist, die also die Fortschreibung der Blockchain nur mitverfolgen, weil es für das eigene Geschäftsfeld förderlich ist. Für die Betreiber von Kryptowährungshandelsplätzen ist es bspw. notwendig zu erfahren, welche Transaktionen ausgeführt wurden, um die Sicherheit der Nutzer auf der eigenen Plattform zu gewährleisten und ein versuchtes „double spending“ zu unterbinden. Ähnlich kann es sich für die Anbieter von Kryptowährungswallets gestalten, die für ihre Nutzer ebenfalls prüfen können wollen, ob Transaktionen valide sind. Eine eigenständige Fortschreibung der Blockchain ist dafür nicht unbedingt notwendig, denkbar ist aber, dass die Miner dieses aufgrund einer Externalität auf ihr Hauptgeschäft dennoch für gewinnoptimal erachten. Ein solches Verhalten ist im oben skizzierten Modell nicht enthalten, eine solche Änderung würde mithin zu einer abweichenden Gewinnfunktion führen, sodass die oben skizzierten Ergebnisse nicht mehr gesichert sind.[16]

Vereinfachend angenommen war im oben skizzierten Modell ebenfalls, dass sich das Mining nur auf eine einzelne Kryptowährung fokussiert. Dies ist nur unter der Annahme plausibel, dass die Miner im Rahmen einer sequentiellen Entscheidungsfindung sich bereits auf eine bestimmte Kryptowährung und damit ggf. auf einen bestimmten Technologietyp festgelegt haben, der ein Wechseln zwischen den Kryptowährungen verhindert. Damit wurde allerdings der Fall ausgeschlossen, dass mit einer bestimmten Hardwaretechnologie

[15] Konkret bedeutet dies, dass der Miner i mit einem Anteil α an der Gesamtrechenleistung mehr als α von der erwarteten Entlohnung erhält.

[16] Zu verweisen ist hier erneut auf die Unterscheidung unterschiedlicher Kryptowährungstypen. Die Möglichkeit, externe Gewinne aus anderen Betätigungsfeldern einzubeziehen führt zu einem externen Effekt. Eine solche „Querfinanzierung“ ist insbesondere bei den Corporate Cryptocurrencies und dem digitalen Zentralbankgeld denkbar, da in diesen (quasi-)zentrale Akteure handeln. Im Fall der Private Cryptocurrencies ist davon auszugehen, dass sich diese Systeme vollständig selbst tragen können müssen, eine Querfinanzierung wird nicht der Regelfall sein.

verschiedene Kryptowährungen erzeugbar sind, sodass Miner nicht nur einzelne Kryptowährungen, sondern ein Portfolio eben dieser erzeugen könnten. Ein solches Modell würde erlauben, die Interaktion zwischen den Kryptowährungen zu untersuchen und strategisches Verhalten der Miner zu analysieren.

Literatur

Ali, Robleh, John Barrdear, Roger Clews und James Southgate (2014). The Economics of Digital Cryptocurrencies. Bank of England Quarterly Bulletin Q3: 276–286.

Arnosti, Nick und S. Matthew Weinberg (2018). „Bitcoin: A Natural Oligopoly". In: *10th Innovations in Theoretical Computer Science Conference (ITCS 2019)*. Hrsg. von Avrim Blum. Bd. 124. Leibniz International Proceedings in Informatics (LIPIcs). Dagstuhl, Germany: Schloss Dagstuhl–Leibniz-Zentrum fuer Informatik, 5:1–5:1.

Arthur, W Brian (1989). Competing technologies, increasing returns, and lock-in by historical events. Economic Journal, 99 (394): 116–131.

Bhaskar, Nirupama Devi und David Kuo Chuen Lee (2015). „Bitcoin Mining Technology". In: *Handbook of Digital Currency*. Hrsg. von David Lee Kuo Chuen. Elsevier, S. 45–65.

Carlsten, Miles, Harry Kalodner, S. Matthew Weinberg und Arvind Narayanan (2016). „On the Instability of Bitcoin Without the Block Reward". In: *Proceedings of the 2016 ACM SIGSAC Conference on Computer and Communications Security*. ACM.

Chavez, Juan Jose Garcia und Carlo Kleber da Silva Rodrigues (2016). „Automatic hopping among pools and distributed applications in the Bitcoin network". In: *2016 XXI Symposium on Signal Processing, Images and Artificial Vision (STSIVA)*. IEEE.

David, Paul A. (1985). Clio and the Economics of QWERTY. American Economic Review, 75 (2): 332–337.

Eyal, Ittay und Emin Gün Sirer (2014). „Majority Is Not Enough: Bitcoin Mining Is Vulnerable". In: *Financial Cryptography and Data Security*. Springer Berlin Heidelberg, S. 436–454.

Fisher, Irving (1911). The Purchasing Power Of Money. MacMillian, New York.

Franco, Pedro (2015). Understanding bitcoin: Cryptography, engineering and economics. Chichester: Wiley.

Gervais, Arthur, Ghassan O. Karame, Karl Wüst, Vasileios Glykantzis, Hubert Ritzdorf und Srdjan Capkun (2016). „On the Security and Performance of Proof of Work Blockchains". In: *Proceedings of the 2016 ACM SIGSAC Conference on Computer and Communications Security*. ACM, S. 3–16.

Günther, Swen und Mario Dutschmann (2017). Bitcoin Mining - Wie gut erklären klassische Theorien Standortwahl und -verteilung? WiSt - Wirtschaftswissenschaftliches Studium, 46 (6): 22–30.

Liebowitz, Stan J und Stephen E Margolis (1995). Path dependence, lock-in, and history. Journal of Law, Economics, and Organization, 11: 205–22.

Magaki, Ikuo, Moein Khazraee, Luis Vega Gutierrez und Michael Bedford Taylor (2016). „ASIC Clouds: Specializing the Datacenter". In: *2016 ACM/IEEE 43rd Annual International Symposium on Computer Architecture (ISCA)*. IEEE.

Nakamoto, Satoshi (2008). *Bitcoin: A Peer-to-Peer Electronic Cash System*. URL: `https://bitcoin.org/bitcoin.pdf`.

Prat, Julien und Benjamin Walter (2021). An Equilibrium Model of the Market for Bitcoin Mining. Journal of Political Economy, 129 (8): 2415–2452.

Ren, Ling und Srinivas Devadas (2017). „Bandwidth Hard Functions for ASIC Resistance". In: *Theory of Cryptography*. Springer International Publishing, S. 466–492.

Rosenfeld, Meni (2011). Analysis of Bitcoin Pooled Mining Reward Systems. arXiv: 1112.4980v1 [cs.DC].

Saberhagen, Nicolas van (2013). *CryptoNote v 2.0.* https://bytecoin.org/old/whitepaper.pdf.

Shi, Hongwei, Shengling Wang, Qin Hu, Xiuzhen Cheng, Junshan Zhang und Jiguo Yu (2021). Fee-Free Pooled Mining for Countering Pool-Hopping Attack in Blockchain. IEEE Transactions on Dependable and Secure Computing: 1580–1590.

Smyth, Lui (2013). *OVERVIEW OF BITCOIN COMMUNITY SURVEY FEB-MAR 2013.* http://simulacrum.cc/2013/04/13/overview-of-bitcoin-community-survey-feb-mar-2013/. Zuletzt geprüft am 06.06.2016.

Taylor, Michael Bedford (2013). *Bitcoin and the Age of Bespoke Silicon.* https://cseweb.ucsd.edu/~mbtaylor/papers/bitcoin_taylor_cases_2013.pdf.

Thum, Marcel (2018). Die ökonomischen Kosten des Bitcoin-Mining. ifo Schnelldienst, 71 (02): 18–20.

Tschorsch, Florian und Bjorn Scheuermann (2016). Bitcoin and Beyond: A Technical Survey on Decentralized Digital Currencies. IEEE Communications Surveys & Tutorials: 2084–2123.

6 Transaktionsgebühren

6.1 Motivation

Die Erschaffung des Bitcoin-Systems durch Nakamoto (2008) war zur Zeit der globalen Finanzkrise eine Revolution, da mit der ersten Kryptowährung auch das „double spending"-Problem gelöst war. Damit ist es nunmehr dezentralisierten Netzwerken ohne den Einsatz eines vertrauenswürdigen Dritten möglich, einen Konsens über Zustandsdaten zu erzeugen. Mit dieser Architektur greifen die Kryptowährungen das klassische Finanzsystem an, das weitläufig von der Verfügbarkeit von Intermediären abhängig ist, die — zumindest in den Augen der Kryptowährungsenthusiasten — für die Verwerfungen der Finanzkrise verantwortlich sind. Wenngleich die technologische Lösung des Bitcoins revolutionär sein mag, konnten sich die Kryptowährungen bisher nicht als effektive Zahlungssysteme durchsetzen. Insbesondere die großen Wertschwankungen haben die Kryptowährungen eher zu Anlageobjekten denn zu einem Zahlungsmittel werden lassen (Yermack 2015).

Das von Nakamoto (2008) entworfene System war jedoch eher als Prototyp denn als ausgereifte Marktlösung konzipiert (Hanl und Michaelis 2017) und muss daher eher als Blaupause für eine mögliche zukünftige Finanzarchitektur gesehen werden. Ob der Bitcoin zu einem globalen Zahlungssystem skalierbar ist, ist Gegenstand einer umfangreichen und anhaltenden Fachdebatte (vgl. bspw. Croman et al. 2016). Abseits der meist technischen Limitationen werden dabei jedoch ökonomische Grenzen nur selten thematisiert. So hat Nakamoto (2008) ein System erdacht, dass die Emission neuer Kryptotokens bereits bei der Erschaffung des Systems festlegt und durch eine fixe Obergrenze limitiert. Diese Emissionsgrenze wird von vielen anderen Kryptowährungen übernommen (Hanl 2018), sie ließe sich als historisches Erbe der Kryptowährungen bezeichnen. Langfristig wird der Anreiz für die Miner damit von der Vergütung durch neue Kryptotokens übergehen zu einem transaktionskostenbasierten System. Zu betonen ist jedoch nicht ausschließlich die Erlösseite, sondern auch die Kostenseite des Transaktionssystems. Zu fragen ist dabei nach dem Träger von Verlusten innerhalb des Systems. Beim digitalen Zentralbankgeld ist die Antwort vergleichsweise einfach, die Zentralbank trägt die Gewinne und Verluste aus dem operativen Betrieb des Systems. Selbst ein defizitäres System kann dauerhaft von der Zentralbank fortgeführt werden, da die Zentralbank als „lender of last resort" regelmäßig nicht von einem Insolvenzrisiko bedroht sein wird.[1] Im Falle der „Corporate Cryptocurrencies" trägt ein Unternehmen respektive ein Konsortium aus Unternehmen gemeinsam das Transaktionssystem. Zumindest im Fall des Zusammenschlusses liegt eine Vergemeinschaftung von Kosten nahe, sodass ein individuelles Ausscheiden von

[1] Abzugrenzen davon ist allerdings das Reputationsrisiko eines dauerhaften Bilanzverlusts. Wenngleich die Zentralbank keine klassische Gewinnoptimierung verfolgt, könnte der Eindruck einer Schieflage entstehen, der sich dann auch auf die Wirksamkeit anderer geldpolitischer Maßnahmen auswirken könnte.

Trägern zumindest eingedämmt werden kann. Von diesem Mechanismus grenzen sich die Private Cryptocurrencies ab. In diesem Fall gibt es keinen zentralen Träger des Systems, eine Vergemeinschaftung von Kosten ist in der Regel nicht möglich, das System muss sich daher selbst tragen, bei den Minern müssen den Kosten des operativen Betriebs im Gleichgewicht mindestens erwartete Erträge in gleicher Höhe entgegenstehen, damit es nicht langfristig zu einer Reduktion der Zahl der Miner kommt.

Im Gegensatz zu anderen Zahlungssystemen bestimmen die Kryptowährungen die Transaktionsgebühren in aller Regel nicht über die Höhe des Zahlungsbetrages, sondern über den Speicherplatz, den eine Transaktion bei der Verifikation benötigt. Dieser Speicherplatz ist die ökonomisch knappe Ressource, weswegen die Miner für die Nutzung dieser Ressource kompensiert werden müssen. Für den Zahlungssender, in der Regel also den Käufer, wird diese Komponente weniger fassbar sein als der Transaktionsbetrag, da die Speichergröße der Transaktion nicht zuletzt von der Zahl der verwendeten „Inputs" abhängig sein wird.[2] Es ist anzunehmen, dass die vom Käufer respektive vom Empfänger der Dienstleistung eingesetzte Walletsoftware die entsprechende Transaktionsgebühr auf Basis der realen Parameter approximieren wird, sodass diese erst bei der tatsächlichen Zahlungsdurchführung bekannt werden wird. Da diese Information für den Zahlungssender jedoch vergleichsweise einfach einholbar ist, dürfte die ökonomische Verzerrung durch die anfänglich unbekannte Gebühr gering ausfallen. Bei gleicher Speichergröße der Transaktionen bevorteilt die Kryptowährung damit Transaktionen mit höherem Zahlungsvolumen gegenüber kleinvolumigen Transaktionen. Die Transaktionsgebühren sind zudem in Einheiten der Kryptowährung denominiert, sodass volatile Wechselkurse auch zu volatilen Transaktionsgebühren führen können. Dies ist insbesondere dann problematisch, wenn Kryptowährungen absolute Mindestgebühren vorsehen, die dann mit der Volatilität des Wechselkurses schwanken. Unter der Annahme fortlaufend ansteigender Wechselkurse führen solche Mindestgebühren zu einer fortlaufenden Kostensteigerung der Transaktionen, sodass langfristig vor allem mit großvolumigen Transaktionen innerhalb der Kryptowährungen zu rechnen ist.[3]

[2]Hintergrund ist hier die technische Konzeption der Kryptowährungen, die sich am Beispiel des Bitcoins nachvollziehen lässt: Bevor ein Agent eine Zahlung durchführen kann, muss er selbst ausreichend Tokens empfangen haben. Dazu generiert er einen geheimen Schlüssel (den „Private Key") und erzeugt daraus eine entsprechende Empfängeradresse, die analog einer Kontonummer fungiert. Im Wesentlichen gibt es keinerlei Restriktion, über wie viele solcher Adressen ein Agent verfügen kann. Verfügt der Agent in Summe über einen ausreichenden Betrag an Tokens um den Zahlungsbetrag und die eventuell anfallende Zahlungsgebühr zu begleichen, kann die Zahlung durchgeführt werden, der Zahlungsbetrag kann dabei mit Tokens von unterschiedlichen Herkunftsadressen beglichen werden. Welche Inputadressen die Walletsoftware dabei jeweils konkret auswählen wird, wird nicht zuletzt vom Transaktionsbetrag abhängig zu machen sein, da bei Verwendung einer spezifizierten Adresse jeweils der volle Betrag, der dieser Adresse gutgeschrieben wurde, verwendet wird. Aufgrund der Möglichkeit, Transaktionen aus verschiedenen Quellen zu bedienen, können sich — unabhängig vom Zahlungsbetrag — verschiedene Speichergrößen ergeben, sodass ein direkter Schluss vom Transaktionsvolumen auf die fällige Transaktionsgebühr, zu kurz greifen kann.

[3]Dies gilt nur unter der Annahme, dass das Kryptowährungssystem nicht für illegale Transaktionen verwendet. Zumindest für einige Transaktionen wird dies zutreffen (vgl. bspw. Christin 2013; Janze 2017), die Transaktionsgebühr kann diesbezüglich auch als Risikoprämie verstanden werden, um Transaktionen unter dem Deckmantel der Pseudonymität durchführen zu können.

6.2 Relevanz der Transaktionsgebühren in verschiedenen Kryptowährungsregimen

Neben den Mining Rewards (siehe Kapitel 5) sind die Transaktionsgebühren zweite direkte Ertragskomponente der Kryptowährungen. Zur Diskussion der ökonomischen Logik der Transaktionsgebühren sind einige Vorüberlegungen nötig, die sich insbesondere auf die Art der Kryptowährung beziehen. Wie in Kapitel 2 aufgezeigt, arrangieren sich die Kryptowährungen zu einem Spektrum bezüglich der Unabhängigkeit einer steuernden Institution, das vom staatlich getragenen digitalen Zentralbankgeld einerseits bis hin zu privaten Kryptowährungen andererseits reicht. Das digitale Zentralbankgeld wird dabei am stärksten zentralisiert gesteuert, die Corporate Cryptocurrencies nehmen eine Mittelstellung ein, während die Private Cryptocurrencies am ehesten das Potential haben, dezentral und unabhängig von steuernden Instanzen zu operieren. Entlang dieses Spektrums ergeben sich unterschiedliche ökonomische Ausrichtungen und Zielfunktionen, die sich auch auf die Notwendigkeit von Transaktionsgebühren auswirken.

Digitales Zentralbankgeld wird als staatliches Konstrukt den Emissionsregeln einer staatlichen Notenbank unterliegen. Unterstellt man das Regelset der existierenden Zentralbanken wie der EZB oder der amerikanischen FED, wird auch ein digitales Zentralbankgeld sich den Zielen wie Preisniveaustabilität und Wirtschaftswachstum verschreiben. Eine Gewinnerzielung ist abseits dieser Primärzielstellung nicht zu erwarten. Die Höhe der Transaktionsgebühren wird damit nicht primärer Entscheidungsparameter der Geldpolitik sein[4], mithin ist daher eher von einer untergeordneten Rolle der Transaktionsgebühren auszugehen.

Bei den Corporate Cryptocurrencies existiert ebenfalls ein eigenständig agierendes Steuerungsgremium, das sich jedoch in der ökonomischen Zielfunktion von der Ausgestaltung einer Zentralbank unterscheidet. Die Zentralbank optimiert im Rahmen ihres geldpolitischen Kalküls in der Regel eine „loss function“, die sich aus einer Inflationslücke und einer Output-Lücke zusammensetzt. Damit greift die Optimierung der Notenbank das gesamtwirtschaftliche Preis- und Produktionsniveau auf. Im Rahmen der Optimierung profitiert die Zentralbank dabei von möglichst kleinen Abweichungen vom Zielwert, bspw. dem Vollbeschäftigungsoutput. Die Zentralbank optimiert diese Funktion in der Regel über die Steuerung des Zinssatzes. Im Vergleich zu den privaten Akteuren optimiert die Zentralbank dabei nicht ihren eigenen Gewinn, sondern direkt volkswirtschaftliche Größen, die Einfluss auf die Wirtschaftsakteure einer Volkswirtschaft nehmen. Im Gegensatz zu dieser gemeinwohlorientierten Optimierung ist das Gewinnmaximierungsproblem der privaten Akteure eigennutzgeleitet, sie optimieren statt einer Verlustfunktion ihren (ökonomischen) Gewinn. Damit unterscheiden sich die Zielfunktion einer Zentralbank und die Gewinnfunktion der privaten Akteure fundamental, im Ergebnis führt das dazu, dass sich die Entscheidungen der Zentralbank von denen der privaten Akteure unterscheiden

[4]Die Höhe der Transaktionsgebühr selbst ließe sich als Parameter der Geldpolitik nutzen, um die über die Menge der über das digitale Zentralbankgeldsystem getätigten Transaktionen zu steuern. Je nach Ausgestaltung des Finanzsystems kann die Zentralbank damit bestimmte Optionen attraktiver gestalten. Ob eine Zentralbank diesen eher unkonventionellen Weg gehen wird, ist angesichts des Risikos, die Kontrolle über einen Transmissionsmechanismus der Geldpolitik zu verlieren, nicht gesichert.

können. Letztlich dürften die Transaktionsgebühren für die privaten Akteure damit eine entscheidendere Rolle spielen als für eine Zentralbank, die auch langfristig ein sich nicht aus Transaktionsgebühren allein tragendes System erhalten könnte. Für den privaten Akteur gilt das freilich nicht, zumindest solange keine Querfinanzierungen zugelassen werden. Bei der Konzeption eines Zahlungssystems versetzt das die Zentralbank in eine prädestinierte Lage und schafft einen inhärenten Nachteil für private getragene Systeme. Eine Corporate Cryptocurrency analog zu Facebooks Diem-Projekt kann jedoch mit moderaten Transaktionsgebühren auskommen, sofern das Steuerungsgremium Gewinne aus der Existenz des Systems, bspw. gesteigerte Verkäufe über eine Handelsplattform, mit einbezieht.[5]

Private Cryptocurrencies wie Bitcoin weisen keine steuernde Instanz auf, sie sind als dezentrales Konzept erdacht und als dieses funktionsfähig. Im Gegensatz zu den Corporate Cryptocurrencies und dem digitalen Zentralbankgeld gibt es damit keine Instanz, die Gewinne unter den Akteuren verteilt oder aber Transaktionsgebühren ihrer Höhe nach begrenzen kann. Vielmehr sind insbesondere bei den Private Cryptocurrencies die Transaktionsgebühren Resultat der ökonomischen Ausgestaltungslogik der Kryptowährung. Private Cryptocurrencies können zudem Gewinne, die indirekt durch das System entstehen, nicht vergesellschaften, weil die dezentrale Struktur eine eben solche Verteilung verhindert. Eine Vergesellschaftung wäre indes nur schwer mit den Anreizstrukturen der beteiligten Akteure in Einklang zu bringen. Corporate Cryptocurrencies sind meist geschlossene Systeme, das Abtreten von Gewinnen an andere Beteiligte könnte diesbezüglich als „Eintrittsgebühr" verstanden werden. Sind Akteure nicht bereit, diesen Beitrag zu tragen, können sie von einer Beteiligung an der „permissioned blockchain" ausgeschlossen werden. Private Cryptocurrencies verhalten sich hier jedoch wie Allmendegüter: Die fehlende Exklusionsmöglichkeit einzelner Akteure verhindert eine Querfinanzierung unter den Akteuren, insbesondere den Minern, die daher auf die Erträge aus neu geschaffenen Tokens und Transaktionsgebühren angewiesen sind. Die Nutzung der Kryptowährung selbst unterliegt einer gewissen Rivalität, da die Transaktionen einer blockchain-basierten Kryptowährung zu Blöcken zusammengefasst werden, die über vorbestimmte Kapazitätsgrenzen verfügen.[6] Wird diese Kapazitätsgrenze erreicht oder gar überschritten, werden die Miner zunächst die Transaktionen auswählen, die die höchsten Transaktionsgebühren bieten. Die Transaktionsgebühr setzt damit den Anreiz für den Miner, eine Transaktion in die Blockchain aufzunehmen, wobei Transaktionen mit höherer Transaktionsgebühr priorisiert werden. Im Extremfall bedeutet dies den Ausschluss kleinvolumiger Transaktionen. Aufgrund des fehlenden Intermediärs entsteht dadurch das Problem, dass die Kryptowährung nicht auf rapide Nachfragesteigerungen reagieren kann, bspw. durch die Bereitstellung höherer Kapazitäten, bspw. in Form

[5]Anzumerken ist zudem, dass die Corporate Cryptocurrencies als steuerungsfähige Akteure gleichfalls der Regulierung unterliegen können und die Höhe der zulässigen Transaktionsgebühren damit Gegenstand einer hoheitlichen Limitierung sein kann.

[6]Letztlich steht diese Kapazitätsgrenze im Zentrum der SegWit- und Lightning-Debatte. Die in der bei Nakamoto (2008) ursprünglich vorgesehene Blockgröße limitiert das Protokoll damit auf eine Maximaltransaktionszahl von sieben Transaktionen pro Sekunde. Die im Rahmen von SegWit und Lightning vorgeschlagenen Ansätze sollen dabei helfen, die Zahl der möglichen Transaktionen zu erhöhen und damit das Bitcoin-Protokoll gegenüber anderen Systemen wettbewerbsfähiger zu machen. In der Umsetzung der Vorschläge bestand allerdings Uneinigkeit, die letztlich zur Abspaltung verschiedener Teilsysteme wie Bitcoin Cash geführt haben.

verkürzter Blockzeiten oder aber durch Ausweitung der Blockgröße. Gerade diese Anpassungen geschieht bei den Private Cryptocurrencies jedoch zu langsam, sodass hier eher Schwankungen der Transaktionsgebühren zu beobachten sein dürften.

Insgesamt bleibt damit festzuhalten, dass die Transaktionsgebühren insbesondere für die Vertreter der Private Cryptocurrencies von besonderer Bedeutung sind, da sie neben dem Seignorage-Einkommen die zweite Einkommenskomponente der Miner bilden. Die Betreiber privater oder staatlicher Systeme unterscheiden sich nicht nur hinsichtlich der Kostenstruktur,[7] sondern auch in der Form der Erhebung der Gebühren. Sofern es sich um einen zentralen Intermediär handelt, ist es üblich, dass dieser die Höhe der Transaktionsgebühr festsetzt,[8] eine Auswahl der Zahlungsmittel findet dann bei den Kunden auch unter Berücksichtigung des zu zahlenden Entgelts statt. Damit entsteht über die Höhe der Gebühren Wettbewerb zwischen den Anbietern von Zahlungsdienstleistungen, wenngleich ebenfalls andere Faktoren, wie bspw. die Verfügbarkeit der Methode am Point-of-Sale oder das Transaktionsvolumen eine ebenso, wenn nicht gewichtigere Rolle bei der Entscheidung für oder gegen ein Zahlungsmittel spielen.[9] In der Regel ist im europäischen Raum eine Diskriminierung durch Transaktionsgebühren unterschiedlicher Zahlungsmittel nicht zulässig (vgl. Wright 2003), sodass der Kunde am Point-of-Sale keine Unterscheidung nach den direkten Kosten des Zahlungsmittels treffen kann.[10] Damit zahlt zumindest in Europa regelmäßig der Händler die Gebühr, die sich typischerweise im niedrigen einstelligen Prozentbereich des Transaktionsvolumens bewegt (Occhiutto 2020).[11] Bei den Private Cryptocurrencies gibt es jedoch keine Instanz, die Transaktionsgebühren bei den Händlern einfordern könnte. Die Struktur verbietet hier eine Konstruktion, in welcher der Zahlungsempfänger direkt die Miner entlohnt. Aus diesem Grund sind hier die Zahlungssender verantwortlich, die Höhe der Transaktionsgebühr zu bestimmen.[12] Damit verschiebt sich die Bestimmung der Transaktionsgebühr vom Zahlungsempfänger hin zum Zahlungssender, mithin ließe sich auch von einer Macht-

[7] Bspw. müssen bei zentral gesteuerten Systemen bestimmte Leistungen nur einfach erbracht werden, während bei den dezentralen Private Cryptocurrencies bspw. die Transaktionsbestätigung von n Minern durchgeführt wird. Systeme mit zentralem Intermediär können hier aufgrund einer zentralisierten Ressourcenzuteilung diesbezüglich Einsparungen erzielen, da auch bei einer Redundanz von Diensten weniger gleichlaufende Prozesse realisiert werden können.

[8] Dabei sind private Akteure nicht notwendigerweise frei, in welcher Höhe sie Transaktionsgebühren erheben wollen. Bspw. beschränkt die EU-Verordnung 2015/751 die Höhe der vom Endverbraucher zu tragenden Interbankenentgelte ein. Private Betreiber von Zahlungsdiensten sind also nicht frei in der Entscheidung, in welcher Höhe sie Gebühren erheben wollen.

[9] Die Zahl des Zahlungsmittels ist Gegenstand zahlreicher Studien, bspw. Bolt et al. (2010), Bagnall et al. (2016) und van der Cruijsen et al. (2016), jeweils mit unterschiedlichen Studienzielen. Zu unterscheiden sind Übersichtsarbeiten, die verschiedene Länder zu vergleichen versuchen und jene Arbeiten, die Einflussfaktoren auf das individuelle Zahlungsverhalten hinterfragen. Zu berücksichtigen bei der Auswahl des Zahlungsmittel ist außerdem auch der regulatorische Rahmen, der bspw. Bestimmungen zur Akzeptanz und zur Höhe der an den Kunden weiterreichbaren Gebühren setzen kann.

[10] Damit fehlt dem Kunden freilich ein Marktsignal, dass ihn zum Übergang zu einem effizienteren System veranlassen könnte. Die Studie von Bolt et al. (2010) zeigt, dass solche „Interchange Fees" den Übergang zu effizienteren Zuständen begünstigen können.

[11] Hinzuzurechnen sind den Kosten der Händler dann diejenigen Ausgaben, die für die Bereitstellung der notwendigen Infrastruktur entstehen.

[12] Denkbar wäre, dass Händler im Rahmen eines Rabattes den Kunden für die Wahl des Zahlungsmittel „Kryptowährung" entlohnen und damit einen Teil der Transaktionsgebühr zurückerstatten. Fraglich wäre dabei, ob eine solche Regelung juristisch Bestand hätte und auch, ob die Kunden diesen Rabatt als Reduktion der Transaktionsgebühr wahrnehmen.

verschiebung sprechen. Bei klassischen Point-of-Sale-Zahlungen hat der Zahlungssender damit keinen Einfluss auf die Vertragsausgestaltung zwischen dem Zahlungsmittler und dem Zahlungsempfänger, insbesondere damit auch nicht auf die Valutierung der Zahlungsschuld beim Zahlungsempfänger. Mit der Loslösung der Private Cryptocurrencies von den traditionellen Grundfesten der intermediärbasierten Finanzarchitektur verschiebt sich die Entscheidung über die Dauer der Zahlungsausführung hin zum Zahlungssender.[13] Diese Verschiebung der Transaktionsverantwortung unterstreicht den Ansatz der Kryptowährungen, statt Verantwortung bei den Intermediären zu konzentrieren, die einzelnen Akteure zu stärken und ihnen im Rahmen des Protokolls Mitgestaltungsoptionen zu geben. Offen ist jedoch die Frage, wer die Transaktionsgebühr wirtschaftlich trägt. Es ist davon auszugehen, dass die Händler bei den traditionellen Zahlungssystemen die dort anfallenden Gebühren bei der Preisgestaltung der Produkte berücksichtigen. Es ist davon auszugehen, dass eine Aufteilung zwischen Händler und Käufer erfolgt. Weniger klar ist die Ausgestaltung im Falle dezentraler Kryptowährungstranskationssysteme. Typischerweise wird davon auszugehen sein, dass der Händler den Preis in Form eines „take-it-or-leave-it"-Angebots unterbreitet. Gelingt es dem Erwerber dann nicht, einen Rabatt für die Nutzung der Kryptowährung zu erhalten, fällt ihm die wirtschaftliche Traglast der Gebühr vollständig zu.

Trotz dieser Verschiebung der Verantwortung über die Dauer der Zahlungsausführung liegt die Entscheidung nicht allein bei den Zahlungsinitiatoren, sondern zu einem gewissen Grad auch bei den Zahlungsempfängern, die regelmäßig vor der Zahlung über die Verfügungsgewalt des Kaufgegenstands verfügen. Der Käufer wird also bei der Höhe der Transaktionsgebühr auch abwägen müssen, ob ein Vertragsgegenstand zügig übergeben werden kann. Das Risiko für den Zahlungsempfänger hängt dabei klar von der Höhe des Transaktionsvolumens, aber auch vom Umstand ab, ob es sich um wiederkehrende Transaktionen und identifizierbare Transaktionspartner handelt. Sofern dies nicht gesichert ist und eine Übergabe der Ware vor der letztlichen Bestätigung durch das Kryptowährungsnetzwerk geschehen soll, entsteht für den Zahlungsempfänger ein Ausfallrisiko.[14] Bamert et al. (2013) zeigen Strategien für Zahlungsempfänger auf, um das Händlerrisiko schneller Zahlungen zu minimieren. Dies betrifft Situationen, in denen die Ware vor der endgültigen Bestätigung durch das Kryptowährungstransaktionssystem übergeben wird.[15] Bei solchen „schnellen" Transaktionen besteht für die Händler das

[13] Für den Zahlungsempfänger ist dieser Umstand aufgrund des damit verbundenen zeitlichen Risikos vergleichsweise unattraktiv. Auf Händlerseite dürfte das die Adoption der Kryptowährung als Zahlungstechnologie einschränken. Denkbar ist, dass die Händler das Risiko begrenzen, indem sie vom Käufer das Hinzufügen einer Mindestgebühr verlangen, oder aber erst nach entsprechender Bestätigung der Transaktion die Ware liefern respektive die Dienstleistung ausführen.

[14] Bei den typischen Zahlungen der Haushalte wird das der anzunehmende Regelfall sein. Eine zumindest hinreichende Vorbestätigung einer Transaktion entfällt im Fall der Kryptowährung aufgrund ihrer Architektur, da kein zentraler Intermediär eine Bestätigung in der Blockchain bestätigen kann. Allenfalls denkbar ist das Einschalten eines Zahlungsintermediärs, der das Risiko gegen Zahlung einer Risikoprämie vom Händler übernimmt und damit dem Händler die Zahlung zusichert. In diesem Fall wäre allerdings eher von einer Risikoverschiebung zu sprechen.

[15] Im Falle von blockchain-basierten Systemen kann es keine Endgültigkeit in dem Sinne geben, wie es bei den traditionellen, intermediärbasierten Systemen der Fall ist. Viel eher ist im Falle der Kryptowährung eine als sicher geltende Transaktionsbestätigung nur auf Basis einer Wahrscheinlichkeitsberechnung möglich ist. Die Händler werden also einen Schwellenwert für die Wahrscheinlichkeit, dass ein Block nachträglich revidiert werden kann, definieren müssen, ab dessen Unterschreitung

Risiko, dass sich nach der Übergabe der Ware oder der Ausführung der Dienstleistung relevante Informationen über den Zustand der Zahlung ergeben, bspw. dergestalt, dass aufgrund eines Angriffs eine Transaktion vom Netzwerk als ungültig angesehen wird oder aber eine abweichende Variante der ursprünglichen Transaktion bestätigt wird. Sofern dem Zahlungsempfänger die Identität seines Transaktionspartners unbekannt ist, wird es ihm nicht möglich sein, seine Forderung auf Bezahlung durchzusetzen.

6.3 Transaktionsgebühren in Private Cryptocurrencies als Einkommenskomponente

Nakamoto (2008) hat einen Wechsel von einer zunächst „reward"-getragenen Kryptowährung hin zu einer transaktionsgebührgetragenen Kryptowährung implementiert. Damit sollte ein System geschaffen werden, dass langfristig keine neuen Tokens erschafft, sondern die umlaufende Menge an Tokens an einen vorab definierten Betrag fixiert. Daraus ergibt sich die Notwendigkeit, langfristig die Miner für die Bestätigung von Transaktionen anderweitig zu entlohnen.

Gegen die initiale Etablierung eines transaktionsgebührbasierten Kompensationsalgorithmus spricht die zunächst geringe Zahl an Transaktionen, die wiederum dazu führen würden, dass die Höhe der Transaktionsgebühren entweder eine Durchsetzung der Kryptowährung verhindert, oder aber die Aufwendungen der Miner nicht hinreichend kompensieren wird. Beispielhaft belegt dies Abbildung 6.1, die in den Teil (b) bis (d) die Jahre 2010 bis 2012 als Abbild der Anfangszeit der Kryptowährung Bitcoin aufgreift. Zunächst ist das Ansteigen der täglichen Transaktionszahl (Abbildung 6.1a) gut erkennbar. Der positive Wachstumstrend reflektiert dabei insbesondere die Ausbreitung der Kryptowährungen. Die Teilabbildungen (b) und (c) belegen dabei jedoch, dass die Transaktionsgebühren vergleichsweise niedrig waren, sowohl bei Bemessung in der Einheit der Kryptowährung selbst als auch bei Bemessung in einem traditionellen Fiatgeld. Im Wesentlichen sind die niedrigen Transaktionsgebühren auf zwei Effekte zurückzuführen: Erstens sind die Gebühren gemessen in Einheiten der Kryptowährung absolut niedrig, zweitens sind die Kryptowährungen zu Beginn vergleichsweise wenig verbreitet, was sich ebenfalls in den Wechselkursen dergestalt niederschlägt, dass für jeden Kryptotoken vergleichsweise wenig Einheiten einer Fiatwährung berechnet werden. Selbst bei deutlicheren Transaktionsgebühren in Token der Kryptowährung bleibt der Effekt gemessen in der Fiatwährung überschaubar. Hinzu kommt, dass die Kryptowährung anfangs noch innerhalb ihrer Kapazitäten operiert. Es ließe sich aus der Abbildung 6.1 ebenfalls argumentieren, dass das Hinzufügen von (freiwilligen) Transaktionsgebühren zu dieser Zeit zu keiner schnelleren Bestätigung der Transaktion — und damit potentiell zu einer schnelleren Kauf- respektive Dienstleistungsabwicklung — geführt haben dürfte. Entscheidend ist aber nicht allein die absolute Höhe der Transaktionsgebühren in Kryptotokens, vielmehr muss bei der Bewertung der Höhe der Transaktionsgebühr gleichfalls der Transaktionsumfang berücksichtigt werden. Abbildung 6.1d zeigt daher die

sie eine Transaktion als sicher durchgeführt ansehen werden. Mit Blick auf das unterschiedlich hohe Verlustrisiko werden die Händler in Abhängigkeit des Transaktionsbetrages unterschiedliche Mindestbestätigungen verlangen.

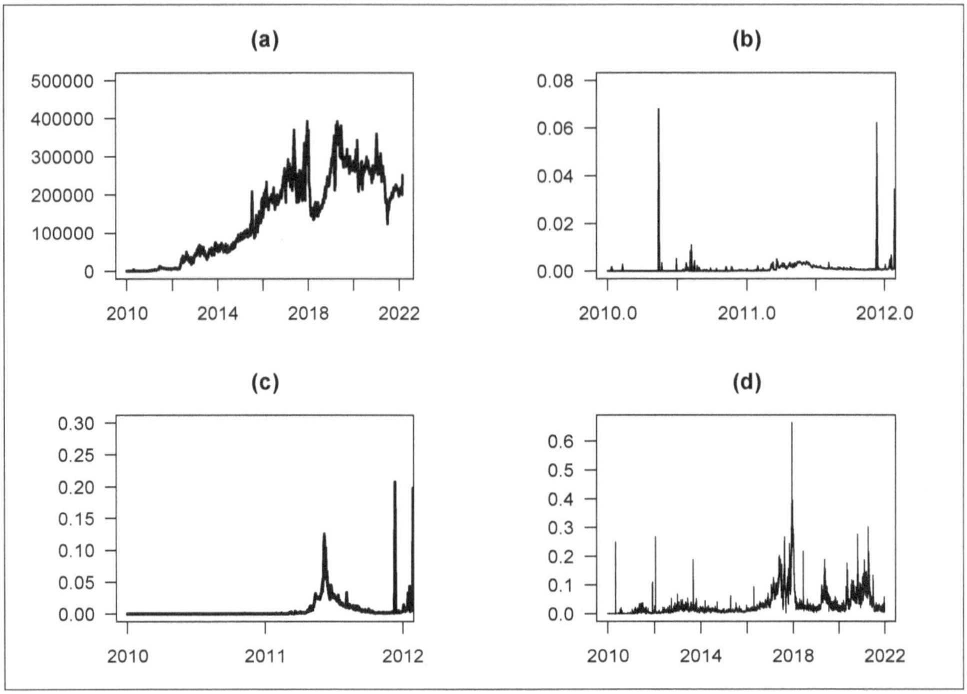

Abbildung 6.1: (a) Zahl der Bitcoin-Transaktionen pro Tag, (b) Transaktionsgebühr pro Transaktion in Bitcoin, (c) Transaktionsgebühr pro Transaktion in US-Dollar, (d) relative Transaktionsgebühr als Anteil am Transaktionsvolumen, eigene Darstellung basierend auf Daten von Quandl.

relative Transaktionsgebühr.[16] Auffällig ist der durchgängig geringe Anteil an Transaktionsgebühren am Transaktionsvolumen. Proponenten der Kryptowährungen sehen genau hier den Vorteil der Kryptowährungen, weil Kryptowährungen im Vergleich zu etablierten Finanzintermediationssystemen eine Kostenersparnis generieren können.[17]Weiterhin muss bei der Bewertung der Transaktionsgebühren beachtet werden, dass die Kryptowährung noch in deutlichem Umfang durch die Mining-Rewards, also neu geschaffene Tokens getragen werden, und die Umstellung auf eine transaktionskostenbasierte Finanzierung der

[16]Die relative Transaktionsgebühr ist hierbei berechnet als Quotient aus denen im Block insgesamt gezahlten Transaktionsgebühren und dem geschätzten Transaktionsvolumen. Diese Methodik vernachlässigt die Heterogenität der Transaktionen, sodass hier von einer gewissen Verzerrung ausgegangen werden muss. Zudem sei angemerkt, dass Transaktionsvolumina in den Bitcoin-Blöcken aufgrund der „Wechselgeldadressen" nur approximativ bestimmbar sind. Bei den Wechselgeldadressen handelt es sich um eine von der Zahlungssenderseite kontrollierte Adresse, auf den der Teil des Transaktionsbetrages gesandt wird, der nicht für den Zahlungsempfänger oder als Transaktionsgebühr verwendet werden soll. Hintergrund der Notwendigkeit solcher Adressen ist der Umstand, den auf den Inputadressen gutgeschriebenen Betrag an Kryptotokens vollständig verwenden zu müssen.

[17]Verwiesen sei an dieser Stelle auf die Ergebnisse von Ratha et al. (2019), die bezogen auf die länderübergreifenden Rücküberweisungen eine durchschnittliche Transaktionsgebühr von etwa 7 Prozent finden. Freilich wird sich eine Kostenersparnis jedoch nicht für alle Teilbereiche und Akteure ergeben, da bspw. die Zahlungsausführung pauschal mit dem Finanzintermediär gegen die Zahlung einer (laufenden) Gebühr abgegolten sein kann. Diese Gebühren sind dann „sunk costs", die Ausführung einer weiteren Transaktion ist zumindest für die beiden beteiligten Transaktionspartner nicht notwendigerweise mit weiteren Kosten verbunden.

Miner bisher nicht erfolgt ist. Denkbar ist daher, dass die geringen Transaktionsgebühren nur temporärer Reflex der Refinanzierung der Miner sind. Als weiterer Effekt muss berücksichtigt werden, dass die Transaktionsgebühren bspw. beim Bitcoin nicht — wie regelmäßig im Fall etablierter Zahlungssysteme — über die Höhe des Transaktionsvolumens, sondern vielmehr über die Größe der zur Abbildung der Transaktion erforderlichen Daten bestimmt wird. Dabei ist der Zusammenhang, dass höherer Transaktionsvolumina zu einem höheren Speicherplatzverbrauch führen, nicht unbedingt gesichert. Dadurch können Asymmetrien begünstigt werden, sodass Transaktionen mit kleineren Transaktionsvolumina vergleichsweise hohe Transaktionsgebühren aufweisen, während Transaktionen mit höheren Transaktionsvolumina vergleichsweise geringe Transaktionsgebühren zeigen. Für die Speichergröße einer Transaktion ist unter anderem entscheidend, aus wie vielen Transaktionsinputs sich eine Transaktion zusammensetzt.

6.4 Literaturüberblick

Die ökonomische Literatur hat sich in verschiedenen Arbeiten den Transaktionsgebühren der Kryptowährungen, zumeist mit einem Fokus auf Bitcoin, gewidmet. Eine der ersten Arbeiten ist die Studie von Houy (2014). Der Autor nutzt ein partielles Gleichgewichtsmodell zur Analyse der Bitcoin Transaktionsgebühren. Houy (2014) modelliert dazu die Güternachfrage und zeigt, dass eine fixe Transaktionsgebühr zu einer fixierten Blockgröße äquivalent ist.

Die Arbeit von Easley et al. (2019) nutzt ein spieltheoretisches Modell, welches sie durch empirisches Material stützen. Zunächst zeigt das Modell, dass die Höhe des Mining Rewards, also die neu geschaffenen Tokens als Vergütung für die Miner, keine Relevanz in der Bestimmung der gleichgewichtigen Transaktionsgebühren hat. Das Modell unterstellt einen offenen Marktein- und -austritt. Unter der Annahme risikoneutraler und identischer Miner existiert in diesem Modell ein Gleichgewicht, in dem die Miner keine ökonomischen Gewinne erwirtschaften. Neue Blöcke und Transaktionen werden im Modell von Easley et al. (2019) durch eine Poisson-Verteilung erzeugt. Die Autoren zeigen, dass höhere Transaktionsgebühren Markteintritte begünstigen, was sich letztlich in einer gesteigerten Schwierigkeit des kryptographischen Puzzles niederschlägt. Seitens der Nutzer der Kryptowährung wird eine Nutzenfunktion angenommen, die von der Höhe der Transaktionsgebühren und der Länge der Zeit bis zur Bestätigung negativ beeinflusst wird. Easley et al. (2019) zeigen, dass Transaktionen von Nutzern, die eine Transaktionsgebühr entrichten, schneller bestätigt werden. Zudem zeigen die Autoren, dass Nutzer vom Gebrauch der Kryptowährung absehen, wenn die Bestätigungszeiten zu lang werden.

Möser und Böhme (2015) untersuchen die Transaktionsgebühren aus einer empirischen Perspektive heraus. Die Autoren zeigen, dass Transaktionsgebühren im Vergleich zur Erzeugung neuer Kryptotokens eine untergeordnete Rolle spielen und höhere Gebühren zu schnelleren Bestätigungszeiten führen. Die Autoren folgern ein gewisses Maß an Heterogenität zwischen den Nutzern, da einige Nutzer schnellere Transaktionsbestätigungen anstreben. Zudem zeigen Möser und Böhme (2015), dass Miner in der Regel keine strikt positiven Transaktionsgebühren durchsetzen, sondern durchaus auch Transaktionen ohne die Zahlung einer Transaktionsgebühr akzeptieren. Die gewonnene empirische Evidenz der Autoren legt den Schluss nahe, dass Nutzer etablierten Regeln und Konventionen folgen. Hintergrund ist das gefundene Verhaltensmuster, dass die Nutzer in der Regel die von der Wallet vorgeschlagene Transaktionsgebühr übernehmen, mithin könnte von einem *default option bias* gesprochen werden, was jedoch nicht zuletzt auch dem frühen Untersuchungsstadium des Bitcoin-Netzwerks geschuldet sein dürfte.

Empirisches Material zur Bitcoin-Plattform findet sich bei Kasahara und Kawahara (2019). Die Analyse zeigt, dass eine durchschnittliche Transaktion ungefähr 17 Minuten bis zur Bestätigung benötigt, wobei Transaktionen, die mit einer Transaktionsgebühr versehen sind, deutlich schneller bestätigt werden als solche Transaktionen ohne Transaktionsgebühr. Daraus ließe sich schlussfolgern, dass im Durchschnitt zwei Blöcke bis zur Bestätigung einer Transaktion vergehen. Für die Modellanalyse beschreiben die Autoren den Verifikationsprozess als einzelne Serverwarteschlange mit Stapelverarbeitung und Priorisierung. Kasahara und Kawahara (2019) argumentieren, dass die Ausweitung der Blockgröße kein effektives Mittel zur Reduktion von Transaktionsbestätigungszeiten ist.

Eine Literaturübersicht mit besonderem Fokus auf die Mining-Strategien findet sich bei Carlsten et al. (2016). Das von den Autoren genutzte Modell zeigt die Superiorität der Erzeugung neuer Tokens gegenüber Transaktionsgebühren. Ein wesentlicher Kernpunkt des Arguments von Carlsten et al. (2016) ist die Modelleigenschaft, dass Miner zu jedem Zeitpunkt alle Transaktionen in einen Block aufnehmen könnten, wodurch im Anschluss ein als „mining gap" bezeichnetes Zeitintervall entsteht. Innerhalb dieses Intervalls existiert keine zu bestätigende Transaktion, sodass Miner, die an der Fortschreibung der Blockchain in dieser Zeit mitwirken, in dem sie Rechenleistung bereitstellen, keinen positiven Einkommensstrom aus Transaktionsgebühren beziehen können. Aus diesem Umstand folgern die Autoren, dass Mining Rewards in Form neu geschaffener Tokens integraler Teil einer stabilen Kryptowährung sein müssen.

Huberman et al. (2017) nutzen ein Wettbewerbsmarktmodell zur Analyse der Erzeugung neuer Bitcoin-Blocks. Die Studie zeigt, dass der Mining Markt kein eindeutiges Monopol ist, sodass lediglich der Monopolist von der Partizipation am Mining-Prozess profitiert, sondern dass alle Nutzer von einer Beteiligung am Mining einen Nutzen ziehen können. Die Studie von Huberman et al. (2017) zeigt zwei wichtige Implikationen für Kryptowährungsprotokolle: Erstens sollte die Kryptowährung in der Lage sein, die Frequenz, in der Blöcke gebildet werden, anpassen zu können. Zweitens sollte die Kryptowährung die kleinste nutzbare Blockgröße verwenden. Huberman et al. (2017) zeigen zudem, dass eine gewisse Überschreitung des maximalen Blocklimits notwendig ist, um Erträge generieren zu können.

Kroll et al. (2013) untersuchen den Bitcoin-Mining-Prozess unter der Annahme, dass die Kosten des Minings den Mining Rewards entsprechen. Mithin nehmen die Autoren einen kompetitiven Wettbewerbsmarkt für das Mining an, der keinen Raum für die Erzeugung ökonomischer Gewinne lässt. Kroll et al. (2013) diskutieren verschiedene Bitcoin-Miningstrategien, Angriffsszenarien und Governanceimplikationen, die aus den unterschiedlichen Miningstrategien resultieren. Die Autoren argumentieren zudem, dass Miner immer einen Anreiz haben werden, Transaktionen ohne hinzugefügte Transaktionsgebühren zu akzeptieren, da die Anreizstruktur der Miner zum Defektieren von der Strategie, nur Transaktionen mit einer strikt positiven Transaktionsgebühr zu akzeptieren, führt.

Gemein ist den Studien zu den Transaktionsgebühren die Absenz einer Außenoption, sodass die Transaktionssender zwar über die Höhe der Transaktionsgebühr entscheiden, im Rahmen eines sequentiellen Spiels aber bereits über die Nutzung der Kryptowährung entschieden haben. Weiterhin wird angenommen, dass die Miner eine atomistische Struktur aufweisen und Markteintritte jederzeit möglich sind. Wenngleich einige Studien davon ausgehen, dass ein vollständig kompetitiver Wettbewerbsmarkt eine gute Approximation des Miningmarktes darstellt (vgl. bspw. Prat und Walter 2021), vernachlässigt die Annahme eines vollständigen Wettbewerbsmarktes Netzwerkeffekte, die bestehende Marktakteure fördern können. Erhaltene Erträge aus dem Mining können von diesen in neue Hardware reinvestiert werden, sodass die Wahrscheinlichkeit, einen Block zu finden und Mining Rewards zu erhalten, steigt. Bereits installierte Hardware weist „sunk costs“ auf und bedeutet für bereits am Markt agierende Akteure eine verbesserte Ausgangsposition im Miningwettbewerb. Die dargestellten Studien nutzen darüber hinaus ein statisches Modellsetting und sind daher nur eingeschränkt in der Lage, dynamische Entwicklungen nachvollziehbar zu machen.

Neben der Gamma-Verteilung nutzen einige Studien eine Poisson-Verteilung, um das Auftreten neuer Transaktionen zu simulieren (Houy 2016). Seitens der Miner zeigt die Studie von Hayes (2018) empirisches Material auf, dass die Hypothese eines energieverbrauchbasierten Fundamentalwertes stützt. Bartos (2015) legt dabei nahe, dass der Bitcoin-Preis auf öffentlich verfügbare Informationen reagiert.

6.5 Dynamik der Transaktionsgebühren

6.5.1 Simulationsstrategie

Zur Veranschaulichung der Dynamik der Transaktionsgebühren wurde ein einfaches Simulationsverfahren gewählt, das im Folgenden zunächst kurz erläutert und dann mit den wesentlichen Kernergebnissen vorgestellt werden soll. Ziel der Simulation ist es, ein erstes Verständnis dafür zu schaffen, wie fixe respektive variable Gebühren in Transaktionssystemen mit kapazitiver Beschränkung wirken und inwiefern sich daher Kryptowährungen von den „klassischen“ Finanztransaktionssystemen unterscheiden lassen.[18] Zur Vereinfachung abstrahiert das Modell vom Vorhandensein von Minern, die Funktionsfähigkeit der Verifikation ist damit nicht Baustein der Simulation. Die Simulation erstreckt sich über 2000 Simulationsperioden, in der die Zahl der in einer Periode erzeugten Transaktionen einer Normalverteilung ($\mu = 50$, $\sigma = 10$) folgt. Das Transaktionsvolumen entstammt einer Gamma-Verteilung (Shape = 9, inverser Scale = 1.55), wobei sich das Transaktionsvolumen V in Einheiten des ökonomisch allgemein akzeptieren Zahlungsmittels in Abhängigkeit der Zufallsvariable x berechnen lässt als $V = 10 \cdot (x - 1)$. Die aus der Gammaverteilung resultierende Dichtefunktion ist in

[18] Im Wesentlichen könnte unterstellt werden, dass klassische, intermediärbasierte Transaktionssysteme für ihre Nutzer wahrnehmbar nicht an der Grenze der maximal durchführbaren Transaktionen operieren. Dies ließe zwei mögliche Argumentationen zu: Klassische Finanzintermediäre halten Kapazitäten in ausreichendem Maße vor, um sämtliche anfallende Transaktionen jederzeit ausführen zu können, oder aber die Intermediäre sind kurzfristig in der Lage, zusätzliche Kapazitäten zu schaffen bzw. bereitzustellen. Damit unterscheiden sich die intermediärbasierten Systeme in der Limitation der Transaktionszahl derart, dass diese nur bei den Kryptowährungen vorliegen wird.

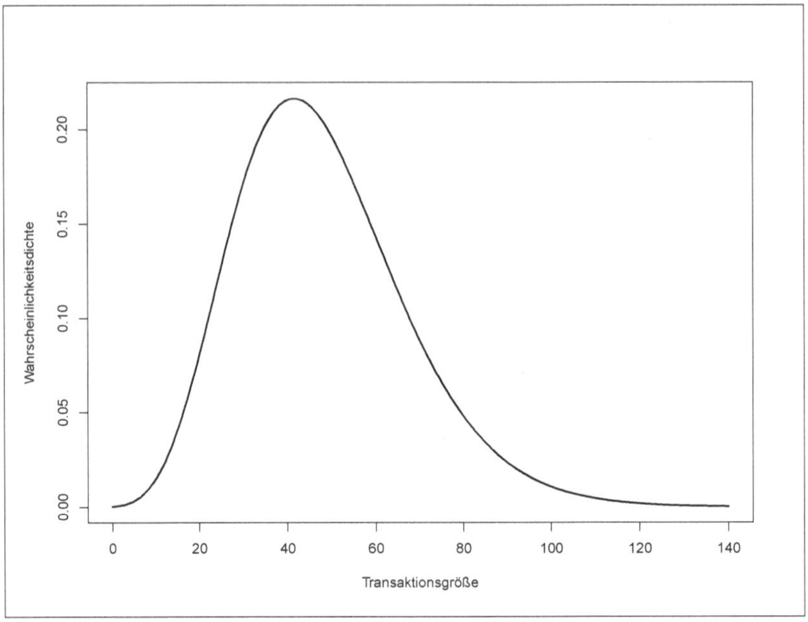

Abbildung 6.2: Dichtefunktion der angenommenen Gamma-Verteilung zur Erzeugung von Transaktionen.

Abbildung 6.2 dargestellt. Der Wahl der Gamma-Verteilung liegt die Annahme zugrunde, dass volumenstarke Transaktionen vergleichsweise selten, volumenschwache Transaktionen vergleichsweise häufig zu beobachten sind. Diese Annahme wird durch empirische Befunde zum Zahlungsverhalten gestützt (vgl. bspw. Bagnall et al. 2016; Deutsche Bundesbank 2017b), die regelmäßig aufzeigen, dass Transaktionen kleinerer Beträge relativ häufiger auftreten als Beträge mit größeren Zahlungsbetrag. Für die Simulation können sowohl absolute (0.30) als auch variable (1%) Mindestgebühren festgelegt werden. Die Blockgröße wird in Abhängigkeit des Szenarios gewählt, welches es zu evaluieren gilt. Abseits der Kryptowährung nimmt die Simulation ein außenstehendes, konkurrierendes Zahlungssystem an, das von den Transaktionspartner gewählt werden könnte. Dieses System bestimmt die Höhe der Transaktionsgebühr in Abhängigkeit des Transaktionsvolumen. Für die Ausführung der Transaktion über das Alternativsystem wird eine Gebühr von 3% angenommen. In den Fällen, in denen die Größe des Memory Pools das Transaktionslimit überschreitet, müssen die Zahlungsinitiatoren eine freiwillige Gebühr hinzufügen, damit die Transaktion in den nächsten Block aufgenommen wird. Die Strategie der Zahlungssender muss es hierbei sein, sofort verifiziert zu werden, da später hinzutretende Transaktionen die bereits existierenden Transaktionen und die von ihnen angebotenen Transaktionsgebühren berücksichtigen und sich daher für die Zahlung einer höheren Transaktionsgebühr entscheiden können. Um die freiwillige Transaktionsgebühr bestimmen zu können, ordnet der Zahlungssender den allgemein bekannten Memory Pool nach der Größe der Transaktionsgebühren und bestimmt die Höhe der Transaktionsgebühr an einer bestimmten, als „cut-off" bezeichneten, Transaktion. Die cut-off-Rate ist in der Simulation auf 10% der maximalen Blockgröße festgelegt und wird auf ganze Zahlen gerundet.[19] Darauf folgend bestimmt der Zahlungsinitiator die freiwillige Zusatzgebühr, die sich als Differenz zwischen der Mindestgebühr und der Gebühr der cut-off-Transaktion zzgl. der minimalen Gebührenerhöhung (= 0.01) berechnet.

Für die Miner wird angenommen, dass sich diese nur an der absoluten Höhe der Transaktionsgebühr orientieren.[20] Dadurch entsteht eine erste Asymmetrie zwischen den Zahlungssendern und den Zahlungsverifikatoren: Erste bewerten die Höhe der Transaktionsgebühr über das Verhältnis zum gesamten Transaktionsvolumen, in der Regel also dem geschuldeten Kaufpreis. Die Miner bewerten die Transaktionen jedoch nach ihrer Transaktionsgebühr in Verbindung mit dem Speicherbedarf. Ferner ist für die Miner angenommen, dass diese im Rahmen der Simulation alle Transaktionen bis zum Erreichen des Transaktionslimits verifizieren, ungeachtet des Umstands, ob die Transaktion die festgelegte Mindestgebühr erreicht. Auf eine Analyse der Ertragskomponenten der Miner wird an dieser Stelle verzichtet, sodass aufgrund dieser Simulation keine Aussagen zur Konzentration von Rechenleistung möglich sind.

Für die Bestimmung der Transaktionsgebühr sind im Wesentlichen drei Szenarien denkbar, die im Folgenden erläutert werden sollen: Erstens kann die Zahl der Transaktionen deutlich unter dem von der Kryptowährung verarbeitbaren Transaktionslimit liegen. Zweitens kann die Zahl der Transaktionen nahe des Transaktionslimits liegen, und im dritten Fall liegt die Zahl der auftretenden Transaktionen über dem Limit an Transaktionen, das von der Kryptowährung zu verifizieren ist.

6.5.2 Transaktionszahl kleiner Transaktionslimit

Im ersten Fall liegt die Zahl der Transaktionen deutlich unter dem Limit, d.h. der Größe eines Blocks, den die Kryptowährung pro Periode bilden kann. Sofern für den Zahlungssender erkennbar ist, dass die Zahl der Transaktionen unterhalb der Größenbeschränkung des Blocks liegen wird, ist es für ihn optimal, keine Transaktionsgebühr zu entrichten, solange die Miner Transaktionen auswählen, die keine Transaktionsgebühr zahlen. Die empirische Evidenz von Kroll et al. (2013) legt ein solches Verhalten nahe. Miner werden dieses Verhalten zumindest teilweise akzeptieren, da die Nichtausführung von Transaktionen die

[19] Bei einer maximalen Blockgröße von 50 ergibt sich damit ein cut-off von 5, d.h. der Zahlungssender bestimmt die Höhe der Transaktionsgebühr der fünften Transaktion des nach der Höhe der Transaktionsgebühr sortierten Memory Pools.

[20] Die Simulation nimmt hier zur Vereinfachung an, dass die Optimierung der Auswahl von Transaktionen des „Memory Pools" zur gleichen Reihenfolge wie eine Optimierung führt, die die Speichergröße der Transaktion berücksichtigt. Konkret werden die Miner versucht sein, eine maximale Transaktionsgebühr pro Block zu erzielen. Denkbar ist, dass die Miner auf die Aufnahme bestimmter Transaktionen verzichten, um durch den gewonnen Speicherplatz andere Transaktionen aufnehmen zu können, die eine höhere Gebühr pro Speichereinheit aufweisen. Diese Vereinfachung lässt durchaus zu, dass volumenstärkere Transaktionen ein höheres Speicherkontingent beanspruchen, solange das Verhältnis aus Transaktionsgebühr zu Speichervolumen ausreichend groß ist. Es ist jedoch nicht gesichert, dass eine höhere Entlohnung pro Speichereinheit auch zwangsweise zur Entscheidung des Miners führt, die Transaktion in den Block aufzunehmen, bspw. in dem Fall, in dem nur noch ein begrenztes Speichervolumen zur Verfügung steht. Für den Miner kann es dann ökonomisch rational sein, die speicherintensivere Transaktion zu wählen, die absolut eine höhere Gebühr beinhaltet, obwohl sie im Vergleich zu einer weniger speicherintensiven Transaktion ein geringeres Verhältnis aus Transaktionsgebühr zu Speicherverbrauch aufweist. Dies gilt auch dann, sofern bis zur maximalen Blockgröße dann noch ein Restspeichervolumen verbleibt, welches nicht durch andere Transaktionen ausfüllbar ist.

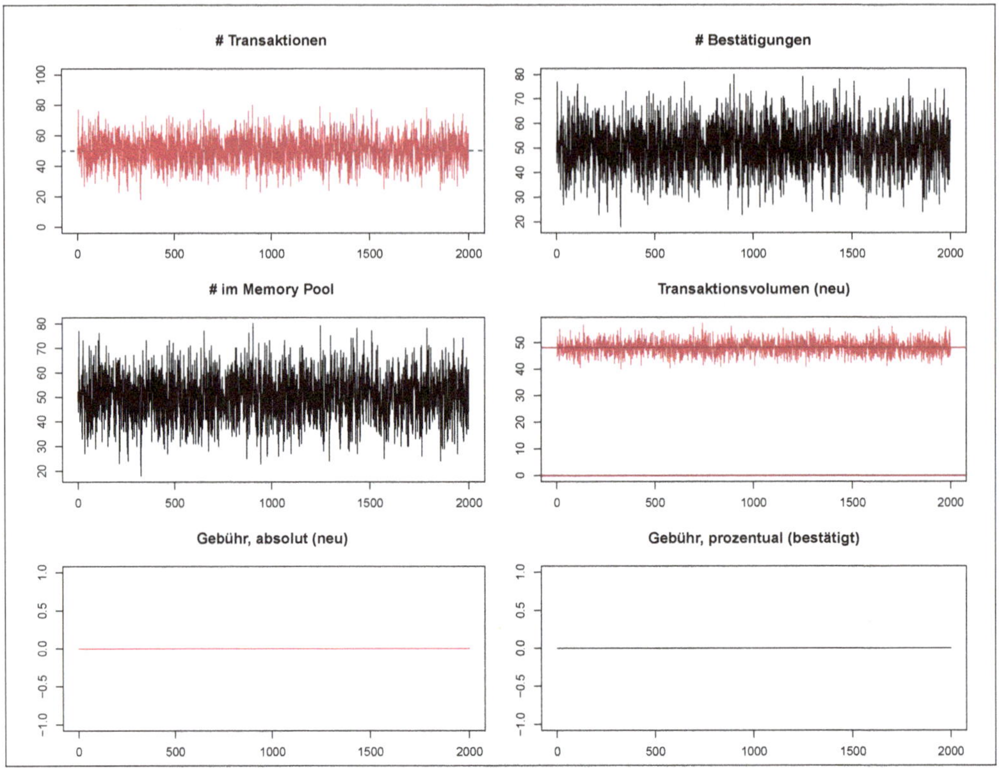

Abbildung 6.3: Dynamik der Transaktionsgebühren im Falle niedriger Transaktionszahlen ohne Mindesttransaktionsgebühren.

Akzeptanz der Kryptowährung negativ beeinflusst und letztlich dazu führen könnte, dass die bei den Minern erzeugten Token negativ im Wert beeinflusst werden.[21] Es sind dabei drei Szenarien denkbar: die Zahlungssender zahlen keine Gebühr (Abbildung 6.3), die Zahlungssender versehen die Transaktion mit einer fixen Mindestgebühr (Abbildung 6.4) oder die Zahlungssender fügen eine variable Mindestgebühr zu den Transaktionen hinzu (Abbildung 6.5). In den Abbildungen ist auf der Abszisse jeweils die Wiederholungsrunde der Simulation abgebildet. Auf der Ordinate dargestellt ist die absolute Zahl der Transaktionen (1. Zeile, links), die absolute Zahl der Bestätigungen (1. Zeile, rechts), die absolute Zahl der Transaktionen im Memory Pool (2. Zeile, links), das Transaktionsvolumen neuer, in der jeweiligen Simulationsrunde aufgetretener Transaktionen bewertet in Einheiten des allgemein akzeptierten Tauschmittels (2. Zeile, rechts), die absolute Gebühr neuer, in der jeweiligen Simulationsrunde aufgetretener Transaktionen bewertet in Einheiten des allgemein akzeptierten Tauschmittels (3. Zeile, links) sowie die prozentuale Transaktionsgebühr in der jeweiligen Simulationsrunde bestätigter Transaktionen (3. Zeile, rechts). Im Ergebnis zeigt sich keine aus dem Memory Pool resultierende Limitation. Einzig im Szenario einer fixen Transaktionsgebühr entsteht eine Barriere durch ein externes,

[21] Ungeachtet dessen bleibt eine spieltheoretische Analyse, ob Miner im gewissen Umfang im Rahmen eines wiederholten Spiels ein Verhalten der Zahlungssender sanktionieren können, die keine Transaktionsgebühren zu entrichten.

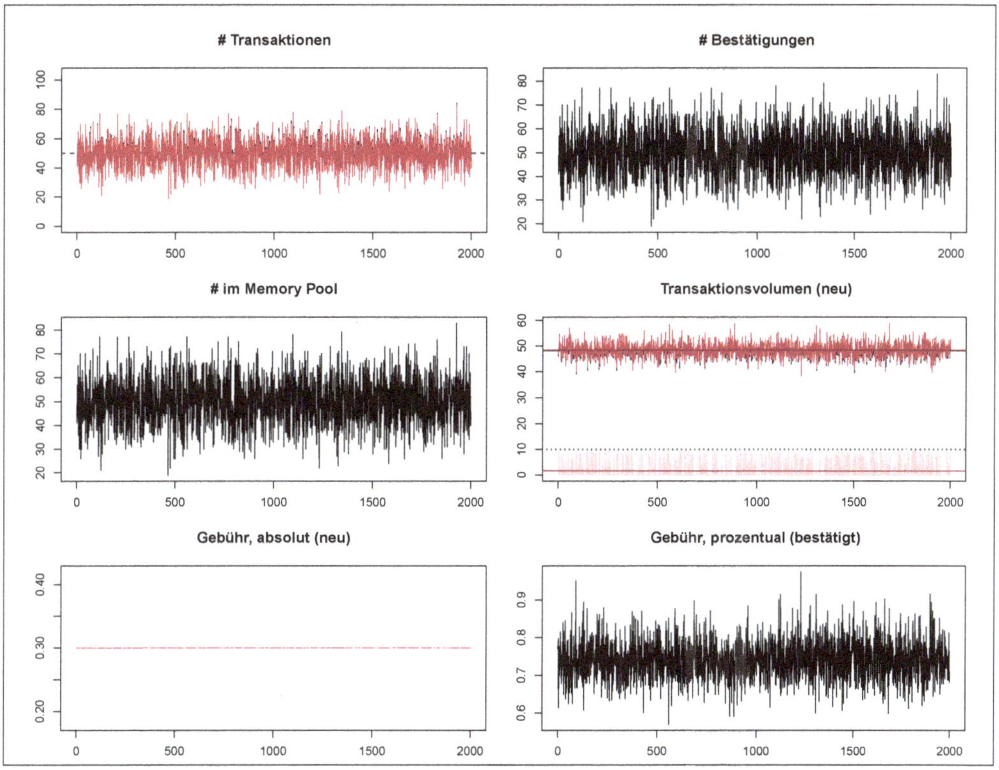

Abbildung 6.4: Dynamik der Transaktionsgebühren im Falle niedriger Transaktionszahlen mit fixer Mindesttransaktionsgebühren (0.30). In hellrot abgegrenzt ist das Transaktionsvolumen der Transaktionen, die durch das externe System abgewickelt werden.

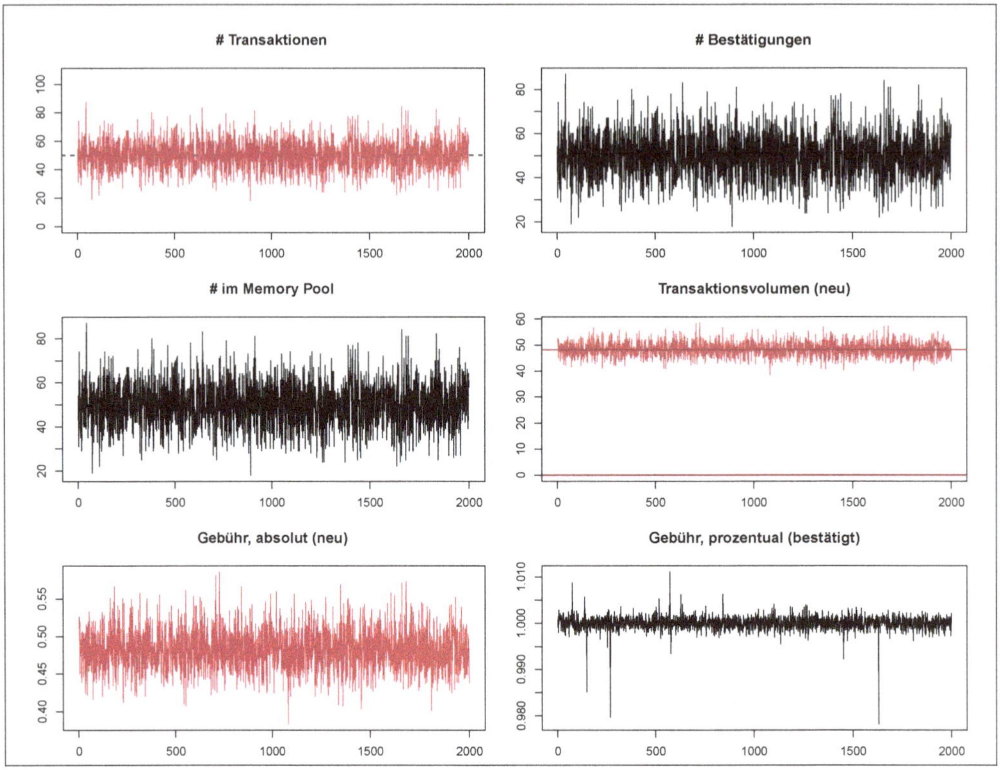

Abbildung 6.5: Dynamik der Transaktionsgebühren im Falle niedriger Transaktionszahlen mit variabler Mindesttransaktionsgebühr (1%).

alternatives Zahlungssystem, sodass insbesondere kleine Transaktionen nicht über die Kryptowährung abgewickelt werden.[22] Damit bleibt zunächst festzuhalten, dass fixe Transaktionsgebühren, die also nicht direkt am Transaktionsvolumen ansetzen, zu einer Separation von Transaktionen führen.

6.5.3 Transaktionszahl nahe Transaktionslimit

Im zweiten Fall ist zu untersuchen, wie sich die Dynamik der Transaktionsgebühren verhält, wenn sich die Zahl der in einer Periode auftretenden Transaktionen dem Transaktionslimit nähert. Abbildung 6.6 zeigt den Fall ohne fixe oder variable vorgegebene (Mindest-)-Transaktionsgebühren, Abbildung 6.7 zeigt den Fall einer fixen Mindestgebühr. Schließlich zeigt Abbildung 6.8 den Fall einer variablen Mindestgebühr.

Sofern keine Mindesttransaktionsgebühren vorgegeben werden, tritt nur eine niedrige Gebühr in den anfänglichen Perioden auf, weil in diesen der Memory Pool noch nicht gefüllt ist. Sobald der Memory Pool jedoch das Transaktionslimit erreicht, ist für die Transaktionssender erkennbar, dass es Transaktionen gibt, die in dieser Periode vom

[22] Bei der angenommenen Fixgebühr von 0.30 ergibt sich damit eine Barriere bei einem Transaktionsvolumen von 10, d.h., dass nur solche Transaktionen über die Kryptowährung abgewickelt werden, deren Transaktionswert 10 überschreitet.

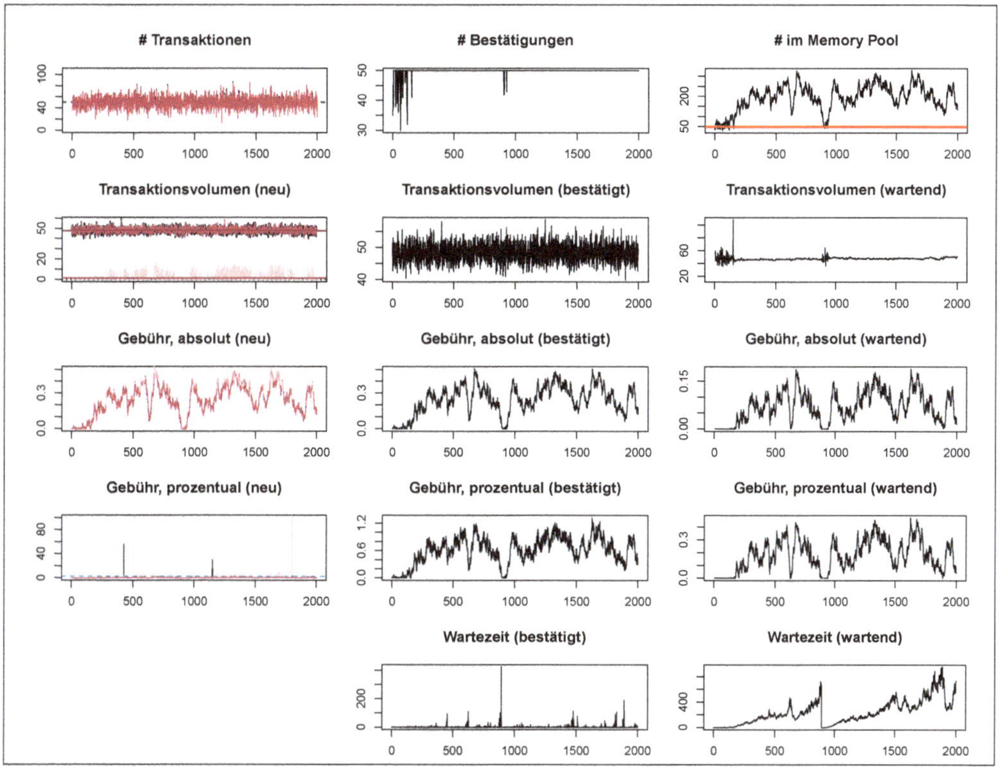

Abbildung 6.6: Dynamik der Transaktionsgebühren, wenn mittlere Transaktionszahl dem Transaktionslimit entspricht, ohne Mindesttransaktionsgebühren. In hellrot abgegrenzt ist das Transaktionsvolumen der Transaktionen, die durch das externe System abgewickelt werden.

Netzwerk nicht bestätigt werden können. In der einfachen Simulation reagieren die Transaktionssender darauf, indem sie die im Memory Pool enthaltenen Transaktionen der Größe nach sortieren und die Transaktionsgebühr an einer bestimmten, unterhalb des Transaktionslimits liegenden Transaktion („cut-off") orientieren. Der Zahlungsinititator erhöht dazu die Gebühr der cut-off-Transaktion um den minimalen Absolutbetrag. Die Miner als transaktionsbestätigende Instanz sind allein an der absoluten Höhe der Transaktionsgebühr orientiert, sodass der Zahlungsinitiator die vorliegende „Gebotsstruktur" überbieten muss. Nach der Bestimmung der absoluten Transaktionsgebühr prüft er sodann, ob die relative Transaktionsgebühr die Gebühr des nicht-Kryptowährungssystems übersteigt. Sofern dies der Fall ist, wird die Transaktion nicht über die Kryptowährung abgewickelt und geht folglich nicht in den Memory Pool ein. Abbildung 6.6 zeigt, dass selbst ohne vorgegebene Transaktionsgebühren eine positive Transaktionsgebühr als Ergebnis resultiert. Das oben skizzierte, stark vereinfachende Modell unterstellt keine ökonomische Abwägung der Zahlungsinitiatoren, sondern einen simplen Automatismus. Zusammen mit dem außerhalb stehenden Konkurrenzsystem sorgt dieser Mechanismus für das Herausdrängen von Transaktionen kleiner Transaktionsvolumina, das bereits aus dem Szenario bekannt ist, in dem die Zahl der Transaktionen deutlich unterhalb

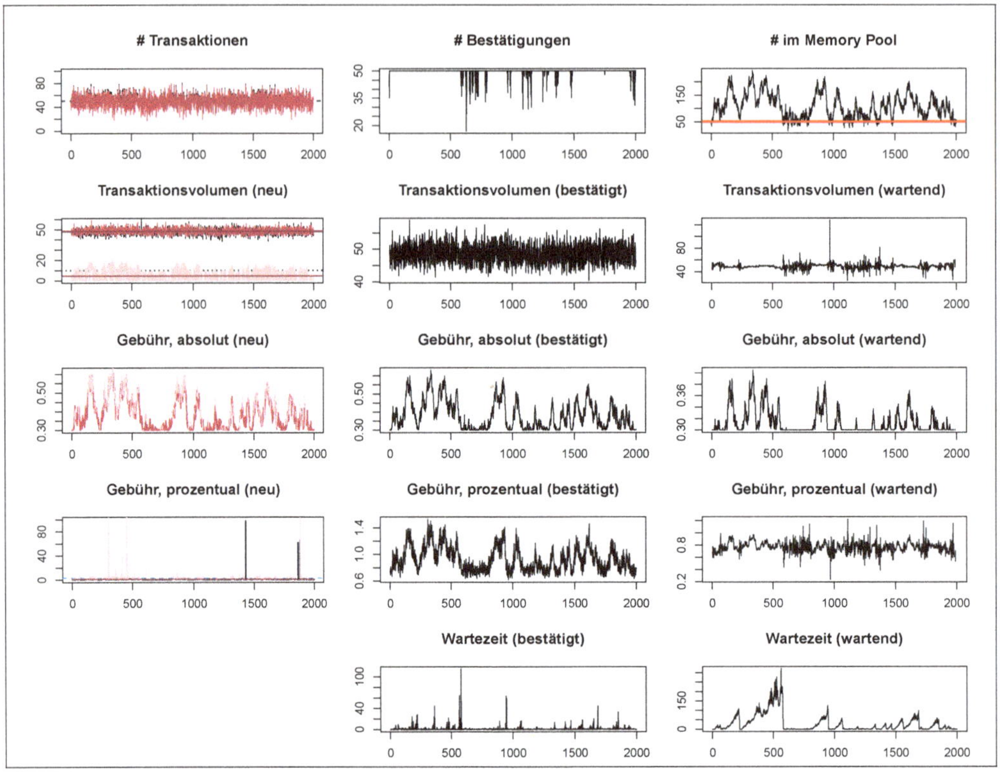

Abbildung 6.7: Dynamik der Transaktionsgebühren, wenn mittlere Transaktionszahl dem Transaktionslimit entspricht. Simulation mit absoluter Mindestgebühr. In hellrot abgegrenzt ist das Transaktionsvolumen der Transaktionen, die durch das externe System abgewickelt werden.

des Limits liegt. In dem in Abbildung 6.6 gezeigten Szenario fällt der Effekt jedoch stärker aus, weil die Transaktionsgebühr nicht über alle Perioden fix ist, sondern sich dynamisch dem Memory Pool anpasst. Aus dieser Dynamik ergibt sich zugleich auch der Umstand, dass es keine feste Barriere gibt, unter welcher Transaktionen grundsätzlich nicht mehr durch die Kryptowährung ausgeführt werden. Auffällig ist zudem, dass im Durchschnitt das Transaktionsvolumen bestätigter Transaktionen das Volumen der Transaktionen übersteigt, die im Memory Pool verbleiben. Erklärbar ist dies dadurch, dass Transaktionen mit einem höheren Transaktionsvolumen höhere Transaktionsgebühren zahlen können, ohne die prozentual definierte Grenze des Konkurrenzsystems zu erreichen. Dadurch kommt es zu einer Verzerrung zugunsten großvolumiger Transaktionen. Dies zeigt sich sowohl in der absoluten Höhe der Transaktionsgebühr als auch in der prozentual ausgewiesenen Transaktionsgebühr, die in beiden Fällen bei den bestätigten Transaktionen deutlich über den im Memory Pool wartenden Transaktionen liegt.

Die in Abbildung 6.7 und Abbildung 6.8 gezeigten Effekte lassen sich ähnlich beschreiben, allerdings führt hier die Einführung einer Mindestgebühr zur direkten Verdrängung von Transaktionen aus dem Kryptowährungssystem zum Simulationsbeginn.

Alle drei Simulationen zeigen, dass es dem Kryptowährungssystem gelingt, Trans-

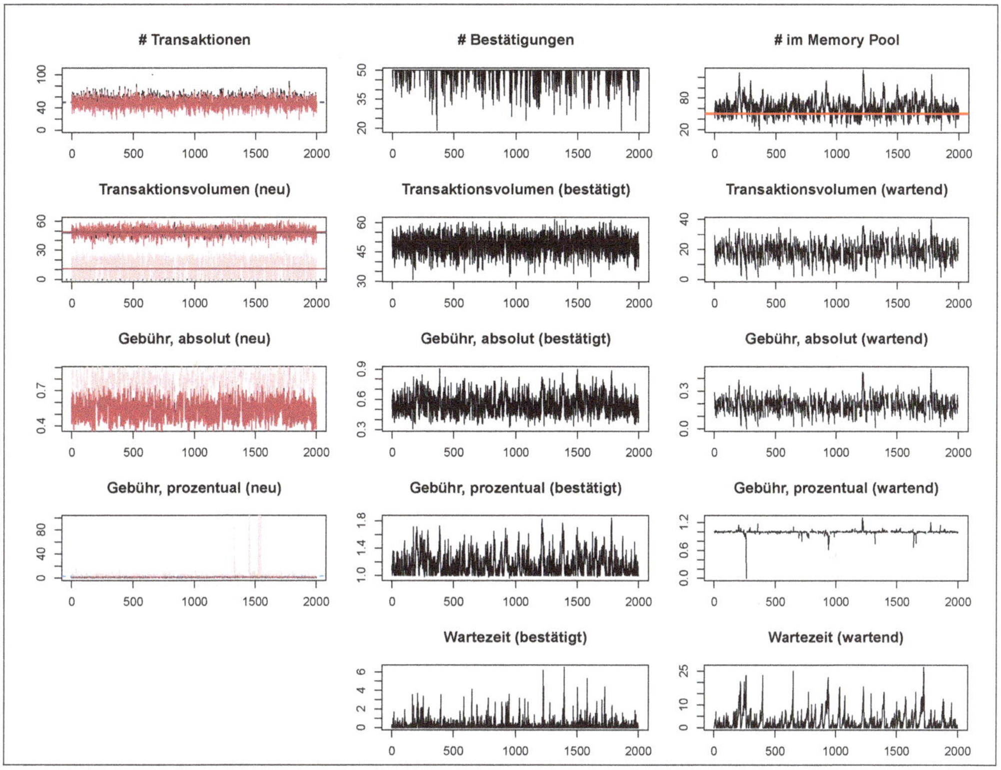

Abbildung 6.8: Dynamik der Transaktionsgebühren, wenn die mittlere Transaktionszahl dem Transaktionslimit entspricht. Simulation mit fixer variabler Mindesttransaktionsgebühr (1%). In hellrot abgegrenzt ist das Transaktionsvolumen der Transaktionen, die durch das externe System abgewickelt werden.

aktionen aus dem Memory Pool abzubauen, solange den Transaktionsinitiatoren über die Transaktionsgebühr eine Rückmeldung zur Nutzung der Kryptowährung gegeben werden kann. Die gezeigten Muster bleiben in ihrem wesentlichen Kern erhalten, sofern die Transaktionszahl knapp unter das Transaktionslimit sinkt. Die beschriebenen Effekte, die zur Verdrängung von Transaktionen führen, treten in diesem Fall jedoch seltener auf. Sinkt die Transaktionszahl weit genug, entsteht das im vorherigen Abschnitt gezeigte Szenario.

6.5.4 Transaktionszahl über dem Transaktionslimit

Die Abbildungen 6.9, 6.10 und 6.11 zeigen die Simulationsergebnisse für den Fall, dass die mittlere Zahl der Transaktionen das Transaktionslimit überschreitet. Auf der Abszisse ist jeweils wieder die Simulationsrunde abgebildet, absolute Gebühren und Transaktionsvolumina sind wiederum in Einheiten des allgemein akzeptierten Tauschmittels ausgewiesen. Die Wartezeiten sind in Simulationsperioden bemessen. Im Vergleich zum Fall des vorhergehenden Abschnitts fällt auf, dass die Zahl der nicht in die Kryptowährung eingehenden

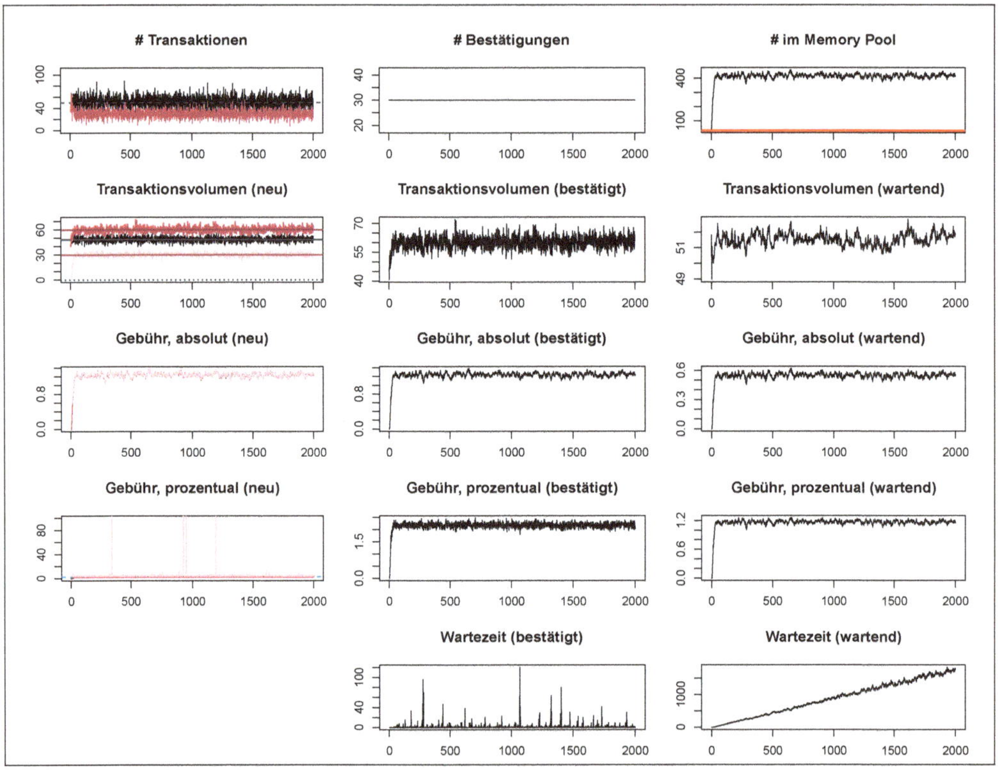

Abbildung 6.9: Dynamik der Transaktionsgebühren, wenn die Transaktionszahl das Transaktionslimit überschreitet. Simulation ohne Mindesttransaktionsgebühren.

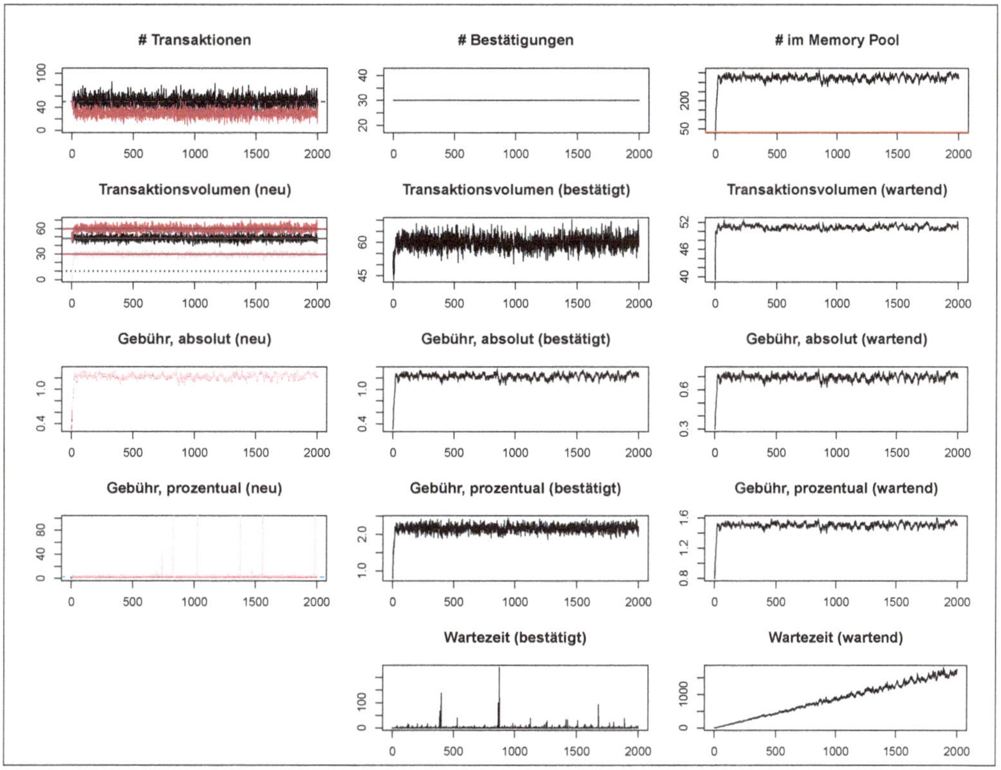

Abbildung 6.10: Dynamik der Transaktionsgebühren, wenn die Transaktionszahl das Transaktionslimit überschreitet. Simulation mit fixer absoluter Mindesttransaktionsgebühr. In hellrot abgegrenzt ist das Transaktionsvolumen der Transaktionen, die durch das externe System abgewickelt werden.

Transaktionen größer ist. Die in schwarz abgebildete (erzeugte) Transaktionszahl unterscheidet sich nun deutlicher von der Zahl der Transaktionen, die tatsächlich in den Memory Pool aufgenommen werden (magenta). Der Effekt, dass die bestätigten Transaktionen höhere Transaktionsvolumina aufweisen als im Memory Pool auf die Bestätigung wartende Transaktionen, bleibt im Wesentlichen erhalten, wenngleich auf niedrigerem Niveau. Selbiges gilt für die aus den bereits beschriebenen Simulationsergebnissen Effekte der Einführung fixer absoluter oder variabler Mindestgebühren, die letztlich zur Verschiebung der Gebührenhöhe und zur Steuerung der Größe des Verdrängungseffekts führt. Auffällig ist bei den in den Abbildungen 6.9, 6.10 und 6.11 gezeigten Simulationen, dass die Größe des Memory Pools nicht wieder zum Ausgangsniveau zurückkehrt, sondern auf einem konstanten positiven Niveau verbleibt. Dies schlägt sich dann auch in der durchschnittlichen Wartezeit im Memory Pool nieder, die konstant ansteigt. Der Trend unterstreicht, dass einige Transaktionen nicht bestätigt werden können und damit dauerhaft im Memory Pool verbleiben. Dies ist insofern problematisch, weil diese Transaktionen nicht ausgeführt werden können, solange die mittlere Zahl an erzeugten Transaktionen das Transaktionslimit der Kryptowährung überschreitet. Letztlich kann der Zahlungsempfänger die Übergabe der Ware oder die Erbringung der Dienstleistung

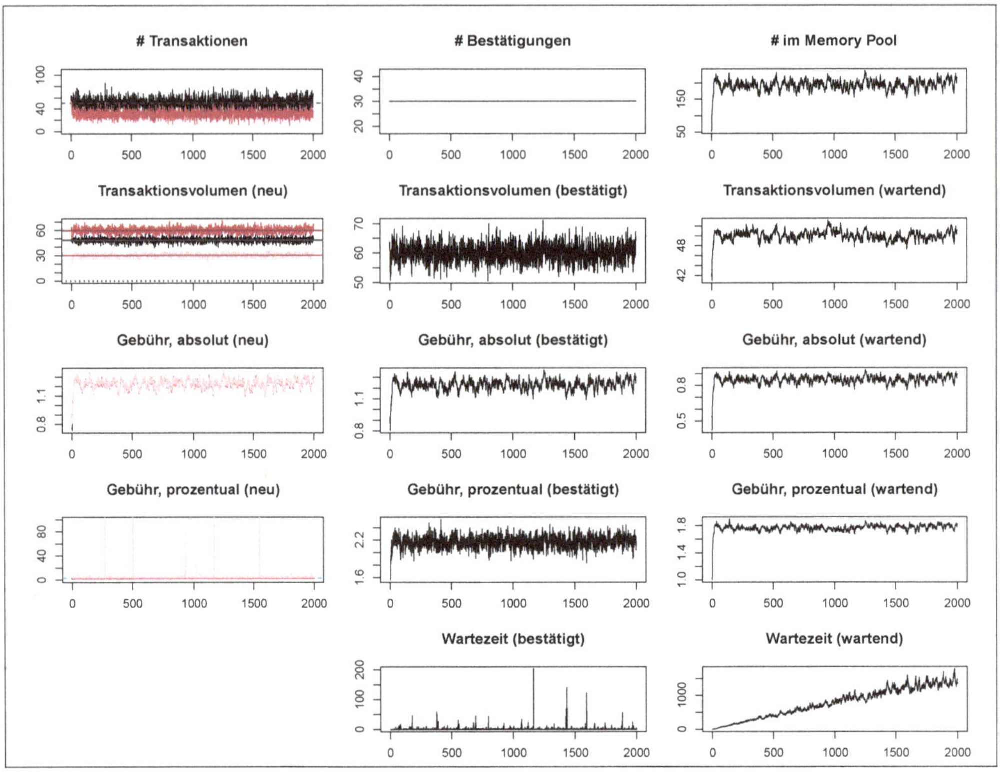

Abbildung 6.11: Dynamik der Transaktionsgebühren, wenn die Transaktionszahl das Transaktionslimit überschreitet. Simulation mit fixer variabler Mindesttransaktionsgebühr. In hellrot abgegrenzt ist das Transaktionsvolumen der Transaktionen, die durch das externe System abgewickelt werden.

versagen, weil nicht klar ist, ob die Transaktion ausgeführt werden wird. Zu betonen ist dabei insbesondere der Umstand, dass die Transaktion nicht ohne weiteres nachträglich rückgängig gemacht werden kann. Da die bereits kryptographisch signierte Transaktion bereits dem Netzwerk bekannt ist, kann sie jederzeit von jedem Teilnehmer des Netzwerks kopiert werden und — selbst wenn sie aus dem Memory Pool entfernt würde — wieder eingespielt werden, sodass sie auch später wieder in den Memory Pool eingehen kann.[23]

[23]Sofern eine Transaktion nachträglich korrigiert werden muss, bleibt lediglich der Weg, die auf der Absenderadresse verbuchten Kryptotokens mit einer anderen Transaktion zu verfügen, die dann eine höhere Transaktionsgebühr aufweist. Zahlungsinitiatoren, die diese Strategie verfolgen, werden jedoch vor mindestens zwei Probleme gestellt: Erstens verhindern die Wallets in der Regel, dass der Output einer vorangegangenen Transaktion, mit der die Tokens empfangen wurden und nun weitergeleitet werden, doppelt verwendet werden. Der Wallet ist die erste Transaktion bereits bekannt, sie verhindert deshalb eine weitere Nutzung des Outputs, damit es nicht zu einem double spending kommt. Das zweite Problem stellen die Miner dar, die die Transaktion in den Memory Pool aufnehmen müssen. Sofern die gleichen Tokens in zwei unterschiedlichen Transaktionen verwendet werden, kann es sich dabei um ein double spending handeln. Keinesfalls ist sichergestellt, dass die Miner die zweite Transaktion annehmen werden. Rationale Miner werden höhere Transaktionsgebühren bevorzugen, es bliebe aber zu überprüfen, ob Miner durch Ausschluss von Transaktionen das double spending sinnvoll sanktionieren und damit verhindern können.

6.5.5 Stabilität der Kryptowährungen innerhalb der verschiedenen Szenarien

Die Transaktionsgebühren tragen mitunter zur Stabilität der Kryptowährung bei, können jedoch in bestimmen Konstellationen zur Instabilität führen. Im ersten Szenario ist klar erkennbar, dass niedrige Transaktionszahlen die Kryptowährung nicht gefährden, wenngleich die Simulation Aussagen über die Erträge der Miner ausschließt. Zu fragen wäre, ob bei einer niedrigen Zahl von Transaktionen die gesendete Transaktionsgebühr zum Erhalt des Minings ausreicht, oder ob das Hinzufügen einer zweiten Einkommenskomponente in Form eines Mining Rewards zwingend notwendig ist.

Die Stabilität der Kryptowährung bleibt bei der Erhöhung der Transaktionszahl erhalten, solange die Zahl der erwarteten Transaktionen im Mittel das Transaktionslimit nicht überschreitet. Der Memory Pool kehrt in diesem Fall auf ein Niveau zurück, bei dem erwartbar alle Transaktionen bestätigt werden können. Die schlägt sich dann in der durchschnittlichen Bestätigungszeit nieder, die zwar Schwankungen unterworfen ist, letztlich jedoch nicht konstant anwächst.

Eine Instabilität der Kryptowährung kann resultieren, wenn die Zahl der neu in das Kryptowährungssystem eingebrachten Transaktionen das Transaktionslimit übersteigt. Ökonomisch reagiert die Kryptowährung darauf mit einem Anstieg der Transaktionsgebühren, die folglich also auch Knappheitsanzeiger sind, und der Verdrängung kleinvolumiger Transaktionen. Problematisch ist dabei allerdings die Größe des Memory Pools, die nicht zum Transaktionslimit zurückkehren kann. Damit bleiben Transaktionen zurück, die von dem Kryptowährungssystem zumindest nicht kurzfristig bestätigt werden können. Nicht bestätigte Transaktionen lösen grundsätzlich einen Konflikt zwischen Zahlungssender und Zahlungsempfänger aus, weil die Zahlung in der Regel Gegenleistung für eine Ware oder die Erbringung einer Dienstleistung ist. Der Konflikt ist dabei umso problematischer, wenn die Gegenleistung bereits erbracht wurde und dort inbesondere in Konstellationen, in denen mit einer Wiederholung der Interaktion nicht zu rechnen ist. Letztlich kann diese Nichtausführung von Zahlungen zu einem Vertrauensverlust in die Kryptowährung führen. Dies reduziert zwar einerseits die auftretenden Transaktionen und damit den Druck auf die Kryptowährung, andererseits dürfte der durch den Vertrauensverlust verursachte Schaden nachhaltig genug sein, um langfristige Konsequenzen zu haben, sodass die Zahl der Akzeptanzstellen zurückgeht und damit auch die Verbreitung der Kryptowährung langfristig gehemmt wird.

Aus Sicht der Miner sind die Transaktionsgebühren die zweite Einkommenskomponente neben den neu geschaffenen Kryptotokens. Kryptowährungen wie Bitcoin verfolgen dabei die Strategie, langfristig von der Erzeugung neuer Tokens auf ein transaktionsgebührgetragenes Vergütungssystem umzusteigen. Um eine ausreichende Größe der Transaktionsgebühr zu gewährleisten, könnten Miner die Einführung einer Mindestgebühr erwägen. Eine solche Mindestgebühr ist jedoch problematisch, da sie zu einer Verdrängung von Transaktionen führen kann. Für die Miner gilt es hier den Verlust von Transaktionen gegen die Vergütung der verbleibenden Transaktionen abzuwägen. Ökonomisch wird eine regelmäßige Neubewertung der Situation notwendig sein, da sich Kosten- und Nachfragestruktur verändern können. Eine Festschreibung einer fixen Grundgebühr im Protokoll dagegen scheint nicht sinnvoll, da den Minern damit jedwede kurzfristige Anpassungsmöglichkeit fehlt und die Minimalgebühr nur durch eine Anpassung des Protokolls geschehen kann. Protokolländerungen sind jedoch mit einem Abspaltungsrisiko verbunden und daher für die Netzwerkteilnehmer riskant. Vielmehr werden die Miner oder aber die Walletanbieter als Schnittstellenabieter zwischen Zahlungssender und Zahlungsverifkator das Transaktionskostenminimum definieren. Bei unterstellter Homogenität wird die Entscheidung der Miner bzgl. der Höhe der minimalen Transaktionsgebühr gleich ausfallen. Das Zulassen von Heterogenität wird zu einer heterogenen minimalen Transaktionsgebühr führen, sodass zwischen den Minern ein Wettbewerb entstehen kann. Dieser Wettbewerb in Form unterschiedlicher minimaler Transaktionsgebühren stellt die Zahlungsinitiatoren insofern vor Herausforderungen, dass nicht zu Beginn klar ist, welcher Miner die Transaktion bestätigen wird. Mithin wird sich die Auswahl der Transaktionen, die die Miner aus dem Memory Pool zur Bildung eines neuen Blocks beziehen, zwischen den Minern unterscheiden. Die Zahlungsinitiatoren finden sich dann in einer Abwägung wieder, in welcher sie eine höhere Gebühr gegen eine möglicherweise verlangsamte Zahlungsabwicklung abwägen werden müssen. Sollten einzelne Miner auch Transaktionen mit einer niedrigeren Gebühr zulassen, kann dies zum Abbau des Memory Pools beitragen, weil damit Transaktionen, die von den übrigen Minern nicht bestätigt werden, dennoch verifiziert werden können. Allerdings gilt dies nur, wenn die Transaktion die minimale Mindestgebühr erreicht, andernfalls wird sie nicht bestätigt werden können. Dies offenbart das Problem, dass Anpassungen der minimalen Transaktionsgebühr zum nachträglichen *de facto* Ausschluss von Transaktionen führen können. Die Heterogenität zwischen den Minern kommt allerdings nur in Perioden zum Tragen, in denen die Zahl der Transaktionen niedriger als das Transaktionslimit ist und damit der Memory Pool reduziert werden kann, in den übrigen Phasen konkurrieren die Transaktionen mit ihren Transaktionsgebühren um kurzfristige Bestätigung.

Insgesamt bleibt bereits aus der Analyse einer einfachen Simulation festzuhalten, dass die mengenmäßige Beschränkung der Transaktionszahl problematisch ist und zur Instabilität des Kryptowährungssystems beitragen kann. Damit ist die Beschränkung evidenter Nachteil der Kryptowährungen gegenüber klassischen Systemen, die aufgrund ihrer Historie über vergleichsweise größere Verifikationsressourcen verfügen und aufgrund ihrer zentralen Steuerbarkeit schneller skalierbar sind und daher keine Transaktionen abweisen müssen.

6.6 Weitere Überlegungen

Die oben gezeigte Simulation zeigt eine stark vereinfachende Modellierung. Sie greift weder die ökonomischen Anreizstrukturen der Miner sinnvoll auf, noch eruiert sie Strategien der Zahlungssender in hinreichender Tiefe. Im Folgenden sollen einige Ansatzpunkte thematisiert werden, die bei einer Ausweitung der Simulation berücksichtigt werden könnten.

Zur Untersuchung der Dynamik der Miner müssten diese expliziert mit in eine Modelluntersuchung aufgenommen werden. Anhaltspunkte für den Aufbau der Miner liefern bspw. Kapitel 5 oder die Studien von Houy (2016) und Prat und Walter (2021). Weiterhin ließen sich Teile der im Literaturüberblick abgebildeten Modelle übernehmen. Ziel einer

Implementierung eines Miningsektors muss die Analyse der Dynamik des Minings selbst sein, sodass sich theoretische Aussagen zur Agglomeration von Rechenleistung ableiten ließen. Insbesondere wäre dabei beachtenswert, ob bestimmte Konstellationen notwendigerweise zu einer Monopolisierung des Miningmarktes führen können, was den Zielen der Private Cryptocurrencies zuwider laufen würde. Hier ließen sich auch Rückkopplungen zu den Haushalten modellieren, sodass diese auf eine Konzentration der Rechenleistung mit einer Zurückhaltung gegenüber der Kryptowährung reagieren, die sich in einer reduzierten Transaktionszahl niederschlägt.

Deutlicher Forschungsbedarf ist auch auf Seiten der Zahlungssender zu konstatieren. Diese sind bisher modelltheoretisch nicht in Erscheinung getreten. Die gezeigte Simulation unterstellt vielmehr eine besondere Form einer Wirkungsmechanik, sie ist jedoch befreit von einer ökonomischen Logik auf individueller Akteursebene. Notwendig wäre diesbezüglich eine Plausibilisierung der ökonomischen Rationalität, die dann auch Aussagen über die Wirkungszusammenhänge zulassen würde. Vorstellbar ist, das Problem der Zahlungssender als sequentielles Spiel zu etablieren. In einem Schritt prüft dabei der Zahlungssender, ob gegenüber eines außenstehendes Alternativssystems mit bekannter Gebühr eine Kostenreduktion unter Bezug auf eine eventuell existierende Mindestgebühr überhaupt möglich ist. Wird diese Frage bejaht, bestimmt der Zahlungssender, ob aufgrund einer bestehenden Wartesituation das Hinzufügen einer freiwilligen Zusatzgebühr nötig ist. Im letzten Schritt prüft der Zahlungssignateur dann wiederum analog zum ersten Schritt, ob die Gesamtberechnung zu einer Kostenreduktion gegenüber dem Alternativsystem führt. Die Entscheidung, in welcher Höhe zusätzliche Gebühren hinzuzufügen sind, ist eine Abwägungsentscheidung des Haushalts, die sich bspw. aus der Optimierung einer Loss-Funktion ergeben kann. Im Rahmen dieser Optimierung werden Haushalte niedrige Transaktionsgebühren und schnelle Bestätigungszeiten bevorzugen. Bei der Entscheidung werden die Transaktionssender Erwartungen über die in der Periode weiterhin erwarteten Transaktionen bilden müssen, um die Höhe der freiwilligen Gebühr bestimmen zu können. Dabei wird zu berücksichtigen sein, dass nur Transaktionen innerhalb des Kryptowährungssystems beobachtbar sind, nicht jedoch solche Transaktionen, die über konkurrierende Zahlungssysteme abgewickelt werden. Dies schafft eine gewisse Form der Asymmetrie[24], in deren Folge neue Intermediäre in den Markt eintreten könnten, die diese Asymmetrie auflösen.

Nicht berücksichtigt sind bisher zudem die Zahlungsempfänger, die als Inhaber der Verfügungsgewalt über die Ware oder Dienstleistung die Herausgabe der Gegenleistung verweigern können, bis entweder eine ausreichende Höhe der Transaktionsgebühr erreicht ist und der Zahlungsempfänger deswegen die Ausführung der Transaktion erwarten kann, oder aber bei niedrigen Transaktionsgebühren die Zahlung bestätigt ist. Damit werden die Zahlungsempfänger durchsetzen, dass Transaktionsgebühren gezahlt werden. Bei der Durchsetzung der Transaktionsgebühren können jedoch Schwierigkeiten auftreten. Erfolgt die Zahlung nicht innerhalb einer vorgesehen Frist, wird der Zahlungsempfänger letztlich vom Vertrag zurücktreten wollen und die Lieferung des Produkts verweigern. Der Zahlungssender wird dann nicht an seiner Zahlung festhalten wollen. Eine einmal elektronisch signierte und im Netzwerk bekannte Transaktion ist jedoch nicht stornierbar,

[24]Die Asymmetrie ergibt sich aus dem Umstand, die Schätzung der erzeugten Transaktionen nicht mit der reell existierenden Zahl an Transaktionen übereinstimmt.

weil über den entsprechenden Betrag an Tokens verfügt wurde und die Transaktion damit vom Netzwerk als gültig und ausführbar angesehen werden wird.[25]

[25] Will der Zahlungssender nicht mehr an seiner Zahlung festhalten, wird er den auf den Inputadressen verfügbaren Betrag vor der Ausführung der Transaktion verwenden müssen. Dazu ist es notwendig, in einer weiteren Transaktion die Tokens einer anderen, dem Zahlungssender zugehörigen Verfügungsadresse gutzuschreiben. In der Regel wird dies jedoch nicht mit der zuerst verwendeten Wallet-Software möglich sein, weil diese zur Verhinderung eines double spending eine mehrfache Verfügung eines Transaktionsinputs unterbinden wird.

Literatur

Bagnall, John, David Bounie, Kim P. Huynh, Anneke Kosse, Tobias Schmidt, Scott Schuh und Helmut Stix (2016). Consumer Cash Usage: A Cross-Country Comparison with Payment Diary Survery Data. International Journal of Central Banking, 12 (4): 1–62.

Bamert, Tobias, Christian Decker, Lennart Elsen, Roger Wattenhofer und Samuel Welten (2013). „Have a snack, pay with Bitcoins“. In: *IEEE P2P 2013 Proceedings*. IEEE.

Bartos, Jakub (2015). Does Bitcoin follow the hypothesis of efficient market? International Journal of Economic Sciences, IV (2): 10–23.

Bolt, Wilko, Nicole Jonker und Corry van Renselaar (2010). Incentives at the counter: An empirical analysis of surcharging card payments and payment behaviour in the Netherlands. Journal of Banking & Finance, 34 (8): 1738–1744.

Carlsten, Miles, Harry Kalodner, S. Matthew Weinberg und Arvind Narayanan (2016). „On the Instability of Bitcoin Without the Block Reward“. In: *Proceedings of the 2016 ACM SIGSAC Conference on Computer and Communications Security*. ACM.

Christin, Nicolas (2013). „Traveling the Silk Road: A Measurement Analysis of a Large Anonymous Online Marketplace“. In: *Proceedings of the 22Nd International Conference on World Wide Web*. WWW '13. Rio de Janeiro, Brazil: ACM, S. 213–224.

Croman, Kyle, Christian Decker, Ittay Eyal, Adem Efe Gencer, Ari Juels, Ahmed Kosba, Andrew Miller, Prateek Saxena, Elaine Shi, Emin Gün Sirer, Dawn Song und Roger Wattenhofer (2016). „On Scaling Decentralized Blockchains“. In: *Financial Cryptography and Data Security*. Springer Berlin Heidelberg, S. 106–125.

Deutsche Bundesbank (2017b). *Zahlungsverhalten in Deutschland 2017: Vierte Studie über die Verwendung von Bargeld und unbaren Zahlungsinstrumenten*. `https://www.bundesbank.de/de/publikationen/berichte/studien/zahlungsverhalten-in-deutschland-2017-634056`.

Easley, David, Maureen O'Hara und Soumya Basu (2019). From mining to markets: The evolution of bitcoin transaction fees. Journal of Financial Economics, 134 (1): 91–109.

Hanl, Andreas (2018). *Some Insights into the Development of Cryptocurrencies*. MAGKS Discussion Paper No. 04-2018.

Hanl, Andreas und Jochen Michaelis (2017). Kryptowährungen — ein Problem für die Geldpolitik? Wirtschaftsdienst, 97 (5): 363–370.

Hayes, Adam S. (2018). Bitcoin price and its marginal cost of production: support for a fundamental value. Applied Economics Letters, 26 (7): 554–560.

Houy, Nicolas (2014). *The Economics of Bitcoin Transaction Fees*. Gate Working Paper No. 1407.

Houy, Nicolas (2016). The Bitcoin Mining Game. Ledger, 1: 53–68.

Huberman, Gur, Jacob D. Leshno und Ciamac Moallemi (2017). *Monopoly without a monoplist: An Economic Analysis of the bitcoin payment systems*. Bank of Finland Research Discussion Papers 27-2017.

Janze, Christian (2017). Are Cryptocurrencies Criminals Best Friends? Examining the Co-Evolution of Bitcoin and Darknet Markets. Twenty-third Americas Conference on Information Systems, Boston, 2017.

Kasahara, Shoji und Jun Kawahara (2019). Effect of Bitcoin fee on transaction-confirmation process. Journal of Industrial & Management Optimization, 15 (1): 365–386.

Kroll, Joshua A, Ian C Davey und Edward W Felten (2013). „The economics of Bitcoin mining, or Bitcoin in the presence of adversaries“. In: *Proceedings of WEIS*. Bd. 2013.

Möser, Malte und Rainer Böhme (2015). „Trends, Tips, Tolls: A Longitudinal Study of Bitcoin Transaction Fees“. In: *Financial Cryptography and Data Security*. Springer Berlin Heidelberg, S. 19–33.

Nakamoto, Satoshi (2008). *Bitcoin: A Peer-to-Peer Electronic Cash System*. URL: `https://bitcoin.org/bitcoin.pdf`.

Occhiutto, Kateryna (2020). The Costs of Card Payments for Merchants. Reserve Bank of Australia Bulletin, März: 20–28.

Prat, Julien und Benjamin Walter (2021). An Equilibrium Model of the Market for Bitcoin Mining. Journal of Political Economy, 129 (8): 2415–2452.

Ratha, Dilip, Supriyo De, Eung Ju Kim, Ganesh Seshan, Nadege Desiree Yameogo und Sonia Plaza (2019). *Migration and Remittances. Recent Development and Outlook.* Migration and Development Brief 31.

van der Cruijsen, Carin, Lola Hernandez und Nicole Jonker (2016). In love with the debit card but still married to cash. Applied Economics, 49 (30): 2989–3004.

Wright, Julian (2003). Optimal card payment systems. European Economic Review, 47 (4): 587–612.

Yermack, David (2015). „Is Bitcoin a Real Currency? An Economic Appraisal“. In: *Handbook of Digital Currency*. Hrsg. von David Lee Kuo Chuen. Elsevier, S. 31 –43.

7 Energieverbrauch

7.1 Motivation

Kryptowährungen, insbesondere Bitcoin, geraten immer wieder wegen ihres Energieverbrauchs in die Kritik. Plakativ wird dabei gern der Energieverbrauch einer einzelnen Bitcoin-Transaktion verglichen mit der verbrauchten Energie, die bei der Nutzung eines traditionellen Zahlungsdienstes entsteht (für eine Übersicht vgl. bspw. Mir 2020). Da sich traditionelle Zahlungssysteme und Private Cryptocurrencies jedoch fundamental unterscheiden und letztere noch keine substantiellen Marktanteile für sich gewinnen konnten, ist dieser Vergleich schwierig. Oftmals wird argumentiert, dass die Kryptowährungen mit der Ausführung der kryptographischen Rechenoperationen lediglich Energie verbrauchen, ohne dabei jedoch einen Wert zu schaffen. Diese Denkweise greift jedoch zu kurz, denn der Energieverbrauch sichert letztlich die Kryptowährung, weil durch hohe Rechenleistungen das „double spending" erschwert wird. Diese systemimmanente Sicherheit ist in sich wertvoll und kann nur unter Vorgabe normativer Zielgrößen gegenüber dem Energieverbrauch und dem ihm innewohnenden und in der Debatte implizit mitschwingenden ökologischen Fußabdruck abgewogen werden. Abadi und Brunnermeier (2018) identifizieren ein Spannungsverhältnis zwischen der Dezentralität und der Kosteneffizienz einer Kryptowährung. Die Sicherung der Informationsintegrität innerhalb des Kryptowährungsnetzwerk wird durch den Konsensusalgorithmus sichergestellt, im Falle des Bitcoins folglich durch einen „Proof-of-Work"-Algorithmus. Die Konsensusalgorithmen erzeugen dabei eine Kostenkomponente, die die Fälschung der Transaktionshistorie durch Angreifer unattraktiv gestaltet, bspw. durch den Einsatz hoher Energiemengen. Mithin ließe sich der höhere Energieverbrauch als Begleiterscheinung oder als Preis der Dezentralität verstehen. Die Analyse des Energieverbrauchs ist notwendig, weil es Einsichten in die Funktionsweise der Kryptowährungen bietet und darüber hinaus erste Ansatzpunkte für die durch die Kryptowährungen erzeugten Externalitäten liefert.

Im Wesentlichen setzt sich der Energieverbrauch aus zwei Komponenten zusammen: Einerseits der Energie, die für die reine Berechnung des kryptographischen Hashwertes notwendig ist, sowie andererseits der Energie, die für die Kühlung der Hardwarekomponenten benötigt wird (McCook 2018). Der Energieverbrauch der ersten Komponente hängt vor allem von der verwendeten Hardware ab[1], während der Energiebedarf der zweiten Komponente nicht zuletzt vom Standort abhängig ist. McCook (2018) beschreibt

[1]Der Energieverbrauch pro erzeugten Hashwert ist dabei über die verschiedenen Hardwaregenerationen rückläufig. Verwiesen werden muss jedoch auf das von Landauer (1961) postulierte thermodynamische Limit. Dieses besagt, dass für irreversible Rechenoperationen, also für solche Operationen, bei denen der Output die Inputwerte nicht eindeutig determiniert, ein bestimmtes energetisches Minimum an Wärmeenergie abgegeben wird. Dieser grundlegende, physikalische Zusammenhang erzeugt eine Untergrenze des Energieverbrauchs, da die Bestimmung kryptographischer Hashwert als irreversible Berechnung verstanden werden kann (Narayanan et al. 2016).

das als den „Island-Faktor", da in Island in Relation zum Energieverbrauch der Haushalte überproportional viel Bitcoin-Mining stattfindet. Hintergrund ist die vergleichsweise geringe Jahresmitteltemperatur, sodass hier Einsparungen bzgl. der Kühlung der Hardwarekomponenten erzielbar sind. Ebenfalls als Standortfaktor lassen sich die unterschiedlichen Energiepreise verstehen, sodass Miningprozesse insbesondere dort zu erwarten sind, wo entweder die Energiepreise niedrig sind oder aufgrund örtlicher Begebenheiten die Kühlung vergleichsweise einfach herstellbar ist.

7.2 Messung des Energieverbrauchs

Die Messung des Energieverbrauchs einer Kryptowährung ist keinesfalls trivial, da aufgrund der Dezentralität kein auskunftsfähiger und -williger Intermediär existiert, der die Daten zum Energieverbrauch vorhält. Vielmehr existieren diverse Miner, die in ihrer Gesamtheit das Netzwerk der Kryptowährung bilden. Eine Untergrenze des Energieverbrauchs ließe sich bestimmen, sofern für die effizienteste Technologie der Energieverbrauch pro Leistungseinheit bekannt ist, was regelmäßig der Fall sein dürfte. Der Ansatz von Bevand (2017) nutzt dazu bspw. Herstellerdaten, um den Energieverbrauch des Netzwerks approximativ bestimmen zu können. Bei dieser Methodik, die bspw. in ähnlicher Form von O'Dwyer und Malone (2014) verwendet wird, ergeben sich dennoch Ungenauigkeiten, bspw. weil der Grad der Heterogenität der verwendeten Hardware nicht sicher bekannt ist, noch gesichert ist, dass nur die effizienteste Hardware verwendet wird.[2] Zudem lässt sich aus den Herstellerdaten nur der primäre Energieverbrauch approximieren. Notwendig ist für den Betrieb von Hardware in größeren Kontexten jedoch unterstützende Infrastruktur, bspw. für die Kühlung der vorhandenen Hardwarekomponenten. Diese unterstützende Infrastruktur benötigt ebenfalls Energie, deren Energieverbrauch in der Schätzung der Hersteller nicht enthalten sein dürfte. Hinzu kommt, dass die Miner innerhalb des Netzwerkes konkurrieren, sodass hier ein eher defensiver Umgang mit Informationen unterstellt werden muss, da sich aus dem Energieverbrauch letztlich Rückschlüsse auf die verbaute Hardware ziehen ließen. Solche Informationen könnten letztlich zu einem Wettbewerbsnachteil für den einzelnen Miner führen. Folglich muss der Energieverbrauch einer Kryptowährung approximativ bestimmt werden, die dafür wesentlichen Methoden sollen im Folgenden vorgestellt werden. Die in der Literatur beschriebenen Verfahren lassen sich grob in die zwei Kategorien der markt- und der netzwerkbasierten Ansätzen einteilen.

7.2.1 Marktbasierte Ansätze

Ansatzpunkt der marktbasierten Ansätze ist der zum Marktpreis bewertete Ertrag einer Mining-Periode. Dabei werden die pro Block erzeugten Tokens zum jeweils gültigen

[2]Ökonomisch wäre anzunehmen, dass die Miner nur effiziente Hardware verwenden und ältere Hardwarekomponenten quasi instantan durch eine effizientere Technologie ersetzen, sobald diese auftritt. Ein solcher sofortiger Wechsel setzt jedoch die technische Verfügbarkeit der entsprechenden Produkte und entsprechender Einbaumöglichkeiten voraus. Realitätsnäher ist die Annahme eines fließenden Übergangs, sodass zumindest für eine gewisse Zeit sowohl die neuere und effizientere Technologie, als auch die bereits etablierte, aber in der Effizienz inferiore Technologie eingesetzt werden.

Marktpreis bewertet und als Kompensation für den Energieverbrauch bewertet. Beispielhaft für ein solches Vorgehen ist die Studie von Vranken (2017), die die tägliche Vergütung der Miner als Ausgangspunkt nutzt und einen Strompreis unterstellt, um daraus die vom Netzwerk verbrauchte Energie zu approximieren. In letzter Instanz lässt sich damit die Energieeffizienz des Netzwerkes bestimmen, wodurch sich Rückschlüsse auf die von den Minern genutzte Hardware ziehen lassen. Als Erweiterung der Methodik schlägt Vranken (2017) vor, nicht die komplette Vergütung der Miner als Energiekosten anzuerkennen, sondern die Erträge des Minings als Kompensation für die „total costs of operation“ zu verstehen, von denen nur ein bestimmter Bruchteil für den Energieverbrauch verwendet wird.

7.2.2 Netzwerkbasierte Ansätze

Im Gegensatz zu den marktbasierten Approximationsansätzen stellen die netzwerkbasierten Ansätze zunächst auf grundlegende Netzwerkparameter, in aller Regel die Schwierigkeit („difficulty“)[3], ab. Aus dem Steuerungsparameter lässt sich approximativ die Hashrate bestimmen, woraus sich dann näherungsweise der Energieverbrauch bestimmen lässt. Beispielhaft für diese Ansätze stehen die Studien von Krause und Tolaymat (2018), Bevand (2017) und O'Dwyer und Malone (2014). Für die Übersetzung der Hashrate in einen Primärenergieverbrauch ist es nötig, den Zusammenhang zwischen Hashrate und Energieverbrauch zu kennen. Die Effizienz der einzelnen Hardwarekomponenten ist im Zeitverlauf gestiegen, sodass die Erzeugung eines Hashwertes mittels eines ASIC-Miners mit geringerem Energieeinsatz möglich ist als mit einer CPU. Daten zur Zusammensetzung der Hardware sind in der Regel nicht öffentlich verfügbar, allenfalls ließen sich hier Approximationen bilden. Bspw. nutzt Bevand (2017) Informationen der Hardwarehersteller, um präzisere Aussagen zur Energieeffizienz zu erhalten.

7.2.3 Kritische Reflexion der Approximationsansätze

Die verschiedenen Approximationsansätze sind kritisch zu hinterfragen, inwiefern sie sich zur Abschätzung der Gesamtrechenleistung des Netzwerkes eignen. Naturgemäß können die Approximationen nur eine Abschätzung geben, ihre Ergebnisse kritisch von den methodischen Annahmen abhängen. Bevand (2017) zeigt in seiner Arbeit einige Gründe auf, die zu verzerrten Schätzungen des Energieverbrauchs führen. Dazu gehören bspw. die mangelnde Berücksichtigung steigender Effizienzraten und fehlerhafte Annahmen über die Struktur der Mininghardware. Gegen die teilweise invariablen Annahmen der Modelle ließe sich einwenden, dass diese Veränderungen und Heterogenität nicht hinreichend berücksichtigen, die Ergebnisse dürften daher nur zum Zeitpunkt der Annahmenbildung valide sein, eine spätere Wiederholung der Schätzung wird mit den gleichen Annahmen

[3] Über den Parameter der „difficulty“ steuert die Kryptowährung den Komplexitätsgrad des kryptographischen Rätsels. Konkret steuert der Parameter den Zielwert, den der Hashwert eines Blocks mindestens unterschreiten muss. Beim Bitcoin geschieht die Anpassung dabei lediglich alle 2016 Blöcke, sodass der Abstand zwischen den Anpassungen in der Theorie ungefähr 14 Tage beträgt. Die Anpassung ist dabei restringiert, sodass statt starker Schwankungen eine gewisse Stabilität resultiert. Die „difficulty“ lässt sich damit als Instrument der Kryptowährung verstehen, auf Veränderungen innerhalb ihrer Netzwerkstruktur zu reagieren.

zu verzerrten Ergebnissen führen, weil Änderungen am Wesensgehalt der Annahmen nicht hinreichend eingefangen werden können.

Die marktbasierten Approximationsansätze setzen bei der Bestimmung des Energieverbrauchs am Marktpreis an, sodass steigende Kryptowährungskurse einen höheren Energieverbrauch motivieren. Diese Annahme ist intuitiv plausibel, da eine höhere Entlohnung grundsätzlich einen höheren Anreiz für die Miner bieten, das Mining zu betreiben. Kritisch ist dabei jedoch die hohe Volatilität der Wechselkurse (Hanl und Michaelis 2017), sodass kurzfristige Analysen verzerrt sein könnten. Kurzzeitige „Wechselkursspitzen" führen dabei nicht notwendigerweise zu einer Ausweitung der Hardware und damit zu einer Steigerung des Energieverbrauchs. In der Gegenrichtung ergibt sich ein ähnliches Bild: ein nur temporärer Rückgang des Wechselkurses wird allenfalls zum Abschalten, nicht aber zum Abbau vorhandener Rechenkapazitäten führen.[4] Plausibler ist eine Betrachtung des langfristigen Wechselkursniveaus, auf dessen Basis die Miner Hardwarekomponenten beschaffen und betreiben können. Zudem vereinfachen die marktbasierten Ansätze die energetische Komponente des Minings stark, da außerhalb des Minings liegende Gewinne und Synergien, aber auch Kosten unberücksichtigt bleiben. Den marktbasierten Ansätzen immanent ist damit eine Extrembewertung der Nullgewinnbedingung.[5]

Gleichfalls müssen die netzwerkbasierten Ansätze nicht unproblematisch sein. Die Anpassung der „difficulty" geschieht nur alle 2016 Blocks, was bei einem Blockabstand von zehn Minuten zwei Wochen entspräche. Es drängt sich hier die Vermutung auf, dass eine kurzfristige Approximation verzerrt sein muss, da die Durchschnittsbetrachtung eventuelle Spitzen nicht hinreichend einfängt. Erschwerend kommt dabei noch hinzu, dass die Anpassung der „difficulty" limitiert ist, sodass selbst nach Ablauf der 2016 Blocks nicht notwendigerweise eine vollumfassende Anpassung erfolgen muss.

7.3 Energieverbrauch des Bitcoin-Netzwerkes

Es ist nicht von vornherein klar, mit welcher Methodik der „wahre" Energieverbrauch einer Kryptowährung effizienter oder präziser zu bestimmen ist. Vielmehr ist anzunehmen, dass eine Abschätzung nur über beide Methodiken ein vollumfängliches Bild abgeben wird. In Tabelle 7.1 sind daher verschiedene Studien unterschiedlicher Methodik gelistet, die den Energieverbrauch des Bitcoin-Netzwerkes untersuchen. Auffällig ist dabei zunächst die enorme Spannweite der Approximationen, die von 0.05 Gigawatt (GW) bis zu 45.66 GW reicht. Hierbei sind allerdings die unterschiedlichen Entstehungszeitpunkte der Studien zu

[4] Denkbar ist aber auch der Fall, dass die Miner die temporäre Phase der für sie ungünstigen Wechselkurse abwarten und die erhaltenen Tokens erst später in eine Fiatwährung tauschen, sodass ein aktives Portfoliomanagement entstünde.

[5] Die Gewinne, die außerhalb des Transaktionssystems realisierbar sind, werden sich in den unterschiedlichen Typen der Kryptowährungen unterscheiden. Denkbar ist bspw., dass ein Konsortium von Unternehmen eine gemeinsam „Corporate Cryptocurrency" erzeugt, um die Nutzbarkeit des Netzwerks zu intensivieren, bspw. durch die Etablierung neuer Interaktionsmöglichkeiten. In diesem Fall werden die Gewinne, die durch die potentiell stärkere Interoperabilität der Plattform entstehen, anders zu bewerten und den Teilnehmern anzuerkennen sein, als die Gewinne, die den Parteien im Falle einer vollständig dezentralen „Private Cryptocurrency" erkennbar werden. Gleichfalls ist davon auszugehen, dass außerhalb liegende Gewinne eher in Systemen auftreten werden, die bereits bestehende Infrastrukturen erweitern (Corporate Cryptocurrencies), als in Systemen, die neue Infrastrukturen schaffen (Private Cryptocurrencies).

berücksichtigen, sodass sich die Analyse von O'Dwyer und Malone (2014) nur bedingt mit den aktuelleren Analysen von Sedlmeir et al. (2020) oder de Vries (2019) vergleichen lässt. Es ist daher nötig, die Studienlage in verschiedene Bezugsjahre zu unterscheiden, um die unterschiedlichen Datengrundlagen untergliedern zu können. Auffällig ist dabei, dass der geschätzte Energieverbrauch nahezu durchgehend ansteigt, sowohl bei Betrachtung des minimalen Energieverbrauchs als auch — mit der Ausnahme des Jahres 2019 — bei Betrachtung des maximalen Energieverbrauchs in Gigawatt. Dieser Anstieg des Energieverbrauchs ließe sich ebenfalls interpretieren als Auswachsen des Bitcoin-Netzwerks. Der Anstieg des Energieverbrauchs spiegelt dabei den Anstieg der Rechenleistung, was letztlich mit einem Zugewinn an der Sicherheit gleichzusetzen sein wird. Der Effekt wird noch dadurch verstärkt, dass die Effizienz der Mining-Hardware im Zeitverlauf zunimmt und damit pro Leistungseinheit mehr Rechenoperationen durchführbar sind. Bei konstanter Rechenleistung würde damit der Energieverbrauch des Netzwerks sinken. Da mit steigender Rechenleistung der Einzelkomponenten jedoch auch die Einstiegshürde sinkt, muss für den Erhalt der Sicherheit das Niveau der Rechenleistung langfristig steigen. Für jede Einheit Rechenleistung bedeutet das wiederum eine sinkende Wahrscheinlichkeit, die Lösung des kryptographischen Puzzles zu erzeugen und damit den nächsten Block zu generieren. Die Miner werden daher mehr Rechenleistung installieren müssen, um ihre eigene Position zu halten. Zusammen mit dem Fakt, dass die erzeugte Menge an neuen Kryptowährungstokens zumindest im Falle des Bitcoins rückläufig ist, ergeben sich damit steigende Grenzkosten der Tokenerzeugung. Die steigenden Grenzkosten bremsen den Aufwuchs an Rechenleistung zumindest ein, da die Miner ihre Hardwareinvestition gegenüber den Grenzerträgen bemessen werden.

Zwischen den verschiedenen Studientypen lässt sich keine klare Aussage ableiten, ob eine bestimmte Schätzmethodik tendenziell zu höheren oder niedrigeren Approximationen führt. Beide Methodiken haben Vorzüge wie Defizite, sodass zu einer präzisen Einschätzung des Energieverbrauchs ohnehin verschiedene und möglichst unterschiedliche Datenquellen herangezogen werden sollten. Aus den verschiedenen Datenquellen lassen sich dann bestenfalls weitere Rückschlüsse auf die Struktur der Kryptowährung ziehen, bspw., in welchen Regionen das Mining stattfindet. Aus dieser geographischen Lokalisierung ließe sich dann eine realitätsnähere Schätzung der Kosten pro Kilowattstunde etablieren, sodass sich im Rahmen einer marktbasierten Approximation eine höhere Präzision erreichen ließe.

7.4 Ökologische Probleme des Energieverbrauchs

Häufig werden Kryptowährungen mit der Argumentation in Verbindung gebracht, dass ihr Energieverbrauch kritisch hoch ist, und, verglichen mit anderen Transaktionssystemen, zu hoch wäre. Die vom Kryptowährungsnetzwerk verbrauchte Energie[6] geht dabei mit einer Energieerzeugung einher, die aus ökologischen Gesichtspunkten problematisch sein kann, wenn die Stromerzeugung auf Basis fossiler Brennstoffe erfolgt, sodass sich der Betrieb einer Kryptowährung auch mit dem Ausstoß von Treibhausgasen assozieren lässt.

[6]Physikalisch korrekt wäre in diesem Zusammenhang nur von einer Umwandlung der Energie zu sprechen, da nach dem Energieerhaltungssatz Energie nicht verloren gehen kann.

Für die Schätzung des Treibhausgasausstoßes ist zunächst die Kenntnis des Enegieverbrauchs notwendig. Zusätzlich muss die Struktur der Miner innerhalb der Mining Pools, die derzeit einen Großteil des Bitcoin-Minings beherrschen, bekannt sein. Stoll et al. (2019) schätzen, dass ungefähr zwei Drittel als große Miner zu klassifizieren sind, ein Fünftel als „medium miners" und das restliche Mining im Kleinbetrieb erfolgt. Aus den unterschiedlichen Größenordnungen schätzen Stoll et al. (2019) unterschiedliche Energieeffizienzen, die sich bspw. aus der Notwendigkeit von aufwändigeren Kühlsystemen, Konvertern, Lastverteilern und Adaptern ergibt.[7] Aus diesen beiden Schritten lässt sich dann die Zusammensetzung der Hardware einschätzen, anschließend ist es nötig, die geographische Verteilung der Hardware zu bestimmen. Stoll et al. (2019) schlagen dafür vor, die IP-Adressen der Miner heranzuziehen. Dazu eigneten sich bspw. die IP-Adresse des Mining-Pool-Servers, weil sich Miner für lokale Pools entscheiden, die IP-Adresse der Mining-Hardware selbst, oder aber die IP-Adresse des nächsten Knotenpunktes des Kryptowährungsnetzwerks.[8] Aus der Lokalisation des Minings lässt sich dann ein energetischer Fingerabdruck erstellen, sofern die Zusammensetzung der Energieerzeugung in dem jeweiligen Land bekannt ist. Stoll et al. (2019) schätzen den Ausstoß an Kohlenstoffdioxid auf ca. 22 bis 23 Megatonnen. Die Schätzung der Treibhausgasemission ist jedoch mit erheblichen Unsicherheiten verbunden, angefangen bei der Schätzung des Primärenergiebedarfs, über die genaue Zusammensetzung der Mining Pools, die geographische Verteilung der Mining Hardware bis hin zum konkret konsumierten Energiemix. Kombiniert werden im Rahmen der Approximation verschiedene Schätzungen und Heuristiken, sodass die Ergebnisse der Schätzung entsprechend vorsichtig interpretiert werden müssen. Die Variabilität zeigt sich insbesondere in der Spannweite der Schätzung von Stoll et al. (2019), die die Treibhausgasemission auf bis zu 51 Megatonnen schätzen, vorausgesetzt, dass das Mining von Bitcoin-Tokens ausschließlich durch die Verstromung fossiler Energieträger betrieben wird.

Die in Tabelle 7.1 gezeigten Studien stellen durchweg auf das Bitcoin-System ab, gleichfalls beschränkt sich die Analyse der Emissionen von Stoll et al. (2019) auf ebendiese Kryptowährung. Jedoch existieren weit mehr Kryptowährungen, sodass der Energieverbrauch und folglich die Emissionen der gesamten Kryptowährungsbewegung um ein Vielfaches höher liegen dürfte, obwohl die Kryptowährungen durchaus heterogen sind, insbesondere mit Blick auf die Wahl eines mehr oder minder energieintensiven Konsensusalgorithmus. Ziel des Konsensusalgorithmus ist die Erzeugung von Kosten, die ökonomisch einen Anreiz zur regelkonformen Partizipation am Betrieb der Kryptowährung liefern. „Proof-of-Work" basierte Konsensusalgorithmen erreichen diese Kostenkomponente durch den Einsatz elektrischer Energie, und damit mit der Emission von Kohlenstoffdioxid. Folglich nutzen „Proof-of-Work"-Algorithmen die Ressource „Energie", denkbar ist aber gleichfalls der Einsatz anderer Ressourcen, bspw. von Speicherplatz („Proof-of-Capacity") oder aber auf Basis des Anteils am Netzwerk („Proof-of-Stake"). Zu hinterfragen ist vor dem Hintergrund des kritischen Energieverbrauchs die Zukunft der „Proof-of-Work"-

[7] Vereinfacht gesprochen handelt es sich bei diesen Komponenten um die Infrastruktur, die zum Betrieb eines mittleren bis großen Mining-Rechenzentrums erforderlich ist. Für kleine Miner entfällt diese Infrastruktur, sodass diese hier keinen entsprechenden „over-head" einplanen müssen.

[8] Letztere Methodik nutzen bspw. Donet Donet et al. (2014), um eine geographische Abschätzung der Bitcoin-Knoten und damit der Verteilung des Bitcoin-Netzwerkes zu erzeugen.

basierten Konsensusalgorithmen. Abzuwägen ist der Energieverbrauch gegenüber den Nutzenkomponenten des Systems. Insbesondere ist in diese Bewertung der Vergleich mit außenstehenden Systemen zu bilden, die gleichlautende oder ähnliche Funktionen übernehmen und vom Kryptowährungssystem gegebenenfalls verdrängt werden, sodass bei deren Ausscheiden der Energieverbrauch entsprechend zurückgehen wird. Konkret ist zu bewerten, ob das Kryptowährungssystem bei gleicher Funktion einen geringeren Energieverbrauch aufweisen wird als ein intermediärbasiertes System.[9] Zur Erhöhung der Zukunftsfähigkeit werden Kryptowährungen jedoch einen anderen Konsensusalgorithmus erwägen wollen, der aus energetischer Sicht weniger problematisch ist.[10]

Aus ökologischer Sicht problematisch sind jedoch nicht nur die Emissionen von Treibhausgasen, sondern außerdem der zurückbleibende Elektroschrott (de Vries 2019). Die heute im Rahmen des Bitcoin-Minings eingesetzte Hardware ist hochspeziell, sodass eine Weiterverwendung am Ende der wirtschaftlichen Nutzungsdauer in der Regel ausscheiden wird.

Das Mining von Kryptowährungen kann zudem externe Effekte generieren. Stoll et al. (2019) argumentieren bspw., dass Miner sich in der Nähe von Gewinnungsstätten erneuerbarer Energien lokalisieren könnten.[11] Dadurch kann der Innovationsdruck auf die Stromproduzenten steigen, was letztlich zum Ausbau erneuerbarer Energien und damit zu einem positiven externen Effekt führt. Hintergrund dieses Effekts dürfte der durch die zusätzliche Nachfrage geschaffene Preisdruck sein, der bei einem kurzfristigen fixen Angebot entsteht. Andererseits kann der Ausbau der regenerativen Energien mit negativen externen Effekten behaftet sein, weil bspw. Flächen intensiver genutzt werden oder ein beabsichtigter Eingriff in natürliche Ressourcen geschieht. Diese negativen Effekte können lokal begrenzt sein. Denkbar ist aber auch, dass sich die negativen Effekte im Rahmen eines „spill-overs" auf weitere Regionen überträgt (Sekundäreffekte). Als neu auftretendes System verdrängen die Kryptowährungen typischerweise keinen bisherigen Stromverbrauch, sondern treten als Neuverbraucher in den Markt ein und erhöhen daher die Energienachfrage, was bei einem konstanten Angebot zu einem kurzfristigen Preisanstieg führen muss. Damit gegenüber dem Zustand vor dem Entstehen der Kryptowährung ein positiver Effekt entsteht, muss der von Stoll et al. (2019) angenommene Effekt groß genug sein, um eine über den Energieverbrauch der Kryptowährung hinausgehenden Einspareffekt an Treibhausasen erzielen zu können. Überträgt sich der über den Preis induzierte Steuerungsanreiz aber dergestalt, dass die Energiegewinnung aus fossilen Ener-

[9] Bei unterschiedlichem Funktionsumfang wird zu klären sein, wie die zusätzlichen Funktionen energetisch zu bewerten sind und ob eine Trennung und Zuordnung des Energieverbrauchs zu den einzelnen Funktionskomponenten überhaupt möglich ist.

[10] Bei der Auswahl des Konsensusalgorithmus sind dabei die Vor- und Nachteile der jeweiligen Algorithmen sorgfältig gegeneinander abzuwägen.

[11] Zu beachten sind dabei jedoch die Kosten der Energieerzeugung. Stoll et al. (2019) argumentieren, dass das in China stattfindende Mining in zwei Erzeungskategorien einzuteilen ist: die Verstromung von Kohle einerseits, sowie die Energiegewinnung aus aufgestauten Flüssen anderseits. Die Konzentration von Minern in China führt nun auch zu Verteilung auf die unterschiedlichen Energieerzeugungsgebiete. Fraglich ist jedoch, ob die Entscheidung der Miner auf die Umweltkomponente zurückzuführen ist, oder ob die Entstehung neuer Kraftwerke in China zu einer verbesserten Energieverfügbarkeit und gesunkenen Preisen geführt hat und die Allokation der Miner nur Folge der Preisdynamik ist. Zu hinterfragen ist ebenfalls, ob die Miner im Falle der Lokalisation in der Nähe von Wasserkraftwerken von sonstigen Vorteilen profitieren, bspw. einer vergünstigten Abnahme von Energie bei Preisschwankungen an den Strombörsen oder aber bei Angebotsspitzen.

gieträgern forciert wird, entstehen weitere Treibhausgasemissionen, die auf die Existenz der Kryptowährung zurückzuführen sind.

Im Vergleich zu den etablierten Zahlungssystemen ist der Energieverbrauch pro Transaktion beim Bitcoin signifikant größer (vgl. bspw. de Vries 2019; Mir 2020). Es muss davon ausgegangen werden, dass sich dieses Ergebnis für die anderen relevanten Kryptowährungen nachweisen lässt. Diesbezüglich muss aber noch einmal darauf hingewiesen werden, dass der Energieverbrauch notwendig ist, um die Sicherheit der Kryptowährung zu gewährleisten. Im von Abadi und Brunnermeier (2018) aufgestellten Zielkonflikt wird der Intermediär zulasten der Kosteneffizienz aufgegeben, um ein dezentrales und intermediärfreies Transaktionssystem erzeugen zu können. Hinzu kommt, dass der Vergleich eines neu auf dem Markt auftretenden Systems mit einem etablierten System ohnehin in Schieflage geraten muss, da es sich beim Energieverbrauch in aller Regel um nahezu fixe Komponenten handelt. Der Energieverbrauch lässt sich nur bedingt über die Zahl der zu verarbeitenden Transaktionen steuern, da im Falle der Kryptowährung ohnehin ein Hashwert für die im Block eingeschlossenen Transaktionsdaten bestimmt wird, auf dessen Basis dann der endgültige Hashwert des Blocks und die „Nonce" — und damit die Lösung des kryptographischen Problems — bestimmt wird.

7.5 Fazit

Der Energieverbrauch ist ein zentrales und problematisches Themenfeld der (privaten) Kryptowährungen. Einerseits sichert dieser die Dezentralität der Kryptowährung, sodass kein intermediärähnliches Abhängigkeitsverhältnis entstehen kann. Andererseits ist der Energieverbrauch mit einer Vielzahl ökologischer Probleme behaftet, die aus der Emission von Treibhausgasen, die bei der Erzeugung elektrischer Energie aus fossilen Brennstoffen entstehen, resultiert. Dieses Problem betrifft vor allem die „Private Cryptocurrencies", weil diese in besonderem Maße auf Dezentralität und Unabhängigkeit von Intermediären setzen. Im Gegensatz dazu werden „Corporate Cryptocurrencies" (bspw. Libra/Diem) oder das digitale Zentralbankgeld nicht auf einer „public/permissionless blockchain" basieren, sondern durch Zugriffsrechte eine Konsortialblockchain erzeugen, die gegen den unautorisierten Zugriff von außerhalb geschützt ist. Dadurch entfallen nicht nur bestimmte Angriffsvektoren, sondern in der Regel entsteht damit ein Intermediär, der die entsprechenden Zugriffsrechte verwaltet. Weil es aufgrund der schon bestehenden Steuerungsinstanz keinen Schutz vor der Entstehung einer solcher mehr bedarf, entfällt damit die Rechtfertigung für einen hohen Energieverbrauch.

De Vries (2019) argumentiert, dass der Ausstoß an Treibhausgasen pro Transaktion für die Kryptowährung Bitcoin, basierend auf den Energieverbrauchsdaten von 2018, zwischen 233 und 364 Kilogramm Kohlenstoffdioxid liegt, während eine gleichwertige Transaktion über das VISA-Kreditkartennetzwerk Emissionen in Höhe von lediglich 0.8 Gramm Kohlenstoffdioxid generiert. Es liegt nun nahe, den Kryptowährungen hier eine Form der Ineffizienz und Ressourcenübernutzung zu unterstellen. Dieses Argument greift jedoch diesbezüglich zu kurz, als es die unterschiedlichen Typen der Zahlungsdienste nicht berücksichtigt. Zugunsten der Kryptowährungen muss zudem eingebracht werden, dass sich diese — zumindest im Vergleich zu den etablierten Zahlungssystemen — noch in einem frühen Stadium ihrer Entwicklung befinden und von einer wirklichen Marktdurchdringung nicht gesprochen werden kann.

Reduktionen des Energieverbrauchs einer Kryptowährung lassen sich über die Wahl des Konsensusalgorithmus realisieren, sodass bspw. die Umstellung von einem „proof-of-work"-Algorithmus, der auf der Verrichtung von Arbeit und damit letztlich auf dem Verbrauch elektrischer Energie beruht, auf einen anderweitigen Algorithmus, bspw. einen „proof-of-stake"-basierten Ansatz, erwogen werden muss. Alternativ ließe sich argumentieren, dass die verrichtete Arbeit eines „proof-of-work"-basierten Algorithmus mit positiven Externalitäten einhergehen muss, z.B. durch die Suche nach Primzahlen — ein Konzept, dem sich Primecoin verschrieben hat (King 2017). Analog dazu ließen sich weitere forschungsbezogene Aufgabenfelder definieren, die durch den Zusammenschluss von Rechenleistung erarbeitet werden können. Als Beispiel hierfür kann das BOINC[12]-basierte GridCoin-Konzept verstanden werden. Solche positiven Externalitäten mindern zwar den Energieverbrauch nicht ab, gleichfalls können sie die Emission der Treibhausgase nicht verhindern; sie können diese jedoch mit einem zusätzlichen Nutzen versehen. Bei bestehen dieser positiven Externalitäten wäre zu argumentieren, dass diese — zumindest indirekt — einen Teil der Treibhausgasemissionen verursachen und sich dadurch die transaktionsbasierte Emission reduzieren ließe.

[12]Das Akronym BOINC steht für „Berkeley Open Infrastructure for Network Computing" und stellt eine Softwareplattform für dezentrale Berechnungsprozesse von Wissenschaftsprojekten dar.

Tabelle 7.1: Literaturübersicht der Studien zum Energieverbrauch des Bitcoin-Netzwerkes

Studie	Methodik	Schätzung (GW)	Anmerkung
Gallersdörfer et al. (2020)	Netzwerkbasiert	4.29	
Vranken (2017)	Marktbasiert	0.05	Minimum
		0.30	Mittelwert des plausiblen Bereichs
		0.40	bei Einbezug der Transaktionsgebühren (Minimum)
		2.30	bei Einbezug der Transaktionsgebühren (Maximum)
		1.30	bei Einbezug der Transaktionsgebühren, niedrigerer Energiepreis
O'Dwyer und Malone (2014)	Netzwerk	0.10	Minimalwert
		10.00	Maximalwert
		3.00	Schätzung (Vergleich zum Energieverbrauch Irlands)
Stoll et al. (2019)	Marktbasiert	5.23	Maximalwert
de Vries (2018)	Netzwerkbasiert	2.55	Minimalwert
	Marktbasiert	7.67	Maximalwert, 60% für Energiekosten, Ansatz 0.05$ pro kWh
Magaki et al. (2016)	Expertenschätzung	0.30	Minimalwert
		0.50	Maximalwert
Küfeoglu und Özkuran (2019)	Netzwerkbasiert	1.30	Minimum
		14.80	Maximum
Bevand (2017)	Netzwerkbasiert	1.62	Minimum (01/2018)
		3.14	Maximum (01/2018)
		2.10	Best Guess (01/2018)
		0.64	Minimum (07/2017)
		1.25	Maximum (07/2017)
		0.88	Best Guess (07/20217)
		0.33	Minimum (02/20217)
		0.51	Maximum (02/20217)
		0.77	Best Guess(02/20217)
de Vries (2019)		45.66	40.0 TWh in 2018 (Minimum)
		7.11	62.3 TWh in 2018 (Maximum)
Krause und Tolaymat (2018)	Marktbasiert	0.28	
		0.95	
		3.44	
Digiconomist `https://digiconomist.net/bitcoin-energy-consumption/`	Marktbasiert	14.08	
Sedlmeir et al. (2020)	Marktbasiert, Netzwerkbasiert	6.80	
	Netzwerkbasiert	14.27	
Li et al. (2019)	Netzwerkbasiert	2.67	
Cambridge Bitcoin Electricity Consumption Index `https://cbeci.org/`	Netzwerkbasiert	12.19	Schätzung
		4.31	theoretisches Minimum
		25.49	theoretisches Maximum

Literatur

Abadi, Joseph und Markus Brunnermeier (2018). *Blockchain Economics.* Working Paper 25407. National Bureau of Economic Research.

Bagnall, John, David Bounie, Kim P. Huynh, Anneke Kosse, Tobias Schmidt, Scott Schuh und Helmut Stix (2016). Consumer Cash Usage: A Cross-Country Comparison with Payment Diary Survery Data. International Journal of Central Banking, 12 (4): 1–62.

Barrdear, John und Michael Kumhof (2021). The macroeconomics of central bank digital currencies. Journal of Economic Dynamics and Control: im Druck.

Bevand, Marc (2017). *Electricity consumption of Bitcoin: a market-based and technical analysis.* URL: `http://blog.zorinaq.com/bitcoin-electricity-consumption/`.

Blocher, Walter, Andreas Hanl und Jochen Michaelis (2017b). Revolutionieren Kryptowährungen die Zahlungssysteme? Wirtschaftspolitische Blätter, 64 (4): 543–552.

de Vries, Alex (2018). Bitcoins Growing Energy Problem. Joule, 2 (5): 801–805.

de Vries, Alex (2019). Renewable Energy Will Not Solve Bitcoin's Sustainability Problem. Joule, 3 (4): 893–898.

Donet Donet, Joan Antoni, Cristina Pérez-Solà und Jordi Herrera-Joancomartí (2014). „The Bitcoin P2P Network". In: *Financial Cryptography and Data Security.* Hrsg. von Rainer Böhme, Michael Brenner, Tyler Moore und Matthew Smith. Berlin, Heidelberg: Springer Berlin Heidelberg, S. 87–102.

Gallersdörfer, Ulrich, Lena Klaaßen und Christian Stoll (2020). Energy Consumption of Cryptocurrencies Beyond Bitcoin. Joule, 4 (9): 1843–1846.

Hanl, Andreas (2018). *Some Insights into the Development of Cryptocurrencies.* MAGKS Discussion Paper No. 04-2018.

Hanl, Andreas (2022). „Währungswettbewerber Facebook: Ökonomische Implikationen der Corporate Cryptocurrency Libra/Diem". In: *Made in California. Zur politischen Ideologie des Silicon Valley.* Hrsg. von Udo Di Fabio, Julian Dörr und Olaf Kowalski. Beiträge zu normativen Grundlagen der Gesellschaft. Tübingen: Mohr Siebeck, S. 157–187.

Hanl, Andreas und Jochen Michaelis (2017). Kryptowährungen — ein Problem für die Geldpolitik? Wirtschaftsdienst, 97 (5): 363–370.

Hanl, Andreas und Jochen Michaelis (2019). Digitales Zentralbankgeld als neues Instrument der Geldpolitik. Wirtschaftsdienst, 99 (5): 340–347.

Küfeoglu, S. und M. Özkuran (2019). *Energy Consumption of Bitcoin Mining.* Cambridge Working Paper in Economics Nr. 1948, `https://www.repository.cam.ac.uk/bitstream/handle/1810/294129/cwpe1948.pdf?sequence=1`.

King, Sunny (2017). *Primecoin: Cryptocurrency with Prime Number Proof-of-Work.* URL: `http://primecoin.io/bin/primecoin-paper.pdf`.

Krause, Max J. und Thabet Tolaymat (2018). Quantification of energy and carbon costs for mining cryptocurrencies. Nature Sustainability, 1 (11): 711–718.

Landauer, Rolf Wilhelm (1961). Irreversibility and Heat Generation in the Computing Process. IBM Journal of Research and Development, 5 (3): 183–191.

Li, Jingming, Nianping Li, Jinqing Peng, Haijiao Cui und Zhibin Wu (2019). Energy consumption of cryptocurrency mining: A study of electricity consumption in mining cryptocurrencies. Energy, 168: 160–168.

Magaki, Ikuo, Moein Khazraee, Luis Vega Gutierrez und Michael Bedford Taylor (2016). „ASIC Clouds: Specializing the Datacenter". In: *2016 ACM/IEEE 43rd Annual International Symposium on Computer Architecture (ISCA)*. IEEE.

McCook, Hass (2018). *The Cost Sustainability of Bitcoin.* URL: `https://goo.gl/FgqRjV`.

Mir, Usama (2020). Bitcoin and Its Energy Usage: Existing Approaches, Important Opinions, Current Trends, and Future Challenges. KSII Transactions on Internet and Information Systems, 14 (8): 3243–3256.

Narayanan, Arvind, Joseph Bonneau, Edward Felten, Andrew Miller und Steven Goldfeder (2016). Bitcoin and Cryptocurrency Technologies. Princeton Univers. Press.

O'Dwyer, K.J. und D. Malone (2014). „Bitcoin Mining and its Energy Footprint". In: *25th IET Irish Signals & Systems Conference 2014 and 2014 China-Ireland International Conference on Information and Communities Technologies (ISSC 2014/CIICT 2014).* Institution of Engineering und Technology.

Sedlmeir, Johannes, Hans Ulrich Buhl, Gilbert Fridgen und Robert Keller (2020). The Energy Consumption of Blockchain Technology: Beyond Myth. Business & Information Systems Engineering, 62 (6): 599–608.

Stoll, Christian, Lena Klaaßen und Ulrich Gallersdörfer (2019). The Carbon Footprint of Bitcoin. Joule, 3 (7): 1647–1661.

Vranken, Harald (2017). Sustainability of bitcoin and blockchains. Current Opinion in Environmental Sustainability, 28: 1–9.

8 Zielkonflikte in der Entwicklung der Kryptowährungen

8.1 Hinführung

Die bisherigen Ausführungen haben aufgezeigt, mit welcher Bandbreite neue Kryptowährungen entstehen können. Dies betrifft nicht nur ihre Art („Private Cryptocurrency“, „Corporate Cryptocurrency“ oder „Central bank digital currency“), sondern gleichfalls die Ausgestaltung ihrer Wesensmerkmale, bspw. die Wahl des zugrundeliegenden kryptographischen Algorithmus, welches Konsensusschema eingesetzt wird oder mit welchen ökonomischen Anreizmechanismen die Kryptowährung ausgestattet wird. Die Einzelentscheidungen sind dabei nicht immer unabhängig durchführbar (vgl. dazu bspw. Abadi und Brunnermeier 2018). Beispielsweise nimmt die Entscheidung über die Wahl des Konsensusalgorithmus Einfluss auf die Energieintensität der Kryptowährung, sodass hier durchaus ein Entscheidungskonflikt entstehen kann.

Das vorliegende Kapitel nimmt diese Entscheidungskonflikte noch einmal zum Anlass, um bestehende Wechselwirkungen zwischen den Entwicklungsoptionen aufzuzeigen und die dadurch entstehenden Dilemmata aufzuzeigen. Im Fokus muss dabei immer die Zielstellung der jeweiligen Kryptowährung stehen, aus derer sich der Grad der Zielerreichung bemessen muss.

8.2 Zielstellung

Die vorliegende Arbeit unterscheidet im Wesentlichen drei Subtypen der Kryptowährungen: Private Cryptocurrencies, zu denen bspw. der wohl prominenteste Vertreter Bitcoin gehört, Corporate Cryptocurrencies, also Kryptowährungen, die von Unternehmen zur Erreichung eigner Ziele entwickelt und betrieben werden und auf der Technologie der Private Cryptocurrencies beruhen, und das digitale Zentralbankgeld (Central bank digital currencies), die als Subtyp der Kryptowährung gelten könnten, sofern sie mit diesen eine gemeinsame technologische Grundlage teilen. Insbesondere die Einteilung in die letzte Kategorie ist durchaus umstritten (He et al. 2016; Europäische Zentralbank 2012), weil sich staatlich getragene Transaktionssysteme deutlich von ihren privaten Pendants absetzen. Hintergrund dieser Unterteilung sind die regelmäßig deutlich unterscheidbaren Zielfunktionen. „Private Cryptocurrencies“ wie Bitcoin streben in der Regel einen intermediärunabhängigen Prozess an, bspw. zu Etablierung eines Zahlungssystems. Sie nutzen dafür die Distributed Ledger Technology, um die bisher eingesetzten Intermediäre zu ersetzen. Verschwiegen werden kann dabei nicht, dass die verschiedenen Konzepte regelmäßig eine spezielle Ideologie vertreten. Verdeutlichen lässt sich das am Beispiel des Bitcoin-Konzepts: Der erste Block der Bitcoin-Blockchain enthält in seinen Kopfdaten eine Überschrift der Titelseite der britischen Tageszeitung „Times“ vom 03. Januar 2009: „The Times 03/Jan/2009 Chancellor on brink of second bailout for banks“. Diese zusätzliche Datenzeile hat mindestens zwei Bedeutungsebenen: Zum einen verdeutlicht sie, dass der Bitcoin-Genesisblock nicht vor dem 03. Januar 2009 geschaffen worden sein kann, zum zweiten verbirgt sich in der Auswahl der Überschrift eine gewisse Kritik am kapitalistischen System. Der Erzeuger des ersten Bitcoinblocks greift dazu das Thema der Bankenrettung auf, und versucht, den Bitcoin-Ansatz als Lösung zu etablieren. Damit versteht sich diese „Private Cryptocurrency“ als Gegenentwurf zum bisherigen Finanzkapitalismus, der in der Abhängigkeit von zentralen Intermediären die Quelle wirtschaftlicher Verwerfungen verortet und diese daher abzuschaffen versucht. Zu hinterfragen ist, ob auch die Vielzahl der auf das Bitcoin-System folgenden Kryptowährungen eine ähnliche politische Ideologie verfolgen. Carvalho et al. (2020) vergleichen die Entstehung der Linux-Betriebssysteme mit dem Auftreten der Kryptowährungen. Aus dem Vergleich folgern die Autoren, dass sich im Verlauf der Entwicklung die Kryptowährungen immer stärker von der ursprünglichen Bitcoin-Ideologie lösen werden. Mithin ist zu erwarten, dass eine generalisierte Kritik am bestehenden Finanzsystem im Spiegel der möglichen Nutzbarkeiten der Kryptowährungen immer weiter in den Hintergrund treten wird.

Im Gegensatz zu den „Private Cryptocurrencies“ streben die „Corporate Cryptocurrencies“ und das digitale Zentralbankgeld nicht notwendigerweise eine Unabhängigkeit von steuernden Instanzen an. Im Gegenteil benötigen diese Systeme in der Regel eine gewisse Steuerbarkeit, um Impulse eines Entscheidungsgremiums aufnehmen zu können. Die „Corporate Cryptocurrencies“ werden als Zielstellung eine Gewinnmaximierung verfolgen. Dabei kann sich aus der Existenz der Kryptowährung eine Erweiterung der Kundenbasis ergeben, oder aber die Kundenbeziehung zu den bisherigen Kunden wird intensiviert, bspw. durch die Ausweitung der Nutzungsoptionen. Weil die „Corporate Cryptocurrencies“ von einem Unternehmen (bzw. durch ein Konsortium aus ebensolchen) erschaffen und betrieben werden, besteht hier im Gegensatz zu den „Private Cryptocurrencies“ sofort die Möglichkeit der Regulation. Die „Corporate Cryptocurrencies“ werden sich daher eher in den Rahmen bestehender Finanzmarktregularien eingliedern (vgl. dazu bspw. das Libra-Diem-Projekt von Facebook (Hanl 2022)), sodass diese Form der Kryptowährung dem „e-Geld“ im engeren Sinne näher steht als die „Private Cryptocurrencies“. Gleichzeitig kann diese Form der Kryptowährung das Finanzsystem als solches nicht in dem Maße ablehnen, wie es die „Private Cryptocurrencies“ tun. Sie sind daher eher als Weiterentwicklung des bestehenden Finanzsystems zu verstehen, das sich über die neue Erscheinungsform des Geldes Marktfelder erschließt, die bisher nicht oder nicht in diesem Ausmaß durch traditionelle Finanzarchitekturen erfasst werden.

In der Zielstellung grenzt sich insbesondere das digitale Zentralbankgeld von den übrigen Kryptowährungen ab. Als staatlich betriebenes System werden sie sich gesetzlich definierten Zielen, bspw. der Preisniveaustabilität oder der Förderung eines stabilen Wachstumspfades, verschreiben. Die Geldpolitik erweitert durch die Hinzunahme des digitalen Zentralbankgeldes ihren Aktionsradius, wodurch sich der geldpolitische Spielraum erweitert. Insbesondere ist die Ausweitung der Handlungsoptionen in solchen Zeiten nötig, in dem konventionelle geldpolitische Maßnahmen an Wirkung verlieren, bspw. bei lang anhaltenden Niedrigzinsphasen. Diesbezüglich kann die Hinzunahme eines digitales Zentralbankgeldes zur Beseitigung von Friktionen, bspw. der Reduktion der

Nullzinsuntergrenze, beitragen. Bestenfalls ergeben sich durch die neue Transaktionstechnologie höhere Transaktionsgeschwindigkeiten oder Reduktionen der Kosten des operativen Betriebs des Zahlungssystems (Blakstad und Allen 2018). Gegebenenfalls vereinfacht das Eintreten der Zentralbank den Eintritt von (privaten) Akteuren, da die Ausschließbarkeit von Beteiligten durch die reduzierte Abhängigkeit von gewinnorientierten Akteure im Intermediationsprozess zurückgeht. Im Gegensatz zu den „Private Cryptocurrencies“ und im Wesentlichen auch zu den „Corporate Cryptocurrencies“ wird ein digitales Zentralbankgeld nicht auf einen steuerungsfähigen Intermediär verzichten können. Kryptowährungen wie Bitcoin legen bereits bei ihrer Erstellung den „geldpolitischen Angebotspfad“ fest, da sie die Emission neuer Tokens planbar im Protokoll festschreiben. Dadurch erreichen sie die Unabhängigkeit von einem Intermediär, dem sie ideologisch aufgrund des vorhandenen Entscheidungsspielraums eine Mitverantwortung an wirtschaftlichen Verwerfungen zuschreiben. Dazu grenzen sich bereits die „Corporate Cryptocurrencies“ ab, die aufgrund eines Intermediär zumindest theoretisch in der Lage sind, den Emissionspfad neuer Tokens zu variieren. Die hinter Libra respektive Diem stehenden Initiatoren der Corporate Cryptocurrency verzichten jedoch bisher auf die Ankündigung einer aktiven Geldpolitik (Libra Association 2019), viel mehr soll die Emission nur im Tausch gegen staatliches Fiatgeld möglich sein, wodurch die Kryptowährung letztlich die Geldpolitik der nationalen Notenbanken spiegelt.[1] Mit der Ankündigung zur Überarbeitung hin zum Diem-Konzept wird die Reserve zu einer nationalen Reserve werden, sodass die (nationalen) Libra-Diem-Tokens eher einem e-Geld entsprechend ausgestaltet sind. Hinter dieser Ausgestaltung stehen vor allem regulatorische Überlegungen, um ein mittel- und langfristiges Verbot der Corporate Cryptocurrency zu verhindern. Im Ergebnis lässt sich damit festhalten, dass die anderen Formen der Kryptowährungen entweder aus ideologischer Überzeugung, oder aber aus ökonomischem Eigeninteresse auf eine aktive Steuerung des Angebots verzichten. Dem digitalen Zentralbankgeld steht ein solcher Verzicht jedoch nicht zu, da es in Ausübung des geldpolitischen Aktionsradius über aktive Anpassungsmechanismen verfügen muss.

Aus der bisherigen Argumentation ergibt sich ein durchaus heterogenes Zielbild, sofern die Kryptowährung zur Etablierung eines Zahlungssystems dienen soll. Auch wenn der Namensbestandteil „Währung“ es nahelegt, ist der Betrieb einer Zahlungsinfrastruktur nicht unbedingt unmittelbares Ziel jeglicher Kryptowährung. Kryptowährungen können bspw. „Smart Contract“-Systeme entwerfen, die automatisiert bei Vorliegen definierter Voraussetzungen Aktionen auslösen (für eine Einführung vgl. Blocher 2016). Solche Aktionen können bspw. die Durchführung einer Zahlung (bspw. einer Entschädigung bei verspäteten Reiseankünften oder eine Rückerstattung bei Versand oder Rückgabe einer Ware) oder aber die Umschreibung eines Eigentumsrechts[2] sein. Im Rahmen solcher Smart Contracts ist der Betrieb einer Zahlungsinfrastruktur nur mittelbares Ziel, weil sich die Transaktionstoken nur als besondere Form eines Eigentumsrecht abbilden — konkret

[1]Kritisch ist hier allenfalls anzumerken, dass bei fehlender Regulation der Kryptowährung die Effizienz der Geldpolitik sinken kann, da zum traditionellen Bankenwesen, über welches konventionelle Geldpolitik operiert, nunmehr eine Alternative existiert.

[2]Das Eigentumsrecht ist hierbei nicht im engeren juristischen Sinne zu verstehen, sondern eher als Übergang eines innerhalb eines Kryptotransaktionssystems abgebildetem Besitzverhältnisses. Damit ließe sich aus dem dezentralen Speicher ableiten, wer legitim im Besitz eines bestimmten Gutes sein darf.

kodifizieren die Zahlungstoken den Anspruch auf eine künftige Gegenleistung, was sie zumindest in der Theorie bis zu einem gewissen Grad Geldeigenschaften annehmen lassen kann.

Abseits der Erzeugung von Zahlungssystemen eignet sich die Technologie hinter den Kryptowährungen zu weiteren Einsätzen, bspw. die Erzeugung glaubwürdiger Register, aus denen sich die Korrektheit bestimmter Informationen sicher ableiten lässt. Solche Register eignen sich z.B. für den Ersatz öffentlicher Grundbücher (von Wangenheim 2020), elektronisch verifizierbare Abschlusszeugnisse[3], für die Verifikation von elektronisch verfügbaren Dokumenten („proof-of-existence")[4] oder aber auch als Lizenzdatenbank für die Verwaltung von Verwertungsrechten und Softwarelizenzen (Blocher et al. 2017a). Grundsätzlich ließen sich Eigentumsverhältnisse auf dezentralen Registern abbilden, wodurch sich letztlich reale Güter zu Sicherung von Geschäftsbeziehungen nutzen ließen (da Costa Cruz et al. 2019). Solche Register lassen sich zudem einsetzen, um die Herkunft einer Ware entlang ihrer „Supply Chain" nachvollziehen zu können (für eine Literaturübersicht siehe bspw. Duan et al. 2020).

8.3 Notwendigkeit des Blockchain-Einsatzes

Unabhängig von der Frage, welche Zielstellung die jeweilige Kryptowährung bzw. das Krypto-Transaktionssystem verfolgt, stellt sich die Frage, ob für diesen Einsatz zwingend die Blockchain-Technologie als technologische Basis erforderlich ist, oder ob sich nicht mit einer anderen Speicherungsform die Datenhaltung effizienter gestalten ließe. Der Frage, ob der Einsatz einer Blockchain notwendig ist, gehen auch Wüst und Gervais (2017) nach und bieten zur Beantwortung vier bis sechs Fragen an, die Anwendern bei der Entscheidung behilflich sein sollen:

1. Ist die Speicherung von Zustandsdaten erforderlich?
2. Existieren mehrere Instanzen mit Schreibrechten?
3. Kann nicht auf eine dauerhaft verfügbare vertrauenswürdige Drittpartei zurückgegriffen werden?
4. Gibt es nicht vollständig identifizierbare Instanzen mit Schreibrechten?

Werden alle diese Fragen bejaht, ist nach der Klassifikation von Wüst und Gervais (2017) eine „permissionless blockchain" als Datenspeicherung indiziert. Sobald die oben gestellten Fragen nicht durchgehend bejaht werden können, ergeben sich stufenweise Abweichungen von der Notwendigkeit der Blockchain-Technologie, die von der Einschränkung der Zugriffs- und Leserechte bis zur Ablehnung des Einsatzes der Blockchain-Technologie reichen können.

[3]Solche elektronisch durch eine Blockchain-Lösung verifizierbaren Zeugnisse setzt bspw. die zypriotische University of Nikosia ein.

[4]Einen solchen Dienst nutzt bspw. die Wirtschaftskammer Österreich (WKO) zur Echtheitsprüfung interner Dokumente sowie gleichfalls im externen Geschäftsverkehr. Ähnlich operiert die „Austrian Public Service Blockchain", die im Rahmen eines „proof-of-existence" die Möglichkeit bietet, nachzuweisen, ob ein Dokument in der vorgelegten Form zu einem bestimmten Zeitpunkt existiert hat. Für den privatwirtschaftlichen Sektor sind ähnliche Dienste denkbar.

Wüst und Gervais (2017) eruieren mit ihrer letzten Fragestufe, ob die Schreibinstanzen bekannt sind. Ist dies der Fall, wäre im anschließenden Schritt zu prüfen, ob die Schreibinstanzen vertrauenswürdig sind. Sollten diese Bedingungen gegeben sein, ist vom Einsatz der Blockchain-Technologie abzuraten, weil die Datenhaltung dann auf anderen Wegen effizienter zu organisieren ist. Sofern die Schreibinstanzen bekannt und vertrauenswürdig sind, ist davon auszugehen, dass die Instanzen regelkonform arbeiten und fehlerhafte Datensätze zu ihrem Ursprung rückverfolgbar sind. Aufgrund der Rückverfolgbarkeit wären Instanzen, die nicht regelkonform arbeiten, vom System ausschließbar. Sind die Schreibinstanzen zwar bekannt, aber nicht vertrauenswürdig, ist das Gewinnen eines Konsenses über die Statusdaten erforderlich, was grundsätzlich für den Einsatz der Blockchain-Technologie spricht. Aufgrund der Bekanntheit der Schreibinstanzen und dem Umstand, dass alle unbekannten respektive unberechtigten Instanzen von der Nutzung der Speichertechnologie auszuschließen sind, resultiert eine „permissioned blockchain". In Abhängigkeit davon, ob eine öffentliche Verifikation der Daten erforderlich ist, resultiert dann die Öffentlichkeit bzw. Nicht-Öffentlichkeit der zugriffsbeschränkten Blockchain.

Die Verneinung der ersten drei Fragen führt in der Taxonomie von Wüst und Gervais (2017) zur Ablehnung des Blockchain-Einsatzes. Die Gründe dafür sind schnell erläutert: Sofern die Datenspeicherung nicht erforderlich ist, entfällt sofort die Grundlage für die Blockchain-Technologie, die letztlich den Verlauf von Zustandsdaten sichert. Zudem ist zu fragen, ob die Datenerzeugung von verschiedenen Instanzen vorgenommen werden muss. Existiert lediglich eine Instanz mit Schreibrechten, ist der Einsatz einer Blockchain nicht erforderlich, weil es keine konfliktbehafteten Unterschiede zwischen den Schreibinstanzen geben kann. Der Einsatz einer Technologie, die einen Konsens über unterschiedliche Datenherkünfte herstellen kann, ist damit nicht erforderlich.

Ist die Speicherung von Zustandsdaten erforderlich und existieren verschiedene Instanzen, die Daten erzeugen und in den Verlauf schreiben können sollen, ist im dritten Schritt zu prüfen, ob eine vertrauenswürdige Drittinstanz die Verifikation vornehmen kann (Wüst und Gervais 2017). Sofern eine solche Instanz dauerhaft verfügbar ist, kann auf die aufwändige Determination durch den Konsensusalgorithmus verzichtet werden, sodass die Effizienz der Speicherung steigt. Zu fragen ist dabei nicht nur, ob eine solche Instanz bereits existiert, sondern gleichfalls, ob eine solche Instanz mit geringerem Aufwand, verglichen mit dem Betrieb der Blockchain, generiert werden kann. Intermediäre wie PayPal existieren aus dieser Überlegung heraus, da Zahlungen über das Internet in dessen Anfangsjahren aufgrund fehlender Verschlüsselung problematisch waren (Narayanan et al. 2016) und die Nakamoto (2008)-Lösung des „double spending"-Problems (noch) nicht verfügbar war.

Entscheidend wird die Frage sein, ab wann eine Drittpartei als vertrauenswürdig zu erachten ist. Letztlich wird diese Frage nicht nur aus der Historie des Intermediärs beantworten lassen, ob dieser in der Vergangenheit für fehlerhafte Feststellung verantwortlich war. Von weiterer Relevanz ist die Zielfunktion des Intermediärs, insbesondere in Bezug darauf, ob zwischen ihm und den anderen Akteuren des Transaktionssystems Konflikte entstehen können. Denkbar wäre hier eine Argumentation entlang eines Principal-Agent-Problems, sodass der Intermediär aufgrund seiner ökonomischen Anreizmechanismen nicht oder nicht vollständig im Interesse des datenerzeugenden Netzwerkes handelt. Die Einschätzung, ob eine Vertrauenswürdigkeit vorliegt, wird dabei nicht unabhängig von der ideologischen Ausrichtung des Systems beantwortbar sein, sodass „Private Cryptocurrencies" eher zu dem Schluss kommen werden, dass entscheidungsfähige Drittparteien nicht vertrauenswürdig sind, weil diese ihren Einfluss zur Destabilisierung des Systems nutzen könnten.[5]

Der Frage, wann die Blockchain-Technologie gegenüber einem zentralen Intermediär vorteilhaft ist, gehen gleichfalls Abadi und Brunnermeier (2018) nach. Als „blockchain trilemma" definieren die Autoren dabei das Spannungsfeld aus Korrektheit, Dezentralisierung und Kosteneffizienz. Diese drei Kriterien bilden die Eckpunkte eines Zielsystems. Die Zielstellungen sind dabei keinesfalls komplementär, sondern stehen in einer Konfliktbeziehung. Im Sinne eines Trilemmas ist demnach eine vollständige Erfüllung aller Ziele nicht möglich, wenigstens eine Zieldimension ist bei der Initiation einer Kryptowährung aufzugeben. Das Ziel der Datenkorrektheit wird als Zielstellung nicht aufzugeben sein, da die Existenz des Kryptowährungstransaktionssystems auf der Validität der Daten beruht. Folglich lässt sich der Zielkonflikt auf das Verhältnis zwischen Dezentralität und Kosteneffizienz reduzieren. Als Eckpunkte ließen sich damit die beiden Extremfälle konstruieren: ein vollständig dezentralisiertes System, das den Informationsspeicher auf verschiedenen Instanzen verteilt und synchronisiert, dafür aber vergleichsweise ressourcen- und damit kostenintensiv ist, einerseits, andererseits ließe sich ein maximal kosteneffizientes System konstruieren, dass die notwendigen Transaktionsdaten auf der für die Ausfallsicherheit minimal erforderlichen Anzahl an Instanzen vorgehalten werden.[6]

Abadi und Brunnermeier (2018) argumentieren, dass kein Transaktionssystem die genannten Zielstellung vollumfänglich bedienen kann. Zur Untersuchung nutzen die Autoren ein spieltheoretisches Modell, in dem Nutzer zwischen verschiedenen, miteinander im Wettbewerb stehenden Transaktionsspeichern wählen können. Als Wesensmerkmal sind im Modell die Portabilität von Informationen sowie der freie Eintritt neuer Schreibinstanzen abgebildet. Die Autoren zeigen — unter der Annahme von Netzwerkexternalitäten —, dass portable Informationen zwischen den Transaktionsspeichern die Verzerrung zugunsten der zuerst bestehenden Blockchain aufheben können. Dadurch vereinfacht sich die Koordination innerhalb der Nutzergruppe, sodass sich letztlich ein dominantes System durchsetzen kann. Der durch den freien Markteintritt entstehende Wettbewerb zwischen den Betreibern der Blockchain erzeugt für diese den Anreiz, den Transaktionsspeicher zu betreiben, der für die Nutzer vorteilhaft ist. Im Gegensatz zu den offenen Blockchain-Systemen stehen die Transaktionssysteme, bei denen Informationen nicht übertragbar sind. Die Monopolisierung der Informationsverwaltung schützt hier bestehende Systeme und erschwert den Übergang zu neuen Gleichgewichten, wodurch sich negative

[5] Diese Argumentation unterschlägt allerdings, dass es seitens des Intermediärs durchaus eine Zielstellung geben kann, die positiv von der weiteren Existenz des neuen Transaktionssystems abhängig ist. Handlungen, die zu einer Schädigung des Transaktionssystems führen, können demnach die Gewinne des Intermediärs schädigen und sind daher nicht anreizkompatibel.

[6] Kernpunkt dieser Argumentation ist der Umstand, dass vollständig dezentralisierte Systeme mehr Kopien der Daten vorhalten, als für den Betrieb des Systems unbedingt notwendig ist. Es ist anzunehmen, dass mehrere Kopien der Transaktionsdaten ebenso im Fall eines zentralisierten Systems erforderlich sind, um die Ausfallsicherheit des Systems zu garantieren. Das Maß an redundanter Datenhaltung ist bei dezentralen System aber ungleich höher, sodass in diesem Fall davon auszugehen sein wird, dass ein Teil der Daten nicht mehr signifikant zur Erhöhung der Ausfallsicherheit beiträgt, sodass bei einigen Speicherinstanzen die Kosten der Speicherung den Nutzen aus der Erhöhung der Resilienz des Systems übersteigen.

Wohlfahrtseffekte bilden können. Dieses Problem müssen gleichfalls die geschlossenen, d.h. „permissioned", Blockchains lösen, da bei diesen eine freie Übertragbarkeit der über den Nutzer gespeicherten Informationen regelmäßig nicht vorgesehen ist. Entstehen können dabei Gleichgewichte, die aufgrund der Monopolstellung der Betreiber des Transaktionssystems nicht wohlfahrtsoptimal sind.

Abadi und Brunnermeier (2018) untersuchen ebenfalls die Anreizmechanismen, die eine korrekte Abbildung der Wirklichkeit in den Daten der Betreiber des Transaktionssystems verursachen. Zentrale Intermediäre können ausschließlich durch die Abschöpfung zukünftiger Gewinne sanktioniert werden. Diese Gewinne müssen folglich hinreichend groß sein, damit durch deren potentiellen Verlust ein Abweichen von den zum korrekten Ergebnis führenden Regularien verhindert wird. Im Gegensatz dazu ließen sich im Falle einer Blockchain vergangene Zustände wiederherstellen, sodass ein Angriff reversibel sein kann.[7] Daraus folgt, dass die Kosten für einen erfolgreichen Angriff vergleichsweise hoch sein müssen, damit der Anreiz zum Missbrauch des Systems gering ist. Abadi und Brunnermeier (2018) folgern daraus, dass blockchain-basierte Transaktionssysteme das Ziel der Kosteneffizienz für die Ziele der Korrektheit und Dezentralisierung aufgeben.

Insgesamt bleibt damit festzuhalten, dass der Einsatz der Blockchain-Technologie nur dann angeraten ist, wenn eine Datenerzeugung und -speicherung dezentral und anonym respektive pseudonym nötig ist. Die Blockchain ist dabei im Wesentlichen eine Speichertechnologie, die aufgrund der von Nakamoto (2008) vorgeschlagenen Lösung ohne den Einsatz eines vertrauenswürdigen Intermediärs auskommt. Bei der Erschaffung eines kryptographiebasierten Transaktionssystems wird dabei abzuwägen sein, ob die Erträge der Dezentralisierung die Kosten des Verzichts auf einen vertrauenswürdigen Intermediär überwiegen. Anders formuliert ließe sich auch festhalten, dass die Marktverzerrungen eines intermediär-getragenen Gleichgewichtes derart groß sein müssen, dass sie den kostenintensiven Einsatz der Blockchain-Technologie rechtfertigen.

8.4 Auswahl der Design-Elemente einer Kryptowährung

Hat sich der Erschaffer eines kryptographiebasierten Transaktionssystems für den Einsatz der Blockchain entschieden, bieten sich verschiedene Elemente an, über deren Einsatz er entscheiden kann. Für die Erstellung einer Kryptowährung kann der Ansatz von Nakamoto (2008) als Vorlage dienen, der ein funktionsfähiges Grundraster einer Kryptowährung vorgibt und der nur an den gewünschten Stellen abzuändern wäre. Im Wesentlichen ließe sich das Bitcoin-Protokoll in seinen ursprünglichen Eigenschaften wie folgt beschreiben:

- Bitcoin ist eine Kryptowährung, die auf einer Proof-of-Work-gesteuerten Blockchain basiert.
- Ein Bitcoin ist in 100 Millionen Unterheiten („Satoshi") unterteilbar.
- Der Abstand zwischen zwei Blöcken beträgt ungefähr zehn Minuten.

[7] Hingewiesen werden muss jedoch auf das bestehende Risiko einer „hard fork", sodass sich beim Zurücksetzen des Systems ein Teil der Nutzer absetzen könnte und die Daten, die zwischen dem Angriff und dem Zeitpunkt des Zurücksetzens entstanden sind, als legitim erachten könnte.

- Um den Abstand zwischen zwei Blöcken näherungsweise konstant zu halten, wird die Schwierigkeit des kryptographischen Problems alle 2016 Blöcke angepasst.
- Die Anpassung der „Difficulty“ geschieht nicht mehr als um den Faktor vier.
- Die Betreiber der Bitcoin-Blockchain (Miner) erhalten für die Erzeugung eines neuen Blocks eine Belohnung, die zu Beginn 50 Bitcoin beträgt und sich dann alle 210.000 Blöcke halbiert. Die Halbierung geschieht solange, bis eine weitere Teilung nicht mehr möglich ist. Danach werden keine neue Tokens mehr erzeugt.
- Zusätzlich zu den neu geschaffenen Tokens erhalten die Miner die Transaktionsgebühr, die sich als Differenz zwischen Input- und dem Output-Betrag ergibt.
- Für die Speicherung von Transaktionen innerhalb eines Block steht ein Speichervolumen von ungefähr einem Megabyte zur Verfügung.
- Bitcoin basiert auf dem SHA-3-256-Algorithmus. Für die Lösung des kryptographischen Problems ist es erforderlich, dass der Hashwert des Blocks einen (dynamisch) bestimmbaren Zielwert unterschreitet.

Entlang dieser Konzeption lässt sich nun der Aufbau eines (neuen) Transaktionssystems konstruieren. Zuerst ist die Zielstellung zu definieren, also welchen Zweck das Transaktionssystem verfolgen soll, bspw. ob ein Zahlungssystem, ein Register realer oder digitaler Güter, oder ein Smart Contract System erzeugt werden soll. Anhand der Systematik von Wüst und Gervais (2017) und Abadi und Brunnermeier (2018) ist dann bestimmbar, ob dem Transaktionssystem sodann eine Blockchain zugrundezulegen ist, wobei der Zielkonflikt, der in der Systematik von Abadi und Brunnermeier (2018) zwischen Dezentralität und Kosteneffizienz entsteht, hierbei besonders hervorzuheben ist.

Entscheidet sich der Erschaffer für ein Blockchain-getragenes System, ist sodann eine Entscheidung über den Konsensusalgorithmus herbeizuführen. Hier sind bspw. Proof-of-Work-Systeme gegen Proof-of-Stake-Systeme abzuwägen. Proof-of-Work-Systeme sind dabei vergleichsweise energieintensiv, wobei der Energieverbrauch dabei häufig mit einer Verschwendung von Ressourcen in Verbindung gebracht wird, da abseits der Sicherung des Systems keine positive Externalität entsteht.[8] Dafür eignen sich Proof-of-Work-basierte Systeme bereits zu Beginn des Lebenszyklus, da in dieser Phase die Anteile innerhalb der Miner heterogen verteilt sein können. Denkbar ist bei der Wahl des Konsensusschemas der Einsatz verschiedener Algorithmen über den Lebenszyklus des Transaktionssystems hinweg.

Die Granularität der Tokens wird sich aus dem beabsichtigten Einsatzzweck bestimmen lassen. Für den Einsatz als Währungssubstitut wendet bspw. Yermack (2015) ein, dass eine zu hohe Granularität die Nutzer negativ beeinflussen könnte, weil diese eine Vielzahl an Nachkommastellen aus der täglichen Verwendung nicht gewöhnt seien.

Der zeitliche Abstand zwischen den Blöcken bestimmt die (Mindest-)Verifikationsdauer einer Transaktion. Unterstellt man, dass eine Bitcoin-Transaktion nach sechs Blöcken als

[8]Diesbezüglich ergibt sich wiederum ein Ausgestaltungsspielraum für den Erschaffer, der durchaus einen „Proof-of-Work“-Algorithmus erzeugen kann, der positive Externalitäten erzeugt und dessen Betrieb daher für sich genommen wertvoll sein kann.

verifiziert gilt[9], ergibt sich damit ein Mindestbestätigungszeit von einer Stunde. Eine Zahlungsbestätigung binnen einer Stunde mag im Vergleich zu einer klassischen Überweisung vergleichsweise schnell sein, im Vergleich zu einer quasi-instantan bestätigten Zahlung mit einem Barzahlungsmittel ist diese Zeitspanne vergleichsweise lang. Entscheidend ist daher der intendierte Einsatzort der Kryptowährung und die Frage, ob Wartezeiten bis zur Bestätigung und damit zur Übergabe der Ware oder der Ausführung der Dienstleistung vertretbar sind. Eine Verkürzung der Zeitspanne reduziert jedoch nicht nur die Zeit, bis zu der eine Transaktion als final bestätigt gilt, sondern auch die Zeitdauer, in der sich der neue Block innerhalb des Netzwerkes verteilen kann. Ein hochkonnektives Netzwerk ist zum Einen nötig, damit alle Netzwerkteilnehmer über eine gemeinsame Datenbasis verfügen können, zum Anderen, damit sich die Wahrscheinlichkeit eines unbeabsichtigten „block withholding“ reduziert. Dabei handelt es sich um ein Phänomen, bei dem einige Miner bereits über die aktualisierten Informationen verfügen und darauf aufbauend bereits die Arbeit an einem neuen Block beginnen, während andere Teile des Netzwerk aufgrund reduzierter Konnektivität oder der verzögerten Transmission der Informationen diese Aufgabe noch nicht beginnen können. Dadurch werden zumindest bei Teilen von Minern Ressourcen ineffizient eingesetzt. Letztlich kann daraus eine Instabilität des Netzwerks entstehen, die diesem langfristig schädlich sein kann. Je nach Ausrichtung des Netzwerks, der geographischen Lokalisation der Miner sowie der vorgeschlagenen Anzahl an Verbindungen zwischen den Netzwerkteilnehmern ist daher eine Untergrenze der Bestätigungszeit zu etablieren, um grundlegende Stabilität für das Netzwerk zu erreichen. In diesem Zusammenhang ist ebenso die Wahl der speichermäßigen Blockgröße relevant. Größere Blöcke benötigen längere Übertragungszeiten, sodass eine möglichst große Zahl an Transaktionen (die letztlich verbunden ist mit einem höheren Speicherplatzbedarf) aufgrund der Latenz des Netzwerks mit der Stabilität desselben konkurriert.

Ökonomisch sind die Kryptotransaktionssysteme von ihrer anreizbasierten Ausgestaltung abhängig. Dies gilt umso mehr, je unabhängiger sie von dritten Einnahmequellen sind, damit also insbesondere für „Private Cryptocurrencies“: Die „Corporate Cryptocurrencies“ betreiben die Technologie aus ihrem Gewinnmaximierungskalkül heraus. Zumeist wird die Technologie dazu eingesetzt werden, um das bestehende Geschäftsmodell intensiver nutzen zu können und dessen Rentabilität zu steigern. Die Gewinne resultieren damit nicht notwendigerweise aus der Technologie selbst, sondern aus dem intensiver genutzten Geschäftsmodell. Damit ist es nicht notwendig, dass die ökonomischen Anreizmechanismen dazu führen, dass sich das Transaktionssystem geschlossen selbst trägt, solange die resultierenden Externalitäten groß genug sind, um die Kosten aus dem Betrieb des Systems zu decken. Eine ähnliche Argumentation greift für das digitale Zentralbankgeld. Für die Notenbanken steht dabei in der Regel nicht die Maximierung eines bilanziellen Gewinns im Fokus, sondern die Optimierung ihrer geldpolitischen Zielfunktion. Die Kosten der Technologie sind demnach abzuwägen gegen die Effizienzsteigerung durch die Erweiterung des geldpolitischen Instrumentariums. Die Anreize zur Partizipation werden dabei insbesondere durch die

[9]Die Zahl der notwendigen Bestätigungen ergibt sich dabei aus einer Wahrscheinlichkeitskalkulation, bei der zu einem vorgegebenen Wahrscheinlichkeitsniveau auszuschließen ist, dass die Transaktion durch einen Angriff nicht bestehen bleibt. Ein Beispiel für eine solche Kalkulation findet sich bei Nakamoto (2008).

Emission neuer Tokens als Gegenleistung für das Schürfen neuer Blöcke der Blockchain gesetzt.

Die Emission neuer Tokens definiert die geldpolitische Ausrichtung des Transaktionssystems. Zentral gesteuerte Systeme, wie sie bspw. bei den „Corporate Cryptocurrencies“ oder dem digitalen Zentralbankgeld zu verorten sind, haben die Möglichkeit, diskretionäre Geldpolitik zu betreiben. Die Vorgabe einer expliziten Regel oder eines vordefinierten Pfades ist nicht zwingend protokollseitig notwendig. Die Zielfunktion der Emissionspolitik wird diesbezüglich also extern vorgegeben. Im Widerspruch stehen dazu die „Private Cryptocurrencies“, deren Emission neuer Tokens protokollintern festgeschrieben ist. Diese Festschreibung unterstreicht die ideologische Grundausrichtung der privaten Kryptowährungen, die sich gegen die diskretionäre Entscheidungspolitik der staatlichen Notenbanken stellen.

Zweiter Teil der Vergütungsstruktur sind die Transaktionsgebühren, deren Höhe sich bei vorgegebener Blockgröße aus der Dynamik des Netzwerkes ergibt. Die Ausgestaltung der Transaktionsgebühren interferiert diesbezüglich mit der Stabilität des Netzwerks. Bei der Erschaffung eines neuen Transaktionssystems ist daher zu entscheiden, ob eine absolute oder relative Mindestgebühr vorgeschrieben sein soll. Über eine solche Mindestgebühr kann die Vergütung der Miner (teilweise) abgesichert werden. Allerdings werfen Mindestgebühren die Problematik auf, dass kleine Transaktionsvolumina aus dem System verdrängt werden und das System eben nicht mehr für alle Transaktionen offen ist.[10] Andererseits konkurriert das Transaktionssystem über die Höhe der Gebühr mit anderen Systemen am Markt. Die Einführung einer Mindestgebühr ist hier klarer Wettbewerbsnachteil, weil sie zum Abwandern von Transaktionen in Konkurrenzsysteme führt.

Kryptowährungen — bzw. Krypto-Transaktionssysteme allgemein — basieren auf dem Einsatz von Kryptographie. Die konkrete Ausgestaltung findet sich in der Regel in der Bestimmung von Hashwerten, sei es in Form von Verbindungselementen zwischen Elementen der Blockchain, oder aber als Basis eines kryptographischen Problems, das die Miner im Rahmen des Konsensusalgorithmus lösen. Die Wahl des Algorithmus hat dabei Auswirkungen auf die Ausgestaltung des Minings, da bestimmte (Kombinationen von) Algorithmen mit bestimmten Hardwarekomponenten erzeugbar sind, bspw. durch den Einsatz von ASICs, die letztlich dazu führen können, dass keine stabile Dezentralität entsteht. Zu berücksichtigen ist dabei gleichfalls der angestrebte Konsensalgorithmus, da dieser ebenfalls Einfluss auf das Mining Einfluss nimmt.

8.5 Fazit

Das Entstehen eines neuen Transaktionssystems geht mit einer Vielzahl an Entscheidungsoptionen und -freiheiten einher. In ihrer Kombination ergeben sie eine Vielzahl

[10] In der Kostendebatte wird dabei zumeist vernachlässigt, dass sich aus der Nutzung der Kryptowährung für den Zahlungssender oder den Zahlungsempfänger positive Externalitäten ergeben können. Aufgrund ihrer pseudonymen Struktur eignen sich Kryptowährungen daher besonders für Transaktionen, bei denen Zahlungssender und Zahlungsempfänger nicht identifiziert werden wollen. Die Gebührendifferenz aus der Nutzung des Kryptowährungssystems gegenüber einem traditionellen Zahlungssystem kann daher als Preis der Anonymität verstanden werden.

möglicher Ergebnisse, sodass sich das Transaktionssystem durch die Anpassung einzelner Parameter an den vorgesehenen Einsatzzweck anpassen lässt. Die Vielzahl der am Markt existierenden Kryptowährungen belegt diese Wandlungsfähigkeit. Das vorliegende Kapitel zeigt dabei jedoch, dass durchaus Abhängigkeiten zwischen den verschiedenen Entscheidungsoptionen existieren. Abadi und Brunnermeier (2018) zeigen dabei einen der wohl wichtigsten Zielkonflikte auf: Für das Ziel der Dezentralität und Korrektheit des Transaktionsspeichers verzichten die Kryptowährungen auf das Ziel der Kosteneffizienz, zumeist aus einer ideologischen Überzeugung heraus. Damit gilt auch für die kryptographiebasierten Transaktionssysteme, dass eine kostenlose Zielerreichung nicht möglich ist.

In der bisherigen Debatte unberücksichtigt waren die sozialen Effekte der Erschaffung respektive Nutzung einer Kryptowährung. Der Einsatz eines Zahlungssystems ist nicht frei von ethischen Fragen. Insbesondere die Festlegung einer Vertragsseite auf eine bestimmte Zahlungsform schafft eine Asymmetrie, die ethische Fragestellungen provoziert. Eine Analyse dieser Fragestellungen findet sich bspw. bei Angel und McCabe (2014).

Literatur

Abadi, Joseph und Markus Brunnermeier (2018). *Blockchain Economics.* Working Paper 25407. National Bureau of Economic Research.

Angel, James J. und Douglas McCabe (2014). The Ethics of Payments: Paper, Plastic, or Bitcoin? Journal of Business Ethics, 132 (3): 603–611.

Blakstad, Sofie und Robert Allen (2018). „Central Bank Digital Currencies and Cryptocurrencies“. In: *FinTech Revolution.* Springer International Publishing, S. 87–112.

Blocher, Walter (2016). The next big thing: Blockchain — Bitcoin — Smart Contracts. Anwaltsblatt, (8+9): 612–618.

Blocher, Walter, Alexander Hoppen und Peter Hoppen (2017a). Report und Technik. Softwarelizenzen auf der Blockchain. Computer und Recht, 33 (5).

Carvalho, Arthur, Chaitanya Sambhara und Patrick Young (2020). What the History of Linux Says About the Future of Cryptocurrencies. Communications of the Association for Information Systems: 18–29.

da Costa Cruz, Janina, Aenne Sophie Schröder und Georg von Wangenheim (2019). „Chaining Property to Blocks – On the Economic Efficiency of Blockchain-Based Property Enforcement“. In: *Business Information Systems Workshops.* Springer International Publishing, S. 313–324.

Duan, Jiang, Chen Zhang, Yu Gong, Steve Brown und Zhi Li (2020). A Content-Analysis Based Literature Review in Blockchain Adoption within Food Supply Chain. International Journal of Environmental Research and Public Health, 17 (5): 1784.

Europäische Zentralbank (2012). *Virtual Currency Schemes.* URL: `https://www.ecb.europa.eu/pub/pdf/other/virtualcurrencyschemes201210en.pdf`.

Hanl, Andreas (2022). „Währungswettbewerber Facebook: Ökonomische Implikationen der Corporate Cryptocurrency Libra/Diem“. In: *Made in California. Zur politischen Ideologie des Silicon Valley.* Hrsg. von Udo Di Fabio, Julian Dörr und Olaf Kowalski. Beiträge zu normativen Grundlagen der Gesellschaft. Tübingen: Mohr Siebeck, S. 157–187.

He, Dong, Karl Habermeier, Ross Leckow, Vikram Haksar, Yasmin Almeida, Mikari Kashima, Nadim Kyriakos-Saad, Hiroko Oura, Tahsin Saadi Sedik, Natalia Stetsenko und Concepcion Verdugo-Yepes (2016). *Virtual Currencies and Beyond: Initial Considerations.* URL: `http://www.imf.org/external/pubs/ft/sdn/2016/sdn1603.pdf`.

Libra Association (2019). *Einführung in Libra.* URL: `https://libra.org/de-DE/wp-content/uploads/sites/14/2019/06/LibraWhitePaper_de_DE-2.pdf`.

Nakamoto, Satoshi (2008). *Bitcoin: A Peer-to-Peer Electronic Cash System.* URL: `https://bitcoin.org/bitcoin.pdf`.

Narayanan, Arvind, Joseph Bonneau, Edward Felten, Andrew Miller und Steven Goldfeder (2016). Bitcoin and Cryptocurrency Technologies. Princeton Univers. Press.

von Wangenheim, Georg (2020). „Blockchain-Based Land Registers: A Law-and-Economics Perspective“. In: *Disruptive Technology, Legal Innovation, and the Future of Real*

Estate. Hrsg. von Amnon Lehavi und Ronit Levine-Schnur. Springer International Publishing, S. 103–122.

Wüst, Karl und Arthur Gervais (2017). *Do you need a Blockchain?* Cryptology ePrint Archive, Report 2017/375. `https://eprint.iacr.org/2017/375`.

Yermack, David (2015). „Is Bitcoin a Real Currency? An Economic Appraisal“. In: *Handbook of Digital Currency*. Hrsg. von David Lee Kuo Chuen. Elsevier, S. 31 –43.

Teil III

Blockchain und monetäre Ökonomik

9 Zahlungssysteme[1]

9.1 Hinführung: Distributed Ledger Technology und Kryptowährungen als Herausforderung für Notenbanken und Finanzintermediäre

Den Termin für die Publikation seines bahnbrechenden Beitrags „Bitcoin: A Peer-to-Peer Electronic Cash System" (Nakamoto 2008), mit dem er zeigte, wie sich ein Zahlungsinstrument ohne die Mitwirkung von Staaten, Notenbanken oder Geschäftsbanken realisieren lässt, wählte Satoshi Nakamoto bestimmt nicht zufällig: Es war der 31. Oktober 2008, mithin der Weltspartag unmittelbar nach dem Zusammenbruch der Investmentbank Lehman Brothers und dem dadurch markierten Höhepunkt der Weltfinanzkrise, in deren Verlauf die Vertrauenswürdigkeit von Finanzinstitutionen in der öffentlichen Wahrnehmung massiv erodierte (vgl. Blocher 2016).

Durch die kreative Verknüpfung von in der Informatik und in der Kryptographie seit Jahrzehnten gängiger Methoden und Konstrukte (asymmetrische Verschlüsselung, Hash-Werte, Merkle-Trees, Proof-of-Work) zeigte er, wie sich durch eine sog. „Blockchain" in einem Peer-to-Peer-Netzwerk die Gefahr des „Double Spending" digitaler Assets bannen lässt, ohne dafür auf „vertrauenswürdige Dritte", etwa kontoführende Stellen, angewiesen zu sein. Damit schuf er die Grundlage für auf Tausende oder Millionen von Rechnern verteilte Verzeichnisse (daher „Distributed Ledger Technology", DLT), in die jedermann Einblick nehmen und schreiben, aus denen aber nichts mehr gelöscht werden kann. Erstmals in der Geschichte der Menschheit sind damit Aufzeichnungen möglich, die durch niemanden gefälscht, zerstört oder unterdrückt werden können und dadurch auch keinerlei Zensur unterliegen. Mit dem schlagwortartigen Oxymoron „Trustless Trust" wird der Umstand beschrieben, dass man sich auf die Ergebnisse eines derartigen Systems verlassen kann, ohne dabei den Akteuren (gemeint sind hier Transaktionspartner, Knoten und Miner) Vertrauen zu schenken[2]. Das gilt freilich nur für das jeweilige Protokoll-Token, bei der Bitcoin-Blockchain etwa für das gleichnamige Zahlungsinstrument Bitcoin, da nur dieses innerhalb des kryptographisch abgesicherten Transaktionsraums und ausschließlich nach den vom spezifischen Protokoll der Blockchain vorgegebenen Regeln erzeugt wird.

Unter einer interessenspolitischen Perspektive ist es verständlich, dass Geschäftsbanken,

[1]Dieses Kapitel ist in Zusammenarbeit mit Walter Blocher und Jochen Michaelis entstanden. Es erschien als Walter Blocher et al. (2017b). Revolutionieren Kryptowährungen die Zahlungssysteme? Wirtschaftspolitische Blätter, 64 (4): 543–552.

[2]Absender und Empfänger einer Blockchain-Transaktion müssen allerdings auf das Funktionieren der Technologie und ggf. der verwendeten Schnittstellen (Börsen, Zahlungsdienstleister, Hersteller der Wallet-Software) vertrauen. Mithin ist nicht von dem Wegfall der Intermediäre oder der fehlenden Notwendigkeit von Vertrauen zu sprechen, sondern von einem Austausch der Institutionen, denen vertraut wird.

nachdem sie das direkt gegen sie gerichtete Bedrohungspotenzial der Kryptowährungen erkannt hatten, in einer Art Flucht nach vorne das Mantra prägten, Bitcoin und andere Kryptowährungen hätten kaum Zukunft, um im gleichen Atemzug die diesen zugrundeliegende Blockchain-Technologie zu preisen. Freilich lässt sich darin die Strategie erkennen, die auf die Eliminierung oder zumindest die Ablöse von bisherigen Intermediären abzielende Wirkung von Blockchains kleinzureden und ihre effizienzsteigernden Aspekte zu betonen.

Dabei ist es keineswegs gesichert, dass die von Blockchain-Anwendungen erhofften Effizienzgewinne primär bei Geschäftsbanken zum Tragen kommen werden. DLT ist nämlich gerade wegen der verteilten (i. S. v. „replizierten" und damit hochredundaten) Datenhaltung zwar in höchstem Maße effektiv, wenn es um Transparenz, Verfügbarkeit, Resilienz und Fälschungssicherheit geht, zugleich aber eine extrem ineffiziente Art und Weise, um damit „herkömmliche" IT zu betreiben. Explizit zu warnen ist vor dem Ansatz „Blockchain as an Excuse", bei dem das Buzzword „Blockchain" als Begründung für die überfällige Modernisierung veralteter IT-Landschaften herhalten soll (vgl. Sztorc 2016). Wenn es nicht darum geht, fehlendes soziales Vertrauen durch Kryptographie zu ersetzen, oder gar die öffentliche Einsehbarkeit der Verzeichnisse als Nachteil erachtet wird, sind in aller Regel klassische Client-Server-Konzepte oder Cloud-Lösungen einer „privaten Blockchain" vorzuziehen, welche als Contradictio in Adjecto die DLT-Grundprinzipien untergräbt. Selbst unter Effizienzgesichtspunkten attraktiv erscheinende Anwendungen „privater Blockchains" im Finanzwesen (Abwicklung girokreis- oder grenzüberschreitender Zahlungen, Clearing und Settlement im Wertpapierhandel und ähnliche Fintech Use Cases) können nicht darüber hinwegtäuschen, dass DLT nicht — wie dies häufig missverstanden wird — als gradueller Fortschritt im IT-, sondern als disruptiver Wandel im Bankenbereich zu begreifen ist.

Auch die ursprünglich fast durchwegs ablehnende Haltung der Zentralbanken im Hinblick auf Kryptowährungen ist nachvollziehbar, da sie diese — zutreffend — als Angriff auf das geldpolitische Instrumentarium sahen. Sollte sich die von Friedrich August von Hayek (1976) publizierte und seinerzeit als utopisch abgetane Forderung, Wettbewerbswährungen an die Stelle des staatlichen Geldmonopols treten zu lassen, nunmehr doch als realisierbar erweisen? Nach einer anfänglichen Schockstarre setzen unterdessen immer mehr Währungshüter die Kryptowährungen auf ihre Forschungsagenda (vgl. Deutsche Bundesbank 2017a).

Deutlich weniger informiert und informativ erscheinen dagegen die aus Führungsetagen von Notenbanken an private Investoren gerichteten Warnungen vor einem Engagement in Bitcoin, wenn dabei — statt ausgewogene Argumente vorzubringen — pauschal auf das Risiko des Verlusts der Kaufkraft hingewiesen wird. Weder solche recht offenkundig interessengeleiteten Weissagungen noch der Versuch, die Aufmerksamkeit auf „private Blockchains" umzulenken, können eine ernsthafte Auseinandersetzung mit den Auswirkungen öffentlicher Blockchains und damit zugleich der Bedeutung von Kryptowährungen als Zahlungs- und Wertaufbewahrungsmittel ersetzen. Als Beitrag zu dieser noch zu führenden Diskussion sollen im Folgenden Bestimmungsfaktoren für die Auswahl von Zahlungsinstrumenten beleuchtet werden.

9.2 Die Wahl des Zahlungsinstruments

Zahlungsvorgänge verlangen in aller Regel die Zuhilfenahme vertrauenswürdiger Dritter. Bare Transaktionen basieren auf dem Vertrauen in die Wertbeständigkeit geprägten Metalls und bedruckten Papiers. Der Staat mit dem gesetzlichen Münzregal und die Zentralbank mit ihrem Notenmonopol sind dann die besagten Dritten. Bei Zahlungen mittels Überweisung oder unter Verwendung einer Kreditkarte wird den privaten (Kreditkarten-)Unternehmen und Geschäftsbanken das Vertrauen entgegengebracht, den Vorgang pünktlich, vollständig und korrekt abzuwickeln.

Die Verwendung einer Zahlungstechnologie ist in der Regel keine Null-Eins-Entscheidung. Der typische Konsument nutzt zwei oder drei Methoden, bspw. Bargeld für kleinere Besorgungen, eine Bankkarte für die Bezahlung der täglichen Einkäufe am POS (Point of Sale) und Kreditkarten im E-Commerce oder für größere Transaktionen. Neue Zahlungsmethoden wie die Kryptowährungen müssen daher nicht für alle Transaktionen nach allen Kriterien wie Kosten, Geschwindigkeit oder Sicherheit den bisher verwendeten Techniken überlegen sein. Die Vorteilhaftigkeit in einzelnen Teilbereichen reicht aus, um eine substantielle Verbreitung zu finden (vgl. Hanl und Michaelis 2017). Andersherum gesehen ist die Gefahr einer Verdrängung durch Kryptowährungen nicht für alle Zahlungsmethoden gleich, weshalb differenzierte Betrachtungen anzustellen sind.

Gemäß einer Studie der Europäischen Zentralbank (Bagnall et al. 2016) ist die Verbreitung der unterschiedlichen Zahlungsarten international ausgesprochen heterogen[3]. Deutschland und Österreich sind vergleichsweise bargeldorientiert, mehr als 80 Prozent der von den Haushalten getätigten Transaktionen erfolgen hier in bar. In Nordamerika beträgt dieser Anteil lediglich rund 50 Prozent. Dort sind Kreditkartenzahlungen mit 19 Prozent deutlich verbreiteter als in Deutschland und Österreich, wo sie mit einem Anteil von rund 2 Prozent eher eine Randerscheinung bilden. Auch Debitkarten (Girocard, Maestro, VPay) werden in Deutschland und Österreich relativ wenig genutzt, ihr Anteil ist mit rund 14 Prozent deutlich geringer als bspw. in Frankreich oder den Niederlanden (siehe Tabelle 9.1).

Bei der Interpretation dieser Zahlen ist zu beachten, dass sie sich auf die Anzahl der vollzogenen Transaktionen beziehen. Betrachtet man stattdessen die Transaktionswerte, so sinkt der Anteil des Bargelds in Deutschland und Österreich drastisch um 20 bis 30 Prozentpunkte.

Werden Kryptowährungen wie der Bitcoin das Bargeld verdrängen? Unserer Einschätzung nach ist dies zumindest für die nächste Dekade nicht zu erwarten. Bargeld ist physischer Natur, eine Transaktion daher ohne Hilfsmittel durchführbar und sofort final. Damit ist Bargeld in vielen Fällen die schnellste Methode, eine Zahlung durchzuführen. Selbst die Mehrheit der typischen „Kartenzahler“ bevorzugt Bargeld für Kleinbeträge (vgl. van der Cruijsen et al. 2016). Durch die zunehmende Verbreitung der Möglichkeit von kontaktlosem Bezahlen mit NFC-Giro- oder Kreditkarten und von mobilem Bezahlen mit dem Handy könnte sich dies zwar ändern, allerdings ist — trotz des Falschgeldrisikos —

[3]Das von Bagnall et al. (2016) gezeichnete Bild wird im Grundsatz von (Arango-Arango et al. 2018) bestätigt. Weitere Studien sind meist länderspezifisch, was infolge unterschiedlicher Abgrenzungen und Definitionen internationale Vergleiche erschwert. Das aus einer Gegenüberstellung der nationalen Studien resultierende Grundmuster korrespondiert allerdings mit dem von der EZB-Studie ermittelten.

Tabelle 9.1: Einsatz von Zahlungsinstrumenten im Ländervergleich

	Zahlungsarten nach Zahl der Transaktionen			Zahlungsarten nach Zahlungsbetrag		
	Bargeld	Debitkarten	Kreditkarten	Bargeld	Debitkarten	Kreditkarten
Australien	65 %	22 %	9 %	32 %	32 %	18 %
Österreich	82 %	14 %	2 %	65 %	25 %	5 %
Kanada	53 %	25 %	19 %	23 %	30 %	41 %
Frankreich	56 %	31 %	1 %	15 %	43 %	3 %
Deutschland	82 %	13 %	2 %	53 %	28 %	7 %
Niederlande	52 %	41 %	1 %	34 %	60 %	4 %
USA	46 %	26 %	19 %	23 %	27 %	28 %

Quelle: Bagnall et al. (2016)

zumindest vorläufig das subjektive Gefühl der Sicherheit bei der Barzahlung unübertroffen. Bargeld gewährt zudem den höchsten Grad an Anonymität gegenüber Außenstehenden. Nur die am Tausch unmittelbar Beteiligten sind involviert, müssen einander jedoch nicht kennen und hinterlassen keine „Datenspur", sodass der Barzahlung auch unter dem Aspekt der informationellen Selbstbestimmung der Vorzug zu geben ist. Die Vorteilhaftigkeit des Bargelds vermindert sich eindeutig mit der Höhe des Zahlungsbetrags. Die Umwandlungs- und die Transportkosten nehmen zu, das Verlustrisiko steigt. Gleiches gilt auf Seiten der Händler, die für Vorhaltung und Transport erhebliche Kosten aufwenden müssen. Folgerichtig werden Zahlungen größerer Beträge seltener mithilfe von Bargeld abgewickelt (Deutsche Bundesbank 2015).

Im Gegensatz dazu existieren Kryptowährungen rein digital, Transaktionen benötigen daher eine Bestätigung durch ein Netzwerk oder einen Intermediär und sind nicht sofort final. Die fehlende Finalität ist gerade bei Kleinbeträgen als Manko anzusehen, da Händler und Kunden nicht minutenlang oder gar noch länger warten wollen, bis bspw. eine 50-Cent-Transaktion in der Bitcoin-Blockchain bestätigt wird. Wird die Ware auch ohne Bestätigung am POS übergeben, so trägt der Händler ein — allerdings durch bestimmte Strategien minimierbares (vgl. Bamert et al. 2013) — Ausfallrisiko, welches ohne ausreichende Kompensation (unter Berücksichtigung der Verringerung von Bargeldkosten) eine Hürde für die Akzeptanz einer Kryptowährung wie dem Bitcoin bildet. Alternativ bleibt die Zwischenschaltung spezialisierter Intermediäre. Diese besorgen die umgehende Überführung der Kryptowährung in eine gesetzliche Währung, was nicht zuletzt auch das Wechselkursrisiko für den Händler eliminiert. Einige von ihnen geben überdies Zahlungsgarantien ab — selbstverständlich gegen Entgelt. Unter diesen Umständen erfolgende Zahlungen mittels Kryptowährungen sind mit klassischen Kartentransaktionen vergleichbar.

Kryptowährungen stehen daher primär mit unbaren Zahlungssystemen in Konkurrenz. Aus den geschilderten Gründen dominieren diese bei hohen Beträgen, aber auch bei Online-Einkäufen, wo Barzahlungen de facto nicht als Alternative zur Verfügung stehen. Als hinderlich für die weitere Verbreitung unbarer Zahlungsmethoden erweisen sich nach wie vor die bei einem Verlust der Karte und/oder der PIN-Nummer entstehenden Unannehmlichkeiten und möglichen Haftungsfolgen. Bei den Kryptowährungen verschärft sich das Problem, da es — mangels zentraler Intermediäre — bei Verlust eines Private Keys auch keine (zentrale) Wiederherstellung desselben und im Fall eines Transfers an eine falsche Empfängeradresse keine Möglichkeit der Rückbuchung gibt.

Speziell bei den Kreditkarten sind die Transaktionskosten in Form einer Gebühr zu nennen, die sich bspw. bei Visa oder Mastercard bis vor Kurzem auf 2 bis 3 % des Umsatzes beliefen und unschwer die Zurückhaltung vieler Unternehmen bei der Akzeptanz dieser Karten erklären konnten. Aufgrund der Regulierung der sogenannten „Interbankenentgelte" durch die EU-Verordnung 2015/751 dürfen diese mit Wirkung vom 9. Dezember 2015 für Transaktionen mit Verbraucher-Kreditkarten höchstens 0,3 % des Transaktionswerts betragen, was für große Unternehmen die Gesamtbelastung auf 0,6 bis 1,0 % drückte (EHI Retail Institute 2017) und den Kreditkarten eine Fülle neuer Akzeptanzstellen bescherte.

Die genannten Zahlen bieten einen Anhaltspunkt für die Abschätzung des durch die Akzeptanz von Kryptowährungen erzielbaren Einsparungspotenzials. Dabei sind ihnen die Gebühren gegenüberzustellen, die Bitcoin-Zahlungsdienstleister wie BitPay oder Coinbase beim Umtausch von traditionellen Währungen in Bitcoin et vice versa verlangen, derzeit bis zu 1 %. So bleiben bei BitPay 30 Transaktionen pro Monat kostenlos, während für Umsätze bis 10 Mio. US-Dollar 1 % des Umtauschbetrags anfällt und die Gebühren für höhere Volumina verhandelbar sind. Ob Bitcoin-Geschäfte unter Einschaltung von Intermediären diesen marginalen Kostenvorteil dauerhaft behalten, hängt von der Höhe der sogenannten „Fees" ab, die den Transaktionen „freiwillig" hinzugefügt werden, um die Miner dazu zu bewegen, ihnen eine hohe Priorität beim Einbinden in einen der nächsten Blöcke zuzuordnen und damit möglichst rasch für die mit dieser „Bestätigung" verbundene Sicherheit zu sorgen. Von Januar bis September 2017 schwankte die durchschnittliche Höhe dieser Beträge zwischen 0,30 und 7,50 Euro. Diese im Vergleich zu den vorangehenden Jahren mit meist vernachlässigbaren Fees von weniger als 0,10 Euro exorbitante Erhöhung ist auf eine Engpasssituation zurückzuführen: Sie entstand durch den Erfolg von Bitcoin, der die im Protokoll verankerte Begrenzung der Größe eines Blocks auf 1 MB, die alle zehn Minuten für etwa 2.000 bis 2.500 Transaktionen Platz bietet, zunehmend zum Problem werden ließ. Da die Fees nicht vom Transaktionswert abhängen, fällt in dieser Situation der Vergleich mit den Kosten einer Kreditkartenzahlung nur für einigermaßen hohe Zahlungsbeträge zugunsten von Bitcoin aus. Das Blatt könnte sich jedoch wenden, wenn eine nachhaltige Lösung für das in der Bitcoin-Community intensiv diskutierte Skalierungsproblem gefunden wird, die etwa in einer dynamischen Anpassung der Blockgröße oder in sogenannten „Sidechains" liegen könnte.

Bei Bitcoin-Transaktionen ohne Beteiligung eines Intermediärs schlagen nur die Fees zu Buche, sodass schon jetzt — unter Vernachlässigung des Kursrisikos und angesichts durchschnittlicher Fees von 1,35 Euro Ende September 2017 — Transaktionen ab etwa 135 bis 225 Euro (je nach Gesamtprovision für Kreditkartenzahlungen zwischen 1,0 und 0,6 %) mittels Bitcoin kostengünstiger abzuwickeln sind. Für Händler, zumal für Handelsketten, mögen auch der mit der Akzeptanz von Bitcoin verbundene „Coolness-Faktor" und der damit nach wie vor erzielbare PR-Effekt temporär Pro-Argumente liefern.

Das durch die Kryptowährungen im Wettbewerb der Zahlungssysteme am stärksten angegriffene Segment sind jedoch grenzüberschreitende Überweisungen. Die Gebühren dafür betragen heute stattliche 9 % des Überweisungsbetrags, allerdings aufgrund des zunehmenden Wettbewerbs mit sinkender Tendenz (vgl. Goldman Sachs 2014). Schlicht anachronistisch muten zudem vielfach die Laufzeiten an. Seit dem 1. Januar 2012 dürfen beleglose Euro-Überweisungen innerhalb der EU nach den Vorgaben der EU-Zahlungsdiensterichtlinie (2007/64/EG) maximal einen Bankgeschäftstag dauern, während bei Überweisungen in die USA nach wie vor mit rund fünf Werktagen und bei Überweisungen in Entwicklungsländer gar mit bis zu 20 Werktagen zur rechnen ist.

Um wirksam zu werden, muss eine Bitcoin-Transaktion mit den dafür gemäß dem Protokoll der Bitcoin-Blockchain erforderlichen Informationen von einem Miner, der hierbei den extrem rechenzeit- und damit energieaufwändigen „Proof-of-Work" zu erbringen hat, in einen Block eingebunden werden. Eine Transaktion gilt üblicherweise nach sechs Blöcken als „bestätigt". Da ungefähr alle zehn Minuten ein neuer Block gebildet und an die Blockchain angefügt wird, kann eine Transaktion mithin innerhalb einer Stunde als endgültig abgeschlossen betrachtet werden, wenn sich nicht — wegen der geschilderten Engpasssituation — gerade ein Rückstau an noch unbestätigten Transaktionen im sogenannten „mempool" gebildet hat.

Wie bereits beschrieben, ließ die Reaktion der Zentralbanken auf diese technologische Entwicklung auf sich warten. Inzwischen wird jedoch nicht nur an der Erforschung von Kryptowährungen, sondern zugleich an der Entwicklung von Instant-Payment-Systemen gearbeitet, die den Geschwindigkeitsnachteil der bankmäßigen Abwicklung des Zahlungsverkehrs zumindest mildern sollen (Tompkins und Olivares 2016; Deutsche Bundesbank 2017a).

Mobile Zahlungssysteme, bei denen Zahlungen mit dem Smartphone abgewickelt werden, wurden gleichfalls unter Hinweis auf deren erhöhte Geschwindigkeit propagiert. Da sie mit dem Smartphone eine in der Regel bereits vorhandene Infrastruktur nutzen, entfallen hierbei Rüstkosten. Gleichwohl haben sich Applikationen wie die „Kwitt"-Funktion der Sparkassen-App in Deutschland nicht durchgesetzt. Anders stehen die Dinge in Schweden, wo bereits eine Mehrheit der Bevölkerung die App „Swish" nutzt, die mit der Intention entwickelt wurde, Zahlungen zwischen zwei Personen zu ermöglichen, sofern die Handynummer des Gegenübers bekannt ist (vgl. Werner 2017). Aktuelle Versionen dieser App erweitern die Nutzung auf Zahlungen im Einzelhandel. Auch in Dänemark und Norwegen sind solche Apps vergleichsweise erfolgreich. Die gerade in Deutschland immer wieder aus Gründen des Datenschutzes geäußerten Vorbehalte fallen in Skandinavien offensichtlich weniger ins Gewicht.

9.3 Die drei Haupthürden

Einer Verdrängung bestehender Zahlungssysteme durch Kryptowährungen stehen zumindest drei massive Hürden entgegen: die tendenziellen Wertsteigerungen in einem deflationär angelegten Ökosystem, die Volatilität des Wechselkurses, bspw. zum US-Dollar, und Netzwerkeffekte.

So ist etwa die Eignung des Bitcoins als Tauschmittel begrenzt, gerade weil er ein erfolgreiches Wertaufbewahrungsmittel ist. Die Wertsteigerungen des Bitcoins im Vergleich zu allen gängigen Währungen sind exorbitant. Anfang September 2017 wurde an einigen Börsen die Schwelle von 5.000 US-Dollar pro Bitcoin durchbrochen, was einem Kursanstieg auf das fast Achtfache binnen eines Jahres entspricht. Dabei sind die Wertsteigerungen alles andere als stetig, aber eine Buy-and-Hold-Strategie erscheint lukrativ und daher ihre Aufnahme in ein Portfolio für zumindest moderat risikofreudige Anleger erwägenswert (vgl. Brière et al. 2015). Neben dem Interesse an einer neuen, ohne altbekannte Intermediäre und „Platzhirsche" auskommenden Technologie ist die Wertanlage das bedeutsamste Motiv für das Halten von Bitcoins (vgl. Schuh und Shy 2016). Die Opportunitätskosten in Form entgangener Wertsteigerungen sind beim Bitcoin spätestens seit 2015 dermaßen hoch, dass sich seine Verwendung als Tauschmittel geradezu verbietet.

Aber auch die Tauglichkeit des Bitcoins als Wertaufbewahrungsmittel ist im Hinblick auf die extreme Kursvolatilität durchaus strittig. Einerseits eröffnet der Bitcoin versierten Anlegern die Aussicht auf mit den Kursverläufen anderer Assets unkorrelierte Renditen und damit ein Instrument der Risikostreuung (vgl. dazu auch Brière et al. 2015). Andererseits betragen die täglichen Schwankungen des Bitcoin-Wechselkurses zum US-Dollar häufig mehrere Prozentpunkte, sodass ein intertemporaler Vermögenstransfer von heute nach morgen oder übermorgen mitunter nicht wertstabil erfolgt. Die hohe Volatilität reflektiert den geringen Liquiditätsgrad des Bitcoin-Marktes. Angesichts der derzeit rund 16,7 Mio. umlaufenden Bitcoins mit einer Marktkapitalisierung von ungefähr 120 Mrd. US-Dollar ist das Handelsvolumen vergleichsweise gering, und wie bei einem „Thin Market" zu erwarten, führen bereits kleinere Änderungen in Angebot und/oder Nachfrage zu substantiellen Kursausschlägen. Weil die Zahl der maximal umlaufenden Bitcoins technologisch auf 21 Mio. fixiert ist[4], wird auch zukünftig der Bitcoin-Markt wenig liquide sein und sich die hohe Kursvolatilität nicht mindern. Für risikoscheue Konsumenten mag dies ein hinreichender Grund sein, gar nicht erst mit Kryptowährungen wie dem Bitcoin zu experimentieren. Auf jeden Fall ist dies eine zusätzliche Hürde für die allgemeine Akzeptanz als Zahlungsmittel. Eine Kryptowährung, die sich letztlich als Tauschmittel durchsetzen soll, darf keine solche starre Begrenzung des Volumens haben, das Angebot muss sich fortlaufend an ökonomische Rahmenbedingungen anpassen können.

Auf die hohe Kursvolatilität sind auch zwei weitere Effekte zurückzuführen: Erstens ist Spiegelbild des Wechselkursrisikos die Unsicherheit über den Realwert einer Transaktion. Dies gilt für Käufer wie auch Verkäufer von Waren oder Dienstleistungen gegen Bitcoin. Wie bereits dargestellt, reagieren Händler hierauf häufig mit dem (softwaregestützten) Einsatz eines Intermediärs, der den sofortigen Umtausch eingenommener Bitcoins in Euro oder US-Dollar vornimmt und dem jeweiligen Verkäufer den Gegenwert gutschreibt. Die Käufer zahlen dann zwar mit Bitcoin, aber es ist unklar, ob man wirklich sagen kann, dass die Verkäufer Bitcoin akzeptieren (vgl. Rysman und Schuh 2017). Zweitens verhindert seine Volatilität die Nutzung des Bitcoins als Recheneinheit. Auch jene Unternehmen, die Bitcoin akzeptieren, formulieren ihre Preise in Euro oder US-Dollar, erst aus deren Umrechnung zum aktuellen Wechselkurs ergeben sich die Preise in Bitcoin.

Die wohl höchste Hürde ist darin zu sehen, dass es sich bei Zahlungsmitteln um

[4]Diese Fixierung der „Geldmenge" lässt sich allerdings durch eine als „Hard Fork" bezeichnete Aufspaltung des Bitcoin-Netzwerks umgehen, so geschehen am 1. August 2017, als neben der „klassischen" Bitcoin-Blockchain jene von „Bitcoin Cash" entstand, sodass es nun zwei parallele Blockchains mit jeweils maximal 21 Mio. Währungseinheiten (BTC bzw. BCC) gibt.

Netzwerkgüter handelt. Aus der industrieökonomischen Literatur ist bekannt, dass die Überlegenheit eines neuen Standards oder einer neuen Technologie keinesfalls hinreichend ist für die Durchsetzung am Markt[5]. Wenn die Nutzenstiftung eines Gutes von der Zahl der Mitnutzer abhängt, muss dafür eine kritische Masse erreicht werden. Warum sollten Kunden auf Kryptowährungen umsteigen, wenn diese nur in wenigen Geschäften akzeptiert werden? Und warum sollten Unternehmer Kryptowährungen akzeptieren, wenn nur wenige Kunden damit zu zahlen wünschen? Weil der Konsum von Netzwerkgütern mit positiven externen Effekten einhergeht, stellt der Markt eine „zu geringe" Menge zur Verfügung. Selbst wenn alle Beteiligten die grundsätzliche Überlegenheit einer neuen Zahlungstechnologie kennen und akzeptieren, können Netzwerkeffekte plus Wechsel- oder Rüstkosten den Übergang zu ihr verhindern. Bei Kryptowährungen entstehen solche Kosten z.B. durch den nicht zu unterschätzenden Aufwand für die Erlangung von Grundkenntnissen über die neue Währung, die Installation einer Wallet und den Erwerb von Einheiten oder Untereinheiten der Währung über eine Börse. Die dezentrale Organisation des Systems erschwert das Erreichen der kritischen Masse an Nutzern, gleichwohl dürfte das Überwinden dieser Schwelle das Kriterium sein, das letztlich über den Erfolg von Kryptowährungen entscheidet. Eine Hyperinflation oder die Anerkennung als gesetzliches Zahlungsmittel würden das Verlassen des inferioren Gleichgewichts erleichtern, aber mit solchen Szenarien ist vorläufig nicht zu rechnen (vgl. Hanl und Michaelis 2017) .

Weitere Wege zur Erlangung der kritischen Masse sind die Schaffung von Anreizen für die Nutzer, die Gewährung von Subventionen beim Aufbau der Infrastruktur, strategische Allianzen oder die Adoption der Technologie durch einen einflussreichen Nutzer (vgl. Liebowitz und Margolis 1999). Die Schaffung von Anreizen für den Nutzer ist dabei noch vergleichsweise einfach zu realisieren. Verwendet ein Käufer anstelle der Kreditkarte eine Kryptowährung, so entstehen unter den oben skizzierten Umständen für den Verkäufer Einsparungen in Form entfallender Gebühren, die für die Gewährung eines Rabatts genutzt werden können. Problematischer gestaltet sich eine Subventionierung beim Aufbau der für die Funktionsfähigkeit von Kryptowährungen unabdingbaren Infrastruktur. Dabei kann es sich um die Anschaffung neuer Gerätschaften handeln oder auch um die Herstellung der Interoperabilität mit vorhandenen Systemen. Die meisten Händler verfügen über eine Ausstattung für die Akzeptanz elektronischer Zahlungsinstrumente, ein Aufrüsten dürfte damit wesentlich günstiger sein als ein Neuaufbau von Infrastruktur (Luther 2015, vgl.). Es stellt sich gleichwohl die Frage, wer das eine oder das andere flächendeckend durchführen oder unterstützen sollte: Geschäftsbanken werden keine Technologie fördern, die ihr Geschäftsmodell erodieren lässt. Mehr noch: Sie werden die entsprechenden Vorteile der Kryptowährungen angreifen, sei es durch Abbildung einer gleichwertigen Funktion oder durch die Senkung der Gebühren. Auch das Interesse des Staates und der Notenbank, eine private Konkurrenz zur staatlichen Währung zu generieren, wird sich in Grenzen halten. Statt der Schaffung neuer Infrastrukturen dürfte ein realistischeres Szenario die Akzeptanz von Kryptowährungen durch wirtschaftlich bedeutende Akteure sein. In diesem Zusammenhang wird immer wieder der Online-Händler Amazon genannt, sein Mitwirken hätte einen starken Signalcharakter bzw. eine

[5]Einschlägig sind die Diskussionen um den Keyboard-Standard QWERTY (vgl. David 1985) sowie um den VHS- vs. den Betamax-Standard bei Videorekordern (vgl. Liebowitz und Margolis 1995).

Sogwirkung, die das Erreichen der kritischen Masse erheblich erleichtern dürfte (vgl. Selgin 2003).

Zumindest eine Hürde hat der Bitcoin bereits überwunden: Er ist über den Kreis der „Nerds" hinaus bekannt. Die Umwandlung seiner breiten Bekanntheit in ebensolche Akzeptanz steht indes noch aus. Aber selbst wenn sich Kryptowährungen nicht flächendeckend durchsetzen sollten, so haben sie es bereits jetzt geschafft, Druck auf die traditionellen elektronischen Zahlungssysteme auszuüben und den Wettbewerb in diesem Bereich deutlich zu intensivieren. Als Beleg mag die Entwicklung von SEPA Instant Payments dienen, das ab November 2017 erstmals auch Banküberweisungen in Echtzeit ermöglichen wird und dessen Umsetzung seitens der Banken der zunehmende Wettbewerbsdruck nun beschleunigen dürfte. Wie es scheint, haben die Geschäftsbanken die Herausforderung angenommen, sie wehren sich aktiv gegen die drohende Erosion ihrer Wettbewerbsfähigkeit. Wenn die Forschungsanstrengungen der Zentralbanken, die sich intensiv mit den Potenzialen und Risiken von Kryptowährungen für den Zahlungsverkehr, aber auch für die Geldpolitik (vgl. Deutsche Bundesbank 2017a; Benos et al. 2019) befassen, zu einer Verbesserung der bestehenden Systeme führen werden, ist dies zumindest zum Teil den Kryptowährungen zuzuschreiben. Auch wenn sie sich in ihrer derzeitigen Form als Zahlungssystem nicht durchsetzen sollten, haben die Kryptowährungen durch ihre Rolle als Innovationstreiber bereits bis dato einen erheblichen ökonomischen Mehrwert generiert.

Literatur

Arango-Arango, Carlos A., Yassine Bouhdaoui, David Bounie, Martina Eschelbach und Lola Hernandez (2018). Cash remains top-of-wallet! International evidence from payment diaries. Economic Modelling, 69: 38–48.

Bagnall, John, David Bounie, Kim P. Huynh, Anneke Kosse, Tobias Schmidt, Scott Schuh und Helmut Stix (2016). Consumer Cash Usage: A Cross-Country Comparison with Payment Diary Survery Data. International Journal of Central Banking, 12 (4): 1–62.

Bamert, Tobias, Christian Decker, Lennart Elsen, Roger Wattenhofer und Samuel Welten (2013). „Have a snack, pay with Bitcoins". In: *IEEE P2P 2013 Proceedings*. IEEE.

Benos, Evangelos, Rodney Garratt und Pedro Gurrola-Perez (2019). The Economics of Distributed Ledger Technology for Securities Settlement. Ledger, 4.

Blocher, Walter (2016). The next big thing: Blockchain — Bitcoin — Smart Contracts. Anwaltsblatt, (8+9): 612–618.

Brière, Marie, Kim Oosterlinck und Ariane Szafarz (2015). Virtual currency, tangible return: Portfolio diversification with bitcoin. Journal of Asset Management, 16 (6): 365–373.

David, Paul A. (1985). Clio and the Economics of QWERTY. American Economic Review, 75 (2): 332–337.

Deutsche Bundesbank (2015). Zahlungsverhalten in Deutschland 2014–Dritte Studie über die Verwendung von Bargeld und unbaren Zahlungsinstrumenten. Frankfurt am Main.

Deutsche Bundesbank (2017a). Distributed-Ledger-Technologie im Zahlungsverkehr und in der Wertpapierabwicklung: Potenziale und Risiken. Monatsbericht, (9): 35–50.

EHI Retail Institute (2017). *EHI-Studie Kartengestützte Zahlungssysteme im Einzelhandel 2016*. URL: `https://www.ehi-shop.de/image/data/PDF_Leseproben/EHI-Studie_kartengest_Zahlungssysteme_2016_Leseprobe.pdf`.

Goldman Sachs (2014). *All About Bitcoin*. Global Market Research (21).

Hanl, Andreas und Jochen Michaelis (2017). Kryptowährungen — ein Problem für die Geldpolitik? Wirtschaftsdienst, 97 (5): 363–370.

Hayek, Friedrich August v (1976). Denationalisation of Money: The Argument Refined. Ludwig von Mises Institute.

Liebowitz, Stan J und Stephen E Margolis (1995). Path dependence, lock-in, and history. Journal of Law, Economics, and Organization, 11: 205–22.

Liebowitz, Stan J und Stephen E Margolis (1999). Path dependence. Encyclopedia of law and economics.

Luther, William J. (2015). CRYPTOCURRENCIES, NETWORK EFFECTS, AND SWITCHING COSTS. Contemporary Economic Policy, 34 (3): 553–571.

Nakamoto, Satoshi (2008). *Bitcoin: A Peer-to-Peer Electronic Cash System*. URL: `https://bitcoin.org/bitcoin.pdf`.

Rysman, Marc und Scott Schuh (2017). New Innovations in Payments. Innovation Policy and the Economy, 17: 27–48.

Schuh, Scott und Oz Shy (2016). „US consumers' adoption and use of Bitcoin and other virtual currencies". In: *DeNederlandsche bank, Conference entitled "Retail payments: mapping out the road ahead.*

Selgin, George (2003). Adaptive Learning and the Transition to Fiat Money. The Economic Journal, 113 (484): 147–165.

Sztorc, Paul (2016). *Private Blockchains, Demystified.* URL: http://www.truthcoin.info/blog/private-blockchains/.

Tompkins, Michael und Ariel Olivares (2016). *Clearing and settlement systems from around the world: A qualitative analysis.* Bank of Canada Staff Discussion Paper Nr. 2016-14. Ottawa.

van der Cruijsen, Carin, Lola Hernandez und Nicole Jonker (2016). In love with the debit card but still married to cash. Applied Economics, 49 (30): 2989–3004.

Werner, Christian (2017). „Swish – So funktioniert Mobile Payment in Schweden". In: *Mobile Payment.* Hrsg. von Ludwig Hierl. Springer Fachmedien Wiesbaden, S. 325–330.

10 Digitales Zentralbankgeld[1]

Meist müssen wir schmunzeln, wenn von Muscheln, Salz oder Vieh als Zahlungsmittel früherer Jahrhunderte die Rede ist. Späteren Generationen dürfte es ähnlich ergehen: sie werden schmunzeln, wenn sie von bedrucktem Papier als Zahlungsmittel hören. Der Übergang von einer Geldform zu ihrem Nachfolger spiegelte immer auch technologische Entwicklungen. Der Prozess der Digitalisierung markiert hier den nächsten Schritt. Weil jetzt selbst Kleinstbeträge in Echtzeit auf elektronischem Wege Peer-to-Peer transferiert werden können, verliert Bargeld seinen komparativen Vorteil und droht vom Markt der Zahlungsmittel verdrängt zu werden. Ein Blick nach Schweden scheint wie ein Blick in die Zukunft. Neben der forcierten Verwendung von Debit- und Kreditkarten ist in Schweden insbesondere das mobile Zahlungssystem „Swish" auf dem Vormarsch, aktuell werden nur noch knapp 20% aller Point-of-sale Transaktionen mit Bargeld abgewickelt, Tendenz stark fallend (Sveriges Riksbank 2018a). Im vergleichsweise bargeldaffinen Deutschland ist der entsprechende Wert rund 75%, Tendenz leicht fallend (Deutsche Bundesbank 2017b).

Die Zurückdrängung des Bargelds in Schweden ist ein mit Effizienzgewinnen einhergehender marktwirtschaftlicher Prozess[2]. Ist ein ähnlicher Prozess auch in Deutschland denkbar, obwohl Euro-Banknoten das einzige uneingeschränkte gesetzliche Zahlungsmittel sind? Ja, denn entgegen weit verbreiteter Auffassung folgert aus der Funktion des gesetzlichen Zahlungsmittels kein Annahmezwang für Bargeld. Das Prinzip der Vertragsfreiheit beinhaltet das Recht, die Bezahlung in Bargeld abzulehnen; jedes Unternehmen kann eine „no cash"-Klausel in die Allgemeinen Geschäftsbedingungen aufnehmen.

Der Vormarsch elektronischer Zahlungsmittel geht häufig einher mit einer Privatisierung der Zahlungsinfrastruktur. So ist „Swish" eine App, die von fünf großen schwedischen Banken konzipiert worden ist, Zahlungen via Swish werden in einem eigenen Clearing-System bearbeitet, die Zahlungsströme laufen zur Gänze an der schwedischen Zentralbank, der Reichsbank, vorbei. Die Reichsbank sah und sieht sich damit doppelt herausgefordert. Erstens, die Nachfrage nach „ihrem" Produkt, der Krona, sinkt. Und zweitens, mangels Kontrolle der Zahlungsströme kann sie ihrer gesetzlichen Aufgabe, einen reibungslosen und sicheren Zahlungsverkehr zu gewährleisten, nicht in gewünschter Art und Weise nachkommen. Die Reichsbank hat die Herausforderung angenommen und als Antwort Pläne zur Etablierung eines digitalen Zentralbankgeldes (DZBG) entwickelt. Fast alle maßgeblichen Zentralbanken weltweit beschäftigen sich derzeit mit den Pros und Cons des DZBG, jedoch ist Schweden, neben Uruguay, Vorreiter bei der

[1]Dieses Kapitel entstand in Zusammenarbeit mit Jochen Michaelis und erschien als Andreas Hanl und Jochen Michaelis (2019). Digitales Zentralbankgeld als neues Instrument der Geldpolitik. Wirtschaftsdienst, 99 (5): 340–347, © ZBW und Springer-Verlag Berlin Heidelberg, `https://www.wirtschaftsdienst.eu/inhalt/jahr/2019/heft/5/beitrag/digitales-zentralbankgeld-als-neues-Instrument-der-Geldpolitik.html`.

[2]Verteilungseffekte sind hier ausgeblendet. Insbesondere einkommensschwache Haushalte, die verstärkt auf Bargeld setzen (müssen), dürften negativ betroffen sein (vgl. dazu Hernandez et al. 2016)

Konkretisierung und Umsetzung der Pläne. Ziel dieses Beitrags ist, die Konzeption des DZBG zu skizzieren und die Eigenschaft als zusätzliches geldpolitisches Instrument zu diskutieren.

10.1 DZBG: Bausteine der Ausgestaltung

Die Grundidee des DZBG ist denkbar einfach: Private Haushalte und Unternehmen erhalten einen direkten Zugang zur Zentralbankbilanz, indem sie bei der Zentralbank ein Konto eröffnen und Einlagen bilden können. Die Idee des „Konto für Jedermann bei der Zentralbank" ist nicht neu, sie findet sich zum Beispiel bei Tobin (1985). Die Umsetzung scheiterte in früheren Jahren u.a. an der fehlenden technischen Machbarkeit einer ortsungebundenen Kontoführung. Heute liegt es de facto einzig in der Entscheidungsgewalt der Zentralbanken, die Details der Ausgestaltungsmerkmale festzulegen.

Die Einlagen der Privaten sind ebenso wie das traditionelle Zentralbankgeld (Bargeld und Reserven) eine Verbindlichkeit der Zentralbank. Je nach Ausgestaltungsform kann das DZBG näher am Bargeld oder näher an den Reserven angesiedelt sein. Während Bargeld in der Volkswirtschaft zirkuliert aber nicht elektronisch ist, sind die Guthaben der Geschäftsbanken (Reserven) digital, zirkulieren aber nicht. Das DZBG verbindet die Eigenschaften, digitale Einheiten des Zentralbankgelds sind allgemein handelbar und zirkulieren in der Volkswirtschaft.

Das DZBG ist ein zentrales System. Im Unterschied zu privat emittierten digitalen Währungen wie Bitcoin oder Ethereum gibt es mit der Zentralbank einen klar identifizierbaren Emittenten, der das Funktionieren des Systems gewährleistet und diskretionär über die „Spielregeln" entscheidet. Für die generelle Akzeptanz von digitalem Geld dürfte das Vorhandensein einer verantwortlichen Institution von Vorteil sein.

Möchte eine Zentralbank primär das Verdrängen des Bargelds kompensieren, so wählt sie ein wertbasiertes (value-based) DZBG. Hiervon zu unterscheiden ist das kontenbasierte (account-based) DZBG, das als Erweiterung des geldpolitischen Instrumentariums anzusehen ist. Beim wertbasierten DZBG halten die Privaten die Forderung gegenüber der Zentralbank nicht in Form eines Kontos, sondern in Form von Wertrepräsentanten, sogenannten Token. Die einfachste und seit über 200 Jahren praktizierte Konkretisierung eines Tokens ist bedrucktes Papier, das Bargeld. Der Zugriff über Prepaid-Karten oder mobile Apps sind weitere Konkretisierungen, die für das DZBG vorstellbar sind.

Entscheidet sich eine Zentralbank für ein kontenbasiertes System, so muss sie in einem nächsten Schritt den Kreis der Akteure festlegen, denen eine Kontoeröffnung erlaubt wird. Zwei Szenarien markieren die Endpunkte eines Spektrums (vgl. Kumhof und Noone 2021). Möchte die Zentralbank die Unsicherheit über die Wirkungsweise des DZBG minimieren, so restringiert sie den Kreis der Nutzer auf Geschäftsbanken und Nichtbank-Finanzinstitutionen (NBFI) wie bspw. Versicherungen. In diesem Fall ist das DZBG sehr ähnlich zu den Reserven. Geschäftsbanken bekommen eine zusätzliche Alternative, um Zahlungen untereinander abzuwickeln, das DZBG ergänzt Real Time Gross Settlement-Systeme wie TARGET2. Für die NBFI eröffnet sich die Möglichkeit, Zahlungen an andere NBFI und/oder Geschäftsbanken über die Konten bei der Zentralbank abzuwickeln, sie müssen hierfür nicht mehr die eigenen Einlagen bei den Geschäftsbanken in Anspruch nehmen. Die Privathaushalte sind von dieser Variante des DZBG kaum betroffen.

Am anderen Ende des Spektrums steht die Option, allen privaten Haushalten und Unternehmen eine Kontoführung bei der Zentralbank zu erlauben.[3] Da es kaum vorstellbar ist, dass sich die Zentralbanken selbst in das Tagesgeschäft mit den Endkunden begeben, ist eine Auslagerung der Kontoverwaltung auf private Unternehmen plausibel. Abseits der konkreten Handhabung ist aus ökonomischer Sicht zentral, wie die Privaten auf die zusätzliche Option reagieren: Kommt es zu massiven Portfolioumschichtungen weg von den Geschäftsbanken und hin zur Zentralbank? Wie sehen die Anpassungsreaktionen der Geschäftsbanken aus? Kommt es zu einem massiven Kapitalimport, weil bspw. ein EU-Land wie Schweden allen EU-Bürgern solche Kontoeröffnungen zugestehen muss? Mangels Erfahrungswerten sind hier kaum seriöse Abschätzungen möglich, Plausibilitätsüberlegungen müssen an deren Stelle treten. Angesichts der Unwägbarkeiten reagieren die Zentralbanken ganz gemäß Lehrbuch, sie scheuen davor zurück, diese extreme Variante des DZBG zu installieren. Dies gilt auch für die schwedische Reichsbank, die die Implementierung eines wertbasierten DZBG als Pilotprojekt beschlossen hat, die hierin aber keine Vorentscheidung über die Einführung des „Zentralbank-Kontos für Jedermann“ sehen will (vgl. dazu den Präsidenten der Riksbank Ingves 2018). Der allgemeine Zugang zur Zentralbankbilanz wird nicht am Anfang, sondern allenfalls am Ende eines Entwicklungs- bzw. Implementierungsprozesses stehen.

Das letzte Ausgestaltungsmerkmal, das hier genannt werden soll, ist die Verzinsung der Einlagen bei der Zentralbank. Die Wahl dieses Zinssatzes ist als zusätzliches geldpolitisches Instrument anzusehen, dieser Zinssatz entscheidet maßgeblich über die angesprochenen Reaktionen der Privaten und damit über die Wirkungsweise des DZBG. Bevor dies vertieft werden soll, ist zunächst auf einige primär technische Aspekte des DZBG einzugehen.

10.2 Zum technischen Design

Um einen Zahlungsvorgang erfolgreich durchführen und abschließen zu können, muss bei einem kontenbasierten System der Zahlende als Halter eines entsprechenden Kontos identifiziert werden. Bei Überweisungen zwischen Privaten übernimmt diese Aufgabe die Geschäftsbank, bei Zahlungen zwischen Geschäftsbanken übernimmt dies die Zentralbank. Weil dieser Intermediär das Risiko nicht korrekter Überweisungen trägt, gebietet es sein Eigeninteresse, dieses Risiko zu minimieren über die Nutzung der bestmöglichen Sicherheitstechnologie und/oder der Beschränkung auf einen bestimmten Kundenkreis (vgl. dazu Kahn et al. 2020).

Bei einem wert- bzw. token-basierten System ist eine Überprüfung der Echtheit des Tokens erforderlich. Hier trägt der Empfänger der Zahlung das Risiko eines unechten Tokens. Bei einem Token in Form von Bargeld ist die Überprüfung auf Falschgeld noch

[3] Eine Änderung des Bundesbankgesetzes wäre hierfür nicht erforderlich. Gemäß § 22 Bundesbankgesetz darf die Bundesbank alle Geschäfte, die sie mit Kreditinstituten betreibt, auch mit natürlichen und juristischen Personen im In- und Ausland betreiben. Die auf dem Höhepunkt der Finanzkrise 2010 vom Versicherungsunternehmen Talanx eingereichte Klage auf Einrichtung eines Girokontos bei der Bundesbank hatte dennoch keinen Erfolg, denn die Bundesbank darf, muss aber nicht mit Nichtbanken Geschäfte tätigen.

recht einfach, bei einem digitalen Wertrepräsentanten ist dies in der Regel komplexer. Weil digitale Token vergleichsweise leicht zu kopieren sind, entsteht die Gefahr einer doppelten (oder mehrfachen) Verausgabung desselben Tokens. Um ein solches Double Spending zu unterbinden, bietet sich aus technologischer Sicht die Distributed Ledger Technology (DLT) an.

Die DLT beschreibt eine Klasse von Technologien, die Zustandsinformation in einem verteilten Netzwerk speichern. Der bekannteste Vertreter der DLT ist die von den Kryptowährungen bekannte Blockchain (für eine Einführung vgl. Brühl 2017). Innerhalb der Blockchain werden Transaktionsdaten (Zahlungen) in strukturierter Reihenfolge blockweise gespeichert. Aus diesen Informationen lässt sich der historische Zahlungsverlauf jedes Tokens rekonstruieren. Den Technologien ist gemein, dass sie einen Konsens über die gespeicherten Zustände erreichen müssen, ohne dabei auf einen vertrauenswürdigen Dritten zurückzugreifen. Bei der Bitcoin-Blockchain erfolgt dies durch einen Proof of Work: die Lösung eines kryptographischen Problems ermittelt den Teilnehmer, der zum Fortschreiben der Transaktionshistorie befugt ist. Dadurch ist sichergestellt, dass jeder Netzwerkknoten über dasselbe Set an Informationen verfügt, eine Überprüfung der Echtheit eines Tokens ist damit problemlos möglich. Besonders ist dabei, dass sich die Teilnehmer im Falle der Bitcoin-Blockchain nicht gegenseitig vertrauen müssen, es kommt es zu einer Verschiebung des Vertrauens hin zur Technologie (Blocher et al. 2017b). Die Nutzer müssen sich nicht notwendigerweise kennen, um eine Zahlung abwickeln zu können, vielmehr bleiben sie pseudonym. Dieser Typ ist als offene Blockchain bekannt, jeder Knoten kann dem Netzwerk frei beitreten oder es verlassen. Abzugrenzen davon sind die geschlossenen Blockchains, bei denen es einen definierten Kreis an autorisierten Instanzen gibt, die Informationen aus der Blockchain auslesen oder hinzufügen können. Dies erfordert eine zentrale Instanz, die über die Zulassung entscheidet. Die gesetzlichen Regularien sehen im Hinblick auf den elektronischen Zahlungsverkehr hohe Anforderungen an die Kundenidentifikation (KYC) und Geldwäscheprävention (AML) vor. Daraus ergibt sich für den Systembetreiber die Notwendigkeit, die Verwendung der Tokens Kunden zuordnen zu können. Die Zentralbank kann die Ausgestaltung somit nicht frei wählen, sie muss ein geschlossenes System wählen.

Die Zentralbanken haben die DLT als Kandidaten für ein DZBG durchaus wahrgenommen. Vorteile dieser Technologie umfassen z.B. eine erhöhte Transparenz, verbesserte Datenintegrität und eine erhöhte Resilienz durch den Wegfall des Single Point of Failure. Von den Befürwortern der DLT wird zudem häufig die Pseudonymität genannt. Analog zum Bargeld ermöglicht die Technologie Zahlungsabwicklungen ohne Kenntnisse der Identität. Zudem sind Effizienzgewinne aus der Nutzung der DLT möglich, da aufgrund der einheitlichen Aufzeichnungen der Abstimmungsbedarf und damit Kosten reduziert werden können (Chapman und Wilkins 2019).

Kritisch ist die noch mangelnde Skalierbarkeit (unzureichende Kapazität) sowie die Energieintensität der DLT.[4] Ein Beispiel: Der für die Abwicklung sämtlicher kanadischen Finanztransaktionen mittels Bitcoin-Blockchain notwendige Strombedarf würde den gesamten derzeitigen kanadischen Stromverbrauch übersteigen (Chapman und Wilkins 2019). Eine Abkehr vom Proof of Work als Konsensmechanismus ist unabdingbar,

[4] Vergleiche für eine Analyse des Energiebedarfs auch Kapitel 7.

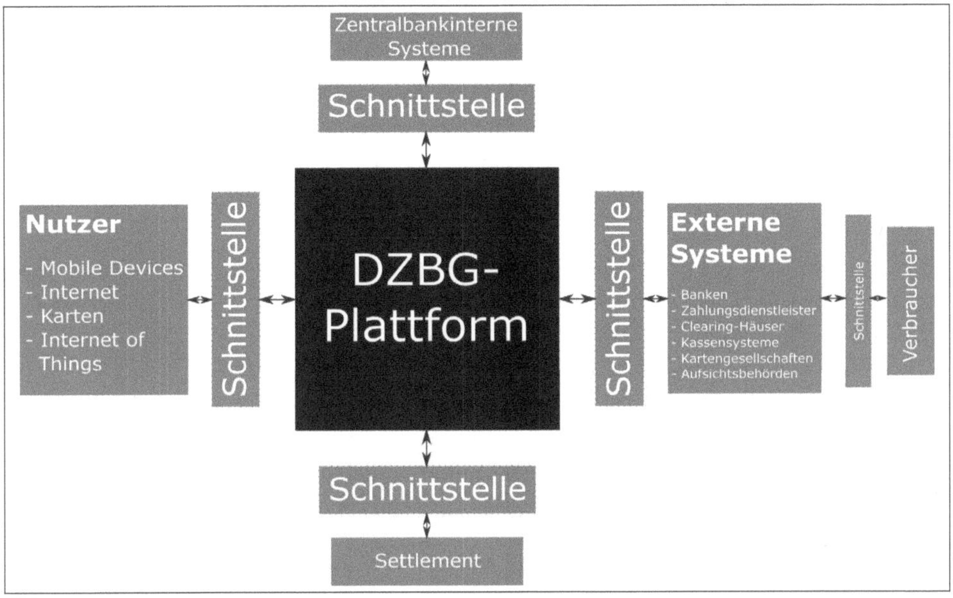

Abbildung 10.1: Digitales Zentralbankgeld-System. Quelle: eigene Abbildung in Anlehnung an Sveriges Riksbank (2018b).

überlegene Alternativen werden derzeit entwickelt (vgl. für eine Übersicht z.B. Hanl 2018). Abadi und Brunnermeier (2018) sprechen in diesem Zusammenhang von einem „Blockchain trilemma", welches besagt, dass von den drei Zielgrößen „Korrektheit der Transaktionen", „dezentrale Durchführung" und „Kosteneffizienz" nur jeweils zwei erfüllt werden können. Bei der Bitcoin-Blockchain werden die ersten beiden Ziele erreicht, es muss auf Kosteneffizienz verzichtet werden. Beim DZBG gewinnt man Kosteneffizienz, muss hingegen das Ziel der Dezentralisierung aufgeben. Zusammenfassend ist zu konstatieren, dass aus heutiger Sicht eine eindeutige Überlegenheit der DLT nicht gegeben ist. Jedoch ist angesichts der rasch fortschreitenden Entwicklung der DLT eine fortwährende Neuevaluation dieser Einschätzung vonnöten.

Eine schematische Darstellung der DZBG-Technologie bietet Abbildung 10.1. Kern des Systems ist die DZBG-Plattform. Sie ist zentrales Steuerungsinstrument und wickelt die Transaktionen des DZBG ab. Die Plattform kann, muss aber nicht DLT-basiert sein, wird aber in jedem Fall der Kontrolle der Zentralbank unterliegen, die z.B. die Menge der zu emittierenden Token reguliert. Für die Integration der Plattform in bestehende Systeme sind verschiedene Schnittstellen bereitzustellen. Wie bereits verdeutlicht, wird für die Zentralbank insbesondere die Anbindung der Geschäftsbanken zu forcieren sein, deren Systeme ein Bindeglied zu den Haushalten darstellen. Analoges gilt für Clearing-Häuser, Zahlungsdienstleister, Hersteller von Kassensystemen oder auch Kartengesellschaften. Die von diesen Institutionen verwendeten Systeme nutzen weitere Schnittstellen, um kompatibel zu den von Kunden präferierten Verfahren zu sein. Diesen Umstand kann die Zentralbank nutzen, um vergleichsweise schnell eine möglichst hohe Verfügbarkeit des DZBG anbieten zu können.

Eine Schnittstelle zu den Settlement-Systemen der Zentralbank wie dem europäischen

TARGET2 oder dem schwedischen RIX stellt sicher, dass Kapital ohne Hindernisse in das DZBG-System gelangen bzw. auch wieder hinausfließen kann. Über diese Schnittstelle erreicht die Zentralbank eine Anknüpfung an das bisher bestehende Zentralbankgeld. Eine weitere Schnittstelle verbindet die DZBG-Plattform mit den zentralbankinternen Systemen, die eine Administration und Kontrolle der Funktionen der DZBG-Plattformen ermöglichen. Dies umfasst die Ausgabe elektronischer Zertifikate, sowie die Erstellung der amtlichen Statistiken.

Plant die Zentralbank die Ausgabe des DZBG auch an Nicht-Banken, ist den Nutzern eine entsprechende Schnittstelle bereitzustellen, über welche sie auf die DZBG-Plattform zugreifen können. Diese ermöglicht die Entwicklung von Mobilen Apps oder die Anbindung von Internet-of-Things-Endgeräten. Die Schnittstelle unterscheidet sich insofern von der Schnittstelle der externen Systeme, als dass die Nutzer des Systems darüber direkt auf die DZBG-Systeme zugreifen, ohne dabei auf die Systeme des externen Anbieters angewiesen zu sein. Aus dem Wegfall dieses Intermediärs ergibt sich für die Zentralbank die Verpflichtung zur Umsetzung gesetzlicher Anforderungen, die andernfalls bisher bei den externen Dienstleistern bereits implementiert sind.

10.3 Wie kommt das DZBG in den Umlauf?

Wir fokussieren uns auf ein kontenbasiertes DZBG, bei dem die Privaten ein Konto bei der Zentralbank einrichten und Einlagen bilden können. Völlig analog zum Bargeld ist das DZBG eine Verbindlichkeit der Zentralbank und eine Forderung der Privaten, entsprechend ist in der Bilanz der Privaten das DZBG ein Aktivposten (siehe Abbildung 10.2).

Eine erste (und unrealistische) Variante, wie das DZBG in Umlauf gebracht werden kann: die Zentralbank schreibt jedem Kontoinhaber einen Betrag X gut. Dieses Szenario ist das digitale Pendent zum Helikopter-Geld von Milton Friedman (vgl. Friedman (1969), sowie für eine aktuelle Analyse des Arguments Buiter (2014)). Auf das Pro und Contra direkter Zahlungen an die Privaten soll hier nicht eingegangen werden, jedoch ist festzuhalten, dass die technische Umsetzung dieser Idee durch das DZBG erheblich erleichtert wird, die Geschäftsbanken können umgangen werden.

Sind Bargeld und DZBG gute Substitute, so ist die für Schweden skizzierte Zurückdrängung der Nachfrage nach Bargeld nicht gleichbedeutend mit einer Zurückdrängung der Nachfrage nach Zentralbankgeld. In der Bilanz der Zentralbank kommt es zu einem Passivtausch, zusätzliche Verbindlichkeiten in Form des DZBG stehen verminderte Verbindlichkeiten in Form des Bargelds gegenüber. Eine Bilanzverlängerung hingegen findet statt, wenn in Analogie zu klassischen Offenmarktgeschäften die Zentralbank Wertpapiere von den Privaten kauft und den Gegenwert als DZBG den Privaten gutschreibt. In diesem Fall muss die Zentralbank festlegen, welche Papiere sie bereit ist zu kaufen, welche Qualitätskriterien diese Papiere also erfüllen müssen. Des Weiteren muss sie klären, ob sie alle Papiere, die die Kriterien erfüllen und ihr angeboten werden, bereit ist zu kaufen oder ob es eine Mengenrestriktion gibt. Kumhof und Noone (2021) favorisieren diesen Weg der Geldschöpfung, sie sprechen sich dafür aus, DZBG nur gegen Staatsschuldpapiere zu emittieren. Private, die bspw. Spar- oder Sichteinlagen

Abbildung 10.2: Stilisierte Darstellung der Bilanzen der Akteure. Quelle: eigene Darstellung.

in DZBG umwandeln wollen, müssen zunächst den Umweg über den Erwerb besagter Staatsschuldpapiere gehen. Diese Vorgehensweise stellt sicher, dass die Zentralbank nicht die Kontrolle verliert über die umlaufende Zentralbankgeldmenge. Zudem vermindert sich dadurch, so die Autoren, die Gefahr, dass es in finanziell turbulenten Zeiten zu einer sich beschleunigenden Abwärtsspirale kommt, indem die Privaten massiv Einlagen von den Geschäftsbanken in den vermeintlich sicheren Hafen Zentralbank transferieren.

Ein solcher Transfer von Einlagen bei den Geschäftsbanken (Depositen) zu Einlagen bei der Zentralbank (DZBG) steht im Zentrum vieler Analysen zum DZBG. Restringiert man den Blick zunächst auf die bilanztechnische Seite, so liegt bei den Privaten ein Aktivtausch vor, jedoch ändert sich der Schuldner von den Geschäftsbanken zur Zentralbank. Die Geschäftsbanken erfahren einen Rückgang der Depositen, womit ein Grundpfeiler ihrer eigenen Refinanzierung und der eigenen Kreditvergabe erodiert. Eine erste Möglichkeit, diesen Mittelabfluss zu kompensieren, besteht in einer Verminderung der eigenen Guthaben bei der Zentralbank, also einer Verminderung der Reserven. Für die Geschäftsbank wäre dies eine Bilanzverkürzung, für die Zentralbank werden Verbindlichkeiten in Form der Reserven ersetzt durch Verbindlichkeiten in Form von DZBG (für eine vertiefte bilanztechnische Analyse vgl. Juks 2018). Übersteigt der Mittelabfluss den Umfang der Reserven, so müssen die Geschäftsbanken einen Kredit bei der Zentralbank aufnehmen, und/oder sie müssen das eigene Aktivgeschäft in Form der Kreditvergabe an die Privaten reduzieren. In diesem Fall drohen erhebliche negative Effekte für die Realwirtschaft.

Das Ausmaß der Umwandlung von Depositen bei Geschäftsbanken in Einlagen bei der Zentralbank, oder anders formuliert, die Nachfrage nach DZBG, ist mangels Erfahrungswerten kaum seriös abschätzbar. Klar ist jedoch, dass die Zentralbank über die Konkretisierung einzelner Ausgestaltungsmerkmale des DZGB die Nachfrage maßgeblich beeinflusst. Beim Bargeld ist es üblich, dass die Zentralbanken jede nachgefragte Einheit auch anbieten. Beim DZBG muss das keineswegs so sein. Wie von Kumhof und Noone gefordert, ist eine Verknüpfung mit dem Ankauf von Wertpapieren denkbar, was einer Mengenrestriktion gleichkommt. Des Weiteren ist die Verzinsung des DZBG ein geldpolitischer Entscheidungsparameter. Je geringer die Zinsdifferenz zu den Depositen, desto stärker wird c.p. die Substitution von Depositen und DZBG sein.

10.4 Geschäftsbanken und Finanzmarktstabilität

Wie stark und in welcher Form die Geschäftsbanken von der Einführung eines DZBG betroffen wären, hängt also maßgeblich von der Konkretisierung der diversen Ausgestaltungsmerkmale ab. Um die Depositenabzüge und damit die Implikationen für die Liquidität und die Refinanzierung der Geschäftsbanken zu minimieren, erscheint es opportun, zumindest in einer Einführungsphase das DZBG unverzinslich zu belassen. Es wird dann in erster Linie ein sicherer Hafen geschaffen, dessen Ansteuern für die Privaten mit Opportunitätskosten in Höhe der entgangenen Depositenzinsen einhergeht. Im derzeitigen Niedrigzinsumfeld hätte die Einführung des DZBG mithin stärkere Effekte als eine Einführung zu „normalen Zeiten".

Die Größenordnung der Nachfrage nach e-Krona lässt sich nur approximativ herleiten. Unter Fokussierung auf das Transaktionsmotiv schätzt Segendorf die Nachfrage auf 45 Mrd. Krona, was ungefähr 1,7 Prozent der Depositen entspricht (vgl. Segendorf 2018). Juks ergänzt die Betrachtung um portfoliotheoretische Überlegungen, mit dem Ergebnis, dass die Nachfrage bei ungefähr 120 Mrd. Krona oder 4,5 Prozent der Depositen liegen wird (vgl. Juks 2018). Beide Autoren erwarten bei dieser Größenordnung keine größeren Verwerfungen bei den Geschäftsbanken.

Unseres Erachtens sind diese Zahlen als eher konservative Abschätzung einzustufen. Sie basieren auf einem maximalen Zinsabstand zwischen DZBG und Depositen, die Nachfrage seitens der (EU-)Ausländer wird nicht berücksichtigt, die Abschätzung gilt für ruhige Zeiten an den Finanzmärkten, wo die Gefahr eines Bankenzusammenbruchs auf breiterer Front nicht in Form einer Risikoprämie eingepreist wird. Die konservative Abschätzung mag mitmotiviert sein durch die Überlegung, dass die Prognose (zu) hoher Einlagenabzüge das Gesamtprojekt einer kontenbasierten e-Krona zu gefährden droht. Die Prognose einer wegbrechenden Refinanzierung und damit das Infragestellen des bisherigen Geschäftsmodells würde die bis dato wohlwollende Begleitung des e-Krona-Projekts durch die Geschäftsbanken gefährden. Zudem ist es nicht opportun, die Implementierung eines neuen Instruments anzukündigen und dies zu verknüpfen mit der Erwartung, dies werde voraussichtlich zu heftigen Finanzmarktturbolenzen führen.

Depositen sind zwar täglich fällig, jedoch stehen sie den Geschäftsbanken aufgrund ihrer Stabilität meist langfristig zur Verfügung. Werden sie dennoch abgezogen, so können Geschäftsbanken, erstens, die Verzinsung der Depositen erhöhen, zweitens, sich verstärkt über die Kapitalmärkte refinanzieren bspw. durch Ausgabe von Bankschuldverschreibungen, drittens, die Reserven bei der Zentralbank reduzieren bzw. dort einen Kredit aufnehmen, oder viertens, die Aktivseite der Bilanz verkürzen über eine verminderte Kreditvergabe. Für alle Alternativen gilt: sie mindern den Gewinn der Geschäftsbanken. Unabhängig von der Art der Anpassungsreaktion werden die Geschäftsbanken nach Einführung eines kontenbasierten DZBG ihre Gewinnposition kaum halten können.

Die zunehmende Fragilität in der Refinanzierung wird für die Geschäftsbanken nicht nur erhöhte Anforderungen an deren Liquiditätsmanagement zur Folge haben, sondern es ist auch eine Anpassung des Risikoprofils des Aktivgeschäfts zu erwarten. Durch die Schaffung eines sicheren Hafens, der 24/7 angesteuert werden kann, wird das Monitoring seitens der Einleger erleichtert. Weil als zu riskant angesehene Aktivgeschäfte leichter und schneller mit Einlageabzügen sanktioniert werden können, wirkt dies disziplinierend und risikomindernd. Dies ist eindeutig ein positiver Beitrag des DZBG zur Finanzmarktstabilität.

Die Wirksamkeit dieses Effekts hängt bekanntlich maßgeblich ab von der Existenz einer Einlagenversicherung. Trägt der einzelne Einleger kein Risiko in Form eines (Teil-)Verlusts seiner Einlagen im Fall der Insolvenz einer Bank, so wird er kein Monitoring betreiben, obiger Effekt entfällt. Zudem besteht auch heute die Möglichkeit einer Einlagenumschichtung von einer in Schieflage geratenen Bank zu einer gesunden Bank. Aber diese Überlegungen sind mikroökonomischer Natur. Auf makroökonomischer Ebene ist der Fall einer generellen Bankenkrise zu beachten. Hier scheiden Transfers zu gesunden Banken meist aus, ebenso verliert die Einlagenversicherung an Glaubwürdigkeit, denn die Summe der Ansprüche an die Versicherung übersteigen bei einer allgemeinen Bankenkrise die Ressourcen deutlich. Wird der Versicherungsschutz als unglaubwürdig eingestuft, so droht das bekannte Bank run-Szenario. Das DZBG greift hier zweifach ein. Zum einen ist es ein perfekt glaubwürdiger Einlegerschutz, denn durch einen Transfer der Einlagen zur Zentralbank gelingt ein vollständiger Schutz vor einem etwaigen Verlust derselben. Zum anderen aber erleichtert das DZBG den Einlagenabzug, da ein Transfer von Depositen von den Geschäftsbanken zur Zentralbank jederzeit und reibungslos möglich ist. Jedwede Komplikation, die bspw. bei der Umwandlung von Depositen in Bargeld, auftreten kann, entfällt. Als Konsequenz dürfte in turbulenten Zeiten die Wahrscheinlichkeit solcher Abzüge steigen.

Die mit einer allgemeinen Bankenkrise einhergehenden Vermögensverluste werden durch das DZBG vermindert, aber die Wahrscheinlichkeit einer allgemeinen Bankenkrise droht infolge der erleichterten Abzüge zu steigen. Das DZBG ist mithin ein zweischneidiges Schwert hinsichtlich der Finanzmarktstabilität. Es sei allerdings explizit angemerkt, dass die skizzierten Überlegungen ein hohes Maß an Spekulation beinhalten, denn es gibt bis dato keine soliden theoretischen oder empirischen Analysen, die sich mit dem DZBG in seiner Interaktion mit der Einlagenversicherung und dem Anpassungsverhalten von Einlegern und Geschäftsbanken auseinandersetzen. Hier ist erheblicher Forschungsbedarf zu reklamieren.[5]

[5] Ein erster modelltheoretischer Ansatz findet sich bei Andolfatto (2018).

10.5 Geldpolitik und makroökonomische Wirkungen

Einlagen von Privaten bei der Zentralbank sind eine Finanzinnovation, die das Instrumentenset der Zentralbank erweitern. Die Entscheidung über die Verzinsung des DZBG ist als neues geldpolitisches Instrument anzusehen, das die übrigen geldpolitischen Zinssätze ergänzt. Im Gegensatz zu den Kryptowährungen, die die Einflussmöglichkeiten der Zentralbank eingrenzen (vgl. Hanl und Michaelis 2017), ist das DZBG in den Händen der Zentralbank, die Einflussnahme auf die Depositen der Banken und damit auf deren wichtigste Refinanzierungsquelle ist direkter als beim bisherigen Instrumentarium. Dies erhöht die Effizienz des Instrumentariums, der Depositenkanal als Transmissionsmechanismus der Geldpolitik rückt stärker in den Mittelpunkt (vgl. Drechsler et al. 2017).

Die Ergänzung der geldpolitischen Zinssätze heißt konkret: der Zinssatz für das DZBG ist eine neue Untergrenze für die übrigen Zinssätze. Ebenso wie Bargeld ist das DZBG als risikoloses und jederzeit zugängliches Asset anzusehen. Liegen die geldpolitischen Zinssätze „zu tief", so würden Banken, Unternehmen und Haushalte Bargeld oder das DZBG präferieren und entsprechend ihre Portfolios umschichten. Weil Bargeld zinslos ist, begründet diese Substitutionsmöglichkeit die Nullzinsuntergrenze. Nun haben viele Zentralbanken in den vergangenen Jahren diese Untergrenze durchbrochen, bspw. praktiziert die EZB seit Mitte 2014 ununterbrochen einen Negativzins für die Einlagefazilität. Eine solche Negativverzinsung ist möglich, da die Bargeldhaltung mit Transport-, Versicherungs- und Lagerhaltungskosten verbunden ist, weshalb man heute eher von einer „effektiven Zinsuntergrenze" spricht, die klar im negativen Bereich liegt. Durch das Halten von DZBG entfallen die genannten Kosten. Folglich wird sich die effektive Zinsuntergrenze anheben, sie wird sich der Nullzinsuntergrenze annähern. Für die Geldpolitik engt sich der Handlungsspielraum ein, negative Zinsen sind im Extremfall nicht mehr durchsetzbar.[6]

Bei einer positiven Verzinsung des DZBG ist sofort die Frage virulent, inwieweit dies die bekannten Transmissionskanäle der Geldpolitik in ihrer Stärke verändert und/oder ob neue Transmissionskanäle hinzukommen. Die erste Frage wurde vom IWF diskutiert und verneint (vgl. Griffoli et al. 2018). Betrachtet wird eine Variation des Leitzinses, also in den USA die Federal Funds Rate und im Euroraum der EZB-Zinssatz für Hauptrefinanzierungsgeschäfte. Bei einem perfekten Kapitalmarkt wird die Erhöhung des Leitzinses eins zu eins weitergegeben in eine Erhöhung der Marktzinssätze, die Investitionen der Unternehmen gehen zurück, die Haushalte substituieren intertemporal, d.h. sie sparen mehr und konsumieren weniger. Dieser Zinskanal, so die Autoren, wird vom DZBG kaum berührt.

Interessanter (und realistischer) erscheint eine Welt imperfekter Kapitalmärkte, in der der Prozess der Kreditvergabe seitens der Geschäftsbanken eine maßgebliche Rolle spielt. Zur Refinanzierung der eigenen Kreditvergabe müssen Banken Depositen oder andere Fremdmittel attrahieren. Die Aufnahme solcher Fremdmittel bspw. über die angesprochene Herausgabe von Bankschuldverschreibungen wird bei einer geldpolitischen Zinserhöhung teurer, es werden weniger Fremdmittel aufgenommen, die Kreditvergabe

[6] Die Zentralbank kann auch das DZBG mit einem Negativzins versehen. In einer Welt ohne Bargeld ist dieser Zins dann die Zinsuntergrenze. In einer Welt mit Bargeld und DZBG kann der Zins für das DZBG nicht geringer sein als die effektive Zinsuntergrenze (vgl. hierzu Nessén et al. 2018).

der Banken und damit die kreditfinanzierten Teile von Investitionen und Konsum sinken ab. Dieser Kreditkanal wird durch das DZBG in dem Maße betroffen, wie Depositen von den Geschäftsbanken zur Zentralbank geflossen sind, denn dies bestimmt die Notwendigkeit Fremdmittel zu gewinnen. In Übereinstimmung mit der schwedischen Reichsbank kommt der IWF zu der Auffassung, dass die Nachfrage nach DZBG von sekundärer Größenordnung ist und damit den Kreditkanal der Geldpolitik nicht signifikant verändert. Wie oben bereits angedeutet, teilen wir diese Einschätzung nicht, insbesondere ist das Volumen des Einlagenabzugs in Richtung Zentralbank endogen und abhängig von der Verzinsung des DZBG. Unseres Erachtens sind die jeweiligen Einlagen gute Substitute, weshalb die Zentralbank über die Verzinsung des DZBG sehr direkt auf die Depositen bei den Geschäftsbanken einwirken und damit die Schärfe des Kreditkanals maßgeblich beeinflussen kann. Für eine aktive Nutzung dieses Wirkungskanals ist die Kenntnis der Zinselastizität der Nachfrage nach DZBG vonnöten. Mangels Implementierung des DZBG kann hierüber nur spekuliert werden. Einen Anhaltspunkt liefert die viel beachtete Studie von Barrdear und Kumhof (2021), die in der Kalibrierung ihres Modells für private Anleger eine Zinssemielastizität von 5 und für institutionelle Anleger von 250 unterstellen. Ein wichtiger Bestimmungsfaktor für diese Elastizität ist die Existenz einer (glaubwürdigen) Einlagenversicherung. Eine erhöhte Verzinsung des DZBG wird nicht versicherte Einlagen stärker attrahieren als versicherte Einlagen. Der Leitzins und der Zinssatz für das DZBG sind zwei unabhängige Instrumente, die grundsätzlich separat festgesetzt werden können. Die Interaktion mit den übrigen Instrumenten und damit die Einbettung in den operativen Rahmen der Geldpolitik ist jedoch theoretisch wie empirisch weitgehend unerforschtes Terrain. Wissenschaft und Geldpolitik sind daher gespannt, welche Erfahrungen Pioniere wie Uruguay oder Schweden machen werden (vgl. hierzu Egan et al. 2017).

Die Unsicherheit über die Wirkungsweise des DZBG impliziert denknotwendig eine Unsicherheit über die makroökonomischen Implikationen des DZBG. Nur wenige Simulationsstudien versuchen eine grobe Abschätzung der Effekte. Eine Ausnahme ist die genannte Studie von Barrdear und Kumhof, die unter Zugrundelegung eines dynamisch-stochastischen allgemeinen Gleichgewichtsmodells recht optimistisch schlussfolgern: Die Einführung eines DZBG führt zu einer Erhöhung des gleichgewichten BIP um rund 3% (vgl. Barrdear und Kumhof 2021). Der Effekt speist sich aus reduzierten Realzinsen, die eine verbesserte Finanzintermediation reflektieren, sowie aus einer Absenkung verzerrender Steuern, die ermöglicht wird infolge höherer Seigniorage-Einnahmen, die von der Zentralbank an die Regierung weitergeleitet werden. Darüber hinaus können primär monetäre Schocks mittels des neuen geldpolitischen Instruments besser abgefangen werden, was eine verminderte Output- und Preisvolatilität ermöglicht. Diesen positiven Effekten gegenüberzustellen ist die vermutlich steigende Volatilität des Wechselkurses. Wenn bspw. die schwedische Reichsbank das DZBG implementiert, so haben sofort alle EU-Bürger und -Unternehmen die Option eines Kontos bei der Reichsbank. Unter der Prämisse, dass hiervon substantiell Gebrauch gemacht wird, kommt es zu vermehrten internationalen Kapitalbewegungen, der Wechselkurs der Krona wird beeinflusst in Niveau und Volatilität.

10.6 Fazit

Wie in Schweden gut zu beobachten, führt die technologische Entwicklung zu einer Verdrängung der Nachfrage nach Bargeld und zu einer Privatisierung des Zahlungsverkehrs. Die sachgerechte Antwort der Zentralbanken ist das digitale Zentralbankgeld (Konto für Jedermann bei der Zentralbank). Dessen breite Implementierung ist keine Frage des Ob, sondern des Wann. Der Zinssatz für Einlagen bei der Zentralbank ist ein neues geldpolitisches Instrument, das makroökonomische Effizienzgewinne und eine verbesserte stabilitätspolitische Reaktion speziell auf monetäre Schocks verspricht.

Allerdings ist die Unsicherheit über die genaue Wirkungsweise dieses Instruments immens. Dies gilt insbesondere für die Einführungsphase, da mangels Erfahrung die Anpassungsreaktionen der Akteure schwer abzuschätzen sind. Damit dieses neue Instrument nicht selbst als monetärer Schock wirkt, ist die Vorgehensweise der schwedischen Reichsbank zu begrüßen. Sie wird dieses Instrument zunächst im Rahmen eines Piloten und in Form eines wertbasierten Systems testen, um auf Basis der gemachten Erfahrungen über die weiteren Ausgestaltungsmerkmale zu entscheiden.

Literatur

Abadi, Joseph und Markus Brunnermeier (2018). *Blockchain Economics.* Working Paper 25407. National Bureau of Economic Research.

Andolfatto, David (2018). *Assessing the Impact of Central Bank Digital Currency on Private Banks.* Techn. Ber.

Barrdear, John und Michael Kumhof (2021). The macroeconomics of central bank digital currencies. Journal of Economic Dynamics and Control: im Druck.

Blocher, Walter, Andreas Hanl und Jochen Michaelis (2017b). Revolutionieren Kryptowährungen die Zahlungssysteme? Wirtschaftspolitische Blätter, 64 (4): 543–552.

Brühl, Volker (2017). Bitcoins, Blockchain und Distributed Ledgers. Wirtschaftsdienst, 97 (2): 135–142.

Buiter, Willem H. (2014). The Simple Analytics of Helicopter Money: Why It Works — Always. Economics, 8 (1).

Chapman, James und Carolyn A. Wilkins (2019). *Crypto 'Money': Perspective of a Couple of Canadian Central Bankers.* Bank of Canada Staff Discussion Paper Nr. 2019-1.

Deutsche Bundesbank (2017b). *Zahlungsverhalten in Deutschland 2017: Vierte Studie über die Verwendung von Bargeld und unbaren Zahlungsinstrumenten.* `https://www.bundesbank.de/de/publikationen/berichte/studien/zahlungsverhalten-in-deutschland-2017-634056`.

Drechsler, Itamar, Alexi Savov und Philipp Schnabl (2017). The Deposits Channel of Monetary Policy. Quarterly Journal of Economics, 132 (4): 1819–1876.

Egan, Mark, Ali Hortaçsu und Gregor Matvos (2017). Deposit Competition and Financial Fragility: Evidence from the US Banking Sector. American Economic Review, 107 (1): 169–216.

Friedman, Milton (1969). The Optimum Quantity of Money and Other Essays. Chicago: Aldine.

Griffoli, Tommaso Mancini, Maria Soledad Martinez Peria, Itai Agur, Anil Ari, John Kiff, Adina Popescu und Celine Rochon (2018). *Casting Light on Central Bank Digital Currencies.* `https://www.imf.org/en/Publications/Staff-Discussion-Notes/Issues/2018/11/13/Casting-Light-on-Central-Bank-Digital-Currencies-46233`.

Hanl, Andreas (2018). *Some Insights into the Development of Cryptocurrencies.* MAGKS Discussion Paper No. 04-2018.

Hanl, Andreas und Jochen Michaelis (2017). Kryptowährungen — ein Problem für die Geldpolitik? Wirtschaftsdienst, 97 (5): 363–370.

Hernandez, Lola, Nicole Jonker und Anneke Kosse (2016). Cash versus Debit Card: The Role of Budget Control. Journal of Consumer Affairs, 51 (1): 91–112.

Ingves, Stefan (2018). *The e-krona and the payments of the future.* URL: `https://www.riksbank.se/en-gb/press-and-published/speeches-and-presentations/2018/ingves-the-e-krona-and-the-payments-of-the-future/`.

Juks, Reimo (2018). When a Central Bank Digital Currency Meets Private Money: Effects of an E-Krona on Banks. Sveriges Riksbank Economic Review, 29 (3): 79–99.

Kahn, Charles, Francisco Rivadeneyra und Tsz-Nga Wong (2020). Should the central bank issue e-money? Journal of Financial Market Infrastructures, 8 (4): 1–22.

Kumhof, Michael und Clare Noone (2021). Central bank digital currencies — Design principles for financial stability. Economic Analysis and Policy, 71: 553–572.

Nessén, Marianne, Peter Sellin und Per Åsberg Sommar (2018). The implications of an e-krona for the Riksbank's operational framework for implementing monetary policy. Sveriges Riksbank Economic Review, 29 (3): 29 –42.

Segendorf, Björn (2018). How Many E-Krona are Needed for Payments? Sveriges Riksbank Economic Review, 29 (3): 66 –78.

Sveriges Riksbank (2018a). *Payment patterns in Sweden 2018.* URL: `https://www.riksbank.se/globalassets/media/statistik/betalningsstatistik/2018/payments-patterns-in-sweden-2018.pdf`.

Sveriges Riksbank (2018b). *The Riksbank's e-kronra project — Report 2.* `https://www.riksbank.se/globalassets/media/rapporter/e-krona/2018/the-riksbanks-e-krona-project-report-2.pdf`.

Tobin, James (1985). Financial Innovation and Deregulation in Perspective. Bank of Japan Monetary and Economic Studies, 3 (2): 19 –29.

11 Geldpolitik[1]

Einen Vermögensgegenstand, der die Tauschmittelfunktion erfüllt, bezeichnet man als Geld. Die Erscheinungsformen des Geldes haben sich im Laufe der Zeit gewandelt, vom Warengeld über Münzen und Papiergeld zu stoffwertlosem Giralgeld. Die jüngste Entwicklung sind Kryptowährungen wie das von Satoshi Nakamoto (2008) konzipierte und mit der Bezeichnung „Bitcoin" versehene System. Insbesondere zwei Eigenschaften sind kennzeichnend für Kryptowährungen: Weil sie die Blockchain-Technologie nutzen, kann bei Geldgeschäften aller Art auf die Einschaltung eines vertrauenswürdigen Dritten verzichtet werden. Bei Finanzgeschäften sind dies in der Regel die Geschäftsbanken, bei grenzüberschreitenden Geldtransfers die Zentralbanken.[2] Zudem erodiert das staatliche Notenmonopol. Bis dato werden Kryptowährungen ausschließlich von Privaten emittiert, es gibt hierbei keine Abhängigkeiten von staatlichen Institutionen. Damit fällt auch der reale Ertrag aus der Geldemission (Seigniorage) ausschließlich den Privaten zu.

Die Zentralbanken sind sich der Herausforderungen bewusst, entsprechend haben sie die Kryptowährungen auf ihre Forschungsagenda gesetzt (European Central Bank 2015; Ali et al. 2014). Die Problemfelder sind vielfältig: Kann die Stabilität der Zahlungs- und Verrechnungssysteme weiterhin gewährleistet werden? Welche Faktoren bestimmen die Nachfrage nach Kryptowährungen und inwieweit substituiert dies die Nachfrage nach herkömmlichen Zentralbankgeld? Welche Rückwirkungen auf die Wirkungsweise und die Ausgestaltung der Geldpolitik sind zu erwarten? Können Zentralbanken der Erosion des Notenmonopols entgegenwirken durch Ausgabe eigener Kryptowährungen? Ziel dieses Kapitels ist, einzelne Aspekte dieser Diskussion zu vertiefen.

11.1 Sind Kryptowährungen Geld?

Ökonomen definieren Geld als alles, was allgemein zur Bezahlung von Gütern und Dienstleistungen sowie zur Begleichung von Schulden akzeptiert wird. Die Konkretisierung dieser Definition erfolgt meist mit Hilfe der drei Geldfunktionen (Tauschmittel, Recheneinheit, Wertaufbewahrung). Wie die nachfolgende Diskussion zeigen wird, ist insbesondere das Kriterium der generellen Akzeptanz (noch) nicht erfüllt, sodass Kryptowährungen von den Zentralbanken aber auch in der einschlägigen Fachliteratur die Geldeigenschaft abgesprochen wird (vgl. Yermack 2015; Lo und Wang 2014). Allerdings ist allen Beteiligten bewusst, dass dieses Verdikt eine Momentaufnahme ist, nicht zuletzt

[1] Dieses Kapitel entstand in Zusammenarbeit mit Jochen Michaelis und erschien als Andreas Hanl und Jochen Michaelis (2017). Kryptowährungen — ein Problem für die Geldpolitik? Wirtschaftsdienst, 97 (5): 363–370, © ZBW und Springer-Verlag Berlin Heidelberg, `https://www.wirtschaftsdienst.eu/inhalt/jahr/2017/heft/5/beitrag/kryptowaehrungen-ein-problem-fuer-die-geldpolitik.html`.

[2] Allgemeinverständliche Beschreibungen der Blockchain-Technologie sowie des Bitcoin-Systems finden sich bei Brühl (2017) und Blocher (2016).

die extrem dynamische technologische Entwicklung kann sehr schnell eine Neubewertung erforderlich machen.

Ähnlich wie Papiergeld oder Giralgeld haben Kryptowährungen keinen intrinsischen Wert. Ein Nutzer wird Kryptowährungen nur dann als Tauschmittel akzeptieren, wenn er darauf vertrauen kann, dass zu einem zukünftigen Zeitpunkt eine hinreichend große Zahl von anderen Akteuren bereit sein wird, die Kryptowährung wieder gegen Güter und Dienstleistungen einzutauschen. Diese Vertrauensabhängigkeit ist allen Währungen immanent, insbesondere gilt sie im selben Maße für ein gesetzliches Zahlungsmittel. Durch die Festlegung eines gesetzlichen Zahlungsmittels kann der Staat zwar versuchen, ein solches Vertrauen zu generieren, aber die Eigenschaft des gesetzlichen Zahlungsmittels ist weder notwendig noch hinreichend für die Tauschmittelfunktion. Sowohl gesetzliche Zahlungsmittel als auch Kryptowährungen sind sog. Außengeld, d.h. dem Vermögen gemessen in Euro oder in Bitcoins steht keine gleichhohe Verbindlichkeit eines anderen Akteurs gegenüber. Beim Euro oder beim US-Dollar ist eine Banknote juristisch zwar eine Forderung gegenüber der Zentralbank, mithin für die Zentralbank eine Verbindlichkeit. Aber da die Verbindlichkeit keine Verpflichtung zum Umtausch der Banknote in Güter oder Dienstleistungen beinhaltet, steht sie im wahrsten Sinne des Wortes nur auf dem Papier. Um als Tauschmittel zu dienen, müssen gesetzliche Zahlungsmittel wie auch Kryptowährungen gleichermaßen besagtes Vertrauen gewinnen bspw. durch das Erzeugen von Wertstabilität.

Die Zahl und das Volumen der in Kryptowährungen abgewickelten Geschäfte sind bis dato vergleichsweise gering. Derzeit (Stand Januar 2022) werden weltweit etwa 260.000 Transaktionen pro Tag mit Hilfe des Bitcoin-Netzwerks getätigt, die ursprüngliche, technische Kapazität von ca. sieben Transaktionen pro Sekunde ist damit etwa zur Hälfte ausgeschöpft. Im Vergleich dazu werden allein in Deutschland werktäglich ca. 25 Millionen Überweisungen getätigt, und etablierte Online-Bezahlverfahren wie Visa oder Mastercard leisten bis zu 2.000 Transaktionen pro Sekunde (Deutsche Bundesbank 2015; Franco 2015). Bei den Kryptowährungen sind die technologischen Restriktionen noch gravierend, aber von der ersten Generation einer neuen Technologie sollte man nicht mehr erwarten als die grundsätzliche Funktionsfähigkeit des Systems, und die ist zweifelsohne gegeben.

Kryptowährungen sind ein Netzwerk-Gut — dies ist für die Etablierung als Tauschmittel ungleich bedeutsamer als die aktuellen technologischen Restriktionen. Warum sollten Kunden auf Kryptowährungen umsteigen, wenn Kryptowährungen nur in wenigen Geschäften akzeptiert werden? Und warum sollten Geschäftsinhaber Kryptowährungen akzeptieren, wenn nur wenige Kunden damit zu zahlen wünschen? Weil der Konsum von Netzwerk-Gütern mit positiven externen Effekten einhergeht, stellt der Markt eine „zu geringe" Menge zur Verfügung. Selbst wenn alle Beteiligten die grundsätzliche Überlegenheit der neuen Zahlungstechnologie kennen und akzeptieren, können Netzwerkeffekte plus Wechselkosten den Übergang zur neuen Technologie verhindern. Die dezentrale Organisation des Systems erschwert das Erreichen der kritischen Masse an Nutzern, gleichwohl dürfte das Überwinden dieser Schwelle die Nagelprobe sein, die letztlich über den Erfolg von Kryptowährungen entscheidet. Eine Hyperinflation gesetzlicher Währungen oder die Ernennung einer Kryptowährung zum gesetzlichen Zahlungsmittel würden das Verlassen des inferioren Gleichgewichts erleichtern, aber mit solchen Szenarien ist nicht zu rechnen (Luther 2015).

Nun ist die Verwendung einer Zahlungstechnologie in der Regel keine 0–1–Entscheidung. Der typische Konsument nutzt zwei oder drei Methoden, bspw. Bargeld für die täglichen Einkäufe und Kreditkarten für größere Transaktionen. Eine neue Zahlungsmethode wie die Kryptowährung muss daher nicht für alle Transaktionen nach allen Kriterien wie Kosten, Geschwindigkeit oder Sicherheit den bisherigen Technologien überlegen sein, sondern die Überlegenheit in einzelnen Teilbereichen reicht aus, um eine substantielle Verbreitung zu finden. Wie empirische Studien zeigen, reagieren Konsumenten durchaus sensitiv mit der Wahl der Zahlungsmethode, wenn die neue Technologie ein besseres Matching mit ihren Bedürfnissen erlaubt (Koulayev et al. 2016).

Etwas paradox zumindest beim Bitcoin: Die Verwendung als Tauschmittel ist begrenzt, gerade weil er ein erfolgreiches Wertaufbewahrungsmittel ist. Wie in Abbildung 11.1 veranschaulicht, sind die Wertsteigerungen des Bitcoins im Vergleich zum US-Dollar zumindest seit 2013 exorbitant. Die Wertsteigerungen sind alles andere als stetig, aber eine buy-and-hold-Strategie erscheint lukrativ. Neben dem Interesse an einer neuen Technologie ist die Funktion als Wertanlage das bedeutsamste Motiv für das Halten von Bitcoins. Zumindest für die US-Konsumenten ist dieses Motiv wichtiger als die Nachfrage nach Bitcoins, um Käufe von Gütern und Dienstleistungen abzuwickeln (Schuh und Shy 2016). In eine ähnliche Richtung deutet die Verwendung neu geschürfter Bitcoins, sie werden mehrheitlich nicht verausgabt, sondern bleiben als Vermögensanlage in Händen des Miners (Meiklejohn et al. 2016).

Die Eigenschaft als Wertaufbewahrungsmittel ist unter Hinweis auf die extreme Volatilität des Bitcoin-Kurses (vgl. Abbildung 11.1) durchaus strittig. Die Tagesschwankungen des Bitcoin-Wechselkurses zum US-Dollar betragen häufig mehrere Prozent, sodass ein intertemporaler Vermögenstransfer von heute nach morgen oder übermorgen mitunter nicht wertstabil erfolgt. Die hohe Volatilität reflektiert den geringen Liquiditätsgrad des Bitcoin-Marktes. Angesichts der derzeit rund 16 Millionen umlaufenden Bitcoins ist das Handelsvolumen gering, und wie bei einem „thin market" zu erwarten, führen bereits kleinere Änderungen in Angebot und/oder Nachfrage zu substantiellen Kursausschlägen. Weil die Zahl der maximal umlaufenden Bitcoins technologisch fixiert ist, wird auch zukünftig der Bitcoin-Markt wenig liquide sein, die hohe Kursvolatilität wird sich nicht mindern. Für risikoscheue Konsumenten mag dies ein hinreichender Grund sein, gar nicht erst mit Kryptowährungen wie den Bitcoin zu experimentieren. Auf jeden Fall ist dies eine zusätzliche Hürde für die allgemeine Akzeptanz als Zahlungsmittel.

Die hohe Kursvolatilität generiert zwei weitere Effekte. Erstens, Spiegelbild des Wechselkursrisikos ist die Unsicherheit über den Realwert einer Transaktion. Dies gilt für Käufer wie auch Verkäufer einer Ware. Letztere reagieren hierauf häufig mit dem Einsatz eines Dienstleisters (einer Software), die den sofortigen Umtausch von eingenommenen Bitcoins in Euro oder US-Dollar vornimmt und den Gegenwert dem Verkäufer gutschreibt. In diesem Fall zahlen die Konsumenten zwar mit Bitcoin, aber es ist unklar, ob man wirklich sagen kann, dass die Verkäufer Bitcoin akzeptieren (Rysman und Schuh 2017). Und zweitens, die hohe Kursvolatilität verhindert die Nutzung des Bitcoins als Recheneinheit. Auch die Unternehmen, die Bitcoin akzeptieren, formulieren ihre Preise in Euro bzw. US-Dollar, der Bitcoin-Preis ergibt sich erst nach Umrechnung mit dem aktuellen Wechselkurs. Hinderlich für die Funktion als Recheneinheit ist zudem die große Zahl von Nullen, die sich bei der Umrechnung ergeben, so kostet beim heutigen Wechselkurs

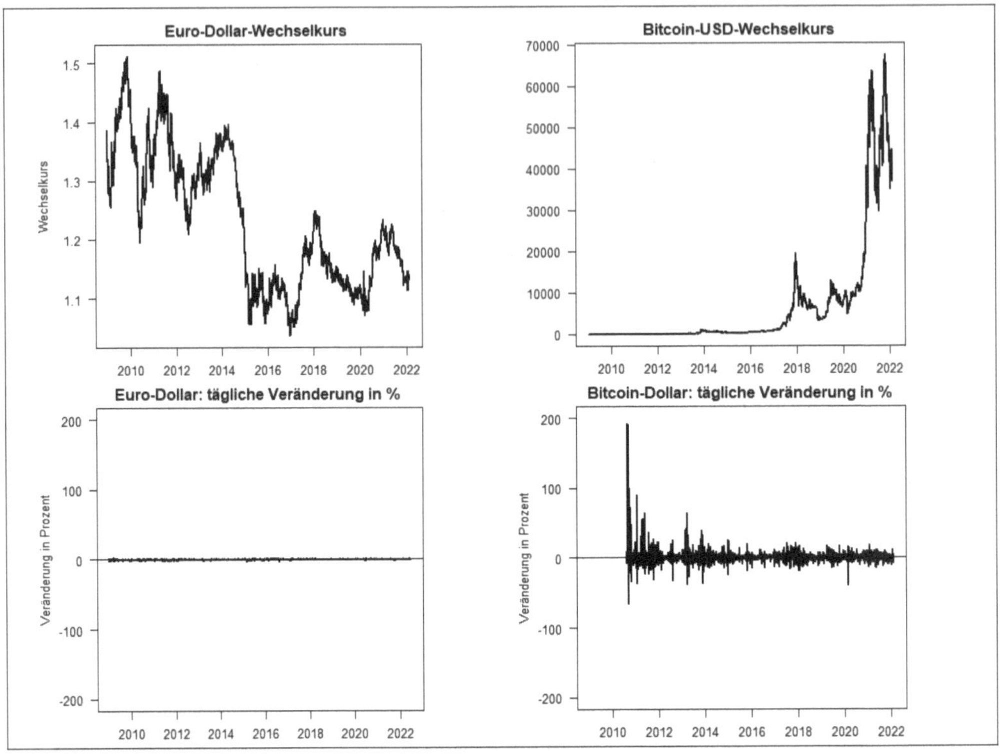

Abbildung 11.1: Volatilität des Bitcoin-US-Dollar-Wechselkurses im Vergleich zum Euro-Dollar-Wechselkurs. Abbildung basiert auf Daten von Quandl und eigenen Berechnungen.

das 50 Cent-Brötchen rund 0,0005 Bitcoin. Aufgrund des rein digitalen Charakters der Kryptowährung ist dies indes ein lösbares Problem, die Skalierung ließe sich unschwer auf ein für die Konsumenten leichter handhabbares Maß verändern.

11.2 Relative Stärken der Kryptowährungen

Um sich dauerhaft als Zahlungsmittel durchzusetzen, müssen Kryptowährungen zumindest bezüglich einzelner Eigenschaften als „besser“ eingestuft werden als die bisherigen Währungen bzw. Zahlungsmethoden. Ein erster primär makroökonomischer Gesichtspunkt ist die schon angesprochene Wertstabilität. Die bisherige Währungsgeschichte ist zu einem großen Teil eine Geschichte von Untergängen, wieder und wieder wurden von den Regierungen Währungen über Inflationen wertlos gemacht. Die Auslagerung der Geldpolitik auf eine regierungsunabhängige Zentralbank ist eine vergleichsweise junge Entwicklung, die hier einen Riegel vorgeschoben hat. Aber die Zentralbankunabhängigkeit lässt sich per Gesetz schnell wieder ändern, sie ist fragil. Zudem können auch unabhängige Zentralbanken eine unsolide Geldpolitik betreiben.

Kryptowährungen überwinden diese Probleme rigoros. Zumindest bis dato erfolgt die Ausgabe von Kryptowährungen ausschließlich durch Private, keine Regierung und keine andere Zentralinstanz ist hier involviert. Der Anreiz zur Inflationierung durch Private (ein häufig vorgebrachtes Argument gegen den privaten Währungswettbewerb à la Hayek) entfällt aus zwei Gründen. Zum einen gibt es keine private Einzelperson, die die Kryptowährung emittiert, die neu geschaffenen Währungseinheiten fallen an diejenigen, die eine kryptographische Aufgabe als erstes lösen. Dieser Prozess des Mining erfolgt nach transparenten und für alle einsehbaren Regeln, jeder kann grundsätzlich an diesem Prozess teilnehmen. Zum anderen wird über die Höhe des Geldangebots nicht diskretionär entschieden, sondern das Geldangebot folgt über die Lösung der kryptographischen Aufgaben mehr den Regeln der Mathematik. Beim Bitcoin ist das Angebot auf rund 21 Millionen Einheiten begrenzt, eine Inflationierung des Bitcoins ist damit definitiv ausgeschlossen. Andere Kryptowährungen wie der Peercoin fixieren das Angebot nicht in absoluter Höhe, sondern lassen auch langfristig eine positive Wachstumsrate zu. Dass die Bindung an mathematische Regeln aus ökonomischer Sicht nicht uneingeschränkt sinnvoll ist, wird weiter unten noch diskutiert werden.

Auf der mikroökonomischen Ebene erlaubt die Blockchain-Technologie die Umgehung traditioneller Finanzintermediäre, gerade Geschäftsbanken droht eine Erosion ihrer Geschäftsmodelle. Ähnlich wie beim Peer-to-Peer-Lending, wo unter Nutzung von Plattformen Kreditgeber auf direktem Weg finanzielle Ressourcen an Kreditnehmer transferieren, können mittels der Blockchain Überweisungen direkt zwischen Zahlern und Zahlungsempfängern vorgenommen werden. Die Technologie gewährleistet, dass bei einem gewünschten Geldtransfer von Frau A zu Herrn B nur Herr B der tatsächliche Empfänger sein kann, dass Frau A nachweislich über das entsprechende Guthaben verfügt und dass der Betrag tatsächlich von Frau A kommt. Eine vertrauenswürdige dritte Person oder Institution wie die Geschäftsbank, die diese Fragen für Frau A und Herrn B bis dato klärt, ist nicht vonnöten. Die von den traditionellen Finanzintermediären erhobenen Bearbeitungs- bzw. Überweisungsgebühren erlauben eine grobe Abschätzung des Einsparpotentials. Den Extrempunkt bilden grenzüberschreitende Überweisungen, dort betragen die Gebühren durchschnittlich 8,9 Prozent des Überweisungsbetrags (Goldman Sachs 2014). Bei Kreditkartenunternehmen wie Visa und Mastercard sind 2 bis 3 Prozent des Umsatzes als Gebühr zu zahlen, PayPal erhebt eine Gebühr von 1,9 Prozent des Verkaufswerts plus 0,35 pro Transaktion. Diesen Einsparungen sind indes die Gebühren gegenüberzustellen, die Bitcoin-Zahlungsdienstleister wie BitPay oder Coinbase beim Umtausch von traditionellen Währungen in Bitcoin et vice versa verlangen, derzeit rund 1 Prozent des Umtauschbetrags. Ob Bitcoin-Geschäfte ihren heutigen Kostenvorteil dauerhaft behalten, wird mitunter unter Hinweis auf vermutlich ansteigenden Transaktionsgebühren in Frage gestellt (vgl. Houy 2014). Die derzeit dominierende Entlohnung der Miner in Form von neuen Bitcoins wird als Reflex des immer komplexer werdenden Mining-Prozesses ersetzt werden müssen durch Gebühren, über deren Höhe zum jetzigen Zeitpunkt nur spekuliert werden kann.

Ein unstrittiger Pluspunkt: Über die Blockchain bzw. das Bitcoin-System abgewickelte Transaktionen haben einen Geschwindigkeitsvorteil. Auf traditionellem Weg vorgenommene Überweisungen dauern innerhalb der EU einen Werktag, bei Überweisungen in die USA rund fünf Werktage und bei Überweisungen in Entwicklungsländer bis zu 20 Werktage. Dies ist anachronistisch. Beim Bitcoin-System müssen die jeweiligen Informationen (Sender, Betrag, Empfänger etc.) in einem Block aufgenommen werden, die Erzeugung eines Blocks dauert ungefähr zehn Minuten. Eine Transaktion gilt üblicherweise nach sechs Blöcken als bestätigt, mithin sind Transaktionen innerhalb einer Stunde als sicher zu betrachten. Beim Litecoin reduziert sich die Zeitdauer auf rund 15 Minuten. Die Reaktion der Zentralbanken auf diese technologische Entwicklung ließ ein wenig auf sich warten, aber derzeit arbeiten sie intensiv an der Entwicklung von Instant Payment Systems, die diesen Nachteil der bankmäßigen Abwicklung des Zahlungsverkehrs zumindest abmildern (Tompkins und Olivares 2016, vgl.).

11.3 Sicherheitsaspekte

Wenn sich Kryptowährungen durchsetzen sollen, müssen sie ihren Nutzern ein Maß an Sicherheit bieten, welches zumindest mit den traditionellen Währungen vergleichbar ist. Dies bedeutet insbesondere, dass Transaktionen fälschungssicher sein müssen. Im Wesentlichen lassen sich die Risiken eines Kryptowährungssystems in zwei Gruppen einteilen: Risiken, die innerhalb des Netzwerks entstehen, und Risiken, die an der Schnittstelle, also bei der Verwendung des Netzwerks entstehen. Zu den inneren Risiken gehören die Sicherheit der Kryptographie, die Deanonymisierung von Nutzern, die Möglichkeit des double spending und Sicherheit des Konsensusalgorithmus.

Im direkten Vergleich überwiegen unseres Erachtens die Schnittstellenrisiken. In der bisher rund achtjährigen Nutzung der Bitcoin-Blockchain sind bis dato keine substantiellen technischen Fehlfunktionen bekannt geworden, und auch wenn die Sicherheit der Kryptographie ein grundsätzliches Problem ist (vgl. dazu z.B. Giechaskiel et al. 2016), die von Nakamoto (2008) gewählte Verschlüsselungstechnik ist (bisher) als sicher einzustufen.

Intensiv diskutiert ist das Konzept der Pseudonymität, das Transaktionen für Dritte nicht einsehbar machen soll. Bargeld bietet die „perfekte“ Anonymität gegenüber Außenstehenden, nur die am Tausch unmittelbar Beteiligten sind involviert. Den Gegenpol bilden herkömmliche Banküberweisungen, bei denen die Einsichtnahme und das Zurückverfolgen von Transaktionen zumindest für die jeweilige Bank unproblematisch sind, die Weitergabe bspw. an staatliche Behörden wie das Finanzamt ist kaum zu unterbinden. Kryptowährungen beschreiten hier einen Mittelweg: alle Transaktionen sind auf der Blockchain festgehalten und für alle Netzwerkteilnehmer öffentlich einsehbar. Aber die Transaktionen liegen nur unter Pseudonymen vor. Sie sind lediglich durch Zahlungsadressen identifiziert, die durch ein private-public-key-Paar erzeugt werden. Diese verhindern in erster Instanz eine Identifikation der Nutzer, auch wenn eine völlige Deanonymisierung – zumindest unter gewissen Voraussetzungen – nicht ausgeschlossen werden kann (vgl. Meiklejohn et al. 2016; Biryukov et al. 2014).

Hervorgehoben wird zudem oft die Möglichkeit von 51%-Angriffen auf das Bitcoin-System: es gilt die Blockchain, die von der Mehrheit der Rechenleistung akzeptiert wurde. Verfügt ein Angreifer über diese Mehrheit, kann er rückwirkend Blöcke und damit auch eigene Transaktionen verändern. Kurzum, der Angreifer kann entscheiden, welche Transaktion in der Blockchain abgebildet wird (vgl. Nakamoto 2008). Dadurch unterliegt das Netzwerk einem systemimmanenten Risiko. Allerdings sind die hierfür notwendigen Rechnerkapazitäten heute derart umfangreich und damit kostenintensiv, dass dieses Risiko als gering einzustufen ist. Eine Neubewertung ist ggf.

erforderlich, sollte es zu einer noch stärkeren Konzentration bei den Mining Pools kommen.

Deutlich kritischer für die Sicherheit ist die Schnittstellen-Problematik. Die Mehrzahl der Kryptowährungstransaktionen erfolgt unter Zuhilfenahme von Zahlungsdienstleistern, die die Umwandlung von traditionellen Währungen in Kryptowährungen et vice versa vornehmen, die in einer Online-Wallet den Private Key speichern etc. Der Kryptowährungsnutzer greift hier also auf einen Dritten zurück, dem er – ähnlich einer Geschäftsbank – vertrauen muss. Auch im Kryptowährungssystem treten also Intermediäre auf. Diese sind nicht nur ein potentielles Angriffsziel, sondern können selbst in betrügerischer Absicht handeln. Die Konsequenz ist das Risiko eines entsprechenden Vermögensverlustes. Bei traditionellen Finanzintermediären tritt dasselbe Problem auf, das Kryptowährungssystem ist diesbezüglich bedingt eine Verbesserung, da es die Verwendung von Intermediären zumindest zum Teil obsolet werden lässt und keinen dauerhaften Einsatz von Intermediären voraussetzt. Zu einer ähnlichen Einschätzung gelangt man bei Geschäften mit kleinen Transaktionsvolumina. Hier wollen Kunden wie Händler in der Regel nicht warten, bis die Transaktion in der Blockchain bestätigt ist, gerade der Händler trägt damit ein Restrisiko. Dies gilt grundsätzlich auch bei Kartenzahlungen, aber hier gibt es — anders als bei Kryptowährungssystemen — Versicherungslösungen, die das Risiko eines Zahlungsausfalls begrenzen.

Ein wesentlicher Vorteil von Kryptowährungen ist die Abwesenheit von Falschgeld. Jeder Nutzer kann, basierend auf der Kenntnis der gesamten Transaktionshistorie, prüfen, ob eine Transaktion valide ist und sie (ggf. nach einer Wartezeit bzw. wenn die Transaktion durch eine gegebene Zahl von Blöcken bestätigt wurde) akzeptieren. Um die Sicherheit der Transaktionshistorie zu gewährleisten, werden bestimmte Referenzblöcke fest im Quellcode des Bitcoin-System festgehalten und damit final fixiert (vgl. Giechaskiel et al. 2016).

Da Kryptowährungen letztlich softwaregesteuert sind, lassen sich Risiken und Sicherheitslücken nicht mit letzter Sicherheit eliminieren. Dies gilt jedoch im selben Maße für die traditionellen Zahlungssysteme, sodass zusammenfassend festzuhalten bleibt, dass Kryptowährungen in Bezug auf das Thema technische Sicherheit traditionellem Geld nicht nachstehen, sondern möglicherweise sogar überlegen sind, sofern die Nutzer entsprechende Rahmenbedingungen einhalten.

11.4 Regionale Verteilung des Bitcoins

Kryptowährungen kennen keine Staatsgrenzen und keine regionalen oder geographischen Hindernisse, die die Nutzung einschränken. Ihr digitaler Charakter erlaubt eine denkbar einfache globale Verwendung. Gleichwohl ist für nationale Akteure das Ausmaß der regionalen Verwendung von Kryptowährungen von großem Interesse, denn die regionale Verteilung gibt Auskunft darüber, wie intensiv sie von den Kryptowährungen tatsächlich betroffen sind. Zu nennen sind hier bspw. die deutschen Geschäftsbanken, für die die Intensivierung des Wettbewerbs vehement ist, wenn Kryptowährungstransaktionen in Deutschland eine weite Verbreitung finden. Analoges gilt für nationale Behörden wie die BaFin, die ggf. aufsichtsrechtlich einschreiten muss, da sie Kryptowährungstransaktionen als Finanzinstrumente in der Form von Rechnungseinheiten eingestuft hat. Oder die Geldpolitik: Die Europäische Zentralbank könnte die Kryptowährungen praktisch ignorieren, wenn Bitcoin Co. nicht im Euroraum, sondern fast ausschließlich in China oder den USA Verwendung finden würden.

Bei einer regionalen Einordnung muss zwischen der Schaffung und der Nutzung der Kryptowährungen unterschieden werden. Die Schaffung der wichtigsten Kryptowährung, dem Bitcoin, lässt sich anhand der Daten des Mining-Prozesses regional lokalisieren. Mindestens 99% der Blöcke auf der Bitcoin-Blockchain werden durch Mining Pools erstellt. Dabei zeigt sich eine zweifache Konzentration: Die fünf größten Pools erzeugen zusammen etwa 80% der Blockchain-Blöcke, und vier von diesen fünf Mining Pools operieren (wegen der niedrigen Energiepreise) von der VR China aus. Entsprechend ist der chinesische Renminbi die bedeutsamste Währung im Bitcoin-Handel (31%), gefolgt vom US-Dollar (25%) und dem Euro (9%) (European Central Bank 2015).

Die Zuordnung der Nutzer zu bestimmten Ländern gestaltet sich im Vergleich zur Schaffung des Bitcoins ungleich schwieriger, da das System pseudonym ist und somit kein zentrales Verzeichnis existiert, mit dessen Hilfe die Regionalstruktur studiert werden könnte. Mithin müssen andere Datenquellen genutzt werden. Eine erste Informationsquelle ist die Verteilung der weltweit derzeit 126 Handelsplätze (*List of Crypto-Exchanges*). Eine klare regionale Schwerpunktsetzung lässt sich nicht identifizieren, die Bitcoin-Börsen verteilen sich über den gesamten Erdball, 37 Börsen finden sich in Asien, 35 in Europa, 19 in Nordamerika, 13 in Südamerika, 12 in Australien/Ozeanien und 3 in Afrika. Das Land mit den meisten Bitcoin-Handelsplätzen ist das Vereinigte Königreich mit 19 Börsen gefolgt von der VR China mit 12 Börsen und den USA mit 9 Börsen. Deutschland ist mit einer Börse eher Bitcoin-Entwicklungsland.

Betrachtet man die Downloadhäufigkeit der Bitcoin-Software als Approximation der Bitcoin-Nutzung, so sind die USA, die VR China, Deutschland, das Vereinigte Königreich, Kanada und die Niederlande als Hauptnutzungsgebiete zu identifizieren (vgl. dazu für eine Analyse der Bitcoin-Nodes auch Donet Donet et al. 2014). Korrigiert man diese Zahlen für die unterschiedlichen Bevölkerungsgrößen, ergibt sich jedoch ein etwas anderes Bild: es sind insbesondere die skandinavischen Länder und ihre Nachbarn, die eine höhere Ausbreitung des Bitcoins aufweisen, also eben jene, die schon jetzt – relativ betrachtet – eine weniger ausgeprägte Affinität zum Bargeld besitzen.

11.5 Utopia: eine reine Kryptowährung-Welt

Kryptowährungen haben heute eine Marktkapitalisierung von rund 1,7 Billionen Euro, das entspricht nahezu 17% der Euro-Geldmenge M1.[3] Die Zentralbanken inkl. der EZB beobachten daher die Entwicklungen bei den Kryptowährungen, aber als unmittelbare „Bedrohung" werden sie nicht wahrgenommen. Diese Einschätzung mag sich auch mittelfristig als richtig erweisen, wenn die besagte kritische Masse an Nutzern nicht überschritten wird. Dann wären Kryptowährungen eher vergleichbar mit der Vielzahl von Regionalwährungen („Chiemgauer", „Bürgerblüte" etc.), deren Rückwirkungen auf

[3]Zum Vergleich: im März 2017 lag die Marktkapitalisierung noch bei rund 20 Mrd. Euro (ca. 0,3% der Euro-Geldmenge M1).

die geldpolitische Ausrichtung als vernachlässigbar anzusehen sind.

Aber die Einschätzung kann falsch sein. Zur Skizzierung der Implikationen ist es illustrativ, sich den anderen Grenzfall vorzustellen: eine reine Kryptowährungswelt. Angenommen, es gäbe ausschließlich Bitcoins. Eine reine Bitcoin-Welt wird durch Deflation gekennzeichnet sein. Dies ist anhand der Quantitätsgleichung MV=PY schnell skizziert. Beim Bitcoin ist die umlaufende Geldmenge M technologisch auf rund 21 Mio. Bitcoins begrenzt. Sofern plausiblerweise die Umlaufgeschwindigkeit des Geldes V nicht fortlaufend ansteigt, muss bei steigendem Einkommen Y das Preisniveau P fallen. Bisher ist weitgehend unerforscht, wie sich eine Volkswirtschaft mit inhärent angelegter Deflation verhält. Die Anlageform „Geld" erhält eine positive Realverzinsung, womit sich der Zinsabstand zu anderen Kapitalanlageformen zumindest verringert. Die Erwartung sinkender Preise mag eine Verschiebung der Güternachfrage in die Zukunft zur Folge haben, sodass kurzfristig negative Output-Effekte resultieren. Das Szenario einer deflationären Ökonomie lässt sich umgehen, wenn die digitale Währung nicht mengenmäßig beschränkt ist, sondern auch im Gleichgewicht eine positive Wachstumsrate aufweist. Dies ist bspw. beim Peercoin gegeben, was ad hoc aus geldtheoretischer Sicht als überlegene Alternative erscheint.

Eine bis dato ungeklärte Frage betrifft die Zinsbildung in einem Kryptowährungssystem. Ähnlich wie Münzen und Bargeld haben Kryptowährungen wie der Bitcoin einen Nominalzins von null. Sobald traditionelle Währungen jedoch in Form von Depositen gehalten werden, erzielen sie in der Regel eine positive Verzinsung, die finanziert wird von den Kreditnehmern. Dieser heute primär über die Geschäftsbanken laufende Prozess der Finanzintermediation droht zu erodieren in einer mit der Blockchain-Technologie agierenden Kryptowährungswelt. Drei alternative Szenarien sind denkbar. Erstens, die Kreditkonditionen werden direkt, also Peer-to-Peer und dezentral, zwischen den Beteiligten vereinbart werden. Dies erfordert indes einen extrem hohen Informationsbedarf bei Sparern wie Investoren. Zweitens, die Beteiligen suchen Hilfe bei Plattformen wie BitBond oder BTCJam, die auch heute schon Kreditsuchende und Mittelgeber zusammenführen. Die Bestimmung des Zinssatzes hier ist vielfältig und ähnelt dem Crowdfunding (Agrawal et al. 2014). Realistisch erscheint die dritte Alternative: Es bildet sich ein System von Wertpapieren und Derivaten, die auf Bitcoin denominiert sind und entsprechend gehandelt werden. Der Zinssatz reflektiert dann Angebot und Nachfrage von auf Bitcoin denominierten Krediten. Ob einer solchen Kryptowährungswelt eine ähnliche Fristentransformation gelingt wie den heutigen Finanzintermediären, muss offen bleiben.

Der Realwert einer Kryptowährung wie dem Bitcoin wird heute gemessen mit Hilfe des Wechselkurses zum Euro oder US-Dollar. Sind für einen Bitcoin mehr US-Dollar zu zahlen, so steigt c.p. der Realwert des Bitcoins. Werden im Extremfall die staatlichen Währungen vollständig verdrängt, so stellt sich das Problem der Ermittlung eines adäquaten Preisindexes. Was ist der Realwert eines Bitcoins in einer reinen Bitcoin-Welt? Möglich wäre die Bildung eines harmonisierten Konsumentenpreisindexes, der den Preis eines im Weltmaßstab repräsentativen Warenkorbs widerspiegelt. Gegeben die im Weltmaßstab massiven Unterschiede in den nationalen Präferenz- und damit Konsumstrukturen wäre ein solcher Index indes weitgehend inhaltsleer. In Analogie zum Euroraum bietet sich als Alternative die Verwendung nationaler Indices an, womit der Realwert des Bitcoins dann von Land zu Land unterschiedlich definiert ist. Die Formulierung aller Preise in derselben Währungseinheit erleichtert die Vergleichbarkeit der Preise, die ökonomisch relevantere Bestimmung der Realwerte ist dagegen unvermindert komplex.

Die Welt als Ganzes ist definitiv kein optimaler Währungsraum im Sinne von Mundell. Das Beiseitelegen des nominalen Wechselkurses als Instrument zur Beeinflussung des realen Wechselkurses und erst recht das Beiseitelegen der nationalen Geldpolitik ist im Euroraum schon umstritten, im Weltmaßstab wäre es abstrus. Dieses Faktum beantwortet die Frage, ob Utopia im Sinne einer reinen Kryptowährungswelt überhaupt erstrebenswert ist, mit einem klaren „nein". Auch ein Wettbewerb mehrerer Kryptowährungen würde hieran nichts ändern, denn die sich einstellenden Wechselkurse zwischen den jeweiligen Kryptowährungen hätten nichts mit den ökonomisch notwendigen Anpassungen zwischen zwei Ländern oder Ländergruppen zu tun. Sollten Kryptowährungen in einem wettbewerblichen Prozess die traditionellen Währungen zum Teil verdrängen, so spricht dies für einen Effizienzgewinn, die resultierende Marktlösung ist grundsätzlich zu begrüßen. Eine vollständige Verdrängung hingegen würde mit dem Verlust von unzweifelhaft erforderlichen Stabilisierungsinstrumenten einhergehen. Aus makroökonomischer Perspektive ist daher der Fortbestand traditioneller Währungen mit traditioneller Geldpolitik der reinen Kryptowährungswelt vorzuziehen.

11.6 Kryptowährungen und Zentralbankpolitik

Beide Extremszenarien – Kryptowährungen bleiben ein Randphänomen bzw. sie verdrängen die traditionellen Währungen vollständig – erscheinen unrealistisch. Zu rechnen ist mit einer dauerhaften Koexistenz von Kryptowährungen und traditionellen Währungen. Die makroökonomischen Implikationen einer solchen Koexistenz sind bis dato weitestgehend unerforschtes Terrain. Eine nennenswerte Ausnahme ist die an der Bank of England entstandene Studie von Barrdear und Kumhof (2021). Die Autoren integrieren eine Kryptowährung in ein DSGE-Modell, wobei das Verhältnis von Kryptowährung und Zentralbankgeld qua Annahme fixiert ist, sodass Geldpolitik als stabilitätspolitisches Instrument erhalten bleibt. Ein interessantes Ergebnis ihrer Analyse: die Implementierung der Kryptowährung wirkt wie ein Wachstumsmotor, langfristig ist der Output in einer reinen Kryptowährungswelt rund 3% höher als in der Welt ohne Kryptowährung. Hanl und Schwanebeck (2017a) kommen zu einem ganz ähnlichen Ergebnis. Durch die Kryptowährung verbessert sich der Prozess der Finanzintermediation, das Zusammenfinden von Sparern und Investoren ist mit weniger Reibungsverlusten verbunden, der gleichgewichtige Realzins vermindert sich, die Kapitalbildung wird forciert.

Die Kryptowährung beeinflusst nicht nur das langfristige Gleichgewicht, sondern auch das Anpassungsverhalten einer Volkswirtschaft auf makroökonomische Schocks. Ein erster Punkt betrifft die vom Bitcoin-Erfinder Nakamoto genannte Korrektur von geldpolitischen Fehlern, d.h. die traditionelle Geldpolitik wird weniger als Stabilisator denn als Störquelle oder Schockverstärker angesehen. Wie Hanl und Schwanebeck (2017a) zeigen, wirkt die Kryptowährung in der Tat wie ein Puffer, geldpolitische Schocks bspw. in Form eines unterwarteten Zinsanstiegs werden in ihren Auswirkungen auf Output, Konsum und Investitionen abgemildert. Durch die Kryptowährung entsteht ein Substitut für traditionelle Bankgeschäfte, sodass die geldpolitisch induzierte Verteuerung der

Bankkredite eine Ausweichreaktion in Richtung Kryptowährung, also eine verstärkte Finanzintermediation über den Kryptowährungskanal, impliziert.

Die Kehrseite der Medaille: die Geldpolitik verliert an Effizienz. Wenn der Rückgang der Investitionen infolge eines Zinsanstiegs kleiner ausfällt, büßt das Zinsinstrument an Wirksamkeit ein. Kommt es zu Schocks in der Güternachfrage und/oder im Güterangebot, deren Output- und Inflationseffekte von Seiten der Geldpolitik abzufedern sind, so ist die optimale Reaktion der Geldpolitik auf die verminderte Effizienz ein verstärkter Einsatz des Zinsinstruments. Die Geldpolitik wird durch den Kryptowährungskanal also aggressiver agieren.[4]

Weil die Forschung der Interaktion von Kryptowährungen und Geldpolitik erst am Anfang steht, sind diverse Probleme schlicht als offen zu bezeichnen. Dies gilt zum Beispiel für die veränderte Rolle der Geschäftsbanken im Transmissionsprozess der Geldpolitik. Geht die verstärkte Finanzintermediation mittels Kryptowährungen mit einer verstärkten Wanderung in den Bereich der Schattenbanken einher, so werden nicht zuletzt die Regulierungsbehörden hier aktiv werden. Dies gilt gleichermaßen für etwaige Auswirkungen auf die Finanzmarktstabilität. Die Rolle der Geldpolitik als Lender of last resort ist neu zu überdenken. Erwähnt sei zudem, dass Kryptowährungen selbst als Verursacher von Schocks auftreten können. Der Zusammenbruch einer Plattform wie Mt. Gox, der mit dem Verlust von 650.000 Bitcoins einherging, wäre ein Ereignis mit realwirtschaftlichen Auswirkungen, das eine Reaktion der Zentralbanken erzwingen würde.

11.7 Schlussbetrachtung

Kryptowährungen haben den engen Zirkel der Computer-Nerds verlassen, sie sind heute lebendiger Bestandteil des Finanzmarktgeschehens. Entsprechend gilt es ihre Funktions- und Wirkungsweise zu verstehen, was aufgrund des recht komplexen technologischen Hintergrunds nicht ganz einfach ist. Sofern technische Weiterentwicklungen die Handhabung weiter erleichtern, haben sie das Potential zu einem allgemein akzeptierten Zahlungsmittel. Noch ist dies nicht der Fall, aber die Zentralbanken sind gut beraten, wenn sie das dynamische Feld der Kryptowährungen auf ihre Forschungsagenda setzen und versuchen, die Folgen für die geldpolitische Konzeption sowie für die Wirkungsweise des traditionellen Instrumentensets zu antizipieren.

Dass Kryptowährungen nicht als vorübergehender Hype anzusehen sind, liegt maßgeblich an der technologischen Neuerung der Blockchain, nach dem Internet eventuell „the next big thing" (Blocher 2016). Für die Zentralbanken ist die unmittelbare Folge eine massiv verstärkte Konkurrenz im Bereich der Zahlungssysteme. Wenn ein großer Teil der (grenzüberschreitenden) Zahlungen Peer-to-Peer erfolgt, können Zentralbanken die Stabilität des Zahlungsverkehrs nicht mehr im selben Ausmaß gewährleisten. Einige Zentralbanken nehmen die Herausforderung aktiv an und denken darüber nach, die Blockchain-Technologie durch die Herausgabe einer eigenen digitalen Währung selbst zu nutzen (Fung und Halaburda 2016).

[4]Dies ist analog zum sogenannten Kostenkanal der Geldpolitik (Michaelis und Palek 2016).

Literatur

Agrawal, Ajay, Christian Catalini und Avi Goldfarb (2014). Some Simple Economics of Crowdfunding. Innovation Policy and the Economy, 14: 63–97.

Ali, Robleh, John Barrdear, Roger Clews und James Southgate (2014). The Economics of Digital Cryptocurrencies. Bank of England Quarterly Bulletin Q3: 276–286.

Barrdear, John und Michael Kumhof (2021). The macroeconomics of central bank digital currencies. Journal of Economic Dynamics and Control: im Druck.

Biryukov, Alex, Dmitry Khovratovich und Ivan Pustogarov (2014). „Deanonymisation of Clients in Bitcoin P2P Network". In: *Proceedings of the 2014 ACM SIGSAC Conference on Computer and Communications Security - CCS 14*. ACM Press.

Blocher, Walter (2016). The next big thing: Blockchain — Bitcoin — Smart Contracts. Anwaltsblatt, (8+9): 612–618.

Brühl, Volker (2017). Bitcoins, Blockchain und Distributed Ledgers. Wirtschaftsdienst, 97 (2): 135–142.

Deutsche Bundesbank (2015). Zahlungsverhalten in Deutschland 2014–Dritte Studie über die Verwendung von Bargeld und unbaren Zahlungsinstrumenten. Frankfurt am Main.

Donet Donet, Joan Antoni, Cristina Pérez-Solà und Jordi Herrera-Joancomartí (2014). „The Bitcoin P2P Network". In: *Financial Cryptography and Data Security*. Hrsg. von Rainer Böhme, Michael Brenner, Tyler Moore und Matthew Smith. Berlin, Heidelberg: Springer Berlin Heidelberg, S. 87–102.

European Central Bank (2015). *Virtual currency schemes: a further analysis*. `https://www.ecb.europa.eu/pub/pdf/other/virtualcurrencyschemesen.pdf`.

Exchange War. *List of Crypto-Exchanges*. URL: `http://www.exchange-war.info`.

Franco, Pedro (2015). Understanding bitcoin: Cryptography, engineering and economics. Chichester: Wiley.

Fung, Ben SC und Hanna Halaburda (2016). Central Bank Digital Currencies: A Framework for Assessing Why and How. Bank of Canada Staff Discussion Paper Nr. 2016-22.

Giechaskiel, Ilias, Cas Cremers und Kasper B. Rasmussen (2016). „On Bitcoin Security in the Presence of Broken Cryptographic Primitives". In: *Computer Security – ESORICS 2016*. Springer International Publishing, S. 201–222.

Goldman Sachs (2014). *All About Bitcoin*. Global Market Research (21).

Hanl, Andreas und Benjamin Schwanebeck (2017a). *Financial Intermediation and Bitcoin: Using Bitcoin as Alternative Investment Vehicles*. Mimeo.

Houy, Nicolas (2014). *The Economics of Bitcoin Transaction Fees*. Gate Working Paper No. 1407.

Koulayev, Sergei, Marc Rysman, Scott Schuh und Joanna Stavins (2016). Explaining adoption and use of payment instruments by US consumers. The RAND Journal of Economics, 47 (2): 293–325.

Lo, Stephanie und J. Christina Wang (2014). *Bitcoin as Money?* Federal Reserve Bank of Boston, Current Policy Perspectives, 2014-4, `https://www.bostonfed.org/-/media/Documents/Workingpapers/PDF/cpp1404.pdf`.

Luther, William J. (2015). CRYPTOCURRENCIES, NETWORK EFFECTS, AND SWITCHING COSTS. Contemporary Economic Policy, 34 (3): 553–571.

Meiklejohn, Sarah, Marjori Pomarole, Grant Jordan, Kirill Levchenko, Damon McCoy, Geoffrey M. Voelker und Stefan Savage (2016). A fistful of Bitcoins. Communications of the ACM, 59 (4): 86–93.

Michaelis, Jochen und Jakob Palek (2016). Optimal Monetary Policy in a Currency Union: Implications of Country-specific Financial Frictions. Credit and Capital Markets – Kredit und Kapital, 49 (1): 1–36.

Nakamoto, Satoshi (2008). *Bitcoin: A Peer-to-Peer Electronic Cash System.* URL: `https://bitcoin.org/bitcoin.pdf`.

Rysman, Marc und Scott Schuh (2017). New Innovations in Payments. Innovation Policy and the Economy, 17: 27–48.

Schuh, Scott und Oz Shy (2016). „US consumers' adoption and use of Bitcoin and other virtual currencies“. In: *DeNederlandsche bank, Conference entitled "Retail payments: mapping out the road ahead.*

Tompkins, Michael und Ariel Olivares (2016). *Clearing and settlement systems from around the world: A qualitative analysis.* Bank of Canada Staff Discussion Paper Nr. 2016-14. Ottawa.

Yermack, David (2015). „Is Bitcoin a Real Currency? An Economic Appraisal“. In: *Handbook of Digital Currency.* Hrsg. von David Lee Kuo Chuen. Elsevier, S. 31 –43.

12 Makroökonomische Wirkungen digitaler Währungen

12.1 Einordnung

Kryptowährungen interagieren auf vielfältige Art und Weise mit der Außenwelt, sei es in der Nutzung als Zahlungsinfrastruktur, als Finanzasset oder als innovative Technologie. Bisher ist die Durchdringung des Marktes nur schleppend gelungen, Produkte und Dienstleistungen, die auf der Blockchain fußen, sind eher Nischenphänomene. Entsprechend sind die realwirtschaftlichen Auswirkungen bisher gering, in der Öffentlichkeit stehen regelmäßiger die Kursschwankungen des Bitcoin und mögliche negative Auswirkungen der Blockchain-Technologie zur Diskussion.

Im Folgenden soll der Fokus auf die makroökonomischen Auswirkungen der Kryptowährungen gelenkt werden. Unterstellt werden muss dabei eine Welt, in der die Kryptowährungen relevant Raum einnehmen können, sie müssen daher ihre Nische verlassen und marktrelevante Stellungen erreichen. Abstrahiert werden muss dabei von den mannigfaltigen Gestaltungsoptionen der Kryptowährungen, das Kapitel grenzt die Wirkung der Kryptowährung daher auf ihre Funktion als Zahlungsmittel ein.[1] Für den Diskurs werden wiederum die Subtypen der Kryptowährungen zu unterscheiden sein, da jeder Subtyp eine andere Nische besetzt und den Markt daher aus einer anderen Position heraus beeinflussen wird. Unterstellt man dies, könnten sich die „Private Cryptocurrencies" zu einem zusätzlichen Finanzierungskanal entwickeln, der unabhängig von der bisherigen und intermediärabhängigen Infrastruktur operiert. Zu untersuchen wäre in diesem Fall eine desintermediierte Welt, bei denen sich Impulse aus der Realwirtschaft oder der Geldpolitik über mutmaßlich andere Kanäle ausbreiten werden. Als zweiter Subtyp haben sich die „Corporate Cryptocurrencies" herausgebildet. Das diesen inhärente Disruptionspotential dürfte kleiner ausfallen, da sie bestehende Finanzarchitekturen erweitern werden. Corporate Cryptocurrencies werden auf einen regulationsfähigen Intermediär zurückgreifen, sodass sich hier insbesondere die Frage ergibt, ob und wie dieser Subtyp der Kryptowährungen zu regulieren sein wird, um das Innovationspotential der Kryptowährung nutzen zu können, ohne bestehende Ziele wie die Finanzmarktstabilität aufgeben zu müssen. Im Gegensatz zu den Private Cryptocurrencies treten die Corporate Cryptocurrencies jedoch mit dem Ziel an, die Finanzwirtschaft auszuweiten und auf bisher nicht oder wenig erschlossene Marktteile anzuwenden. Sie sind daher in aller Regel abhängig von der Existenz eines Finanzmarktes und den dort zu verortenden Intermediären, deren sich die Corporate Cryptocurrency nur zum Teil zu entziehen

[1] Ungeachtet dieser Fokussierung kann die Innovation der Distributed Ledger Technologie zu Veränderungen innerhalb der Ökonomie führen, sodass sich bisher bestehende Austauschverhältnisse verändern. Diese Veränderung von Marktprozessen, bspw. durch eine veränderte Informationsbereitstellung, könnte Rückwirkungen auf das gesamtwirtschaftliche Gleichgewicht haben.

versucht. Im Gegensatz dazu stellen sich die Private Cryptocurrencies gegen bestehende Intermediäre und die von ihnen verwalteten Prozesse. Für die Gesamtwirtschaft ergibt sich deshalb ein signifikant größeres Veränderungspotential durch die Private Cryptocurrencies.[2] Spürbar Einfluss auf die Makroökonomie wird das digitale Zentralbankgeld nehmen. Es ist konstruktiv als Impulsgeber konzipiert. Neben seinem direkten Einfluss auf die Makroökonomie, bspw. durch die Determination des Zinsniveaus, werden es die Intermediationsprozesse beeinflussen und dadurch gleichzeitig Veränderungen in der Finanzmarktarchitektur provozieren, die ggf. durch regulatorische Maßnahmen zu begleiten sind.

12.2 Kryptowährungen und Finanzintermediation

Um die makroökonomische Wirkung der Private Cryptocurrencies zu bestimmen, ist zunächst zu hinterfragen, welche ökonomische Funktion die Kryptowährung innerhalb der Ökonomie einnimmt. Denkbar ist, dass die Kryptowährung nur die Funktion eines Tauschmittels übernimmt, nicht jedoch in die klassische Kreditintermediation eintritt. In diesem Fall entsteht ein Koexistenzverhältnis zwischen der Kryptowährung einerseits und dem bisher existierenden Zahlungsmittel andererseits. Dabei sind zwei Extrema zu konstatieren: erstens denkbar ist, dass im Gleichgewicht nur das bisherige Zahlungsmittel existiert, andererseits kann im Gleichgewicht ebenfalls nur die Kryptowährung existieren. Zwischen diesen beiden Extrema sind vielfältige Lösungen konstruierbar, in denen verschiedene Geldformen miteinander in einem wettbewerblichen Konkurrenzverhältnis stehen. Die verschiedenen Geldformen können dabei ganz unterschiedliche Funktionen übernehmen respektive Nischen besetzen. In der ökonomischen Modellwelt existieren verschiedene Erklärungsansätze, um die Existenz des Geldes und seine Funktionalitäten zu erklären. Eine explizite Berücksichtung des Geldes in makroökonomischen Modellen ist bspw. durch die „Money-in-the-Utility-Function" oder die „Cash-in-Advance"-Friktionen möglich. Im Rahmen eines „Money-in-the-Utility-Function"-Ansatzes ist qua Annahme der Besitz des Zahlungsmittels selbst nutzenstiftend. Aus dem Optimierungskalkül des Haushalts folgt dann der Besitz des Geldes. Die „Money-in-the-Utility-Function"-Ansätze verdichten die Funktionen des Geldes (Tauschmittel, Wertaufbewahrung und Recheneinheit) auf die gemeinsame Basis des (positiven) Nutzenniveaus. Problematisch ist an diesem Ansatz die Mikrofundierung, da eine Separation in verschiedene Teilkomponenten nicht mehr möglich ist und die Existenz des Geldes angenommen wird. Innerhalb der Ökonomie übernimmt Geld regelmäßig die Funktion eines Tauschmittels, wodurch die Notwendigkeit einer doppelten Koinzidenz der Präferenzen der Transaktionspartner entfällt. Kiyotaki und Moore (2002) sehen ein Misstrauen zwischen den Transaktionspartnern als Ursache für die Existenz von Geld, da aufgrund des fehlenden Vertrauens es den Akteuren nicht möglich ist, sich glaubwürdig an zukünftigen Entscheidungsoptionen zu binden. Die Möglichkeit der zukünftige Defektion unterbindet dabei bereits

[2] Wenngleich das theoretische Potential der Private Cryptocurrencies größer sein wird, werden die Corporate Cryptocurrencies aufgrund ihres Intermediärs und des Anschlusses an ein bestehendes Geschäftsmodell einen Vorteil bei der Marktdurchdringung haben und diese leichter erreichen. Anzunehmen wäre daher, dass ein Szenario mit existierender und marktrelevanter Corporate Cryptocurrency wahrscheinlicher ist als ein entsprechendes Szenario mit einer Private Cryptocurrency.

heutige Warentauschbeziehungen, sodass sich die Notwendigkeit eines anderweitiges Tauschverhältnisses ergibt. Das Geld heilt dabei den Mangel, durch die Übergabe des „Zahlungstokens“ ist — sofern sich der Token in zukünftigen Perioden als allgemeines Mittel zur Bezahlung von Gütern eignet — für den empfangenden Tauschpartner sichergestellt, dass die Gegenleistung in künftigen Perioden abgefordert werden kann. Durch das Vorhandensein des Geldes verschiebt sich dadurch auch das Schuldverhältnis. Während in bilateralen, temporal-asynchronen Warentauschbeziehungen die Gegenleistungsschuld bei dem Tauschpartner liegt, mit dem die Tauschbeziehung eingegangen wurde, ist bei einer Waren-Geld-Tauschbeziehungen davon auszugehen, dass der Empfänger des Geldes als Transaktionspartner die Gegenleistung von jedem möglichen Agenten einfordern kann, der den entsprechenden Zahlungstoken entgegennimmt.

Modernere Ansätze unterstellen, im Gegensatz zur idealistischen Welt von Arrow und Debreu (1954), Friktionen bei der Zusammenführung der einzelnen Akteure. Nur in einer idealisierten Welt finden im Gleichgewicht Tauschpartner zusammen, deren Präferenzen die strikten Anforderungen einer doppelten Koinzidenz durchgehend erfüllen und die daher ausschließlich auf Warentauschverhältnisse setzen können. Gleichfalls dürfte realistischerweise nicht zu unterstellen sein, dass die Akteure der Ökonomie „Tauschketten“ bilden können, bei denen selbst dann Warentauschverhältnisse realisierbar sind, wenn die beiden initial beteiligten Tauschpartner keine doppelte Koinzidenz aufweisen können, sondern nur unter Beteiligung weiterer Parteien direkte Tauschverhältnisse eingehen. Zu unterscheiden ist gleichfalls, ob die Ausführung der Tauschbeziehungen simultan geschieht, wie es die idealistische Modellwelt unterstellt. In hochspezialisierten Volkswirtschaften darf davon ausgegangen werden, dass die beteiligten Akteure allenfalls zufällig aufeinander treffen und für zukünftige Perioden maximal unter Hinzuziehung von Wahrscheinlichkeitsbetrachtungen bestimmen können, ob sie Akteure treffen, deren Präferenzen und angebotenen Waren respektive Dienstleistungen ihnen bei der Erfüllung eigener Nutzenmaximierungskalküle nützlich sein können. Eine realitätsnähere Abbildung der Wirklichkeit dürften Modelle bieten, in denen das Zusammentreffen von Akteuren durch sog. „Search-and-Matching“-Friktionen abgebildet wird (vgl. bspw. Kiyotaki und Wright 1993; Lagos und Wright 2005). Kernpunkt dieser Modelle ist die Beobachtung, dass heterogene Akteure zufällig aufeinander treffen, und sodann entscheiden müssen, ob sie einen direkten Warentausch eingehen oder ein Tauschverhältnis unter Nutzung eines intrinsisch wertfreien Fiatgeldes etablieren wollen. Auf Basis eines solchen suchtheoretischen Ansatzes zeigen Kiyotaki und Wright (1993), dass die Nutzung eines wertfreien Fiatgeldes insbesondere dann indiziert ist, wenn der Spezialisierungsgrad der Ökonomie hoch und damit die Wahrscheinlichkeit, einen Tauschpartner für einen Warentausch zufällig zu finden, vergleichsweise gering ist. Dieser Modelltypus belegt, dass die Existenz einer Geldform für die Ökonomie insgesamt nutzenstiftend sein kann. Fuchs und Michaelis (2021) zeigen zudem die Bedingungen auf, unter denen die Existenz verschiedener Geldformen wohlfahrtssteigernd sein kann. Modelltheoretisch lässt sich auf dieser Basis zeigen, dass das Vorhandensein von Zahlungstoken die Friktionen, die durch eine steigende Diversifizierung der Ökonomie entstehen, reduzieren kann. Das Geld tritt dabei an die Stelle des direkten Warentausches und reduziert auf diese Weise die Komplexität der entstehenden Tauschbeziehungen, da das Vorhandensein einer doppelten Koinzidenz nicht mehr zu sichern ist. Gegebenenfalls setzen Agenten dabei verschiedene

Tauschmittel ein und um, sofern sie in verschiedenen Transaktionsbereichen aktiv sind.

In einem zweiten darstellbaren Szenario können die Kryptowährungen Kreditfunktionen übernehmen. Zusätzlich zur Funktion des Tauschmittels übernimmt die Kryptowährung dann eine Allokationsfunktion innerhalb der Ökonomie. Bezogen auf die „traditionellen“ Zahlungsmittel übernehmen diese Allokationsfunktion typischerweise die Banken als Finanzintermediäre, die zwischen den Kreditgebern und -nehmern als Fristen- und Betragstransformierer auftreten. Als desintermediiertes System verzichten die Kryptowährungen freilich auf solche Intermediäre, die Allokation muss diesbezüglich anderweitig organisiert werden. Unterstellt man, dass die Austauschbeziehung zwischen Kreditgebern und -nehmern ebenfalls ohne Einbezug eines steuernden Intermediärs erfolgen soll, liegt die Verbindung einer Kryptowährung mit dem Crowdfunding nahe.

Das Crowdfunding — teilweise auch als Peer-to-Peer-Lending bezeichnet — ist eine spezielle Form der Kreditallokation. In der Regel geschieht diese durch Offerten auf speziellen Online-Plattformen, während die Kreditgeber eine Form der Entlohnung, bspw. in Form nicht-monetärer Vergütungen oder durch die Zahlung von Zinsen, erhalten (Belleflamme et al. 2014). Klassische Finanzintermediäre werden beim Crowdfunding typischerweise umgangen (Feller et al. 2013), wodurch die Banken als Spezialisten der Risikobewertung bei der Allokation finanzieller Ressourcen eliminiert werden (Käfer 2018).

Kreditbeziehungen in Form eines Crowdfunding sind eine vergleichsweise junge Erscheinungsform, was die Studienlage naturgemäß einschränkt. Die existierende Literatur fokussiert sich auf die Entrepreneure und die Kreditnehmer, auf die Kreditgeber oder aber auf die jeweilige Plattform.

Agrawal et al. (2014) und Belleflamme et al. (2014) geben einen Überblick über die Grundlagen des Crowdfundings. In ihrer Studie zeigen Agrawal et al. (2014), dass durch das Crowdfunding Vorteile in Form niedrigerer Kapitalkosten und einem verbesserten Zugang zu Investitionsmöglichkeiten entstehen. Den Vorteilen stehen die Möglichkeiten des Betrugs, Projektrisiken und die mögliche Inkompetenz des Entrepreneurs als Nachteile entgegen. Agrawal et al. (2014) argumentieren, dass die Verluste aus der gelockerten Finanzregulierung durch zwei Formen von Gewinnen begleitet werden. Einerseits sind auf individueller Ebene Anreize nötig, um die Kontraktoren zu einer Finanzintermediation mittels Crowdfunding zu bewegen. Belleflamme et al. (2014) untersuchen die Beziehungen zwischen Kreditgebern und Kreditnehmern. Die Autoren zeigen analytisch, wie Kreditnehmer zwischen zwei Formen des Crowdfunding — Vorbestellung von Produkten einerseits und Profitteilung andererseits — unterscheiden. Die Autoren zeigen, dass die Erträge resultierend aus einer Preisdiskriminierung bei der Vorbestellung von Produkten mit steigendem Kreditbedarf sinken.

Mollick (2014) untersucht die Seite der Entrepreneure. Gestützt auf empirisches Datenmaterial beschreibt der Autor die Determinanten einer erfolgreichen Crowdfunding-Kampagne. Die Analyse zeigt ein typisches Muster des Crowdfundings: Erfolgreiche Projekte überschreiten ihren angefragten Kapitalbedarf nur in geringfügigem Ausmaß, gescheiterte Crowdfunding-Kampagnen verfehlen ihr Ziel mit vergleichsweise großen Anteilen.

Faia und Paiella (2017) entwerfen eine Modellökonomie, in der Kreditnehmer und Kreditgeber zwischen einer klassischen Kreditfinanzierung und dem Crowdfunding unterscheiden können. Die Autoren fokussieren sich in diesem Zusammenhang auf entstehende Informationsasymmetrien und die daraus resultierenden Risikoprämien. Faia und Paiella (2017) untersuchen zudem den Zusammenhang zwischen dem Zinssatz, den die Kreditnehmer zu entrichten haben, und den Informationen, die der Kreditnehmer zur Verfügung stellt. Die Autoren zeigen, sowohl modelltheoretisch als auch empirisch, dass — erstens — ein höheres Risiko für einen „bank run“ die Adoption eines Peer-to-Peer-Kreditkanals fördert, und — zweitens — dass der Zinsaufschlag in Form einer Informationsprämie sinkt, je länger die zur Verfügung gestellte Kredithistorie ist.

Strausz (2017) untersucht modelltheoretisch Nachfrageunsicherheiten und „Moral Hazard“ auf Seiten des Entrepreneurs. Der Autor zeigt, dass eine Kreditintermediation auf Basis des Crowdfundings aus verzögerten Zahlungen und basierend auf Gegenleistungen das Entstehen von Problemen, die auf eine „moral hazard“-Problematik zurückzuführen sind, effektiv reduzieren kann. Weiterhin ließe sich Crowdfunding als Methode nutzen, um wertvolle Projekte zu identifizieren.

Eher nutzerzentriert ist die Studie von Agrawal et al. (2011) ausgerichtet. Die Autoren zeigen die Relevanz geographischer Lokalisation für das Crowdfunding. Die Analyse zeigt, dass Investoren in frühen Phasen typischerweise geographisch dem Kreditnehmer näher sind als Investoren späterer Investitionsphasen. Dieses empirische Resultat unterstreicht die Bedeutung sozialer Verbindungen.

Ähnlich den Kryptowährungen kommt auch das Crowdfunding nicht vollständig ohne Intermediäre aus. Die Verdrängung alter Akteure schafft Raum für das Auftreten neuer Agenten, die — zumindest teilweise — Funktionen der Verdrängten übernehmen können. Beim Crowdfunding werden die Banken als klassische Finanzmittler verdrängt. An deren Stelle entstehen dann Plattformen, auf denen die Kreditgeber und -nehmer zusammenfinden. Aus ökonomischer Sicht reduziert die Existenz dieser Plattformen die Suchkosten der Kreditallokation. Belleflamme et al. (2015) geben einen Überblick über diese Plattformen und erläutern die unterschiedlichen Entwicklungsoptionen.

Zu den diversen Einzelstudien des Crowdfunding kommen verschiedene Übersichtsarbeiten, die jeweils eine unterschiedliche Fokussierung aufweisen. Bachmann et al. (2011) geben eine Übersicht des Peer-to-Peer-Kreditmarktes und untersuchen die verschiedenen Einflussgrößen des Crowdfunding. Während sich die Analyse von Feller et al. (2013) im Wesentlichen auf die Crowdfunding-Plattformen stützt, untersuchen Moritz und Block (2016) die Hauptagenten, die bei dieser Form der Kapitalallokation involviert sind.

Obwohl durchaus eine größere werdende Literaturbasis zum Crowdfunding zu konstatieren ist, ist die Studienlage zu den makroökonomischen Auswirkungen begrenzt, insbesondere in Bezug auf modelltheoretische Untersuchungen, die ein volkswirtschaftlich relevantes Niveau des Peer-to-Peer-Lending untersuchen. Die bestehende Literatur fokussiert sich insbesondere auf die mikroökonomische Fundierung des Crowdfunding, die Rückwirkungen auf die Makroökonomie sowie die Implikationen für die Durchführung einer (effizienten) Geldpolitik sind bisher in der Literatur unbeantwortet. Eine erste und vergleichsweise grobe Abschätzung liefern Hanl und Schwanebeck (2017b), die aufgrund der Ausweitung der Finanzierungstätigkeiten durch das Crowdfunding einen Output-Zuwachs in Höhe von rund 3 Prozent simulieren, der letztlich auf einen reduzierten Zins innerhalb der Ökonomie zurückzuführen ist. Zu einem ähnlichen Ergebnis gelangen Barrdear und Kumhof (2021), deren Modell jedoch deutlich komplexer aufgebaut ist und deren Fokus auf der Analyse eines digitalen Zentralbankgeldes liegt.

12.3 Outputwirkungen des digitalen Zentralbankgelds im Modell von Barrdear und Kumhof (2021)

Weder das Crowdfunding noch Kryptowährungen sind bisher signifikant in Volkswirtschaften integriert. Einen höheren Grad der Integration wird das digitale Zentralbankgeld aufweisen, die aufgrund ihrer Herkunft den traditionellen Finanzsektor eher ergänzen als konterkarieren werden. Es ist nicht zu erwarten, dass diese veränderte Finanzarchitektur ohne makroökonomische Effekt einhergehen wird oder ohne gesamtwirtschaftliche Wohlfahrtssteigerungen gegen die Einführungskosten zu rechtfertigen sein wird.

Bisher gibt es keine Erfahrungen mit der Einführung eines digitalen Zentralbankgeldes in größeren Volkswirtschaften.[3] Eine Abschätzung ökonomischer Konsequenzen kann damit (bisher) lediglich modellbasiert erfolgen, die bisher umfangreichste Studie dürfte die Arbeit von Barrdear und Kumhof (2021) sein.

Für ihre Analyse nutzen Barrdear und Kumhof (2021) ein dynamisch-stochastisch allgemeines Gleichgewichtsmodell (DSGE-Modell), in das sie eine zentralbankgesteuerte Digitalwährung zusätzlich einbringen. Im Wesentlichen besteht das Modell aus sechs Akteuren — Banken, Haushalte, Finanzinvestoren, Gewerkschaften, sowie der Geld- und Fiskalpolitik als makroökonomische Steuerungsinstanzen —, die unter den gegebenen Zielfunktionen operieren und innerhalb der Ökonomie miteinander interagieren. Das digitale Zentralbankgeld wird zunächst Teil der Bilanz der Banken, die das digitale Zentralbankgeld von der Notenbank im Austauschverhältnis gegen Wertpapiere erhalten.[4] Das digitale Zentralbankgeld ist dabei Teil der liquiden Mittel der Geschäftsbanken, es ähnelt damit den Depositen. Barrdear und Kumhof (2021) nehmen an, dass die Einführung des digitalen Zentralbankgeldes im Austausch gegen staatliche Wertpapiere erfolgen wird, der sich bei den Geschäftsbanken als Aktivtausch darstellen wird. Für die Zentralbank wird diese Emissionsform vergleichsweise einfach umzusetzen sein, da die bisherigen Offenmarktgeschäfte in ähnlicher Weise ablaufen. Denkbar sind aber auch alternative Ausgestaltungen, wie sie bspw. bei Hanl und Michaelis (2019) skizziert werden: Das digitale Zentralbankgeld könnte den Privaten (oder den Geschäftsbanken) von der Zentralbank auf ihren Konten gutgeschrieben werden, es wäre das digitale Äquivalent zum Helikoptergeld, eine Bilanzverlängerung der Geschäftsbank wäre die Folge.[5] Sofern das digitale Zentralbankgeld den Haushalten zugänglich sein wird, wird es sich von den klassischen Sichteinlagen bei der Geschäftsbank durch den Forderungsgegner unterschei-

[3]Für eine Übersicht zu ersten Projekten vgl. Hanl und Michaelis (2019).

[4]Es handelt sich dabei bei dieser Emissionsform um ein „Repo"-Geschäft, bei dem die Zentralbank für einen begrenzten Zeitraum Wertpapiere in Pension nimmt und im Gegenzug ein zentralbankgetragenes Instrument dem Konto der Geschäftsbank gutschreibt.

[5]Dabei kommt es auch nicht darauf an, ob das neue Zentralbankinstrument den Geschäftsbanken oder direkt den Haushalten zur Verfügung gestellt würde. Es ist zu erwarten, dass ein Teil der den Privaten zur Verfügung gestellten Geldmenge direkt oder indirekt den Geschäftsbanken in einer Form der Depositen zufließen kann, weil bspw. die Kunden den Komfort der Akzeptanz der Zahlungskarte ihrer Bank gewohnt sind und deshalb die Verwaltung des digitalen Zentralbankgeldes — sofern regulatorisch zulässig — auch unter deren Obhut stellen wollen werden.

den: Depositen sind Forderungen gegenüber der Geschäftsbank, mit der der Haushalt eine Geschäftsbeziehung unterhält, das vom Haushalt gehaltene digitale Zentralbankgeld ist eine Forderung gegenüber der Zentralbank und wird aus diesem Grund nicht dem Insolvenzrisiko der Geschäftsbank unterliegen.

Das Modell von Barrdear und Kumhof (2021) beschreibt eine Finanzökonomie, auf deren Basis die Autoren die Effekte der Einführung eines digitalen Zentralbankgeldes abzuschätzen versuchen. Die Studie verzichtet auf die Berücksichtigung des Bargeldes, da der größere Teil der umlaufenden Geldmenge durch unbare Geldformen gestellt wird. Die Autoren unterscheiden drei Szenarien: ein Baseline-Szenario ohne digitales Zentralbankgeld, eine Modellwelt mit etablierter digitaler Zentralbankwährung und eine Modellwelt, die den Übergang zwischen dem Baseline-Szenario und des vollständig etablierten digitalen Zentralbankgeldes beschreibt. Das Baseline-Szenario beschreibt dabei immer den Referenzpunkt, da es auf denselben Modellannahmen basiert und die resultierenden makroökonomischen Konsequenzen daher direkt auf die Hinzunahme des digitalen Zentralbankgeldes in das Modell hinein zurückzuführen sind.

Barrdear und Kumhof (2021) nehmen an, dass die Zentralbank das digitale Substitut in einem Umfang von 30 Prozent des Bruttoinlandsprodukts (BIP) im Tausch gegen staatlich-emittierte Wertpapiere einführen wollen wird, und dass diese Quote über die gesamte Transitionsphase hinweg konstant gehalten werden wird. Der Übergang zu einem System mit einem digitalen Zentralbankgeld geht in der Simulationsstudie von Barrdear und Kumhof (2021) mit fiskalpolitisch stärkeren Impulsen, um konjunkturbedingte Schwankungen zu konterkarieren, einher, weil der Politikentscheider von einem langfristig gesteigerten Outputlevel ausgehen kann. Das digitale Zentralbankgeld von Barrdear und Kumhof (2021) ist als geldpolitisches Steuerungsinstrument gedacht, es ist folglich zinstragend. Der Zinsabstand zwischen dem neuen geldpolitischen Instrument und den Depositen wird durch die Vorteile und die Kosten des digitalen Zentralbankgeldes gegenüber den Depositen bestimmt, in der Kalibrierung von Barrdear und Kumhof (2021) entspricht dieser Zinsabstand 80 Basispunkten.

Langfristig führt die Einführung eines digitalen Zentralbankgeldes in der Simulation von Barrdear und Kumhof (2021) zu einer Steigerung des Outputs um rund 3 Prozent, des Konsums um rund 2 Prozent und der Investitionen um rund 5 Prozent. Diese Effekte sind beachtlich, weil sie die Einführung einer zentralbankgesteuerten Digitalwährung argumentativ unterstützen. Barrdear und Kumhof (2021) identifizieren vier Hauptquellen dieser positiven makroökonomischen Wirkung. Erstens führt die Einführung eines digitalen Zentralbankgeldes zur Reduktion der realen Refinanzierungszinssätze, während — zweitens — die Verzinsung der Depositen relativ zu den Refinanzierungszinssätzen steigt, wodurch sich insgesamt der Zinsabstand zwischen Kredit- und Einlageinstrumenten verringert. Unterstellt man die Kalibrierung der Autoren, führt die Reduktion der relativen Staatsverschuldung um 30 Prozentpunkte zu einem Rückgang des realen Politikzinssatzes um 60 Basispunkte von 3% auf langfristig 2,4%. Diesem Zinseffekt steht ein weiterer, gegenläufiger Zinseffekt gegenüber: Der Erwerb der Staatsschuldpapiere führt kurzfristig zur Ausdehnung der von den Finanzinvestoren gehaltenen Depositen im selben Ausmaß. Vor der Einführung des digitalen Zentralbankgeldes hielten die Finanzinvestoren Depositen im Umfang von rund 65% des BIP, direkt nach der Einführung entsprechend 30 Prozentpunkte mehr. Langfristig werden von diesen noch weitere Depositen akkumuliert, sodass von den Finanzinvestoren insgesamt Depositen im Umfang von 105% des BIP halten werden. Um dieses Halten der Depositen zu motivieren, ist ein Anstieg um 26 Basispunkte der entsprechenden Depositenverzinsung notwendig. Bei gleichzeitig sinkenden Refinanzierungszinssätzen bedeutet dies eine Verschlechterung der Ertragslage der Geschäftsbanken. Barrdear und Kumhof (2021) interpretieren dieses Simulationsergebnis als Verschiebung des Geschäftsfeldes der Banken, die sich nun stärker über die Kapitalmärkte refinanzieren müssen, während ein Teil des bisherigen Zahlungsverkehrs auf das digitale Zentralbankgeld übergeht. Den Anstieg der Verzinsung der Depositen schätzen die Autoren basierend auf der Simulation auf etwa 30 Basispunkte, sodass von der Reduktion des Refinanzierungssatzes etwa 30 Basispunkte als Reduktion verbleiben, die zum Anstieg des Outputs beitragen. Die Kalibrierung von Barrdear und Kumhof (2021) impliziert eine Steady-State-Verzinsung des digitalen Zentralbankgeldes von ungefähr 0.9%. Langfristig beobachten die Autoren zudem einen Anstieg der Kreditvergabe durch die Banken und eine damit einhergehende höhere Nachfrage nach Depositen von ungefähr 5% des BIP. Die Nachfrage nach dem digitalen Zentralbankgeld zieht eine Erhöhung der gehaltenen Depositen nach sich. Hintergrund dieses Effekts ist die teilweise Möglichkeit der Substitution zwischen Depositen und digitalem Zentralbankgeld. Diese — wenngleich imperfekte Austauschbeziehung — zwischen den beiden Tauschmitteln der Ökonomie verursacht eine Abhängigkeit zwischen eben diesen Systemen, sodass sich Veränderungen bei innerhalb des digitalen Zentralbankgeldes auf die Depositen und vice versa auswirken können.

Die Reduktion verzerrender Lohn-, Kapital- und Konsum-Steuern trägt als dritter Effekt zur Ausweitung des Outputs bei. Die Steuerreduktion ist im Modell von Barrdear und Kumhof (2021) keine aktive Entscheidung der Politik, sie ist vielmehr Resultat der Annahme, dass die Summe aus staatlicher Kreditaufnahme und dem Betrag der umlaufenden Menge des digitalen Zentralbankgeldes 80 Prozent des BIPs nicht überschreiten soll. Durch die Reduktion der Staatsverschuldung durch die Emission der Zentralbankgeldtoken sinken sowohl die Nominal- als auch die Realzinsen der Ökonomie, zudem liegt die Verzinsung des Zentralbankgeldes im Steady State unterhalb der Verzinsung der Staatsschuldpapiere. Die beiden genannten Effekte führen zu einer Reduktion der Finanzierungskosten des Staates in Höhe von ungefähr einem Prozent des BIP. Als weitere Effekt kommt hinzu, dass die Transferzahlungen des Staates annahmegemäß real konstant gehalten werden, sodass die Ausweitung des BIPs zu einem Rückgang des Anteils der Transferleistungen am BIP um etwa 0,5% führt. Weil das Verhältnis der Staatsverschuldung und der Emission des digitalen Zentralbankgeldes zum BIP konstant ist, reduzieren sich die Steuerzahlungen im Vergleich zum BIP um ungefähr 1,5%.

Den Anstieg der Transaktionskasse(n) der Agenten der Volkswirtschaft identifizieren Barrdear und Kumhof (2021) als vierten Treiber des durch das digitale Zentralbankgeld induzierten Wirtschaftswachstums. Den Akteuren der Ökonomie stehen als Tansaktionsmittel sowohl die Depositen als auch die Tokens des digitalen Zentralbankgeldes zur Verfügung. Die Einführung eines digitalen Zentralbankgeldes führt folglich zu einer Erhöhung der Transaktionskasse, die von der Ausweitung der Depositenhaltung noch zusätzlich angetrieben wird. Über dies hinaus weist das digitale Zentralbankgeld eine höhere technische Effizienz auf. Die gesteigerte Liquidität geht mit einem Rückgang von Barrdear und Kumhof (2021) als „liquidity taxes“ bezeichneten Verzerrungen einher.

Diese Verzerrungen sind Aufschläge auf die Marktpreise, sodass deren Reduktion zu einem gesamtwirtschaftlichen Wohlfahrtsgewinn führen wird.

Barrdear und Kumhof (2021) untersuchen zudem die Auswirkungen der Existenz des digitalen Zentralbankgeldes auf die Ökonomie, sofern verschiedene Arten von Schocks auf diese wirken. Die Autoren zeigen dabei, unter welchen Bedingungen Preis- bzw. Mengenregulierungen zu einer erfolgreicheren Stabilisierung der Ökonomie führen. Die Simulationsergebnisse zeigen dabei teilweise antizyklische Stabilisierungswirkungen, wobei das digitale Zentralbankgeld in Krisenzeiten stärker nachgefragt werden kann. Die Autoren verweisen bei ihrer Analyse aber auch darauf, dass die Wechselwirkungen zwischen einer geldpolitischen Steuerung des digitalen Zentralbankgeldes und des fiskalpolitischen Instrumenten noch zu wenig verstanden sind. Die Berücksichtigung eben dieser Wechselwirkungen ist jedoch nötig, um effiziente Politikimpulse setzen zu können.

12.4 Makroökonomische Risiken

Die Simulationsergebnisse von Barrdear und Kumhof (2021) sprechen im Wesentlichen klar für die Einführung einer zentralbankgesteuerten Digitalwährung, die Vorteile sind evident. Dennoch ergeben sich teils erhebliche Risiken, die bei der Einführung zu beachten sind und von denen anzunehmen ist, dass sie sich auf die übrigen Formen der Kryptowährungen übertragen lassen. Die Einführung eines digitalen Zentralbankgeldes verändert die Struktur des Finanzsystems, was in der Modellierung von Barrdear und Kumhof (2021) letztlich mit einer makroökonomischen Outputsteigerung einhergeht. Die Erhöhung des Wettbewerbsdrucks und die daraus resultierenden Rückgänge der Verzerrungen gleichgewichtiger Marktpreise sind als klare Vorteile zu konstatieren, dennoch stört die neue Interaktionsbeziehung der Ökonomie bisherige Politikmuster, vormals effiziente Politikoptionen bedürfen im Kontext einer präsenten Kryptowährung der Neubewertung durch die Politikentscheider. Eine allseitig präsente Kryptowährung — insbesondere dann, wenn es sich dabei um eine „Private Cryptocurrency“ oder eine „Corporate Cryptocurrency“ handelt — kann jedoch gleichfalls als zusätzliche Störquelle begriffen werden. Befürworter privater Systeme werden hier in einem digitalen Zentralbankgeld eine zusätzliche Schadensquelle der Zentralbank sehen, gleichfalls argumentieren Zentralbanken, dass die privaten und unternehmensgetragenen Kryptowährungssysteme Instabilitäten verursachen können. Barrdear und Kumhof (2021) führen als zusätzlichen Vorteil die höhere Verfügbarkeit von Daten an, was insbesondere auf das Vorhandensein und die Auswertbarkeit der Transkationshistorie zurückzuführen ist. Im Vergleich zum Bargeld verfügen die Politikentscheider damit — öffentlich zugängliche Datenspeicher vorausgesetzt[6] — über eine reichhaltigere Datenbasis, auf der die geld- bzw. fiskalpolitische Entscheidung aufgebaut werden kann. Aus der höheren Verfügbarkeit von Daten darf nunmehr aber keinesfalls die Folge gezogen werden, dass die Reaktionsfre-

[6]Vorsicht ist diesbezüglich bei den „Corporate Cryptocurrencies“ geboten, deren Informationsspeicher schreibend nicht-öffentlich zugänglich sein wird, und bei dem allenfalls ein lesender öffentlicher Zugriff möglich sein dürfte. In vielen Fällen wird sich aus rechtlichen Gründen aber ebenfalls der Lesezugriff verbieten; ob von den Betreibern zur Verfügung gestellte Daten dann ein vollständiges Bild zeichnen können, dürfte fraglich bleiben.

quenz der Zentralbank steigen müsse. Statt einer sprunghafteren Politik ist eher eine Steigerung der Effizienz des fiskal- und geldpolitischen Instrumentariums zu erwarten.

Die Einführung des digitalen Zentralbankgeldes geschieht in der Simulation von Barrdear und Kumhof (2021) außerhalb finanzieller Turbulenzen, sodass die Ökonomie keinen weiteren Schockimpulsen während der Übergangszeit von dem alten zum neuen Steady State ausgesetzt sein wird. Zum vollständigen Übergang benötigt die Ökonomie in der Simulation aber mehr als zwei Jahrzehnte, um die makroökonomischen Wirkungen des digitalen Zentralbankgeldes vollständig zu realisieren. Realistischerweise dürfte nicht anzunehmen sein, dass Ökonomien über einen solch langfristigen Zeitraum ohne Störungen existieren. Entsprechend ist eine sorgfältige Beurteilung der Einführungsrisiken unerlässlich, für spontan auftretende und im Privatsektor zu verortende Währungssubstitute gilt dies gleichermaßen, ggf. sind diese durch besondere Regulierung zu erfassen und die Risiken kontrollierbar zu machen.

Die Einführung eines digitalen Zentralbankgelds wird zudem mit der Erhöhung des Risikos für finanzielle Instabilität in Verbindung gebracht (Barrdear und Kumhof 2021; Hanl und Michaelis 2019), da die Einlagen bei den Geschäftsbanken vergleichsweise leicht in das digitale Zentralbankgeld umgewandelt werden können. Die Simulation von Barrdear und Kumhof (2021) zeigt ein solches Verhalten, da in Krisenzeiten die Nachfrage nach dem digitalen Zentralbankgeld steigt. Die Autoren argumentieren, dass dieses Verhalten unproblematisch sei, solange die Geschäftsbanken nicht selbst größere Teile der Staatsschuldpapiere halten. In diesem Fall komme es lediglich zu einer Bilanzverkürzung, die solange unproblematisch ist, solange die Banken diese Wertpapiere nicht als liquide Sicherheit oder zur Erfüllung kapitalmarktrechtlicher Erfordernisse benötigen.

Zu den genannten Risiken kommen weitere, operationelle Risiken. Die Einführung eines Zahlungssystems dürfte — volkswirtschaftliche Relevanz vorausgesetzt — als Teil einer kritischen Infrastruktur angesehen werden. Die Kryptowährung wird — unabhängig von ihrer Art — von ihren technologischen Betreibern abhängig sein. Eine dezentrale Struktur kann zu einem dauerhaft gesicherten Betrieb beitragen, aber insbesondere bei der Beauftragung von Intermediären, die den Betrieb des Datennetzes sicherstellen müssen, entsteht eine Wechselwirkung zwischen den Nutzern und Initiatoren der Kryptowährungen einerseits und dem Betreiber(konsortium) andererseits. Beide Seiten könnten dabei konträre Ziele verfolgen, was bspw. zum Auftreten von Moral Hazard-Problematiken führen kann. Zudem ist bisher unklar, ob und wie die Geschäftsbanken auf das neue Konkurrenzverhältnis reagieren werden. Die bisherigen Analysen nehmen an, dass die bisherige Finanzarchitektur lediglich um ein neues Medium ergänzt wird. In der Realität ist aber keinesfalls mit einem stillen Abwarten der Beteiligten zu rechnen, die Entstehung der „Corporate Cryptocurrencies“ belegt dieses Muster. Unklar ist, ob dieses Verhalten langfristig zum Eingehen höherer Risikopositionen der Geschäftsbanken führen wird, welches dann ggf. regulatorisch zu bewerten und einzuordnen wäre.

12.5 Fazit und Ausblick

Die Bewertung der makroökonomischen Konsequenzen mag auf den ersten Blick vielversprechend wirken. Dennoch sind die durchaus positiven Effekte und Erwartungen mit Unsicherheit behaftet, nicht zuletzt deswegen, weil sich die Technologie, die den Kryptowährungen zugrundeliegt, vergleichsweise schnell weiterentwickelt. Die Studienlage zu den makroökonomischen Wirkungsketten sind bisher auch noch zu beschränkt, um alle Risiken adäquat einschätzen und bewerten zu können, dies gilt insbesondere für die „Private Cryptocurrencies" und die „Corporate Cryptocurrencies", da für diese bisher keine Simulationsstudien existieren. Erschwerend kommt dazu, dass keine empirischen Analogien existieren, die bei der Abschätzung der ökonomischen Wirkungen hilfreich sein könnten.

Insbesondere mit Blick auf die nicht-staatlichen Erscheinungsformen der Kryptowährung wird die Regulation eine zunehmend wichtigere Rolle spielen, zumindest solange die bisherigen regulatorischen Rahmenbedingungen aufrecht erhalten werden sollen. Bei der legalen Abbildung der Kryptowährung in der Systematik der Finanzmarktregulierung wird jedoch die Dezentralität und die zunehmende Offenheit der Systeme zu Problemen führen, da nicht *a-priori* klar sein dürfte, welche Jurisdiktion für welche Regulierung zuständig sein wird. Insbesondere werden sich mit Blick auf die unterschiedlichen politischen Gegebenheiten und Zusammensetzungen der Entscheidungsgremien heterogene Regulierungsansätze herausbilden, die die beteiligten Akteure zu einer regulatorischen Arbitrage veranlassen könnten.

Die geldpolitischen Entscheidungsträger sind daher gut beraten, die Einführung einer Kryptowährung, insbesondere eines digitalen Zentralbankgeldes, sorgfältig abzuwägen und die Einführung kleinschrittig zu absolvieren und engmaschig zu überwachen. Diese Vorsicht wird im vergleichsweise zurückhaltenden Vortasten der (größeren) Zentralbanken deutlich, die an vergleichsweise überschaubaren Machbarkeitsstudien die Konsequenzen eines digitalen Substituts abzuschätzen versuchen.

Literatur

Agrawal, Ajay, Christian Catalini und Avi Goldfarb (2014). Some Simple Economics of Crowdfunding. Innovation Policy and the Economy, 14: 63–97.

Agrawal, Ajay K., Christian Catalini und Avi Goldfarb (2011). *The Geography of Crowdfunding.* Working Paper 16820. National Bureau of Economic Research.

Arrow, Kenneth J. und Gerard Debreu (1954). Existence of an Equilibrium for a Competitive Economy. Econometrica, 22 (3): 265.

Bachmann, Alexander, Alexander Becker, Daniel Buerckner, Michel Hilker, Frank Kock, Mark Lehmann, Phillip Tiburtius und Burkhardt Funk (2011). Online peer-to-peer lending-a literature review. Journal of Internet Banking and Commerce, 16 (2).

Barrdear, John und Michael Kumhof (2021). The macroeconomics of central bank digital currencies. Journal of Economic Dynamics and Control: im Druck.

Belleflamme, Paul, Thomas Lambert und Armin Schwienbacher (2014). Crowdfunding: Tapping the right crowd. Journal of Business Venturing, 29 (5): 585 –609.

Belleflamme, Paul, Nessrine Omrani und Martin Peitz (2015). The economics of crowdfunding platforms. Information Economics and Policy, 33: 11–28.

Faia, Ester und Monica Paiella (2017). *P2P Lending: Information Externalities, Social Networks and Loans' Substitution.* `https://www.wiwi.uni-frankfurt.de/profs/faia/welcome_files/FP_082017.pdf`.

Feller, Joseph, Rob Gleasure und Stephen Treacy (2013). From the wisdom to the wealth of crowds: A metatriangulation of crowdfunding research. TOTO Research Project, 2.

Fuchs, Max und Jochen Michaelis (2021). *When Does the Introduction of a New Currency Improve Welfare?* MAGKS Discussion Paper No. 06-2021.

Hanl, Andreas und Jochen Michaelis (2019). Digitales Zentralbankgeld als neues Instrument der Geldpolitik. Wirtschaftsdienst, 99 (5): 340–347.

Hanl, Andreas und Benjamin Schwanebeck (2017b). „The Macroeconomics of Crowdfunding". Mimeo.

Käfer, Benjamin (2018). Peer-to-Peer Lending: A (Financial Stability) Risk Perspective. Review of Economics, 69 (1): 1–25.

Kiyotaki, Nobuhiro und John Moore (2002). Evil Is the Root of All Money. American Economic Review, 92 (2): 62–66.

Kiyotaki, Nobuhiro und Randall Wright (1993). A Search-Theoretic Approach to Monetary Economics. American Economic Review, 83 (1): 63–77.

Lagos, Ricardo und Randall Wright (2005). A Unified Framework for Monetary Theory and Policy Analysis. Journal of Political Economy, 113 (3): 463–484.

Mollick, Ethan (2014). The dynamics of crowdfunding: An exploratory study. Journal of Business Venturing, 29 (1): 1–16.

Moritz, Alexandra und Joern H. Block (2016). „Crowdfunding: A literature review and research directions". In: *Crowdfunding in Europe.* Hrsg. von Dennis Brüntje und Oliver Gajda. Springer, S. 25–53.

Strausz, Roland (2017). A Theory of Crowdfunding: A Mechanism Design Approach with Demand Uncertainty and Moral Hazard. American Economic Review, 107 (6): 1430–1476.

13 Schlussbetrachtung

Die vorliegende Arbeit setzt sich mit den ökonomischen Wirkungen und Zusammenhängen von Kryptowährungen auseinander. Dabei sind verschiedene Erscheinungsformen der Kryptowährungen zu unterscheiden. Innerhalb der verschiedenen Subtypen ist davon auszugehen, dass sich weitere verschiedene Formen ausdifferenzieren werden, die verschiedene ökonomische Nischen besetzen. Zu hinterfragen ist, ob aus der Vielzahl der Erscheinungsformen der Kryptowährungen eine optimale Kryptowährung auswählbar ist. Mit Blick auf die Pluralität der Ausrichtungen liegt eine Analogie zur Theorie der optimalen Währungsräume von Mundell (1961) nahe. In Bezug auf „klassische" Fiatwährungen ergibt sich weltweit keine optimale Währung, die Heterogenität zwischen den einzelnen Volkswirtschaften sind diesbezüglich zu groß. Kryptowährungen sind aufgrund ihrer Ausrichtung in der Regel nicht an ein klar abgrenzbares, geographisches Areal gebunden, sondern sind — zumindest mit Blick auf den Typ der Private Cryptocurrencies — global einsatzfähig, sofern ein entsprechender Zugang zum System, bspw. in Form einer funktionsfähigen Internetverbindung, besteht. Unter dieser Annahme werden sich die Kryptowährungen jedoch mit der gleichen Heterogenität konfrontiert sehen wie die klassischen Fiatwährungen, ohne jedoch eine Lösung anzubieten, wie sie sich als optimale Währungsform darstellen ließen. Mithin bliebe zu folgern, dass eine optimale Kryptowährung nicht existieren kann. Notwendig ist eine regionale Begrenzung, ggf. eine Begrenzung auf ein bestimmtes ökonomisches Aktivitätenfeld. Der Grad der Zielerfüllung ist dann an der jeweiligen Problemstellung zu bemessen, und nur in Bezug auf die jeweilige Sphäre ist dann eine Evaluation gegenüber den etablierten Transaktionstoken, in der Regel also dem staatlichen Fiatgeld, möglich und sinnvoll.

In der Literatur wird regelmäßig die vergleichsweise hohe Wechselkursvolatilität, zumeist am Beispiel des Bitcoins, als besonderes Problemfeld thematisiert (Yermack 2015; Hanl und Michaelis 2017; Blocher et al. 2017b). Im Laufe der Entstehung dieser Arbeit hat sich der Wechselkurs aus einem unteren vierstelligen Betrag zu einem mittleren fünfstelligen Betrag mehr als verzehnfacht. Diese Entwicklung des Wechselkurses verdeutlicht das Spekulationsmotiv, das zumindest den Private Cryptocurrencies noch immer innewohnt. Den Kryptowährungen ist damit der Status als Tauschmedium in der Regel versagt, die Bezeichnung als „Währung" dürften sie damit allgemeinsprachlich nicht erfüllen, viel eher ist ihnen die Eigenschaft des finanziellen Assets zuzuschreiben. Das dominante Spekulationsmotiv erschwert die Durchsetzung als Transaktionsmedium für die Private Cryptocurrencies. Anders stellt sich die Situation jedoch bei den Corporate Cryptocurrencies und beim digitalen Zentralbankgeld dar: Aufgrund des vorhandenen Intermediärs und der zumeist vorliegenden Koppelung des Wechselkurses an bestehende Währungen wird das Spekulationsmotiv bei diesen Erscheinungsformen der Kryptowährungen eine weniger prominente Stellung einnehmen, eine Durchsetzung als Tauschmittel ist daher in diesen Fällen wahrscheinlicher. Bezogen auf die Corporate

Cryptocurrencies sind jedoch regulatorische Fragestellungen in erheblichem Umfang zu konstatieren. Weiterhin ist weiterer Forschungsbedarf im Bereich der Anreizstrukturen der hinter den Kryptowährungen stehenden Akteure festzuhalten.

Bisher befinden sich die Kryptowährungen in einer Koexistenzbeziehung zu den „klassischen“ Fiatwährungen. Bisher ist in der Literatur allerdings wenig untersucht, wie Währungen mit unterschiedlichen Zielstellungen miteinander interagieren. Es ist davon auszugehen, dass sich die Kryptowährungen in ihrer geldpolitischen Ausrichtung von den bisherigen Geldformen unterscheiden werden. Die Problematik unterschiedlicher Zielstellungen nimmt dabei mit dem Grad der Privatisierung zu, sie ist am kleinsten für das digitale Zentralbankgeld, sie wird am größten für die Private Cryptocurrencies sein. Insbesondere die Private Cryptocurrencies als Ursprungspunkt der Kryptowährungen haben aufgrund ihrer ideologischen Ausrichtung das Potential, den Zielrahmen einer zentralbankgesteuerten Geldform zu konterkarieren. Verständlich ist damit die anhaltende Vorsicht und Skepsis der Notenbanken gegenüber den Private Cryptocurrencies.

Die Entwicklungen im Bereich der Kryptowährungen sind durchaus als dynamisch zu bezeichnen. Aufgrund der vorliegenden Dezentralität existiert keine prüfende Instanz, Innovationen können damit ungehindert auf den Markt drängen, sie verändern andauernd das Umfeld und führen zu neuen Erscheinungsformen und geänderten Parametrisierungen der bisherigen Analyse. Eine fortlaufende Analyse und Neubewertung, auch zur Evaluation der Robustheit der gezeigten Ergebnisse, ist damit unabdingbar notwendig.

Ob sich Kryptowährungen letztlich durchsetzen werden, hängt von einer Vielzahl von Faktoren ab. Der Innovationscharakter der Kryptowährungen als Technologie ist durchaus anzuerkennen, die von Nakamoto (2008) aufgezeigte Lösung löst ein lange diskutiertes Problem im Bereich der Informationstechnologie. Dieser „Proof-of-Concept“ eignet sich technologisch jedoch auch für andere Bereiche abseits der Verwendung als Zahlungstechnologie. Immer mehr drängen Blockchain-Konzepte auf den Markt, die eine dezentrale Tokenisierung nutzen, ohne primär ein Zahlungssystem zu etablieren. Aufgrund des Konkurrenzverhältnisses zu bestehenden Zahlungssystemen ist daher eher davon auszugehen, dass sich die Distributed Ledger Technology in anderen Bereichen als dem Zahlungsverkehr durchsetzen wird. In welchen Bereichen dies konkret der Fall sein wird, wird sich erst im Laufe der Zeit abschätzen lassen.

Literatur

Blocher, Walter, Andreas Hanl und Jochen Michaelis (2017b). Revolutionieren Kryptowährungen die Zahlungssysteme? Wirtschaftspolitische Blätter, 64 (4): 543–552.

Hanl, Andreas und Jochen Michaelis (2017). Kryptowährungen — ein Problem für die Geldpolitik? Wirtschaftsdienst, 97 (5): 363–370.

Mundell, Robert A (1961). A theory of optimum currency areas. American Economic Review, 51 (4): 657–665.

Nakamoto, Satoshi (2008). *Bitcoin: A Peer-to-Peer Electronic Cash System.* URL: `https://bitcoin.org/bitcoin.pdf`.

Yermack, David (2015). „Is Bitcoin a Real Currency? An Economic Appraisal“. In: *Handbook of Digital Currency.* Hrsg. von David Lee Kuo Chuen. Elsevier, S. 31 –43.

Literatur

[1] Abadi, Joseph und Markus Brunnermeier (2018). *Blockchain Economics.* Working Paper 25407. National Bureau of Economic Research.

[2] Agrawal, Ajay, Christian Catalini und Avi Goldfarb (2014). Some Simple Economics of Crowdfunding. Innovation Policy and the Economy, 14: 63–97.

[3] Agrawal, Ajay K., Christian Catalini und Avi Goldfarb (2011). *The Geography of Crowdfunding.* Working Paper 16820. National Bureau of Economic Research.

[4] Ahamad, ShaikShakell, Madhusoodhnan Nair und Biju Varghese (2013). „A Survey on Crypto Currencies“. In: Proceedings of the International on Advances in Computer Science, S. 42–48.

[5] Ali, Robleh, John Barrdear, Roger Clews und James Southgate (2014). The Economics of Digital Cryptocurrencies. Bank of England Quarterly Bulletin Q3: 276–286.

[6] Ametrano, Ferdinando M. (2016). *Hayek Money: The Cryptocurrency Price Stability Solution.* `https://papers.ssrn.com/sol3/papers.cfm?abstract_id=2425270`.

[7] Amsden, Zachary et al. (2019). *The Libra Blockchain.* URL: `https://developers.libra.org/docs/assets/papers/the-libra-blockchain.pdf`.

[8] Andolfatto, David (2018). *Assessing the Impact of Central Bank Digital Currency on Private Banks.* Techn. Ber.

[9] Andraschko, Lars und Bernd Britzelmaier (2020). Adaptation of cryptocurrencies in listed companies: empirical findings of a CFO survey in the German capital market. International Journal of Big Data Management, 1 (1): 26.

[10] Angel, James J. und Douglas McCabe (2014). The Ethics of Payments: Paper, Plastic, or Bitcoin? Journal of Business Ethics, 132 (3): 603–611.

[11] Antonopoulos, Andreas M. (3. Dez. 2014). Mastering Bitcoin. O'Reilly Media.

[12] Arango-Arango, Carlos A., Yassine Bouhdaoui, David Bounie, Martina Eschelbach und Lola Hernandez (2018). Cash remains top-of-wallet! International evidence from payment diaries. Economic Modelling, 69: 38–48.

[13] Arnosti, Nick und S. Matthew Weinberg (2018). „Bitcoin: A Natural Oligopoly“. In: *10th Innovations in Theoretical Computer Science Conference (ITCS 2019).* Hrsg. von Avrim Blum. Bd. 124. Leibniz International Proceedings in Informatics (LIPIcs). Dagstuhl, Germany: Schloss Dagstuhl–Leibniz-Zentrum fuer Informatik, 5:1–5:1.

[14] Arrow, Kenneth J. und Gerard Debreu (1954). Existence of an Equilibrium for a Competitive Economy. Econometrica, 22 (3): 265.

[15] Arthur, W Brian (1989). Competing technologies, increasing returns, and lock-in by historical events. Economic Journal, 99 (394): 116–131.

[16] AuroraCoin (2014). *AuroraCoin AUR.* URL: `https://github.com/baldurodinsson/auroracoin-project/`.

[17] Bachmann, Alexander, Alexander Becker, Daniel Buerckner, Michel Hilker, Frank Kock, Mark Lehmann, Phillip Tiburtius und Burkhardt Funk (2011). Online peer-to-peer lending-a literature review. Journal of Internet Banking and Commerce, 16 (2).

[18] Back, Adam (1997). *[ANNOUNCE] hash cash postage implementation.* URL: http://www.hashcash.org/papers/announce.txt.

[19] Bagnall, John, David Bounie, Kim P. Huynh, Anneke Kosse, Tobias Schmidt, Scott Schuh und Helmut Stix (2016). Consumer Cash Usage: A Cross-Country Comparison with Payment Diary Survery Data. International Journal of Central Banking, 12 (4): 1–62.

[20] Bamert, Tobias, Christian Decker, Lennart Elsen, Roger Wattenhofer und Samuel Welten (2013). „Have a snack, pay with Bitcoins". In: *IEEE P2P 2013 Proceedings.* IEEE.

[21] Barrdear, John und Michael Kumhof (2021). The macroeconomics of central bank digital currencies. Journal of Economic Dynamics and Control: im Druck.

[22] Bartos, Jakub (2015). Does Bitcoin follow the hypothesis of efficient market? International Journal of Economic Sciences, IV (2): 10–23.

[23] Baur, Aaron W., Julian Bühler, Markus Bick und Charlotte S. Bonorden (2015). „Cryptocurrencies as a Disruption? Empirical Findings on User Adoption and Future Potential of Bitcoin and Co". In: *Open and Big Data Management and Innovation.* Springer International Publishing, S. 63–80.

[24] Bech, Morten und Rodney Garratt (2017). Central bank cryptocurrencies. BIS Quarterly Review: 55–70.

[25] Belleflamme, Paul, Thomas Lambert und Armin Schwienbacher (2014). Crowdfunding: Tapping the right crowd. Journal of Business Venturing, 29 (5): 585 –609.

[26] Belleflamme, Paul, Nessrine Omrani und Martin Peitz (2015). The economics of crowdfunding platforms. Information Economics and Policy, 33: 11–28.

[27] Benos, Evangelos, Rodney Garratt und Pedro Gurrola-Perez (2019). The Economics of Distributed Ledger Technology for Securities Settlement. Ledger, 4.

[28] Bevand, Marc (2017). *Electricity consumption of Bitcoin: a market-based and technical analysis.* URL: http://blog.zorinaq.com/bitcoin-electricity-consumption/.

[29] Bhaskar, Nirupama Devi und David Kuo Chuen Lee (2015). „Bitcoin Mining Technology". In: *Handbook of Digital Currency.* Hrsg. von David Lee Kuo Chuen. Elsevier, S. 45–65.

[30] Bhyer, Soumaya und Seyoung Lee (2019). „Banking the Unbanked and Underbanked: RegTech as an Enabler for Financial Inclusion". In: *The RegTech Book.* John Wiley Sons, Ltd. eprint: https://onlinelibrary.wiley.com/doi/pdf/10.1002/9781119362197.ch61.

[31] Biryukov, Alex, Dmitry Khovratovich und Ivan Pustogarov (2014). „Deanonymisation of Clients in Bitcoin P2P Network". In: *Proceedings of the 2014 ACM SIGSAC Conference on Computer and Communications Security - CCS 14.* ACM Press.

[32] Bjerg, Ole (2015). How is Bitcoin Money? Theory, Culture & Society, 33 (1): 53–72.

[33] Blakstad, Sofie und Robert Allen (2018). „Central Bank Digital Currencies and Cryptocurrencies". In: *FinTech Revolution.* Springer International Publishing, S. 87–112.

[34] Blocher, Walter (2016). The next big thing: Blockchain — Bitcoin — Smart Contracts. Anwaltsblatt, (8+9): 612–618.

[35] Blocher, Walter, Alexander Hoppen und Peter Hoppen (2017a). Report und Technik. Softwarelizenzen auf der Blockchain. Computer und Recht, 33 (5).

[36] Blocher, Walter, Andreas Hanl und Jochen Michaelis (2017b). Revolutionieren Kryptowährungen die Zahlungssysteme? Wirtschaftspolitische Blätter, 64 (4): 543–552.

[37] Blummer, Tamas (2019). *What if Libra is a success?* URL: `https://medium.com/@tamas.blummer/what-if-libra-is-a-success-661ca2f9c934`.

[38] Bolt, Wilko, Nicole Jonker und Corry van Renselaar (2010). Incentives at the counter: An empirical analysis of surcharging card payments and payment behaviour in the Netherlands. Journal of Banking & Finance, 34 (8): 1738–1744.

[39] Brühl, Volker (2017). Bitcoins, Blockchain und Distributed Ledgers. Wirtschaftsdienst, 97 (2): 135–142.

[40] Brière, Marie, Kim Oosterlinck und Ariane Szafarz (2015). Virtual currency, tangible return: Portfolio diversification with bitcoin. Journal of Asset Management, 16 (6): 365–373.

[41] Buiter, Willem H. (2014). The Simple Analytics of Helicopter Money: Why It Works — Always. Economics, 8 (1).

[42] Camera, Gabriele (2017). A perspective on electronic alternatives to traditional currencies. Sveriges Riksbank Economic Review, 2017 (1): 126–148.

[43] Carlsten, Miles, Harry Kalodner, S. Matthew Weinberg und Arvind Narayanan (2016). „On the Instability of Bitcoin Without the Block Reward“. In: *Proceedings of the 2016 ACM SIGSAC Conference on Computer and Communications Security.* ACM.

[44] Carvalho, Arthur, Chaitanya Sambhara und Patrick Young (2020). What the History of Linux Says About the Future of Cryptocurrencies. Communications of the Association for Information Systems: 18–29.

[45] Catalini, Christian, Oliver Gratry, J. Mark Houy, Sunita Parasuraman und Nils Wernerfelt (2019). *The Libra Reserve.* URL: `https://libra.org/en-US/wp-content/uploads/sites/23/2019/06/TheLibraReserve_en_US.pdf`.

[46] Chapman, James und Carolyn A. Wilkins (2019). *Crypto 'Money': Perspective of a Couple of Canadian Central Bankers.* Bank of Canada Staff Discussion Paper Nr. 2019-1.

[47] Chaum, David (1992). Achieving Electronic Privacy. Scientific American, 267 (2): 96–101.

[48] Chavez, Juan Jose Garcia und Carlo Kleber da Silva Rodrigues (2016). „Automatic hopping among pools and distributed applications in the Bitcoin network“. In: *2016 XXI Symposium on Signal Processing, Images and Artificial Vision (STSIVA).* IEEE.

[49] Christin, Nicolas (2013). „Traveling the Silk Road: A Measurement Analysis of a Large Anonymous Online Marketplace“. In: *Proceedings of the 22Nd International Conference on World Wide Web.* WWW '13. Rio de Janeiro, Brazil: ACM, S. 213–224.

[50] Conley, John P. (2017). *Blockchain and the Economics of Crypto-tokens and Initial Coin Offerings.* Vanderbit University Department of Economics Working Paper No. 17-00008.

[51] Croman, Kyle, Christian Decker, Ittay Eyal, Adem Efe Gencer, Ari Juels, Ahmed Kosba, Andrew Miller, Prateek Saxena, Elaine Shi, Emin Gün Sirer, Dawn Song und Roger Wattenhofer (2016). „On Scaling Decentralized Blockchains“. In: *Financial Cryptography and Data Security.* Springer Berlin Heidelberg, S. 106–125.

[52] da Costa Cruz, Janina, Aenne Sophie Schröder und Georg von Wangenheim (2019). „Chaining Property to Blocks – On the Economic Efficiency of Blockchain-Based

Property Enforcement". In: *Business Information Systems Workshops*. Springer International Publishing, S. 313–324.

[53] Dai, Wei (1998). *B-Money*. http://www.weidai.com/bmoney.txt.

[54] David, Paul A. (1985). Clio and the Economics of QWERTY. American Economic Review, 75 (2): 332–337.

[55] de Vries, Alex (2018). Bitcoins Growing Energy Problem. Joule, 2 (5): 801–805.

[56] de Vries, Alex (2019). Renewable Energy Will Not Solve Bitcoin's Sustainability Problem. Joule, 3 (4): 893–898.

[57] Deutsche Bundesbank (2015). Zahlungsverhalten in Deutschland 2014–Dritte Studie über die Verwendung von Bargeld und unbaren Zahlungsinstrumenten. Frankfurt am Main.

[58] Deutsche Bundesbank (2017a). Distributed-Ledger-Technologie im Zahlungsverkehr und in der Wertpapierabwicklung: Potenziale und Risiken. Monatsbericht, (9): 35–50.

[59] Deutsche Bundesbank (2017b). *Zahlungsverhalten in Deutschland 2017: Vierte Studie über die Verwendung von Bargeld und unbaren Zahlungsinstrumenten.* https://www.bundesbank.de/de/publikationen/berichte/studien/zahlungsverhalten-in-deutschland-2017-634056.

[60] Deutscher Bundestag (2019a). *Digitalwährung Libra stößt bei Experten auf Skepsis.* URL: https://dbtg.tv/cvid/7392524.

[61] Deutscher Bundestag (2019b). *Experten: Libra soll nicht in die Souveränität von Staaten eingreifen.* URL: https://www.bundestag.de/dokumente/textarchiv/2019/kw43-pa-digitale-agenda-libra-660412.

[62] Diamond, Douglas W. und Philip H. Dybvig (1983). Bank Runs, Deposit Insurance, and Liquidity. Journal of Political Economy, 91 (3): 401 –419.

[63] Donet Donet, Joan Antoni, Cristina Pérez-Solà und Jordi Herrera-Joancomartí (2014). „The Bitcoin P2P Network". In: *Financial Cryptography and Data Security.* Hrsg. von Rainer Böhme, Michael Brenner, Tyler Moore und Matthew Smith. Berlin, Heidelberg: Springer Berlin Heidelberg, S. 87–102.

[64] Drechsler, Itamar, Alexi Savov und Philipp Schnabl (2017). The Deposits Channel of Monetary Policy. Quarterly Journal of Economics, 132 (4): 1819–1876.

[65] Duan, Jiang, Chen Zhang, Yu Gong, Steve Brown und Zhi Li (2020). A Content-Analysis Based Literature Review in Blockchain Adoption within Food Supply Chain. International Journal of Environmental Research and Public Health, 17 (5): 1784.

[66] Dziembowski, Stefan, Sebastian Faust, Vladimir Kolmogorov und Krzysztof Pietrzak (2015). „Proofs of Space". In: *Advances in Cryptology – CRYPTO 2015: 35th Annual Cryptology Conference, Santa Barbara, CA, USA, August 16-20, 2015, Proceedings, Part II.* Hrsg. von Rosario Gennaro und Matthew Robshaw. Berlin, Heidelberg: Springer Berlin Heidelberg, S. 585–605.

[67] Easley, David, Maureen O'Hara und Soumya Basu (2019). From mining to markets: The evolution of bitcoin transaction fees. Journal of Financial Economics, 134 (1): 91–109.

[68] Egan, Mark, Ali Hortaçsu und Gregor Matvos (2017). Deposit Competition and Financial Fragility: Evidence from the US Banking Sector. American Economic Review, 107 (1): 169–216.

[69] EHI Retail Institute (2017). *EHI-Studie Kartengestützte Zahlungssysteme im Einzelhandel 2016.* URL: https://www.ehi-shop.de/image/data/PDF_Leseproben/EHI-Studie_kartengest_Zahlungssysteme_2016_Leseprobe.pdf.

[70] European Central Bank (2015). *Virtual currency schemes: a further analysis.* https://www.ecb.europa.eu/pub/pdf/other/virtualcurrencyschemesen.pdf.
[71] Europäische Zentralbank (2012). *Virtual Currency Schemes.* URL: https://www.ecb.europa.eu/pub/pdf/other/virtualcurrencyschemes201210en.pdf.
[72] Europäische Zentralbank (2017). *Press Conference, 07 September 2017.* https://www.ecb.europa.eu/press/pressconf/2017/html/ecb.is170907.en.html.
[73] Exchange War. *List of Crypto-Exchanges.* URL: http://www.exchange-war.info.
[74] Eyal, Ittay und Emin Gün Sirer (2014). „Majority Is Not Enough: Bitcoin Mining Is Vulnerable“. In: *Financial Cryptography and Data Security.* Springer Berlin Heidelberg, S. 436–454.
[75] Faia, Ester und Monica Paiella (2017). *P2P Lending: Information Externalities, Social Networks and Loans' Substitution.* https://www.wiwi.uni-frankfurt.de/profs/faia/welcome_files/FP_082017.pdf.
[76] Farell, Ryan (2015). *An Analysis of the Cryptocurrency Industry.* Wharton Research Scholars, 130. University of Pennsylvania.
[77] Feller, Joseph, Rob Gleasure und Stephen Treacy (2013). From the wisdom to the wealth of crowds: A metatriangulation of crowdfunding research. TOTO Research Project, 2.
[78] Fisher, Irving (1911). The Purchasing Power Of Money. MacMillian, New York.
[79] Franco, Pedro (2015). Understanding bitcoin: Cryptography, engineering and economics. Chichester: Wiley.
[80] Friedman, Milton (1969). The Optimum Quantity of Money and Other Essays. Chicago: Aldine.
[81] Fuchs, Max und Jochen Michaelis (2021). *When Does the Introduction of a New Currency Improve Welfare?* MAGKS Discussion Paper No. 06-2021.
[82] Fung, Ben SC und Hanna Halaburda (2016). Central Bank Digital Currencies: A Framework for Assessing Why and How. Bank of Canada Staff Discussion Paper Nr. 2016-22.
[83] Gallersdörfer, Ulrich, Lena Klaaßen und Christian Stoll (2020). Energy Consumption of Cryptocurrencies Beyond Bitcoin. Joule, 4 (9): 1843–1846.
[84] Gandal, Neil und Hanna Halaburda (2014). Can We Predict the Winner in a Market with Network Effects? Competition in Cryptocurrency Market. Games, 7 (3): 16.
[85] Gans, Joshua S. und Hanna Hałaburda (2015). „Some Economics of Private Digital Currency“. In: *Economic Analysis of the Digital Economy.* Hrsg. von Avi Goldfarb, Shane M. Greenstein und Catherine E. Tucker. University of Chicago Press, S. 257–276.
[86] Gervais, Arthur, Ghassan O. Karame, Karl Wüst, Vasileios Glykantzis, Hubert Ritzdorf und Srdjan Capkun (2016). „On the Security and Performance of Proof of Work Blockchains“. In: *Proceedings of the 2016 ACM SIGSAC Conference on Computer and Communications Security.* ACM, S. 3–16.
[87] Giechaskiel, Ilias, Cas Cremers und Kasper B. Rasmussen (2016). „On Bitcoin Security in the Presence of Broken Cryptographic Primitives“. In: *Computer Security – ESORICS 2016.* Springer International Publishing, S. 201–222.
[88] Günther, Swen und Mario Dutschmann (2017). Bitcoin Mining - Wie gut erklären klassische Theorien Standortwahl und -verteilung? WiSt - Wirtschaftswissenschaftliches Studium, 46 (6): 22–30.
[89] Goldman Sachs (2014). *All About Bitcoin.* Global Market Research (21).

[90] Griffoli, Tommaso Mancini, Maria Soledad Martinez Peria, Itai Agur, Anil Ari, John Kiff, Adina Popescu und Celine Rochon (2018). *Casting Light on Central Bank Digital Currencies.* https://www.imf.org/en/Publications/Staff-Discussion-Notes/Issues/2018/11/13/Casting-Light-on-Central-Bank-Digital-Currencies-46233.

[91] Groß, Jonas, Bernhard Herz und Jonathan Schiller (2019). Libra — Konzept und wirtschaftspolitische Implikationen. Wirtschaftsdienst, 99 (9): 625–631.

[92] Gurley, John G. und Edward S. Shaw (1960). Money in a theory of finance. Washington: Brookings Institution.

[93] Hałaburda, Hanna und Miklos Sarvary (2016). Beyond Bitcoin: The Economics of Digital Currencies. Palgrave Macmillan.

[94] Hahn, Frank Horace (1989). „On Some Problems of Proving the Existince of an Equilibrium in a Monetary Economy". In: *General Equilibrium Models of Monetary Economies.* Elsevier, S. 297–306.

[95] Hanl, Andreas (2018). *Some Insights into the Development of Cryptocurrencies.* MAGKS Discussion Paper No. 04-2018.

[96] Hanl, Andreas (2022). „Währungswettbewerber Facebook: Ökonomische Implikationen der Corporate Cryptocurrency Libra/Diem". In: *Made in California. Zur politischen Ideologie des Silicon Valley.* Hrsg. von Udo Di Fabio, Julian Dörr und Olaf Kowalski. Beiträge zu normativen Grundlagen der Gesellschaft. Tübingen: Mohr Siebeck, S. 157–187.

[97] Hanl, Andreas und Jochen Michaelis (2017). Kryptowährungen — ein Problem für die Geldpolitik? Wirtschaftsdienst, 97 (5): 363–370.

[98] Hanl, Andreas und Jochen Michaelis (2019). Digitales Zentralbankgeld als neues Instrument der Geldpolitik. Wirtschaftsdienst, 99 (5): 340–347.

[99] Hanl, Andreas und Benjamin Schwanebeck (2017a). *Financial Intermediation and Bitcoin: Using Bitcoin as Alternative Investment Vehicles.* Mimeo.

[100] Hanl, Andreas und Benjamin Schwanebeck (2017b). „The Macroeconomics of Crowdfunding". Mimeo.

[101] Hayek, Friedrich August v (1976). Denationalisation of Money: The Argument Refined. Ludwig von Mises Institute.

[102] Hayes, Adam S. (2018). Bitcoin price and its marginal cost of production: support for a fundamental value. Applied Economics Letters, 26 (7): 554–560.

[103] He, Dong, Karl Habermeier, Ross Leckow, Vikram Haksar, Yasmin Almeida, Mikari Kashima, Nadim Kyriakos-Saad, Hiroko Oura, Tahsin Saadi Sedik, Natalia Stetsenko und Concepcion Verdugo-Yepes (2016). *Virtual Currencies and Beyond: Initial Considerations.* URL: http://www.imf.org/external/pubs/ft/sdn/2016/sdn1603.pdf.

[104] Hernandez, Lola, Nicole Jonker und Anneke Kosse (2016). Cash versus Debit Card: The Role of Budget Control. Journal of Consumer Affairs, 51 (1): 91–112.

[105] Hileman, Garrick (2014). *A History of Alternative Currencies.* URL: https://www.hillsdale.edu/wp-content/uploads/2016/02/FMF-2014-A-History-of-Alternative-Currencies.pdf.

[106] Hileman, Garrick (2015). „The Bitcoin Market Potential Index". In: *Financial Cryptography and Data Security.* Springer Berlin Heidelberg, S. 92–93.

[107] Holste, Björn und Thomas Mayer (2019). Libra ist eine Herausforderung für Europa. Wirtschaftsdienst, 99 (8): 567–569.

[108] Houy, Nicolas (2014). *The Economics of Bitcoin Transaction Fees.* Gate Working Paper No. 1407.

[109] Houy, Nicolas (2016). The Bitcoin Mining Game. Ledger, 1: 53–68.

[110] Huberman, Gur, Jacob D. Leshno und Ciamac Moallemi (2017). *Monopoly without a monoplist: An Economic Analysis of the bitcoin payment systems.* Bank of Finland Research Discussion Papers 27-2017.

[111] Ingves, Stefan (2018). *The e-krona and the payments of the future.* URL: https://www.riksbank.se/en-gb/press-and-published/speeches-and-presentations/2018/ingves-the-e-krona-and-the-payments-of-the-future/.

[112] Janze, Christian (2017). Are Cryptocurrencies Criminals Best Friends? Examining the Co-Evolution of Bitcoin and Darknet Markets. Twenty-third Americas Conference on Information Systems, Boston, 2017.

[113] Jevons, William Stanley (1896). Money and the Mechanisms of Exchange. D. Appleton and Company, New York.

[114] Juks, Reimo (2018). When a Central Bank Digital Currency Meets Private Money: Effects of an E-Krona on Banks. Sveriges Riksbank Economic Review, 29 (3): 79–99.

[115] Kahn, Charles, Francisco Rivadeneyra und Tsz-Nga Wong (2020). Should the central bank issue e-money? Journal of Financial Market Infrastructures, 8 (4): 1–22.

[116] Kasahara, Shoji und Jun Kawahara (2019). Effect of Bitcoin fee on transaction-confirmation process. Journal of Industrial & Management Optimization, 15 (1): 365–386.

[117] Kavuri, Anil Savio, Alistair Milne und Justine Wood (Okt. 2019). *What is new about cryptocurrencies? A visual analysis.* CAMA Working Papers 2019-79. Centre for Applied Macroeconomic Analysis, Crawford School of Public Policy, The Australian National University.

[118] Küfeoglu, S. und M. Özkuran (2019). *Energy Consumption of Bitcoin Mining.* Cambridge Working Paper in Economics Nr. 1948, https://www.repository.cam.ac.uk/bitstream/handle/1810/294129/cwpe1948.pdf?sequence=1.

[119] Käfer, Benjamin (2018). Peer-to-Peer Lending: A (Financial Stability) Risk Perspective. Review of Economics, 69 (1): 1–25.

[120] King, Sunny (2017). *Primecoin: Cryptocurrency with Prime Number Proof-of-Work.* URL: http://primecoin.io/bin/primecoin-paper.pdf.

[121] King, Sunny und Scott Nadal (2012). *PPCoin: Peer-to-Peer Crypto-Currency with Proof-of-Stake.* https://peercoin.net/assets/paper/peercoin-paper.pdf.

[122] Kiyotaki, Nobuhiro und John Moore (2002). Evil Is the Root of All Money. American Economic Review, 92 (2): 62–66.

[123] Kiyotaki, Nobuhiro und Randall Wright (1993). A Search-Theoretic Approach to Monetary Economics. American Economic Review, 83 (1): 63–77.

[124] Kocherlakota, Narayana R. (1998). Money Is Memory. Journal of Economic Theory, 81 (2): 232–251.

[125] Koulayev, Sergei, Marc Rysman, Scott Schuh und Joanna Stavins (2016). Explaining adoption and use of payment instruments by US consumers. The RAND Journal of Economics, 47 (2): 293–325.

[126] Krause, Max J. und Thabet Tolaymat (2018). Quantification of energy and carbon costs for mining cryptocurrencies. Nature Sustainability, 1 (11): 711–718.

[127] Kristoufek, Ladislav (2013). BitCoin meets Google Trends and Wikipedia: Quantifiying the relationship between pehnomena of the Internet era. Scientific Reports, 3,3415.

[128] Kroll, Joshua A, Ian C Davey und Edward W Felten (2013). „The economics of Bitcoin mining, or Bitcoin in the presence of adversaries“. In: *Proceedings of WEIS*. Bd. 2013.
[129] Kubát, Max (2015). Virtual Currency Bitcoin in the Scope of Money Definition and Store of Value. Procedia Economics and Finance, 30: 409–416.
[130] Kumhof, Michael und Clare Noone (2021). Central bank digital currencies — Design principles for financial stability. Economic Analysis and Policy, 71: 553–572.
[131] Lagos, Ricardo (2010). „Inside and Outside Money“. In: *Monetary Economics*. Palgrave Macmillan UK, S. 132–136.
[132] Lagos, Ricardo und Randall Wright (2005). A Unified Framework for Monetary Theory and Policy Analysis. Journal of Political Economy, 113 (3): 463–484.
[133] Landauer, Rolf Wilhelm (1961). Irreversibility and Heat Generation in the Computing Process. IBM Journal of Research and Development, 5 (3): 183–191.
[134] Li, Jingming, Nianping Li, Jinqing Peng, Haijiao Cui und Zhibin Wu (2019). Energy consumption of cryptocurrency mining: A study of electricity consumption in mining cryptocurrencies. Energy, 168: 160–168.
[135] Libra Association (2019). *Einführung in Libra*. URL: https://libra.org/de-DE/wp-content/uploads/sites/14/2019/06/LibraWhitePaper_de_DE-2.pdf.
[136] Libra Association (Apr. 2020). *Cover Letter. White Paper v. 2.0.* URL: https://wp.diem.com/en-US/wp-content/uploads/sites/23/2020/04/Libra_WhitePaperV2_April2020.pdf.
[137] Liebowitz, Stan J und Stephen E Margolis (1995). Path dependence, lock-in, and history. Journal of Law, Economics, and Organization, 11: 205–22.
[138] Liebowitz, Stan J und Stephen E Margolis (1999). Path dependence. Encyclopedia of law and economics.
[139] Lo, Stephanie und J. Christina Wang (2014). *Bitcoin as Money?* Federal Reserve Bank of Boston, Current Policy Perspectives, 2014-4, https://www.bostonfed.org/-/media/Documents/Workingpapers/PDF/cpp1404.pdf.
[140] Luther, William J. (2015). CRYPTOCURRENCIES, NETWORK EFFECTS, AND SWITCHING COSTS. Contemporary Economic Policy, 34 (3): 553–571.
[141] Magaki, Ikuo, Moein Khazraee, Luis Vega Gutierrez und Michael Bedford Taylor (2016). „ASIC Clouds: Specializing the Datacenter“. In: *2016 ACM/IEEE 43rd Annual International Symposium on Computer Architecture (ISCA)*. IEEE.
[142] Marcus, David (2019). *Hearing Before the United States Senate Committee on Banking, Housing, and Urban Affairs*. URL: https://www.banking.senate.gov/imo/media/doc/Marcus%20Testimony%207-16-19.pdf.
[143] Mas, Ignacio und David Kuo Chuen Lee (2015). „Bitcoin-Like Protocols and Innovations“. In: *Handbook of Digital Currency*. Hrsg. von David Lee Kuo Chuen. Elsevier, S. 417–451.
[144] McCook, Hass (2018). *The Cost Sustainability of Bitcoin*. URL: https://goo.gl/FgqRjV.
[145] Meiklejohn, Sarah, Marjori Pomarole, Grant Jordan, Kirill Levchenko, Damon McCoy, Geoffrey M. Voelker und Stefan Savage (2016). A fistful of Bitcoins. Communications of the ACM, 59 (4): 86–93.
[146] Menger, Karl (1892). On the Origin of Money. Economic Journal, 2 (6): 239.
[147] Michaelis, Jochen und Jakob Palek (2016). Optimal Monetary Policy in a Currency Union: Implications of Country-specific Financial Frictions. Credit and Capital Markets – Kredit und Kapital, 49 (1): 1–36.

[148] Middlebrook, Stephen T. und Sarah Jane Hughes (2016). „Substitutes for legal tender: Lessons from history for the regulation of virtual currencies“. In: *Research Handbook on Electronic Commerce Law.* Hrsg. von John A. Rothchild. Resarch Handbooks in Information Law. Edward Elgar Publishing. Kap. 2, S. 37–61.
[149] Mir, Usama (2020). Bitcoin and Its Energy Usage: Existing Approaches, Important Opinions, Current Trends, and Future Challenges. KSII Transactions on Internet and Information Systems, 14 (8): 3243–3256.
[150] Mollick, Ethan (2014). The dynamics of crowdfunding: An exploratory study. Journal of Business Venturing, 29 (1): 1–16.
[151] Moritz, Alexandra und Joern H. Block (2016). „Crowdfunding: A literature review and research directions“. In: *Crowdfunding in Europe.* Hrsg. von Dennis Brüntje und Oliver Gajda. Springer, S. 25–53.
[152] Möser, Malte und Rainer Böhme (2015). „Trends, Tips, Tolls: A Longitudinal Study of Bitcoin Transaction Fees“. In: *Financial Cryptography and Data Security.* Springer Berlin Heidelberg, S. 19–33.
[153] Mundell, Robert A (1961). A theory of optimum currency areas. American Economic Review, 51 (4): 657–665.
[154] Nakamoto, Satoshi (2008). *Bitcoin: A Peer-to-Peer Electronic Cash System.* URL: `https://bitcoin.org/bitcoin.pdf`.
[155] Narayanan, Arvind, Joseph Bonneau, Edward Felten, Andrew Miller und Steven Goldfeder (2016). Bitcoin and Cryptocurrency Technologies. Princeton Univers. Press.
[156] Nessén, Marianne, Peter Sellin und Per Åsberg Sommar (2018). The implications of an e-krona for the Riksbank's operational framework for implementing monetary policy. Sveriges Riksbank Economic Review, 29 (3): 29 –42.
[157] Occhiutto, Kateryna (2020). The Costs of Card Payments for Merchants. Reserve Bank of Australia Bulletin, März: 20–28.
[158] O'Dwyer, K.J. und D. Malone (2014). „Bitcoin Mining and its Energy Footprint“. In: *25th IET Irish Signals & Systems Conference 2014 and 2014 China-Ireland International Conference on Information and Communities Technologies (ISSC 2014/CIICT 2014).* Institution of Engineering und Technology.
[159] Percival, Colin (2009). *Stronger Key Derivation via Sequential Memory-Hard Functions.* `https://www.tarsnap.com/scrypt/scrypt.pdf`.
[160] Popov, Serguei (2017). *The Tangle.* URL: `https://iota.org/IOTA_Whitepaper.pdf`.
[161] Prat, Julien und Benjamin Walter (2021). An Equilibrium Model of the Market for Bitcoin Mining. Journal of Political Economy, 129 (8): 2415–2452.
[162] Ratha, Dilip, Supriyo De, Ganesh Seshan, Nadege Desiree Yameogo, Sonia Plaza und Eung Ju Kim (2018). Migration and Development Brief 30: Migration and Remittances. Recent Development and Outlook.
[163] Ratha, Dilip, Supriyo De, Eung Ju Kim, Ganesh Seshan, Nadege Desiree Yameogo und Sonia Plaza (2019). *Migration and Remittances. Recent Development and Outlook.* Migration and Development Brief 31.
[164] Ren, Ling und Srinivas Devadas (2017). „Bandwidth Hard Functions for ASIC Resistance“. In: *Theory of Cryptography.* Springer International Publishing, S. 466–492.
[165] Rosenfeld, Meni (2011). Analysis of Bitcoin Pooled Mining Reward Systems. arXiv: `1112.4980v1 [cs.DC]`.

[166] Rösl, Gerhard (2005). Regionalwährungen in Deutschland. Wirtschaftsdienst, 85 (3): 182–190.

[167] Rysman, Marc und Scott Schuh (2017). New Innovations in Payments. Innovation Policy and the Economy, 17: 27–48.

[168] Saberhagen, Nicolas van (2013). *CryptoNote v 2.0.* `https://bytecoin.org/old/whitepaper.pdf`.

[169] Sapovadia, Vrajlal (2015). „Legal Issues in Cryptocurrency". In: *Handbook of Digital Currency.* Hrsg. von David Lee Kuo Chuen. Elsevier, S. 253–266.

[170] Schuh, Fabian und Daniel Larimer (2017). *BitShares 2.0: General Overview.* `https://cryptorating.eu/whitepapers/BitShares/bitshares-general.pdf`.

[171] Schuh, Scott und Oz Shy (2016). „US consumers' adoption and use of Bitcoin and other virtual currencies". In: *DeNederlandsche bank, Conference entitled "Retail payments: mapping out the road ahead.*

[172] Sedlmeir, Johannes, Hans Ulrich Buhl, Gilbert Fridgen und Robert Keller (2020). The Energy Consumption of Blockchain Technology: Beyond Myth. Business & Information Systems Engineering, 62 (6): 599–608.

[173] Segendorf, Björn (2018). How Many E-Krona are Needed for Payments? Sveriges Riksbank Economic Review, 29 (3): 66 –78.

[174] Seigen, Max Jameson, Tuomo Nieminen, Neocortex, Antonio M. Juarez und CryptoNote (2013). *CryptoNight Hash Function.*

[175] Selgin, George (2003). Adaptive Learning and the Transition to Fiat Money. The Economic Journal, 113 (484): 147–165.

[176] Shi, Hongwei, Shengling Wang, Qin Hu, Xiuzhen Cheng, Junshan Zhang und Jiguo Yu (2021). Fee-Free Pooled Mining for Countering Pool-Hopping Attack in Blockchain. IEEE Transactions on Dependable and Secure Computing: 1580–1590.

[177] Smyth, Lui (2013). *OVERVIEW OF BITCOIN COMMUNITY SURVEY FEB-MAR 2013.* `http://simulacrum.cc/2013/04/13/overview-of-bitcoin-community-survey-feb-mar-2013/`. Zuletzt geprüft am 06.06.2016.

[178] Stoll, Christian, Lena Klaaßen und Ulrich Gallersdörfer (2019). The Carbon Footprint of Bitcoin. Joule, 3 (7): 1647–1661.

[179] Strausz, Roland (2017). A Theory of Crowdfunding: A Mechanism Design Approach with Demand Uncertainty and Moral Hazard. American Economic Review, 107 (6): 1430–1476.

[180] Sveriges Riksbank (2017). *The Riksbank's e-krona project. Report 1.* URL: `http://www.riksbank.se/Documents/Rapporter/E-krona/2017/rapport_ekrona_170920_eng.pdf`.

[181] Sveriges Riksbank (2018a). *Payment patterns in Sweden 2018.* URL: `https://www.riksbank.se/globalassets/media/statistik/betalningsstatistik/2018/payments-patterns-in-sweden-2018.pdf`.

[182] Sveriges Riksbank (2018b). *The Riksbank's e-kronra project — Report 2.* `https://www.riksbank.se/globalassets/media/rapporter/e-krona/2018/the-riksbanks-e-krona-project-report-2.pdf`.

[183] Szabo, Nick (2005). *Bit Gold.* URL: `http://nakamotoinstitute.org/bit-gold/`.

[184] Sztorc, Paul (2016). *Private Blockchains, Demystified.* URL: `http://www.truthcoin.info/blog/private-blockchains/`.

[185] Tarasiewicz, Matthias und Andrew Newman (2015). „Cryptocurrencies as Distributed Community Experiments". In: *Handbook of Digital Currency.* Hrsg. von David Lee Kuo Chuen. Elsevier, S. 201–222.

[186] Taylor, Michael Bedford (2013). *Bitcoin and the Age of Bespoke Silicon.* https://cseweb.ucsd.edu/~mbtaylor/papers/bitcoin_taylor_cases_2013.pdf.

[187] Teo, Ernie G.S. (2015). „Emergence, Growth, and Sustainability of Bitcoin“. In: *Handbook of Digital Currency.* Elsevier, S. 191–200.

[188] Thum, Marcel (2018). Die ökonomischen Kosten des Bitcoin-Mining. ifo Schnelldienst, 71 (02): 18–20.

[189] Tobin, James (1985). Financial Innovation and Deregulation in Perspective. Bank of Japan Monetary and Economic Studies, 3 (2): 19 –29.

[190] Tompkins, Michael und Ariel Olivares (2016). *Clearing and settlement systems from around the world: A qualitative analysis.* Bank of Canada Staff Discussion Paper Nr. 2016-14. Ottawa.

[191] Tschorsch, Florian und Bjorn Scheuermann (2016). Bitcoin and Beyond: A Technical Survey on Decentralized Digital Currencies. IEEE Communications Surveys & Tutorials: 2084–2123.

[192] UN Generalversammlung (2015). *Resolution der Generalversammlung, verabschiedet am 25. September 2015: Transformation unserer Welt: die Agenda 2030 für nachhaltige Entwicklung.* A/70/L.1.

[193] van der Cruijsen, Carin, Lola Hernandez und Nicole Jonker (2016). In love with the debit card but still married to cash. Applied Economics, 49 (30): 2989–3004.

[194] von Wangenheim, Georg (2020). „Blockchain-Based Land Registers: A Law-and-Economics Perspective“. In: *Disruptive Technology, Legal Innovation, and the Future of Real Estate.* Hrsg. von Amnon Lehavi und Ronit Levine-Schnur. Springer International Publishing, S. 103–122.

[195] Voshmgir, Shermin (2019). Token Economy: How Blockchains and Smart Contracts Revolutionize the Economy. Berlin: BlockchainHub Berlin.

[196] Vranken, Harald (2017). Sustainability of bitcoin and blockchains. Current Opinion in Environmental Sustainability, 28: 1–9.

[197] Walker, Francis Amasa (1878). Money. Henry Holt und Company, New York.

[198] Weltbank (2018). *Atlas of Sustainable Development Goals 2018: From World Development Indicators.* URL: http://datatopics.worldbank.org/sdgatlas/.

[199] Werner, Christian (2017). „Swish – So funktioniert Mobile Payment in Schweden“. In: *Mobile Payment.* Hrsg. von Ludwig Hierl. Springer Fachmedien Wiesbaden, S. 325–330.

[200] Wright, Julian (2003). Optimal card payment systems. European Economic Review, 47 (4): 587–612.

[201] Wüst, Karl und Arthur Gervais (2017). *Do you need a Blockchain?* Cryptology ePrint Archive, Report 2017/375. https://eprint.iacr.org/2017/375.

[202] Yermack, David (2015). „Is Bitcoin a Real Currency? An Economic Appraisal“. In: *Handbook of Digital Currency.* Hrsg. von David Lee Kuo Chuen. Elsevier, S. 31 –43.

[203] Zetzsche, Dirk A., Ross P. Buckley und Douglas W. Arner (2021). Regulating Libra. Oxford Journal of Legal Studies, 41 (1): 80–113.

FSC
www.fsc.org
MIX
Papier | Fördert gute Waldnutzung
FSC® C083411

Kolibri 360 GmbH
Ferdinand-Jühlke-Straße 7
99095 Erfurt, Deutschland
produktsicherheit@kolibri360.de